Praktische Psychologie

Wichtiges Wissen und nützliche Übungen für den Alltag

Dr. Eduard Schellhammer

2. Ausgabe revidiert 2014.
© **Copyright. Dr. Eduard Schellhammer. Alle Rechte vorbehalten.**

ISBN-13: 978-1478367055
ISBN-10: 1478367059

www.EduardSchellhammer.com

Inhaltsverzeichnis

Vorwort

Mit dem 21. Jahrhundert hat eine neue Epoche absolut extremer Herausforderungen begonnen. Die meisten Menschen wissen um die grossen Probleme der Menschheit und der Erde. Bald wird die Population der Welt 7 MIlliarden erreichen; und sie wird wachsen: 9, 10 und mehr Milliarden. Heute leben 4 Milliarden Menschen unter extrem niedrigen und sehr schlechten Bedingungen.

Niemals kann die gesamte Erdbevölkerung auf dem Niveau der industrialisierten Standards leben. Alle Grenzen des Gleichgewichts sind bereits durchbrochen: Hunger, Armut, Elend, Leiden, Arbeitslosigkeit, Korruption, Kriege, Klimawandel, Kontaminationen, Zerstörung der Umwelt, Spekulationen, Finanzkrise, verfaulte Gesellschaften, eine totale Respektlosigkeit gegenüber den menschlichen Werten, und ein desaströses Scheitern der Politik auf lokaler, nationaler und globaler Ebene. 500 Milliarden Dollars sind jedes Jahr nötig, allein um die Schäden des Klimawandels in den Entwicklungsländern zu finanzieren.

Unsere Vorausschau: in 10, 20, 30, 50 Jahren wird dies global noch viel schlimmer sein. Die Menschen haben sich ihre eigene Hölle geschaffen! Und jeder wird in diesen Alptraum hineingesogen werden.

Die Menschen rund um den Globus haben das Vertrauen in Politik, Wirtschaft, Medien, Religionen, Gerichtswesen und sogar in die Bildung und die menschlichen Werte verloren. Die Menschheit hat Hoffnung und Liebe verloren. Die Menschheit braucht eine neue Generation von verantwortungsbewussten Leuten mit einer zuverlässigen Lebensweise; und speziell von Führern und Geschäftsleuten mit einer felsenfesten Integrität der Persönlichkeit, die mit Wissen, Kompetenzen, Fairness, Verantwortung und Ehrlichkeit handelt.

Das menschliche Leben beginnt bereits vorgeburtlich mit Bildung und mit Umfeldeinflüssen. Globale Gehirnwäsche zusammen mit aller Art sublimer Manipulationen hat eine Menschheit geschaffen, die fern von ihrem inneren Sein leben. 5 bis 6 Milliarden Menschen sind ausgebeutete "Humanbiomasse" geworden. Wohin wird uns dies alles führen?

Unser Programm "Pracktische Psychologie" ist die leistungsstarke Antwort für reale Hoffnung mit allseitig ausgewogenen Lösungen für alle: eine neue

Bildung, die die Menschen formt für die Herausforderungen heute und in der Zukunft für das persönliche Leben, für Arbeit und Geschäft, für Politik und Religionen. Das Management des relevanten psychologischen Wissens und der wirkungsvollen sozialen Fähigkeiten ist unerlässlich für ein gutes persönliches Leben und ebenso für beruflichen Erfolg in allen Gebieten.

Sieh die Fakten, die die Politiker und die Führer rund um den Erdball dir nicht sagen:

- Wir leben in einer Welt, in der fundamentale Änderungen mit hoher Geschwindigkeit aufkommen.
- In 20-35 Jahren wird die Welt vor unvorstellbaren Herausforderungen stehen.
- Alles, was heute als sicher erscheint, wird morgen vollständig unsicher sein.
- Der gesamte Lebensrahmen rund um die Welt wird verschieden sein von heute.
- Die riesigen Probleme der Menschheit werden dramatisch wachsen.
- Die Schäden und Zerstörungen der Natur wird Milliarden betreffen.
- Die Menschheit wird 50-65% mehr an Ressourcen für Industrie und Leben benötigen.
- Armut wird in den industrialisierten Nationen die halbe Bevölkerung schlagen.
- Man wird bereit sein müssen, unter schlimmsten Bedingungen irgendwie zu überleben.
- Die jungen Menschen heute werden die Schäden von heutigen Ursachen erben.
- Menschen in den Vierzigern heute werden einem traurigen "dritten Alter" gegenüberstehen.
- Menschen heute in den Sechzigern werden wahrscheinlich auf unwürdige Weise sterben müssen.

Du willst Liebe und Glück. Du willst Essen und alles, was das Leben bequem macht. Du willst ein Zuhause. Du willst eine Familie gründen. Du willst Spass und Unterhaltung. Du willst eine finanziell stabile Existenz. Du willst dein "drittes Alter" in würdiger Weise leben. Du willst gesund sein.

Du willst niemals durch einen Unfall sterben oder ernsthaft verletzt werden, oder gar behindert sein. Du willst Arbeit und deine Potentiale für Arbeit und Leben nutzen.
Du willst an Wochenenden auch gute Zeiten verbringen und gewiss willst du auch jedes Jahr tolle Ferien haben. Du willst niemals Krieg oder Terrorismus. Du willst niemals wegen Kontamination, Unterdrückung deiner inneren Konflikte, inneren Schmerzen oder ungelösten Problemen leiden wollen. Du

willst dich selbst authentisch leben und psychisch-geistig wachsen als Person. Du willst deine echte Erfüllung finden.

Wie kannst du dies alles erreichen, wenn du den Zustand der Menschheit und der Erde ignorierst? Wie kannst du dies alles erhalten, wenn du dein inneres Sein vollständig missachtest? Wie kannst du dies alles erreichen, wenn du mit deiner Lebensweise nicht enorm dazu beiträgst, die Schäden an den natürlichen Ressourcen, an der Umwelt, an der der Welt der Natur und Tiere und dem Klima drastisch zu reduzieren?

Du bist die Ursache für die riesigen Probleme der Menschheit und der Erde! Du zusammen mit Milliarden Menschen! Darum: du und Milliarden müssen mit einer neuen erfolgreichen Lebensweise entscheidend dazu beitragen, den Zusammenbruch der Menschheit und der Erde in 20-35 Jahren zu verhindern.

→ Indem du die Artikel liest, eröffnen sich dir neue Wirklichkeiten.
→ Indem du die Übungen liest, eignest du dir Lebenswissen an.
→ Indem du die Übungen durchführst, erkennst du dich selbst.
→ Indem du dein Ergebnis anschaust, beginnst du dich zu verändern.
→ Indem du dich veränderst und erweiterst, wächst du umfassend.
→ Indem du dein Sein erforschst, findest du Glück und deine Erfüllung.
→ Indem du dein Sein verstehst, eignest du dir Menschenkenntnis an.
→ Gehen viele Menschen diesen Weg, lösen sie die globalen Probleme.

Es gibt keinen besseren und effizienteren Weg zu Erfolg im Sein, Werden, Leben, Beruf und Business.

Es gibt keine höhere Erfüllung in der Wahrheit, weder in der Lebensphilosophie, noch in der Spiritualität, noch in der Religion.

Es gibt für die ganze Menschheit keine Rettung und Erlösung in Sinne der Heilsgeschichte ohne diesen inneren und lebenspraktischen Weg.

Ohne diesen Weg hat die Menschheit überhaupt keine Zukunft!

Dr. Eduard Schellhammer

1. Wissen

1.1. Lebensphilosophie und menschliche Werte

Der Kern einer positiven Lebensphilosophie

Die Wahrheit suchen hat eine philosophische, geistige und religiöse Bedeutung:

Die Wahrheit hat viel zu tun mit Selbsterkenntnis. Der Mensch erkennt zuerst sein eigenes wahres Gesicht. Wenn ein Mensch sich selbst vollständig kennt, erkennt er zuerst seine eigene Wahrheit. Und somit kann er die Wahrheit der andern Menschen erkennen. Denn Selbsterkenntnis ist die Grundlegung der Menschenkenntnis.

Nun, wir müssen erkennen, dass Selbsterkenntnis ein Wachstumsprozess ist. Daraus können wir folgern: Bewusstsein über Gott ist letztendlich das Resultat dieses Wachstumsprozesses.

Wir betrachten dies in einem breiten Verständnis: Die praktische Psychologie führt uns zum Prozess und durch den Prozess der Selbsterkenntnis; und damit auch zum Wachstumsprozess hin Richtung Gott. Oder andersrum gesehen: Ohne die Nutzung der Psychologie als Werkzeug für die Selbsterkenntnis, ist Gotteserkenntnis nicht möglich. Praktizieren der Psychologie meint in diesem Kontext: Selbsterkenntnis, Persönlichkeitsbildung und Individuation. Die Alternative zu Lebenslügen ist die Wahrheit des Lebens.

Ist dieses Verständnis der Wahrheit nützlich und richtig? Willst du dies überhaupt wissen? Dann musst du diesen Prozess der Selbsterkenntnis beginnen und somit musst du auch deine innere Welt erforschen. Das ist der Weg, um dies zu beweisen. Es ist auf jeden Fall ein guter Start. Das Resultat der Persönlichkeitsbildung ist weder politisch, noch religiös, noch esoterisch, noch spirituell zu klassifizieren.

Niemand wird ein Rassist, oder Sozialist, oder Kommunist, oder christlicher Sozialist, oder Christ, oder Moslem, oder Hinduist. Individuation führt uns nicht zu einer bestimmten psychologischen oder philosophischen Position im traditionellen Sinne. Niemand wird dadurch Schüler einer psychologisch-esoterischen Bewegung.

Die gesamte Theorie, die den psychologischen Organismus miteinschliesst, hat bindenden Charakter; aber die Modelle sind immer wieder durch die Wissenschaft zu revidieren, zu erweitern und auf mehr praktische Weise umzuformulieren.

Was ist die richtige Lebensphilosophie? Welche Institution lehrt die richtige Lebensphilosophie? Finde es heraus, indem du die folgenden Fragen beantwortest:

1. Sind die psychologischen Kräfte des Menschseins und der gesamte psychische Organismus umfassend betrachtet, gelehrt, geformt und verändert (durch diese Organisationen)?
2. Praktizieren die Institutionen und Lehrer die Methoden, die eine ganzheitliche Selbsterkenntnis, Selbsterneuerung und Selbstentwicklung durch innere Kräfte schaffen?
3. Praktizieren sie den inneren Weg, geführt und entwickelt durch die inneren Kräfte?
4. Erreichen und formen sie all jene psychischen Kräfte des Menschseins, die die Probleme, Leiden, Schäden und Kriege verursachen?
5. Führen sie den Menschen zur spirituellen Kraft, die Quelle des Lebens in jedem Menschen?
6. Erhält da jeder ein vertieftes Bewusstsein über alles, was als "religiös" erfahren wird?
7. Bauen Sie Frieden in der Welt von den Wurzeln auf, namentlich von den unbewussten Kräfte im Menschen?
8. Formen die Leiter solcher Institutionen (speziell Institutionen und Organisationen der Bildung) ihren eigenen psychischen Organismus und ihr Handeln, betrachtet im Lichte der tiefenpsychologischen Hintergründe?
9. Reflektieren die Leiter solcher Institutionen (speziell Institutionen und Organisationen der Bildung) die tiefenpsychologischen Wirkungen ihres starken Einwirkens auf das unbewusste Leben der Menschen?
10. Machen sie die Dynamik der Projektionen und die Art und Weise, wie man die eigene Libido an eine Institution, Person oder Lehre binden kann, bewusst?
11. Lieben sie das Menschsein mit dem psychischen Leben und lieben sie das Leben als einen Ausdruck des psychischen Lebens?
12. Fördern sie Autonomie, Selbstverantwortung, Individualität, kritisches Denken und die archetypischen Prozesse (Transformationen) des gesamten psychischen Lebens durch Individuation?

Die allerwichtigste Aussage über eine positive Lebensphilosophie heisst:
Leben auf dieser Erde ist ein Geschenk!

Die wichtigsten Fragen im Leben, die jeden berührt:

➔ Willst du leben?
➔ Sagst du "JA" zu deinem Leben?
➔ Wie schätzt du dein Leben?
➔ Was willst du mit deinem Leben tun?
➔ Was tust du mit dem Leben anderer Menschen?
➔ Auf welche praktische Weise sagst du "JA" zu deinem Leben?
➔ Auf welche praktische Weise sagst du "JA" zum Leben anderer Menschen?

Die 10 wichtigsten menschlichen Werte

Wir wollen hier die menschlichen Werte erforschen, indem wir einige einfache Fakten betrachten.

1. Zuerst einmal: du bist ein Mensch mit einem Körper und einer Psyche (Seele). Und dies ist der erste menschliche Grundwert. Mit andern Worten: dieser erste menschliche Grundwert muss geformt und umsorgt werden. Mensch zu sein ist in der Evolution des Lebens auf dieser Erde soetwas wie die Krone der Schöpfung.

2. Mensch zu sein auf dieser Erde, auf vielfältiger Weise zu leben und zu wachsen auf dieser Erde, ist ein enormes Geschenk. Die Möglichkeiten, das innere Leben zu entwickeln, und sich selbst wahrhaftig zu verwirklichen mit deinen Idealen, Interessen und Talenten sind unerschöpflich. Dies ist ein wichtiger menschlicher Wert.

3. Fakt ist: du bist auf diese Welt gekommen; und das bedeutet: du brauchst ein gewisses Umfeld, um auf gesunde Weise zu leben und zu wachsen. Das Umfeld gibt dir alles für das Leben und die menschliche Evolution. Dies meint: die Erde mit all ihren möglichen Ressourcen und Bedingungen für ein menschliches Leben hat höchsten Wert.

4. Als Mensch verdienst du es, in deiner Entwicklung und in deinem Leben geschützt und gefördert zu werden; und dies ab der vorgeburtlichen Zeit, hin zur Kindheit und bis zur letzten Stunde deines dritten Alters. Bildung ist nicht nur nötig um zu leben; sie ist auch eine Chance, unglaubliche Qualitäten des Menschseins und des Lebensumfeldes zu formen. Die Erde hat wesentlichen menschlichen Wert für vielfältige Variationen des Menschseins und seiner

Evolution.

5. Du hast einen psychisch-geistigen Organismus, genannt "Psyche" oder "Seele". Dieser Organismus hat einen bewussten und einen unbewussten Teil. Die einzelnen Funktionen sind zum Beispiel: das Ich, die Abwehrmechanismen, die Intelligenz mit variationsreichen Potentialen, eingeschlossen Sprache und Lernen, die Gefühle (die wir im konstruktiven und destruktiven Spektrum sehr wohl kennen) die psychischen Bedürfnisse (Sicherheit, Freiheit, Autonomie, Selbstverwirklichung, Liebe, Umsorgen, etc.), die Fähigkeit zu lieben, die Welt der Träume (die uns Botschaften vermitteln, geformt durch den inneren Geist), und eine grenzenlose Fähigkeit, etwas zu leisten. All diese psychisch-geistigen Funktionen können (müssen) in allseitiger Ausgewogenheit geformt werden. Diese Funktionen mit ihren Potentialen haben höchsten menschlichen Wert.

6. Eine Menschenseele, die auf diese Welt kommt, kann nicht entscheiden, wie die Eltern, Menschen, Gesellschaft, Religion und das Umfeld diese beeinflussen und in den Formungsprozessen bestimmen. Vieles mag falsch sein. Sehr schwierige Erfahrungen können schweres Leiden und gar Traumas schaffen. Ernsthafte Vorfälle wie zum Beispiel ein Unfall, oder Lebensbedingungen wie Armut können den Menschen auf sehr traurige Weise formen. Jedoch können die Menschen grundsätzlich davon frei werden, indem sie den Inhalt ihres Unbewussten umformen. Diese Chance ist ein wundervoller menschlicher Wert.

7. Die Erforschung des psychischen und geistigen Potentials führt zum Konzept der psychisch-geistigen Entwicklung, eingeschlossen die folgenden inneren archetypischen Prozesse der Seele:

- Das gesamte psychische Leben akzeptieren und sich diesem zuwenden
- Alle inneren Kräfte entdecken und formen
- Das wahre Selbst bewusst formen
- Den inneren Geist als Führungsinstanz integrieren
- Den Prozess des Sterbens und neu Werdens vollziehen
- Die Vereinigung mit dem inneren gegengeschlechtlichen Pol
- Die Integration der spirituellen Prinzipien
- Das Gleichgewicht zwischen dem inneren und äusseren Leben herstellen
- Die Erfüllung der Ganzheit und Vollständigkeit

Die folgenden inneren archetypischen Prozesse führen zu einem weit höheren spirituellen Zustand einer Person:

- Gott und seine Vielfalt erfahren

- Gottesbund mit dem Menschen
- Eine spezifische Bestimmung im Dienste Gottes erhalten (zum Beispiel Priester, religiöser Führer, höchster Lehrer)
- Die transzendente Welt der Seelen erfahren
- Bestimmt sein als Vertreter eines Messias oder Propheten
- Vollmacht vom inneren Geist, die authentischen Lehren und Praktiken weiterzuentwickeln

Nichts, absolut nichts auf dieser Erde und in der menschlichen Evolution seit Urzeiten und für alle Zeiten kann einen höheren menschlichen Wert haben als diese Archetypen der Seele, lebendig gemacht von den Menschen.

8. Die Menschen heute haben eine immense Menge an verschiedenen Produkten und technischen Werkzeugen hergestellt und werden solche herstellen zur Erleichterung des menschlichen Lebens und der Führung einer Gesellschaft. Schauen wir zurück in die Vergangenheit: Wie war das Leben vor 200 Jahren ohne Toilettenpapier und Handy? Wir folgern: Die Produkte und technischen Werkzeuge sind geschaffen für ein besseres Leben; sie sind objektiv absolut grossartig. Dies ist auch von hohem menschlichen Wert.

9. Für eine gesunde menschliche Entwicklung braucht der Mensch Liebe und er will lieben. Die Vielfalt der Liebe als ein praktisches und geistiges Potential ist unbeschränkt für die Menschen, die Welt der Natur und Tiere, und den Schöpfer, genannt "Gott" (was auch immer mit diesem Wort gemeint sein kann). Die Kraft der Liebe ist immens und im Wesentlichen auch (Motor) für die menschliche Entwicklung.

10. Eine andere Kraft der menschlichen Evolution ist der innere Geist, der Botschaften an die träumende Person schafft. Träume erzählen uns die Wahrheit über uns, andere Menschen, Religionen, Ideologien, Gesellschaft, die Erde, die Zukunft und Gott. Der Geist ist eine informative, organisierende und führende Kraft. Der Geist ist das Handlungsprinzip der Seele. Der Geist ist belebend, anregend und wohlwollend. Der Geist ist die Quelle der Weisheit. Der Geist ist die höchste Autorität und steht über allen Religionen und religiösen Lehren! Dies ist offensichtlich der höchste geistige Wert des Menschen. Der Geist drückt menschlichen Wert aus, weil jeder Mensch diesen Geist in sich hat.

Der Zustand der geformten Qualitäten der Individuen und der Menschheit insgesamt, und das, was die Menschen mit diesen menschlichen Werten tun, bestimmt die Gegenwart und die Zukunft der Menschheit. Mit andern Worten, ganz allgemein: Ignoriere diese menschlichen Werte und die Menschheit wird untergehen! Respektiere diese menschlichen Werte, und die

Menschheit wird in Evolution wachsen hin in Richtung einer guten Zukunft.

Liebe ist der zentrale Pfeiler des Menschenlebens

Die meisten Menschen übersehen schnell, dass die Liebe viel mehr ist als ein Gefühl. Liebe ist eine komplexe Leistung. Liebe ohne Verstand (Denken) hat kaum Chancen, etwas Standfestes zu leisten. Liebe ohne Geist ist strukturlos und hat keine innere Tiefe. Wer mit Geist leben möchte, muss lernen, die eigenen Träume zu deuten und richtig zu meditieren. Wer lieben will, muss mit Konzentration und Klarsicht in die innere und äussere Welt schauen. Liebe setzt auch einen Willensakt voraus. Wer Liebe lebt, schaut genau auf die echten inneren Bedürfnisse, auf sein Handeln, auf seine Psychodynamik und auf alle Gefühle. Im Rohzustand ist die Kraft der Liebe archaisch, instinkthaft, nichts als hirnphysiologisches soziales Muster.

Die Liebe ist eine vielseitig schöpferische konstruktive Lebenskraft. Die Liebe gibt dem Leben Sinn und Wert. Sie macht das Leben lebenswert und reichhaltig. Die Liebe ist der Schlüssel für viele scheinbar unlösbare Situationen. Die Liebe achtet das Leben vielseitig ausgewogen. Die Liebe wirkt in verschiedene Richtungen: für das eigene psychische Leben, für das psychische Leben des Partners, für das allgemeine Zusammenleben, für die Lebensraumgestaltung, für das politische und wirtschaftliche Leben, für die Kulturgestaltung und für das religiöse (spirituelle) Leben.

Wie kannst du andere lieben, aber dich selbst nicht? Wie ist es möglich, sich den Bedürfnissen anderer zuzuwenden, wenn du täglich viele deiner eigenen Grundbedürfnisse abwehrst und verdrängst? Wie kannst du die eigenen Gefühle missachten, diese aber beim Nächsten liebend schützen und fördern? Wie kannst du Geist im Leben ausdrücken, den eigenen inneren Geist jedoch unbeachtet lassen? Wie soll es möglich sein, Gott zu lieben, aber sich seiner eigenen psychischen Innenwelt nicht zuzuwenden? Wie kann ein Mensch Gott lieben, ihn verherrlichen und im Leben verwirklichen, aber das eigene psychisch-geistige Leben von sich weisen? Wie lehrt man die Wahrheit, ohne das eigene innere wahre Leben zu erkennen?

Die Liebe achtet das Leben vielseitig ausgewogen. Die Liebe integriert in der Gesellschaft die Welt der Kinder und der alten Menschen. Kranke und Invalide sowie alle, die beschränkte Fähigkeiten haben, können die Liebe entdecken und schöpferisch leben lernen, wie alle andern in der Gesellschaft. Die Liebe wirkt durch diese Vielfalt in verschiedene Richtungen: für das eigene psychische Leben, für das psychische Leben des Partners, für das soziale Leben, für den Lebensraum, für das politische und wirtschaftliche Leben, für das Kulturleben und für das religiöse (spirituelle) Leben.

Die Liebe ist eine schöpferische Kraft. Der Geist ist das ordnende und steuernde Prinzip der Liebe. Die Liebe ist das spezifisch Wesentliche der Menschennatur: als Möglichkeit, als Leistung und als Lebensform. Wenn das nicht tiefster Lebenssinn sein kann, was denn sonst kann es sein?

Die Liebe hat die Tendenz, alles zu transformieren, was der ausgewogenen inneren Ganzheit entgegenwirkt. Die Liebe tendiert, "Komplexe" im Unbewussten aufzulösen, äussere Wirklichkeiten denkerisch zu transformieren und die Gefühle lebensoffen zu pflegen. Die Liebe will ihren eigenen Wert im Leben durchsetzen und drängt zu Leistungen für Sinn und Werte, die über den individuellen Lebensrahmen hinausgehen.

Transformieren bedeutet: umbilden von psychischen Kräften, durchdringen hin zu geistigen Werten und alles äussere Leben im psychisch-geistigen Leben verankern, im Leben Sinn und Wert erkennen und leben. Das ist ein "Hin zur eigentlichen Wirklichkeit des menschlichen Lebens". Dies verlangt die Bildung des psychischen Lebens. Dazu gehören psychische Leistungen wie verarbeiten, versöhnen und auf etwas verzichten können zugunsten höherer Ziele im Kontext der psychisch-geistigen Selbstwerdung.

Liebe meint weiter, dass das eigene ganzheitliche Sein des Individuums erkannt und gelebt wird vernetzt mit der Menschengemeinschaft. Dieses Übersteigen der eigenen Einheit führt auch zum Lebensraum: Was innen im Menschen als archetypisches Ideal ist, soll aussen Ausdruck erhalten.

→ These: Liebe ist eine vielfältige kreative Kraft.
→ These: Liebe respektiert das Leben in vielfach ausgewogener Weise.
→ These: Liebe will ihre eigenen Werte durchsetzen.
→ These: Liebe hat die Tendenz, ein ganzheitliches Gleichgewicht zu schaffen.

Fähigkeiten sind nötig um zu lieben

Fähigkeiten zu lieben sind gegeben mit:

- Interesse am psychisch-geistigen Leben der Menschen aktiv pflegen.
- Das eigene psychisch-geistige Leben ernst nehmen und bewusst bilden.
- Die eigene Sinnlichkeit wertschätzen, pflegen und kreativ gestalten.
- Die eigenen Ressourcen wertschätzen, für das psychisch-geistige Leben nutzen.
- Die höchsten Werte des Menschseins in den Träumen und Kontemplationen suchen.
- Das lebendig Spirituelle in sich selbst und im andern (zusammen)

entdecken.

- Wachsam sein auf die destruktiven Kräfte des Unbewussten und des Denkens.
- Triebleben nicht verdrängen, vielmehr leben, in kreativen Formen ausdrücken.
- Die gesunden Bedürfnisse des eigenen Körpers achten und bewusst pflegen.
- Das Naturerleben regelmässig pflegen (aktiv) und dieses wertschätzen.
- Die Werte des Zusammenlebens (Familie, Freunde) bewusst pflegen und schützen.

Selbstliebe ist der Anfang jeder Liebe. Lieben hat zu tun mit Interesse haben, pflegen, zuwenden, fördern, wachsen lassen, schützen und stärken. Das tun sehr viele Menschen mit ihrem psychischen Leben so wenig wie mit ihrem realen Leben. Die Realität zeigt uns: Der Mensch verwirklicht wenig Selbstliebe.

Liebe hat viel zu tun mit Echtheit und Wahrhaftigkeit, mit Verständnis und Nachsicht für all die menschlichen Schwierigkeiten. Geduld mit sich selbst als Ausdruck der Selbstliebe, ist eine ungewohnte Vorstellung. Viele Menschen verwechseln Egoismus mit Selbstliebe.

Egoismus spaltet das ganzheitliche psychische Leben ab. Dies führt zu innerer Zerrissenheit und innerer Unfreiheit. Destruktivität ist die Auswirkung. Hass, Gier und Neid sind Folgen davon. Die Verneinung des psychischen Lebens führt zu Respektlosigkeit gegenüber der Liebe und dem Geistigen. Das bedeutet: Der egoistische Mensch liebt das wirkliche Leben wenig.

Durch Selbstliebe ist der Mensch fähig, Liebe im realen Leben zu leben. Man sieht an andern nur und kann nur fördern an andern, was man an sich selbst sieht und ernst nimmt. Wenn ein Mensch seine eigenen Bedürfnisse erkennt, und sich darum mit Verantwortung kümmert, kann er die Bedürfnisse von andern integrieren. Wenn jemand seine eigenen Träume bearbeitet, ist er fähig, Interesse für die Träume von andern zu haben. Wenn jemand sich selbst im psychisch-geistigen Wachstumsprozess formt, kann er denselben Prozess bei andern fördern. Wenn ein Mensch sich selbst liebt, dann liebt er andere auf dieselbe Weise: mit ihrem gesamten psychischen Organismus.

Liebe klärt bewusst, erfasst die Zukunft über das schnelle Vergnügen hinaus, versteht die Menschen aus einer allseitig ausgewogenen Sicht, und kann auch etwas leisten für andere und für die menschlichen Werte.

Das ist die Art und Weise, wie Selbstliebe sich transformiert in Liebe für andere Menschen. Die Liebe findet auch Ausdrucksformen im Umgang mit der Natur, mit Gütern, Tieren und Pflanzen.

Willst du geliebt werden? Willst du lieben? Bist du fähig zu lieben? Wie ist das Leben ohne die Liebe? Wie ist der Mensch, der nicht fähig ist zu lieben?

Erweitere und stärke deine Fähigkeiten zu lieben, indem du über die Liebe lernst und meditierst. Und lebe, was du über die Liebe lernst!

- Einstellungen über das psychisch-geistige Leben des Menschseins. Gib zwei Beispiele:
- Einstellungen über das Respektieren der gesunden Bedürfnisse. Gib zwei Beispiele:
- Einstellungen über Authentizität und Wahrhaftigkeit. Gib zwei Beispiele:
- Einstellungen über psychisch-geistige menschliche Werte. Gib zwei Beispiele:
- Einstellungen über geliebt zu sein. Warum willst du geliebt sein? Gib einige Gründe:

Liebe es, auf dieser Erde zu sein

Egal ob du reich oder arm, gesund, krank oder behindert, jung oder alt bist, du bist auf dieser Erde. Du hast eine Seele und du bist auf diese Erde gekommen um zu wachsen, dich selbst mit deinem innersten Sein und deinen Potentialen (Talenten) zu entdecken, deine Dispositionen zu entwickeln, deine Kapazitäten zu nutzen, Projekte zu realisieren, Kultur zu gestalten, und die Welt der Natur und Tiere zu entdecken.

Dies schliesst mitein: Spass haben, Sex geniessen, Kultur leben, andere verstehen, von andern lernen, deinen Lebensweg und deine Lebensfreude sowie deine Sorgen mit andern teilen.

Zu lieben, auf dieser Erde zu sein, bedeutet:

- Wertschätze dein körperliches Sein, dein psychisches Sein, deine Talente, deinen speziellen Charakter und deine spirituellen Potentiale.
- Wertschätze alles, was das Leben dir offeriert zu leben und dich zu verwirklichen, eingeschlossen die kleinen Dinge, die dir Lebensfreude geben können.
- Wertschätze alle Möglichkeiten zu lernen für deine Entwicklung, für deine Arbeit, für die Gestaltung deines Heimes, für das Zusammenleben mit deinem Partner, für Beziehung und Familie.

- Wertschätze, was die Gesellschaft dir geben kann: einen Rahmen für dein Leben, Infrastrukturen, eine kulturelle Identität, und viel mehr noch.
- Wertschätze die Geschichte deines Landes und deiner Kultur, und insbesondere die unzähligen Anstrengungen, die während Jahrhunderten alle Arten von Pionieren für ein besseres und angenehmeres Leben unternommen haben.

Aber lerne auch von der gegenwärtigen Situation und der naheliegenden Vergangenheit deines Landes. Lerne von den Fehlern! Lerne von der dunklen Seite des Lebens und der Menschen von gestern und heute! Lerne für deine Zukunft!

Auch wenn du arm und mittellos bist, kannst du die Welt nahe deinem Lebensraum entdecken: geniesse Parks, Museums, historische Monumente, einen See oder das Meer, Landschaften, Hügel und Gebirge. Es ist völlig unwichtig, ob du zu Fuss an irgendeinen Ort gehen musst, selbst wenn du Stunden brauchst, um dorthin zu gelangen.

Bist du arm, krank oder behindert, und unfähig die Welt um deinen Wohnort zu erkunden, dann kannst du dir deinen Wohnraum – deine Welt! – gestalten: gestalte diesen komfortabler und gesünder; ordne die Sachen und halte alles sauber; stelle viele Pflanzen überall hin, auch auf deinen Balkon; wenn du magst, kaufe kleine Haustiere wie zum Beispiel Kanarienvögel, ein Fischaquarium, kleine Schildkröten, oder irgendwelche anmessenen Haustiere. Entdecke die Welt mit Büchern und DVDs! Wenn du kannst, trage bei, dein Lebensumfeld (Nachbarschaft) besser zu machen! Hilf andern, ihre persönliche "Welt" zu entdecken und zu verbessern! Schade der Erde nicht! Verschmutze die Erde nicht!

Der Reiche, der Arme, der Gesunde, der Kranke und auch behinderte Menschen, einfach alle können ihren Lebensraum finden und gestalten, zur Freude auf dieser Erde zu sein. Es ist ein Geschenk, auf der Erde zu sein und niemals eine Strafe! Was tust du mit diesem Geschenk? Alle Frauen und Männer sind gleich.

Alle Frauen und Männer sind gleich

Alle Frauen und Männer haben:

- Ein bewusstes psychisches Leben mit Inhalten über sich selbst und das Leben.
- Eine einmalige Biographie mit vielseitigen (guten und schlechten) Erfahrungen.

- Gefühle in der ganzen positiven und negativen Vielfältigkeit.
- Widerstand, Abwehrmechanismen; und Fähigkeiten, Realitäten zu integrieren.
- Die natürliche Kraft zu lieben auf einem gewissen persönlichen Niveau der Reife.
- Natürliche, psychische, psycho-physische, soziale und spirituelle Bedürfnisse.
- Talente und Potentiale, vielleicht unterdrückt und ignoriert.
- Ein "Selbst" ("Ich") mit spezifischem Niveau an Selbstwert, Zuversicht, Kontrolle.
- Ein geformtes oder ungeformtes Selbstmanagement für alle Lebensbereiche.
- Eine unbewusste Psyche, sicher mit unterdrückten Konflikten und Komplexen.
- Eine sexuelle Selbstidentität, Trieb-integrierend oder Trieb-unterdrückend.
- Eine dynamische Lebensenergie, kontrolliert oder chaotisch/nicht berechenbar.
- Träume (nachts) Botschaften enthaltend: fordernd für Lernen und Wachstum.
- Eine Unmenge an gegensätzlichen Bildern über das andere Geschlecht.
- Wenig oder viel Wissen über das innere psychisch-geistige Leben und Sein.
- Ein bestimmtes eigenes Niveau an psychisch-geistiger Entwicklung.
- Ein "Über-Ich" mit Normen, Gesetzen, Haltungen, Glauben und Strafmustern.
- Eine gewisse Art und Qualität der verbalen und non-verbalen Kommunikation.
- Eine eigene Weise, mit Krisen und Konflikten umzugehen (oft nicht effizient).
- Reaktionsmuster auf Stress, Meinungsverschiedenheiten und Missverständnisse.
- Gewisse Lösungsmodelle für kritische Lebenssituationen, wirkungsvoll oder nicht.
- Einen einmaligen Ausdruck als ein Ganzsein und als eine Person (Natur, Charakter).

Beide Partner haben ein komplexes psychisches Leben. Die Biographie beider enthält ziemlich Unordnung, ist nicht bearbeitet und auf viele Dinge fixiert.
Beide haben Gewohnheiten, Talente und Abneigungen gegenüber vielem. Beide haben eine eigene Körperbeziehung, eine spezielle Art freudvoller Erfahrungsweisen, eine Art der Ernährung, einen Kleiderstil, spezielle Ausdrucksformen der Bewegung, einen Stil der Körperpflege, sowie eine eigene Beziehung zu Natur und Tieren. Eine Vielfalt an Haltungen,

Einstellungen und Werten formen eine gegensätzliche Ganzheit. Auch die Arten der Gefühle, der psycho-energetischen Dynamik und des Biorhythmus sind verschieden.

Beide Partner können in Stagnation (Stillstand) oder in einer Entwicklung ihrer Potentiale stehen. Beide haben auch unangemessen geformte psychische Funktionen. Und schliesslich gibt es unauslöschbare natürliche Unterschiede zwischen Frau und Mann.

Wenn der Mensch all diese Wirklichkeiten nicht managen kann, oder diese einfach ignoriert, dann ist das Codeprogramm geformt: Enttäuschungen, Streit, Konflikte und oft auch psycho-somatische Reaktionen.

- Weibliche psychologische Eigenschaften sind:
- Weibliche Arten der Umsorgung sind:
- Mänliche psychologische Eigenschaften sind:
- Männliche Arten der Umsorgung sind:
- Weibliche Arten, Menschen zu verstehen, sind:
- Männliche Arten, Menschen zu verstehen, sind:
- Weibliche Arten, kreativ zu sein, sind:
- Männliche Arten, kreativ zu sein, sind:

Lebe eine echte Spiritualität

Du kannst Millionen Bücher über Spiritualität und Esoterik finden; die meisten davon sind Ramsch für Kinder und naive Leute. Unser Verständnis über Spiritualität ist "auf der Erde", innerhalb des realen Lebens, und spricht die realen Aspekte des Menschseins an; und nicht irgendetwas in der Luft.

Auf der einen Seite hat Spiritualität mit menschlichen Werten zu tun, zuerst und vor allem mit Liebe und mit allem, was Liebe miteinschliesst. Alle menschlichen Werte sind in gewisser Hinsicht "spirituell". Liebe ist eine Qualität, ausgedrückt in Haltungen und bestimmtem Verhalten.

Wahrhaftigkeit zum Beispiel ist ein spiritueller Wert und schliesst gleichzeitig bestimmte Verhaltensmuster mitein.

Verhalten, das wesentliche menschliche Werte ausdrückt, verlangt von einem Menschen eine moralische Anstrengung, eingeschlossen manchmal auch Verzicht von etwas. In diesem Sinn sind auch gewisse ethische Charakteraspekte "spirituell".

"Spiritualität" als eine Dimension der Lebensweise steht im Gegensatz zur "physischen Realität". Der gesamte psychische Organismus ist in diesem Sinne "spirituell", weil wir nicht Bezug nehmen auf das Gehirn, dafür aber umso mehr auf die einzelnen psychischen Kräfte, wie zum Beispiel psychische Bedürfnisse, Träume, Kraft der Liebe, unterdrückte Konflikte und schmerzliche Erfahrungen, etc.

Da die Traumbotschaften vom inneren Geist geschaffen sind, verstehen wir die Traumdeutung auch als eine "spirituelle" Aktivität. Die Charakteristiken des inneren Geistes widerspiegeln auch Aspekte der Spiritualität. Ein Aspekt dieser wesentlichen Charakteristiken ist, dass diese Kraft die psychisch-geistige Entwicklung unterstützt und fördert; dazu ferner: das Bewusst-Werden über unterdrückte Angelegenheiten und das Wachstum hin Richtung einer allseitig ausgewogenen Person. Solche Qualitäten sind spirituell und jedem Menschen innewohnend – nicht aufgedrückt von aussen mit Mythen, Dogmen, oder irgendeinem Aberglauben.

Darum bedeutet Spiritualität leben:

- Menschliche Werte leben mit sich selber, mit andern, mit Natur, Tiere, etc.
- Einen moralischen Charakter haben und leben
- Den Weg der psychisch-geistigen Prozesse leben (Individuation)
- Verantwortlich sein für die Formung der eigenen inneren psychischen Kräfte
- Liebe leben für sich, den Partner, die Kinder, andere, die Natur, etc.
- Die verdrängten Konflikte und leidvollen Erfahrungen lösen
- Die eigenen Träume deuten und die Folgerungen daraus leben
- Meditation und Mental-Training mit allen Variationen praktizieren
- Die eigene psychische Energie mit den richtigen Techniken formen
- Ganz allgemein verantwortlich sein für die Folgen des eigenen Tuns
- Den Lebenssinn in Beziehung zum inneren Geist verstehen

Der Zustand der Menschheit und der Erde zeigt uns, dass die Spiritualität aller Religionen und aller spirituellen Konzepte zusammen unfähig sind, der Menschheit ein würdevolles Leben zu schaffen! Dies ist, weil sie alle den psychischen Organismus mit seinen Potentialen aus ihren Lehren und Praktiken ausschliessen.

Was ist der "Mensch"?

Heute bestimmen wir den Menschen mit seiner gesamten Psyche (das innere Leben) als ein Ganzes. Wir nennen dies den "psychisch-geistigen Organismus".

Viele nicht-physische Funktionen bestimmen das Menschsein: das Ich (Selbst), die Kontroll- und Entscheidungsinstanz, die Abwehr- und Projektionsmechanismen, die Intelligenz, die Fähigkeit zu denken und zu lernen, die Gefühle, die Fähigkeit zu lieben, die psychischen Bedürfnisse, das Gedächtnis, das Unbewusste, die Fähigkeit zu visualisieren (imaginieren), die Träume (nachts) mit dem "inneren Geist" (der die Traumbotschaften schafft), das bewusste und unbewusste Gewissen (mit Idealen, Werten, Normen, Einstellungen), das Bewusstsein (mit seinen Inhalten) und einige mehr unterstützende Funktionen. Alle diese Funktionen können auf zahllose Weise geformt werden; mit konstruktivem und destruktivem Resultat.

Der innere Geist ist der Anker und die machtvollste "absolute Intelligenz", die jeder in seiner Psyche hat. Die Prinzipien dieses inneren Geistes geben uns eine normative Orientierung für Bildung, Leben und auch für eine neue Politik ganz allgemein:

- Alle Funktionen sind zu formen (bilden) und dies ist ein natürliches Bedürfnis des Menschen.
- Die Formung einer Funktion muss in einer angemessenen Beziehung zu den andern Funktionen stehen.
- Das wertvollste Ziel des Lebens ist ein allseitig ausgewogener Zustand aller Funktionen.
- Das Unterdrücken und Vernachlässigen einzelner Funktionen hat immer destruktive Wirkung.
- Der innere Geist ist informativ, korrigierend, bildend, unterstützend und normativ.
- Der wesentlichste Lebenssinn ist die Formung des psychisch-geistigen Organismus.
- Liebe ist für das Leben und die Verwirklichung von Lebenssinn so wesentlich wie die Intelligenz.
- Ideale, Werte und Normen müssen mit diesen Funktionen angemessen vernetzt sein.
- Alles, was durch Ignorieren anderer Funktionen exzessiv und über-dominant ist, ist destruktiv.
- Die unbewusste Welt ist stärker als der bewusste Verstand und das bewusste Ego.
- Ein unbearbeitetes Unbewusstes bedeutet Ungleichgewicht und dies ist immer destruktiv.
- Ein unbearbeitetes kollektives Unbewusstes schafft Kriege und Weltzerstörung.
- Das reale Leben heute verlangt breite Bildungsprozesse bei allen Funktionen.
- Machtanspruch durch Ignorieren des Zieles eines allseitig ausgewogenen

Seins ist destruktiv.

- Das Ignorieren eines authentischen und echten Wachstums und Lebens endet in Krankheit und Zerstörung.
- Die Qualitäten und Werte aller Funktionen müssen höher stehen als äussere Werte.
- Es gibt keinen Frieden, kein Glück und keine Erfüllung ohne diesen Formungsprozess.
- Der Zustand der Menschheit und der Erde ist ein Ausdruck der falschen Formungsresultate.
- Wer Vergnügen, Besitz, Ruf, Prestige und Macht die Priorität gibt, der zerstört die Menschheit.

Dies ist die Chance für das fortgeschrittenste NEUE ZEITALTER in der Geschichte der Menschheit: die Menschen rund um die Welt adaptieren dieses neue Verständnis des Menschseins wie oben beschrieben – oder die Menschheit wird untergehen.

Was ist das Menschsein ohne diesen psychisch-geistigen Organismus? Es ist Humanbiomasse! Willst du wirklich Humanbiomasse sein und die Menschen als blosse Humanbiomasse verstehen?

Der psychische Organismus	Beschreibe, welche Defizite in der Formung du erkennst:
das Ich (Selbst)	
die Kontroll- und Entscheidungsinstanz	
die Abwehr- und Projektionsmechanismen	
die Intelligenz	
die Fähigheit zu denken und zu lernen	
die Gefühle	
die Fähigkeit zu lieben	
die psychischen Bedürfnisse	
das Gedächtnis	
das Unbewusste (Verdrängte, ungelöste	

vergangene und gegenwärtige Konflikte)	
die Fähigkeit zu visualisieren (imaginieren)	
die Träume mit dem "inneren Geist" (der die Traumbotschaften schafft)	
das bewusste und unbewusste Gewissen (mit Idealen, Werten, Normen, Einstellungen)	
das Bewusstsein (mit seinen Inhalten)	

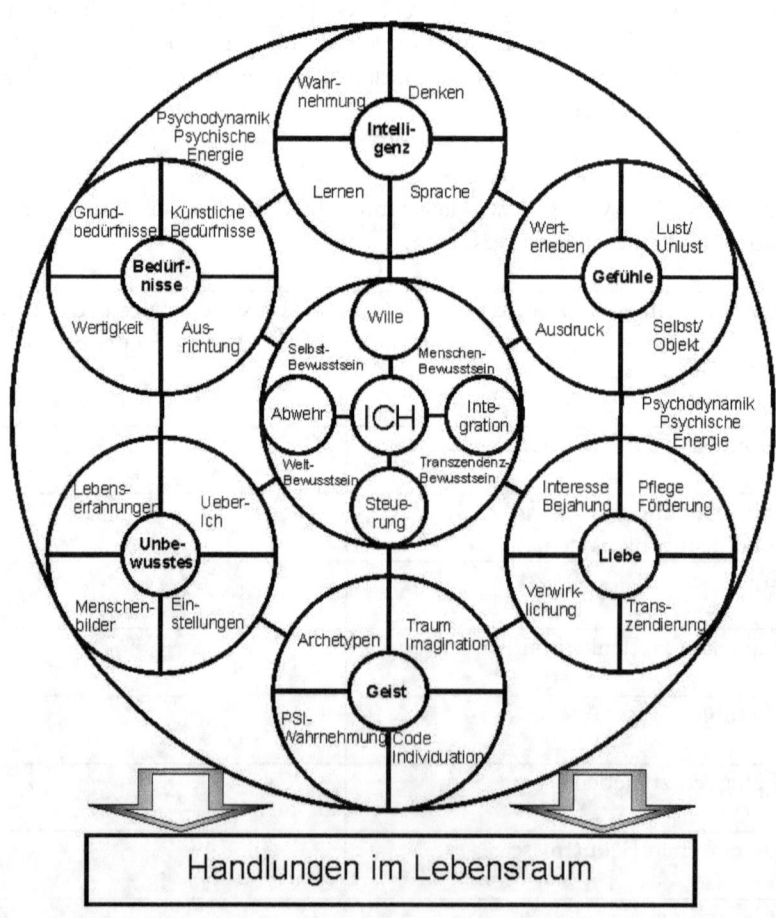

Globale Individuation

Erschaffe dir deine eigene neue Welt und du wirst die Welt verändern! Geist, Liebe und Selbsterfüllung sind die unerlässlichen Lösungen für die Menschheit und die Erde!

- Der unumkehrbare Wendepunkt für die Menschheit und die Erde ist sehr nahe!
- Jeder sieht die riesigen Probleme der Menschheit und will eine neue Welt!
- Evolutionäres Leben schliesst Selbsterkenntnis und Selbsterfüllung mitein!
- Spiritualität und Religionen müssen die lebendigen Archetypen der Seele integrieren!
- Die kollektiven Alpträume über die Menschheit und die Erde sind erschreckend!
- Ein neuer globaler Geist für Frieden in der Welt ist nötig für die Evolution der Menschen!
- Träume und der innere Geist sind die wertvollsten Quelle des Menschenlebens!
- Die einzige Lösung für die Menschheit und die Erde ist die globale Individuation!

Individuation hat einen starken Fokus auf die Menschheit und die Erde:

- Offenheit zu lernen und Bereitschaft für Veränderungen im kollektiven Interesse.
- Flexible Integration der Wirklichkeiten, bei Respektieren der Netzwerke.
- Mit sozialen Fähigkeiten leben in der Verantwortung für Gesundheit und Umwelt.
- Effizientes Selbstmanagement formen für alle Lebensangelegenheiten.
- Befreiung des Generationenschicksals: für eine evolutionäre Zukunft.
- Harmonie zwischen innerem und äusserem Leben schaffen – statt Egoismus.
- Bewusstsein über das Netzwerk der inneren Welt mit den äusseren Welten.
- Menschheit als Gemeinschaft auf dem kollektiven spirituellen Weg verstehen.
- Solidarität mit der Gemeinschaft in allen menschlichen Grundbedürfnissen.
- Menschsein in spiritueller Sicht der kollektiven Evolution verstehen.
- Selbstkontrolle innerhalb der inneren und äusseren Welt für Konstrutivität.
- Bereinigung des Unbewussten für inneren und äusseren Frieden.
- Auflösung und Ausgewogenheit aller inneren Gegensätze für Frieden.
- Relevantes Wissen über die Komplexität der inneren und äusseren Welt.
- Vielseitiges Bewusstsein über die Menschheit und den Zustand der Erde.

- Differenzierte Wahrnehmung der eigenen und fremden Wirklichkeiten.
- Lebensenergie stärken und Ziel-orientiert nutzen für ein besseres Leben.
- Bewusst und mit Verantwortung und Liebe leben für alle und die Welt.

Globale Individuation, die den Weg der archetypischen Prozesse der Seele folgt, ist die unglaubliche Lösung für die Menschheit und die Erde!

→ Individuation enthält das höchste Verständnis über das Menschsein, und das Leben auf der Erde; auch für Politiker.

→ Individuation beinhaltet das spirituelle Verstehen des Menschseins und des Lebenssinns für alle Religionen.

→ Individuation ist der unerlässliche psychisch-geistige Weg für alle Amtsinhaber in allen Religionen und in jedem Konzpet der Spiritualität.

→ Individuation ist der kollektive Heilsweg! Ein Konzept, das in allen kulturellen Ausdrucksformen gelebt werden kann.

Wenige Jahre bleiben noch, um die globale Individuation zu starten. Wenn 500 Millionen Menschen diesen Weg gehen, dann wird die Welt sehen, dass dies der wirklich einzige Weg ist, die Menschheit und die Erde zu retten. Weitere 20 Jahre müssen folgen, um die ganze Welt zu erneuern. Dann wird die globale Evolution der Menschheit für die folgenden Generationen in eine gute Zukunft führen.

Oder fahre fort, so zu leben wie bisher, und die Menschheit und die Erde sind für immer verloren.

1.2. Erneuerung und Veränderungen

Archaisches Menschsein

Dieses Menschsein ist charakterisiert durch die Verneinung des psychischen Lebens, durch Vernachlässigung und Verwahrlosung des psychischen Organismus, durch Unterdrückung von Liebe und Geist. Gleichzeitig ist der archaische Mensch mehr oder weniger vollständig gebunden an sein unbewusstes psychisches Leben.

Die Folgen sind Zerrissenheit (innere Konflikte) und Zersetzung, innere Unfreiheit und infantile Abhängigkeit. Ein solches ungebildetes und fehlgebildetes psychisches Leben drückt sich aus durch Gier, Neid, Hass, Zerstörung, Ausbeutung, Gewalt, Skrupellosigkeit, Ignoranz, Arroganz, Glauben und Dogmen und Ideologien, Despotismus und Ego-Zentrismus.

Die wesentlichsten Charakteristiken sind:

- Ignorieren der Psyche als das eigentliche Leben; somit kein ganzheitliches Wachstum.
- Ablehnung des inneren Geistes und der Leistungsfähigkeit der Kraft der Liebe.
- Bedrängt von verdrängten Belastungen und somit Tendenz zu starken Projektionen.
- Ein Leben ohne Träume, Imagination, Kontemplation und Introspektion.
- Nur partiell bewusste Bildung der psychischen Kräfte – wenn überhaupt.
- Abwehr und Verdrängung von allem Unangenehmen, von Schwachem und Andersartigem.
- Weitgehend "unbewusst" Leben, d.h. ohne Bewusstsein über das psychische Innenleben.
- Verankerung des Lebens und der Lebenskultur in Ideologien, Dogmen, Fundamentalismus.
- Umfassendes Fixiertsein an materielle Güter, an Erlebnisse (Fun) und äusseren Sicherheiten.
- Undifferenziertes einseitiges Erleben der Liebe, der Lust, des Sinneserlebens.
- Höchsten Wert haben äussere Leistungen, hat die Gewinnvermehrung und das Extreme.

Wird eine Gesellschaft von archaischen Menschen gestaltet, dann kann man das Resultat an der Umwelt erkennen.

In welcher Weise musst du dich selber als „archaischer Mensch" erkennen? Gib Beispiele:

Evolutionäres Menschsein

Die wesentlichsten Charakteristiken sind:

- Bejahung des psychischen Lebens und bewusste Bildung aller psychischen Kräfte.
- Befreiung von inneren Belastungen der Biographie und zunehmend frei von Projektionen.
- Bearbeitete Bilder im Unbewussten, die das Leben konstruktiv-progressiv fördern.
- Regelmässige Innenorientierung durch Traumdeutung, Imagination und Kontemplation.
- Integration und Bearbeitung des Unangenehmen, des Schwachen und Andersartigen.
- Gestaltung der Beziehungen, der Politik, Wirtschaft (u.s.w.) aus der Individuation.
- Umgang mit der Natur- und Tierwelt, der Lebensumwelt mit Geist und Liebe.
- Differenzierte Entwicklung und Nutzung der Kraft der Liebe und des Geistes.
- Hohe Flexibilität und innere Freiheit gegenüber materiellen Gütern und äusseren Werten.
- Höchste Werte haben psychisch-geistige Leistungen, geprägt von Liebe und Geist.

Wird eine Gesellschaft von evolutionären Menschen gestaltet, dann kann man das Resultat an der Umwelt erkennen.

In welcher Weise kannst du dich selber als „evolutionärer Mensch" erkennen? Gib Beispiele:

Pflege was dich zu einem Menschen macht

"DER PSYCHISCHE ORGANISMUS". Was assoziieren Sie damit?

Das Insgesamt aller psychischen Kräfte kann als psychisches System betrachtet werden. Wir bezeichnen diese Wirklichkeit mit: "DER

PSYCHISCHE ORGANISMUS".

Die einzelnen psychischen Kräfte können in "Klassen", "Gruppen" bzw. in "Subsysteme" zusammengefasst werden. Die einzelnen "Subsysteme" sind nachfolgend aufgelistet.

Beschreibe die Qualitäten deines geformten psychischen Organismus:

Die Handlungen in der äusseren Lebenswirklichkeit

- Die Psychodynamik und ihre psychische Energie
- Das Ich und seine Hilfsfunktionen (z.B. Wille, Abwehr)
- Die Intelligenz (von der Wahrnehmung bis zum Denken und Lernen)
- Die Gefühle (das ganze Spektrum von der Liebe bis zu Hass)
- Die Bedürfnisse (psycho-physische, psychische)
- Das Unbewusste, einschliesslich das Gewissen
- Der Geist in Traum, Imagination und Kontemplation
- Die Kraft der Liebe mit all ihren Leistungsmöglichkeiten

Kennst du ein weiteres System, das hier aufgeführt werden sollte? Welches?

Die wechselseitige Beeinflussung der einzelnen psychischen Kräfte ist vielfältig; dazu einige Beispiele (die Sie noch ergänzen können):

- Gefühle beeinflussen das Denken
- Bedürfnisse steuern die Wahrnehmung und die Handlungen
- Die Wahrnehmung ist von Wünschen mitbeeinflusst
- Unbewusstes wirkt auf das Gefühlsleben und auf das Denken
- Die Liebeskraft wirkt auf die Gefühle und das Denken
- Das Traumleben wirkt auf die Stimmungen
- Die Psychodynamik ist bestimmt durch Gedanken und Erleben
- Die Handlungen werden von den inneren psychischen Kräften bewirkt
- Was im Bewusstsein ist, wirkt auf das Selbsterleben.
- Verdrängung und Unterdrückung spannen die psychische Energie an.

Beschreibe die Qualität deines geformten psychischen Organismus:

Gib dir jetzt eine Chance

Ein Leben ohne Liebe und ohne Geist ist gekennzeichnet von Egozentrismus, Narzissmus, Selbstzufriedenheit, Arroganz. Wo keine Liebe ist, ist Leere, Trauer, Schmerz, Lebensablehnung, Gier, Geistlosigkeit, Ungleichgewicht.

Unglaublich gefährlich für den einzelnen sind: Borniertheit, Naivität, Ignoranz, Blindheit und grossmäulige Show. Und damit kannst du den Geist in deiner Seele wegschmeissen und sicher niemals die Selbsterfüllung finden.

Was ist der Mensch ohne Liebe und Geist? Er ist ein biologischer Organismus. Sei nicht überrascht, wenn Weltführer in Politik, Militär, Industrie, Handel, Ökonomie, Religionen und Sekten auch dich als einen Organismus betrachten, den es für ihre Interessen zu züchten gilt. Sei ein mentaler Sklave. Oder finde dich selbst! Lebe Trieb-getrieben, vom unbereinigten Unbewussten codiert, oder mit Liebe und Geist. Lebe Lebenslügen. Oder arbeite an deiner Selbsterfüllung!

Was ist der Mensch, der nicht auf dem Weg der Selbsterkenntnis und Selbsterfüllung ist? Er lebt im Chaos und in Unbewusstheit.

Nichts kann ferner von Geist sein, als ein Menschsein ausserhalb des Prozesses der Selbsterfüllung. Ohne Geist ist der Weg ein endloser Irrweg. Der Markt offeriert dir 10'000 Irrwege!

Du willst vielleicht hier dazugehören

- Die meisten kennen sich selbst auf einem Niveau von 3-5 %; den Rest meiden sie zu sehen.
- Die meisten denken nicht über ihr Morgen und das innere Netzwerk ihres Lebens nach.
- Die meisten meinen, dass sie total richtig sind mit der Art ihres Denkens und Urteilens.
- Die meisten haben keine Ahnung über ihre unbewusste innere Welt – ihr wahres Sein.
- Die meisten glauben, es genüge, was sie gelernt haben; aber das ist nur blinder Starrsinn.
- Die meisten können nicht unterscheiden zwischen verblendender Erscheinung und Realität.
- Die meisten wollen spirituell, religiös, ideologisch und esoterisch betrogen werden.
- Die meisten wollen nichts lernen für Liebe, Geist, Freude, Glück, Frieden, und Gleichgewicht.
- Die meisten haben nicht das nötige Wissen und die Fähigkeiten für ihre Selbsterfüllung.

Niemals findest du dein Glück und deine Selbsterfüllung ohne Liebe und ohne Geist!

Niemals wird die Menschheit und die Erde eine Zukunft haben ohne Liebe und ohne Geist!

Du hast verschiedene Optionen, dich mental, geistig (oder religiös) führen zu lassen und ein Anhänger (Nachläufer) zu sein:

- Folge dogmatischen und fundamentalistischen religiösen Lehren und Praktiken aus althergebrachter Zeit.
- Folge fanatischen Predigern, selbsternannten Propheten, oder psychopathischen spirituellen Shows.
- Folge skurrilen spirituellen Meistern oder Sekten, praktiziere New Age Lebensstil, oder erfülle 1000 Regeln.
- Folge den manipulierenden Werbungen über Konsum, Spass, Geld, Wettkampf, Macht, Erfolg, u.s.w.
- Und damit kannst du den inneren Geist in deiner Seele wegwerfen; und so wirst du niemals deine Erfüllung finden!

Oder was denn könnte dein Weg sein? Es ist deine Individuation!

Schaffe dir deinen Wendepunkt im Leben

Der erste grosse Wendepunkt im Leben ist die Erkenntnis: "Ich habe ein psychisches Innenleben." Der zweite grosse Wendepunkt folgt auf die gründliche Selbstbesinnung: "So will ich nicht weiterleben! Ich will mehr aus meinem Leben machen!" Und die dritte grosse Erleuchtung formt sich nach der ersten bewegenden Selbsterkenntnis: "Jetzt muss ich über längere Zeit an mir arbeiten, damit ein neues Leben wachsen kann."

Was bringt denn dieses "neue Leben" so alles mit sich? Man lebt zum Beispiel immer mehr das eigene Leben, statt dasjenige der andern. Die eigene Lebensweise und die gesamte eigene Weltbewältigung vollziehen sich von innen und sind insofern ein authentischer Selbstausdruck. Der Selbstwert nimmt zu. Die Ichstärke festigt sich innen. So wird das Selbstbild erweitert und nebenbei wird auch die Fremdwahrnehmung realistischer. Das geht natürlich alles nur in kleinen Schritten. So ist das echte Leben!

Im "neuen Leben" erhält das Innenleben eine Ordnung. Das Denken wird klarer, freier und vor allem kreativer. Frustrationen und Ärger können leichter ertragen werden. Die Verarbeitungskapazität nimmt zu. Das innere Gleichgewicht kann schneller gefunden werden, auch bei argen Stürmen im Leben. Die inneren Komplexe, die eine Depression oder Zwänge oder Ängste oder sonstige Störungen verursachen, werden abgebaut. Die biographische Aufarbeitung ist Psychokatharsis. Sie wirkt befreiend und schafft Erneuerungen im Innern und im realen Leben. Daduch werden neue Energien freigesetzt. Wandlung bewirkt Wende!

Im Laufe dieser Umwandlung klärt sich der eigene Lebensweg. Dann können neue Lebensperspektiven geformt werden. Eigene realistische Visionen werden zur Antriebskraft für neue Lebensprojekte. So nebenbei baut sich neues Lebenswissen auf, entfalten sich schlummernde Fähigkeiten und festigen sich die Lebenskräfte. Mit einer neu gefundenen Lebenskultur (Lebensweise) kann das authentische Menschsein verwirklicht werden.

Nach der Mitte dieses Arbeitsprozesses folgt wieder ein Wendepunkt: Der Mensch findet sein inneres Zentrum. Die umfassende innere Erneuerung ist erreicht. Der seelische Hunger wird stillbar. Die Beziehung zum Körper und zur Lust wird positiv und grundsätzlich lebensbejahend aufgefasst. Die echte Liebesbeziehung wird möglich. Interessen, Neigungen, Bedürfnisse und Wünsche sind allseitig ausgewogen. Das Ich kann das psychische Leben managen und wird von diesem auch getragen. Und irgendwann am Ziel ist die Ganzheit des neuen Seins und Lebens erreicht.

Was mehr erwartest du von deiner Selbsterfüllung in deinem Leben?

Sei immer in Veränderungsprozessen

Du kannst dich entfalten, von Grund auf erneuern und in diesem Sinne verändern, wenn du willst. Leiste etwas für dieses Ziel!

15 Thesen begründen Hoffnung für ein gutes Leben:

1. Du kannst deine Erwartungen verändern, diese den realistischen Möglichkeiten anpassen.
2. Du kannst das Bild, das du über dich selbst hast, mit Selbstwahrnehmung verändern.
3. Du kannst deine Begabungen und Möglichkeiten entsprechend dem Umfeld verwirklichen.
4. Du kannst Konflikte mit dir selbst, mit deinem Lebenspartner und dem Leben generell lösen.
5. Du kannst eine grössere Zufriedenheit mit dir selber und dem Leben durch Lernprozesse erreichen.
6. Du kannst Gefühle und Haltungen, die Veränderungen behindern, klären und auflösen.
7. Deine Aufrichtigkeit und Ehrlichkeit dir selber gegenüber bewirken Veränderungsprozesse.
8. Du kannst starre Einstellungen und für das Leben ungeeignete

Überzeugungen verändern.

9. Du kannst Egozentrismus, Narzissmus und falschen Stolz durch Selbstreflexion verändern.
10. Je mehr du dich selbst annehmen kannst, dest mehr schaffst du Veränderungen, wenn du dich verbessern willst.
11. Du kannst überhöhte Ideale, Illusionen über dich selbst, über Gott und das Leben verändern.
12. Deine kritische Reflexion über die Inhalte des Bewusstseins ist der Motor jeder Veränderung.
13. Du kannst deine Biographie aufarbeiten und damit Veränderung in Richtung Freiheit und Authentizität schaffen.
14. Du kannst destruktives Verhalten durch Selbstreflexion und Psychokatharsis verändern.
15. Du kannst auch allerschwierigste, verworrene Situationen im Psychischen und im Leben bearbeiten.

Du kannst dich und dein Leben verändern zu mehr Echtheit, mehr Liebe, mehr Zufriedenheit und mehr Glück. Aber ein bisschen musst du auch wollen und dazu dich selbst motivieren. Gute Ziele erfüllen sich nicht von selbst. Veränderung des eigenen Menschseins und Lebens in Richtung immer mehr Qualität führt gleichzeitig zu einer echten Lebenserfüllung. Hoffnung, Bewegungsfähigkeit und Initiative kann jeder aktivieren.

Wenn du dich nicht verändern willst, bleibst du in Stagnation stecken und dann fällst du in Regression!

15 Tipps für Änderungen

1. Der Mensch kann seine Erwartungen in bezug auf sich selbst, die andern und die Welt verändern, diese immer mehr den realistischen Möglichkeiten anpassen.
2. Der Mensch kann das Bild, das er über sich selbst hat in dem Masse verändern, wie er sich immer wahrhaftiger wahrnimmt und entfaltet.
3. Der Mensch kann durch Selbstbildung seine Neigungen, seine Begabungen und Möglichkeiten verwirklichen, soweit der Lebensrahmen dies ermöglicht.
4. Es ist durchaus möglich, Konflikte mit sich selbst, mit dem Lebenspartner und dem Leben generell zu lösen. In diesem Prozess verändert sich auch der Mensch.
5. Eine grössere Zufriedenheit mit sich selbst und dem Leben ist möglich, wenn der Mensch lernt, immer mehr sich selbst mit und durch das DU zu leben.
6. Gefühle, die Veränderungen behindern - wie zum Beispiel Neid, Gier,

Hass, Selbstzweifel -, können geklärt werden, um so den Prozess von Veränderungen möglich zu machen.

7. Eine grössere Aufrichtigkeit und Ehrlichkeit sich selbst gegenüber ist jedem möglich, wenn er dies nur will. Damit beginnt schon eine Veränderung seines Menschseins.

8. Starre Beschränkungen, rigide Einstellungen und unausgewogene Überzeugungen können aufgelöst werden, damit sich das psychische Leben entfalten kann.

9. Egozentrismus, Narzissmus und falscher Stolz behindern Veränderungen solange, bis der Mensch bereit ist, sich selbst systematisch und gründlich zu reflektieren.

10. Immer mehr sich selbst annehmen können, ist Voraussetzung für Veränderungen. Die Bejahung des Soseins ist der Anfang jeder Veränderung.

11. Überhöhte Ideale, Illusionen über sich selbst, über Gott und das Leben kann man kritisch reflektieren und dadurch zu echten realistischen Bildern verändern.

12. Eine kritische Reflexion über die Inhalte des Bewusstseins - über sich, die andern, das Leben und die Transzendenz - ist der Motor jeder Veränderung.

13. Die Aufarbeitung der Biographie ist das tägliche Werk der substantiellen Veränderung zu einem neuen Menschsein mit innerer Freiheit, mit Würde und Demut.

14. Destruktives Verhalten aller Art ist meist von der Umwelt und vom eigenen Unbewussten gesteuert. Wer sich dieser Wirklichkeit zuwendet, wird sich verändern können.

15. Auch allerschwierigste und verworrene Situationen im Innerpsychischen und im realen Leben lassen sich soweit bearbeiten, dass ein Mensch sich verändern kann.

Folgerung: Der Mensch kann sich und sein Leben verändern zu mehr Echtheit, mehr Liebe, mehr Zufriedenheit, mehr Erfüllung, mehr Glück. Aber ein bisschen muss er auch wollen und sich dazu selbst motivieren.

Gute Ziele erfüllen sich nicht von selbst. Veränderung des psychisch-geistigen Menschseins Richtung immer mehr Qualität führt gleichzeitig zu einer echten Lebenserfüllung. Hoffnung, Bewegungsfähigkeit und Initiative kann jeder aktivieren. Der Mensch hat die Wahlfreiheit, in der Lebenslüge oder in der Wahrhaftigkeit des psychisch-geistigen evolutionären Menschseins zu leben.

Du bist geformt und du kannst dich selbst weiter formen als Person:

● Negative Formung:	● Positive Formung:
▪ lerngehemmt, lernblockiert	▪ lernoffen
▪ undifferenziert	▪ differenziert
▪ unbewusst	▪ bewusst
▪ ungeordnet, chaotisch	▪ geordnet, strukturiert
▪ nicht oder schlecht steuerbar	▪ steuerbar
▪ unausgewogen	▪ ausgewogen
▪ unberechenbar	▪ berechenbar
▪ destruktiv	▪ konstruktiv
▪ einseitig	▪ vielseitig
▪ unterdrückt	▪ entfaltet/berücksichtigt
▪ abwehrend	▪ integrierend/integriert

Beschreibe positive Formungen, die du bis heute erfahren hast:
Beschreibe negative Formungen, die du bis heute erfahren hast:
Beschreibe wünschbare Veränderungen von geformten Zuständen:

28 Positive Einstellungen dem Leben gegenüber

Falsche Einstellungen gegenüber dem Leben sind:

▪ Zuviel Denken schafft nur Probleme. Die Zukunft ist heute unwichtig.
▪ Über die Lebensweise nachdenken ist nicht wichtig.
▪ Mit positiv denken lassen sich fast alle Probleme lösen.
▪ Die Kirche weist den Weg. Alles Leben ist in Gottes Händen.
▪ Die Partei löst die Probleme der Menschen.
▪ Sex ist für jene, die das nötig haben. Alles ist erlaubt, was Spass macht.
▪ Die Politiker haben die Probleme im Griff.
▪ Arbeit und Leistung haben höchste Priorität.
▪ Nur Sachverstand ist wichtig. Gefühle stören das Leben.
▪ Das Leben ist so, wie es ist. So leben, wie es gerade kommt, ist richtig.
▪ Die Vergangenheit ist vorbei; wozu da noch verweilen?

- So richtig im Stress sein, ist gesund. Hin und wieder "Gas geben" tut gut.
- Wissenschaftliche Forschung bringt den Fortschritt.
- Laster darf jeder haben, solange er damit andere nicht stört.
- Pech gehabt, wer krank wird. Unfälle sind Schicksal.
- Im Gesetz ist des Menschen Erlösung.
- Psychologie ist für schwache Menschen. Träume sind unwichtig.
- Problemmenschen sind eben problematische Menschen.
- Kriege gab es immer schon und wird es immer wieder geben.
- In Sachen Umweltschäden wird enorm übertrieben.

Beschreibe in einem Überblick, warum diese Einstellungen gegenüber dem Leben nicht effizient und absolut nicht akzeptabel sind:

Positive Einstellungen gegenüber den Leben sind:

1. Wenn ich ein Problem habe, dann befasse ich mich systematisch damit.
2. Ich überlege, welcher Zeitpunkt gut ist, mich mit Schwierigkeiten zu befassen.
3. Wenn ich mich zur Reflexion zurückziehe, dann schalte ich Störfaktoren aus.
4. Ich entspanne mich mit Methode.
5. Ich wende eine Technik an, mit der ich meine Gedanken loslösen kann.
6. Wenn mich Erinnerungen beschäftigen, versuche ich diese zu verstehen.
7. Ich führe ein Tagebuch/Traumtagebuch/Arbeitsheft.
8. Ich habe so meine "Tricks", wie ich mit mir in schlechter Stimmung umgehe.
9. Ich weiss, zu welcher Tageszeit ich für welche Aufgaben disponiert bin.
10. Ich deute meine Träume.
11. Ich meditiere nach genauen Regeln und Arbeitsschritten.
12. Ich reguliere Nähe und Distanz zu den Gegebenheiten des Alltags.
13. Ich habe Meditationsmusik zu Hause und nutze sie.
14. Ich formuliere meine inneren Schwierigkeiten und Stimmungen.
15. Ich habe eine Ecke in meiner Wohnung, wo ich schreibe und studiere.
16. Ich kaufe regelmässig Bücher zur Erweiterung meines Horizontes.
17. Ich habe eine gute Selbstkontrolle beim Telefonieren.
18. Ich steuere mich bewusst im persönlichen Gespräch mit andern.
19. Wenn mich etwas beschäftigt, dann befasse ich mich systematisch damit.
20. Ich kann es annehmen, wenn ich Schwierigkeiten mit mir habe.
21. Ich nehme mir Zeit, meine Lebensgestaltung zu überblicken.
22. Ich führe eine Liste über die kleinen Dinge, die zu erledigen sind.
23. Ich meditiere über archetypische Symbole.
24. Ich pflege und erweitere bewusst meine Selbstidentität als Mann/Frau.
25. Ich nehme mir bewusst Zeit, allein zu sein.

26. Ich achte auf meine Ernährungsweise.
27. Ich bringe in meine Freizeit Abwechslung ein.
28. Ich habe einen guten Überblick über das, was mein Leben enthält.

Beschreibe in einem Überblick den Bedarf, deine Einstellungen gegenüber dem Leben zu verbessern:

Praktiziere Individuation

Markiere, womit du einverstanden bist und was du leben möchtest:

- Systematische und breite Selbsterkenntnis, speziell nach innen orientiert.
- Eine feste, dynamische, positive Sebsterfahrung im Alltag und sozialen Leben.
- Freisein von Verdrängung und Projektion; objektive Wahrnehmung und Information.
- Bewusst geformte und integrierte Willenskraft, ausgerichtet auf feste Ziele.
- Eine Biographie mit gut bearbeiteten Erfahrungen, mit Weisheit, Fähigkeiten.
- Kontrolle der Gefühle im ganzen Spektrum von positiv und negativ fürs Leben.
- Unterdrückte und ignorierte Potentiale für Selbstverwirklichung integrieren.
- Ein "Selbst" formen mit Selbstwert, Selbstvertrauen, und Selbstkontrolle.
- Keine Lebenslügen: Acht geben auf Innenleben; mit vortrefflichen Werten.
- Ein kreatives und konstruktives Denken, klarer Wortgebrauch für gutes Resultat.
- Flexible und vitale Psychodynamik; frei von gespannten Gegensätzen, für Erfolg.
- Alltagsverhalten, das bewusst verbunden ist mit dem psychischen Organismus.
- Differenzierte Qualität der verbalen und non-verbalen Kommunikation.
- Einmaliger Ausdruck als Gesamtperson erreichen (Natur, Charakter, Kraft).
- Fähigkeit zu lieben und geliebt zu werden; bereit, im Alltag damit zu handeln.
- Psychische Bedürfnisse befriedigen, ausgewogen mit Forderungen des Lebens.

- Persönliche Entwicklung mit Intelligenz, Liebe und Geist, im Lebensrahmen.
- Psychische Kräfte formen zu konstrukiver Meisterung des Lebens.
- Psychische Vereinigung mit Männlichkeit und Weiblichkeit für Ganzheit-werden.
- Natürliche Kraft der Liebe mit reifem Niveau in vielen Lebensbereichen leben.
- Sexuelle Selbstidentität, die sexuelles Verlangen integriert, intelligent mit Liebe.
- Wissen über die psychischen Eigenschaften des andern Geschlechts aneignen.
- Selbstreflexion, die das Unbewusste vollständig integriert und befreit.
- Wachsen Richtung höchster Archetypus des Menschseins: Erfüllung der Seele.
- Die psychische Innenwelt verstehen als der wesentliche Teil unseres Seins.
- Selbsterneuerung formen: Wiedergeburt des inneren Seins für ein neues Leben.
- Den inneren Geist akzeptieren als geistige Führungskraft und Autorität.
- Vollzug der Ganzheit aller psychischen und spirituellen Kräfte als Lebenssinn.
- Täglich die eigene psychisch-geistige Entwicklung fördern.
- Eine gut balancierte Entwicklung aller Kräfte Richtung Erfüllung anstreben.
- Verwirklichung einer Lebenskultur mit Liebe, Geist, multikulturellen Haltungen.
- Transformation: von archaischen Prinzipien zu neuen evolutionären Prinzipien.
- Konstruktiver Umgang mit Schwächen, Konflikten und Herausforderungen.
- Ausgewogen integriertes emotionales Leben für mehr kooperatives Leben.
- Erforschung der eigenen Biographie bis zur vorgeburtlichen Zeit für Erneuerung.
- Transformieren der Gegensätze mit Toleranz und Flexibilität.
- Respekt für psychische, psycho-physische, soziale und geistige Bedürfnisse.
- Kommunikation mit dem inneren Geist (Traumdeutung, Meditation).
- Die vielseitige Sprache der Träume und Meditation erlernen.
- Über die Archetypen der Seele kontemplieren; für eine lebendige Spiritualität.

- Realistische Massnahmen und Folgerungen aus den Traumbotschaften nehmen.
- Mental-Training und Imagination für ein ausgewogens Leben praktizieren.
- Wissen aneignen über die in Träumen angesprochenen Werte.
- Die Art und Weise der Kommunikation des inneren Geistes verstehen lernen.
- Wirklichkeiten nicht verdrängen; diese mit Kompetenz und Mass bearbeiten.
- Nützliche Normen, Gesetze, Haltungen, Einstellungen und Ideale formen.
- Lernen über wirkungsvolle Modelle der Lösung von kritischen Lebenssituationen.
- Konstruktive Reaktionen auf Stress, Missverständis, Meinungsverschiedenheit.

Individuation ist ein Lebensprojekt für jene, die es wertschätzen auf der Erde zu sein, und die damit ihre persönliche Erfüllung anstreben wollen.

1.3. Soziale Orientierungen

Stelle immer Fragen

Die kritischste Fage ist: Wer bin ich? Die nützlichste Frage ist: Was sind die Motive meines Handelns? Die heikelste Frage ist: Wer spricht die Wahrheit? Die wesentlichste Frage ist: Was sind die vitalsten Charakteristiken des Menschseins? Und die wichtigste Frage ist: Wozu bin ich auf dieser Erde?

Wer solche höchst relevanten Fragen nicht stellt, muss interpretiert werden als: ignorant, respektlos, verantwortungslos, gleichgültig, dumm, regressiv und faul. Das Verhalten solcher Menschen ist ineffizient und durchgezogen destruktiv gegenüber der Menschheit und der Erde. Eine solche Person lebt wie eine Humanbiomasse und ist gehirngewaschen und manipuliert sein Leben lang. Als eine Folge muss ein solcher Mensch sein gesamtes Sein unterdrücken, und auch jede mögliche ernsthafte Antwort auf solche Fragen zurückweisen.

Es gibt immer Menschen auf dieser Erde, die nie solche Fragen stellen. Aber, was wird in der Zukunft geschehen, wenn Milliarden nie solche Fragen stellen? Sie alle sind von ihrem sozialen Lebensumfeld gehirngewaschen, manipuliert und versklaved. Oder, was wird geschehen, wenn Milliarden solche Fragen stellen, jedoch die falschen Antworten erhalten? Dann sind sie eben alle auch von ihrem sozialen Umfeld gehirngewaschen, manipuliert und versklaved.

Darum ist die erste Frage über alle Fragen: Wie kann ich selber die richtigen Antworten zu den wesentlichen Fragen finden? Hier sind einige unerlässliche Orientierungen:

- Eigne dir soviel Wissen wie nur möglich an, um mögliche Antworten zu finden.
- Deine Träume sagen dir die Wahrheit; der innere Geist weiss alles.
- Verstehe deine Gefühle: sie alle enthalten eine Botschaft.
- Sei entschlossen auf der Suche, sei auch ehrlich und kritisch zu dir selber.
- Alle Antworten beginnen mit der Realität deines psychischen Organismus.
- Deine psychisch-spirituelle Entwicklung führt dich zu den richtigen Antworten.
- Folge den Archetypen der Seele und du bist auf dem richtigen Weg.

- Mit richtig Meditieren entdeckst du die inneren Welten und Bedeutungen.
- Kontrolliere kritisch deine Wahrnehmung, dein Denken, Urteilen, Auswerten.
- Schaue immer hinter die Szenen, Spiele, Fassaden und Masken.
- Identifiziere immer die Wirkungen auf das Leben, und was die Folgen sind.
- Multipliziere Fakten, Wirkungen, Aktionen mit Milliarden, so siehst den Wert.
- Schliesse deine Augen, dann siehst du die wirkliche Realität und die Wahrheit.
- Im Ergebnis siehst du die Qualitäten von Motiven und Verhalten.
- Erkenne dein gesamtes inneres Leben, und vergleiche mit Antworten.
- Finde heraus, ob es nachvollziehbar ist, was andere sagen und lehren.

Jetzt kannst du die richtigen Antworten finden, die Folgerungen formulieren, und dazu dem archaischen Menschsein entfliehen.

Lass dich nicht verblenden

Tatsache ist, dass die archetypischen Erfahrungen im Individuationsprozess weder "Entzücken", noch "Ekstase", noch "Glückseligkeit" vermitteln. Es gibt in der spirituellen, transpersonalen und transzendentalen Erleuchtungsszene eine Vielzahl an Begriffen, die hohl und pompös sind: "All-Bewusstein", das "Essentielle der Seligkeit", das "Essentielle des Wunders", die "Transzendierung des Ichs", "Heiligung des Alltags", "die aufs Höchste gesteigerte sinnliche Wahrnehmung". Solche Begriffe sind sehr emotional, vage und deshalb auch gefährlich. Sie täuschen mit ihren Formen des Superlativs etwas vor. Sie aktivieren diffuse Erwartungshaltungen. Sie sind nicht rückgebunden an den psychischen Organismus.

Gott und Spiritualität sind in der Esoterik vielgenutzte Schlüsselworte. "Spirituelle Meister" reden von "göttlicher Seele", "göttlichem Bewusstsein", "göttlichen Visionen", "Verschmelzung mit Gott" und "Wegen zu Gott". Der esoterische Markt ist voll von Heilswegen, von Übungen zur "grossen Erleuchtung" und von "wunderbaren spirituellen Einsichten". "Transzendenzerfahrungen" bis ins Unerreichbare locken Menschen mit Kindergemüt. Einweihungswege bis zu höchsten Graden sind per Weekendkurs käuflich. Mit Schmuckstücken, Rohrpiramiden, Steinen und Essenzen aller Art wird das "wunderbare Eingreifen Gottes" möglich gemacht. Die Welt der Engel hilft bei allen Sorgen weiter. Die "Boten des Lichts" machen schier alles möglich: Vollkommenheit, vollkommene Freiheit, ewige Erlösung vom Karma und allerlei Glückseligkeiten mehr.

Die esoterischen Konzepte der Selbsterkenntnis sind psychologisch dürftig, ihre Beschäftigung mit dem Unbewussten dilettantisch, ihre Traumlehren ein Verwirrspiel nach dem Motto "spirituell ist, was spirituell ist".

Sie meditieren so, wie sie reden: Die Sprache erlaubt generell fast jede beliebige Satzkonstruktion, und immer kann man daraus irgendeinen Sinn deuten, Hauptsache es klingt "spirituell". Genauso kann man meditieren: Alles ist in der Meditation visualisierbar, und immer kann man sagen "das ist spirituelle Erfahrung", auch wenn diese noch so absurd ist.

Esoteriker und Spirituelle haben durchwegs wenig gründliche Kenntnisse von der Tiefenpsychologie, von Ausnahmen mal abgesehen. Sie haben kaum eine Ahnung von all den Abwehr- und Projektionsmechanismen, schon gar nicht von ihren eigenen. Ihre Introspektion hört da auf, wo sie beginnen sollte: beim eigenen Narzissmus, bei der eigenen Neurose, bei ihren romantischen Gottesbildern, bei ihrem infantilen Meister und Messias oder Christus, bei ihrer Sexualverdrängung, bei ihrer Vater- und Mutterprojektion, bei ihrer Verschmelzungssehnsucht und ihren Libidobindungen, bei ihrem mangelhaften selbstkritischen Denken.

Die spirituelle Illusion ist: Sie meinen, sie können Gott und Erleuchtung finden ohne innerpsychischen Vollzug der archetypischen Prozesse der Individuation. Sie wollen "Heil" unter Umgehung ihrer unbewussten Komplexe und Schatten. Sie trennen die untrennbare innerpsychische und geistige Wirklichkeit. Sie leugnen den universellen inneren Geist als die Traum-schaffende Kraft; oder sie deuten ihre Träume nach ihrem Interesse.

Spirituelle Meister sind deshalb Menschenverführer, immer mit sanften, lieben und spirituellen Worten. Letztlich ist das alles nichts als Kommerz, neuerdings verdeckt mit Anliegen wie "ganzheitliche Bildung", "Umweltprobleme", "gesund leben", "Wellness", "Antistressprogramm", u.ä.m. Und so nebenbei fordern sie: "Töte Dein Ego ab!" Welch Mordlust! Gewiss, das Ego ist ein Problem! Doch Probleme löst man nicht mit Töten! Solche spirituellen Heilslehren sind deshalb so gefährlich wie der Fundamentalismus.

➜ Echte Spiritualität ist wirkungsvoll für das Leben!

Nimm politische Verantwortung in deine Hand

"Politisch" meint zuerst die Gemeinschaft eines Volkes und die Gemeinschaft der Menschen eines Staates. Da heisst es zum Beispiel zu Beginn einer Staatsverfassung (Industriestaat): "Im Namen Gottes des Allmächtigen in der Verantwortung gegenüber der Schöpfung ... und der Verantwortung gegenüber den künftigen Generationen... " und: "die Stärke des Volkes misst sich am Wohl des Schwachen."

Zur Verantwortung gegenüber der Schöpfung: Umweltzerstörung, Abholzung, Luftverschmutzung, Kontamination von Boden- und Grundwasser, Klimawandel, etc.

Zur Verantwortung gegenüber den künftigen Generationen: Auf Jahrhunderte haben die Menschen mit der Umweltzerstörung und mit der Kontamination von Boden und Wasser zu leben. Auf Jahrtausende, bis zu einer Million Jahre müssen die nachfolgenden Generationen die Wartung des Atommülls bezahlen.

Das Wohl der Schwachen: 10% leben in der Armut und weitere 20-30% leben an der Armutsgrenze. Die Umwelt und das Gesellschaftsleben ist nicht ausgerichtet auf die Welt der Kinder und die Welt der Menschen im "dritten Alter".

Zur Stärke des Volkes: Immense Summen werden verschwendet für den Unterhalt des Militärs und die Aufrüstung, für Luxusservice zum Nutzen der Politiker, für fragwürdige Projekte, für Prestigebauten, etc. – Ist dies jetzt zur Schwächung oder für die Stärke des Volkes?

Im Namen Gottes: Welcher Gott? Der Gott des Kapitals, der Karriere, der katholischen Kirche, des Zeitgeistes, des Konsums, der Macht, des Wirtschaftswachstums, der Wohlhabenden, der Gier, der Lebenslügen, der Narzisten, der skrupellosen Manager...?

Das Volk fordert und fordert von den Politikern: Geld, Wohnraum, Konsumgüter, billige Nahrungsmittel, schnelle Strassen und schnelle Züge, Absicherung des dritten Alters, gute Bildung ab Vorschulalter, Arbeit für alle, eine stabile Wirtschaft, ein vertrauenswürdiges und sicheres Finanzwesen (Banken), Arbeitszeit 35-Stundenwoche, billigen Strom und billiges Benzin, viel Ferien, viele Feiertage, viel Arbeitslosengeld, und fast jeder will ein Auto haben, etc. Die Forderungen des Volkes sind unbezahlbar geworden!

Wie steht es mit dem Wohl des inneren Lebens der Menschen? Wie steht es mit dem Wohl der Liebe und der Wahrhaftigkeit? Wie steht es mit dem inneren Geist (statt diesem "Gott")? Wie steht es mit dem Wohl der Natur- und Tierwelt? Was trägst du bei zum Wohl der Schöpfung, der Menschen und der zukünftigen Generationen?

Solange die Politiker unfähig sind, ihr eigenes inneres Leben zu integrieren, einschliesslich den inneren Geist, werden sie handeln wie die Autoritäten vor 1000, 500, 300 und 70 Jahren. Sie werden weiterhin im Hintergrund mit den christlichen Autoritäten (im gegenseitigen Interesse) koopierieren und so die Menschheit und die Erde an den Abgrund führen, sei es durch Klimawandel, sei es durch Umweltvergiftung, oder sei es durch Kriege.

Trage bei zu einer besseren Menschheit und Erde

Mit deinem Beitrag sparst du jeden Monat Geld. Du schaffst auch mehr Gleichgewicht in der Industrie. Mit deinem Beitrag reduzierst du die Verschmutzung von Luft, See und Meer, Natur, Tierwelt und Boden. Insbesondere reduzierst du die Menge an chemischen Substanzen, die weltweit schon jeder in seinem Körper hat. Niemand kennt die multiplizierten Effekte der chemischen Mixtur, die auf Gene und Körper wirken werden. Aber sicher ist, dies wird sich in der Zukunft weltweit zu einer inneren chemischen Bombe entwickeln.

Hier sind einige Vorschläge, wie du zu einem besseren Zustand der Menschheit und Erde beitragen kannst und gleichzeitig deine Lebensqualität verbessern kannst:

- Nutze Strom effizient
- Nutze Benzin / Diesel mit Bedacht
- Reduziere Tinte (Drucker)
- Reduziere Abfall: Verpackung, Flaschen, Synthetik, Dosen, Papier …
- Nutze Putzmittel vernünftig
- Gebrauche chemische Produkte intelligent
- Übertreibe nicht mit Medikamenten
- Reduziere hdein Herumfahren mit dem Auto "bloss für Spass"
- Esse ausgewogen gesunde Nahrung anstatt Vitamin- und Mineralienpillen
- Achte auf Qualität bei langzeitigen Anschaffungen (Auto, Möbel, Geräte...)
- Kaufe keine unnützen, lächerlichen, sinnlosen Artikel
- Kaufe Bioprodukte und fokussiere auch auf mehr natürliche Dekorationen
- Kaufe Versicherungen, beraten von Experten mit extensiven Erfahrungen
- Informiere dich gut beim Konsumentenschutz (TV-Reports, Internet, etc.)
- Kaufe landwirtschaftliche Güter aus deiner Region (lokaler Markt)
- Bevor du ein Kind zeugst, lerne über Pflege, Gesundheit, Kosten,

Erziehung …
- Bevor du heiratest, nimm an Seminarien teil über Liebe und Beziehung
- Kaufe keine Wohnimmobilie mit mehr als 50% Hypothek
- Kaufe keine Ferienwohnung mit mehr als 35% Hypothek
- Akzeptiere keinen Hypthekenvertrag mit mehr als 3.5% Zins auf 20 Jahre
- Investiere dein Geld in 100% sichere Offerten und vermeide Spekulationen
- Investiere etwas Geld in Qualitätsprodukte, die dir mehr als 20 Jahre dienen
- Investiere alle 2 Jahre in Weiterbildung für's Leben und für Beruf
- Investiere Geld in Bücher und DVDs mit hohem Lernpotential
- Unterstütze lokale Firmen für Produkte und Services
- Komm zurück zu den alten Zeiten und bezahle immer cash
- Nutze Konsumkredit höchstens im Umfang deines Monatssalärs
- Kaufe dein Auto mit mindestens 65% Cash und maximum 35% Kredit
- Profitiere mindestens alle 2 Jahre von Ferienangeboten aus deinem Land
- Unterzeichne Verträge erst, wenn genau gelesen, darüber geschlafen hast
- Akzeptiere nie einen Vertrag, wenn du nicht vollumfänglich alles akzeptierst
- Fühle nicht in Menschen ein, die du am TV siehst; Lebe dein eigenes Leben
- Laufe für kleine Einkäufe, auch mal einen Kilometer oder etwas mehr
- Laufe mit deinen Kindern zur Schule, wenn's weniger als 1 km ist
- Konsumiere moderat Tabak, Alkohol, Medikamente
- Esse bewusst mit Zeit und Stil; zelebriere Essen mit andern
- Entscheide, was du kaufen willst; lass dich nicht für Unnützes verführen

Wenn du solche Empfehlungen missachtest, und wenn alle solche Empfehlungen missachten, dann kannst du sicher sein, dass der Kollaps der Menschheit kommt.

Gib die heisse Luft der Spekulationen auf

Lotto, Lotterie, Wetten und ähnliche öffentliche Spiele sind Spekulationsspiele. Ein riesiger Teil der Teilnehmer wird immer und ein Leben lang Verlierer sein. Das ist ein schmutziges Geschäft!

Alle Aktien, Kapitalgewinne, und andere Papiere sind Gewinn-orientiert und sagen nichts aus über den Wert des Eigentums (Land, Geschäftsräume, Maschinen, Lagerbestand). Da sind immer Verlierer, die für die Gewinnspekulationen bezahlen – für die Gewinner. Das ist ein sehr schmutziges Geschäft!

Der Immobilienmarkt ist ein Feld mit erschreckenden Übertreibungen und Spekulationen: Kaufe heute und in ein, zwei oder drei Jahren kannst du mit hohem Gewinn wieder verkaufen; auf lange Sicht gewinnst du gar 30%, 50%, oder sogar 100%. Auf der einen Seite ist dies in vielen Fällen gar nicht wahr.

Auf der andern Seite weiss keiner, wie sich der Sektor die kommenden 20-35 Jahre entwickeln wird. Käufer mögen denken:

"Ich kann in 20 Jahren verkaufen, und dies mit einem Gewinn, der gar alle Kosten deckt, die ich für mein Leben in diesen Jahren habe." Auch ein sehr schmutziges Geschäft!

Ein anderes Spiel ist die TV-Einladung: "Rufe uns an und sage uns, ob A oder B richtig ist. Du kannst 10'000€ gewinnen. Einer wird gewinnen; der Rest wird verlieren, eingeschlossen die Telefonkosten; und ein Teil des Gewinns geht an den TV-Kanal.

Die globale Finanzkrise, explodiert 2008, zeigt uns, wohin solche Spekulationen führen: Millionen verlieren Geld, Millionen verlieren ihre Existenz, Millionen werden arbeitslos und Millionen fallen in Armut, gar in tiefste Armut. Der globale Schaden ist heute höher als 10'000 Milliarden Dollars! Darüber hinaus bezahlen Milliarden Menschen den Schaden in der Ökonomie und Industrie mit ihren Steuern. Vertrauen in die Welt der Ökonomie ist weg! Sehr schmutziges Spiel!

Die Haltung hat drei Komponenten:

1) soviel wie nur möglich verdienen
2) verdienen, ohne dafür etwas zu tun
3) akzeptieren, dass jeder viel Geld verlieren kann

Und die Gewinner sind immer und garantiert die Institutionen vor allem die Banken (ihre Manager, Eigentümer), die mit solchen Arten von "Geld machen" operieren. Spirituelles Niveau: schlimmer als 5000 Hitler und Goebbels!

Hinter solchen Spekulationsgeschäften ist:

Geldgier, Lügen, Betrug, Skrupellosigkeit, Respektlosigkeit, Manipulation und Missbrauch von Vertrauen. Die wesentlichen Charakterzüge der verantwortlichen Menschen (von solchen Spielen) haben psychopathische Qualität. Die Macht der verantwortlichen Manager ist immens: 5000 Manager sind fähig gewesen, die schlimmste Finanzkatastrophe aller Zeiten und rund um den Globus zu schaffen. Sie produzierten Millionen Arbeitslose, Trillionen Finanzschaden, eine Milliarde noch tiefer in der Armut, Zusammenbruch vieler Geschäfte, und dazu schreckliches Elend und Leiden!

Zahllose Millionen Individuen haben zu diesem Desaster beigetragen mit ihrer Gier nach Geld und mit übertriebenem Leben auf Kredit. Die Menschen haben die Erwartung Geld zu erhalten, ohne zu arbeiten und nur ein bisschen zu investieren!

Gib einige Beispiele über konstruktive und evolutionäre Einstellungen:

Das Problem des religiösen Denkens

Zuerst einmal muss jeder Christ über die heilige Bibel wissen: über 2000 verschiedene Textvariationen und 200'000 Variationen der Lektüre. Die Bibeltexte bestehen aus einer kaum zählbaren Vielfalt an Missionsbriefen, mythologischen Erzählungen, religiösen Erbauungen, Legenden, mit vielen Anektoten und fiktiven Geschichten. Die Texte der Bibel: unzählige Abschreibungen von Abschreibungen, neue Hinzufügungen und Wegnahmen, kleinere und grössere Veränderungen. Alle Texte sind erstellt mit beispiellosen Lügen, Fälschungen und Entstellungen. In den Evangelien steht: Und Jesus sagte: "…"; oder: "Ich bin …" Fakt ist: Niemand weiss, was Jesus sagte! Das Alte Testament und das Neue Testament sind Legenden, Mythen, Sagen, Fiktionen, Aberglauben, Anektoten voll von Manipulationen und Betrug. Die Bibel ist eine chaotische und korrumpierte Kollektion von Texten. Da gibt es praktisch kaum reale historische Substanz. Die vier Evangelien sind niemals eine Biographie von Jesus Christus!

Kritisch müssen wir die Wahrheit über einige wesentliche Lehren aufdecken:

- Die geistige Zeugung des J.C. ist ein Märchen
- Die körperliche Auferstehung von J.C. ist ein alter Mythos
- Die körperliche Auferstehung der Mutter Gottes ist eine infantile Fantasie
- Die Wunder des J.C. sind absurde Geschichten aus alten Zeiten
- Die Geschichte von Adam und Eva ist niemals real
- Den natürlichen Tod des Menschen als Strafe zu verstehen, ist pervers
- Die Taufe ist Kindsmissbrauch (Baby-Missbrauch)
- Die Taufe garantiert die Menge an Mitgliedern und Kirchensteuern
- Der Sohn Gottes, Erlöser, Messias ist ein Mythos ohne authentischen Beweis
- J.C. starb für die Sünden des Menschen: krankes Verständnis des Menschseins
- Das Versprechen, mit 10'000 Engeln wiederzukommen, ist Triumph-Fiktion
- Das letzte Abendmahl ist eine Abschiedfeier, keine spirituelle Zelebration
- Das Dogma der Dreiheit ist ein Spiel mit Worten und Qualitätskategorien
- Die Hölle ist eine Fiktion, totalitär, undifferenziert, unausgewogen

- Die geweihte Hostie (Leib und Blut Christi) ist eine kannibalistische Idee
- Die geweihte Hostie mit offenem Mund empfangen, zeigt Selbsterniedrigung
- Die Hände fürs Gebet falten, ist oft ein Ausdruck der Heuchelei
- Den Segen geben mit dem Zeichen des Kruzifix, schafft magische Bindung
- Das Kreuzzeichen machen, bedeutet die Identifizierung mit der Todesstrafe
- Das Kruzifix der Christenheit: Todesstrafe, Hoffnungslosigkeit, Leiden, Schuld
- Vor einem Priester auf die Knie gehen: Selbsterniedrigung
- Die kirchlichen Lehren zur Sexualität: ignorant, neurotisch, psychopathisch
- Es gibt kein Original der Evangelien, nicht einmal erste Abschriften
- Die Autoren der Texte der Evangelien sind unbekannt
- Kein Apostel hat je ein Evangelium geschrieben
- Niemand hat aufgeschrieben, was Jesus sagte

Schlussfolgerungen: All die christlichen Dogmen, Lehren und Praktiken haben absolut nichts zu tun mit irgendeinem Teil des psychisch-geistigen Menschseins (Innenleben), der psychisch-geistigen Entwicklung, und einer konstruktiven Selbstbildung für ein Leben und Wachsen mit Liebe und dem inneren Geist. Christliche Dogmen, Lehren und Praktiken ignorieren vollständig, was einen Menschen zum authentischen Menschen macht.

→ Willst du gelähmt sein in Gebrauchen deiner Intelligenz, Vernunft und geistigen Kraft zum Leben?

→ Willst du religiöse Praktiken, die sinnlos sind und zudem eine unwirksame magische Art des Selbstschutzes?

→ Willst du wirklich religiöse Praktiken und Lehren, die den psychischen Organismus als Ganzes ignorieren?

Arbeit ist ein wesentliches menschliches Bedürfnis

Alle Frauen und Männer haben einen inneren Drang zu arbeiten, Talente und Dispositionen in Aktivitäten umzusetzen, das Leben zu verdienen, oder zum Lebensunterhalt irgendwie beizutragen. Arbeit ist ein grundlegendes Bedürfnis der menschlichen Seele. Arbeiten ist auch eine Aufforderung des wirklichen Lebens. Dieses Bedürfnis hört nicht einfach auf zu sein gemäss den amtlichen Regulierungen für die Pensionierung. Gewiss, mit der Pensionierung muss man dieses Bedürfnis auf niedrigerem Energieniveau verstehen, entsprechend dem Alter und Gesundheitszustand der Person.

In Industrieländern ist die Regierung zuständig, den Menschen das Nötige für ihre grundlegenden menschlichen Bedürfnisse zu geben.

Dazu gehören Schulung auf allen Niveaus bis zur Universität und Berufsschule; warum aber nicht auch für ältere Leute im "dritten Alter", zumal diese Leute ganz besondere Herausforderungen zu meistern haben? Merke: Arbeit ist auch ein Menschenrecht!

Hohe Raten der Arbeitslosigkeit sind eine Schande für einen Staat, insbesondere bei der Tatsache der höchsten Einkommen mit zusätzlichen "Gaben", die hunderttausend und mehr Manager und Verwaltungsräte erhalten! Die Reorganisation der Verantwortlichkeiten und Arbeiten dieser Manager kann fünfmal mehr Jobs finanzieren mit der Gesamtsumme solch hoher Saläre und Pfründen.

Grosse Konzerne sind grossartig in dem Sinne, dass sie zehntausend und mehr Menschen Arbeit geben. Gleichzeitig aber sind sie auch eine ernsthafte Gefahr: sie entlassen tausende Mitarbeiter und stellen sie auf die Strasse mit der Folge dramatischer Desaster durch Arbeitslosigkeit. Die Hauptursache ist die Theorie des Kapitalwachstums.

Ein neues Verständnis könnte sein: Ziel ist eine optimale Balance einer Firma mit, sagen wir mal 5% Fluktuation. Eine andere Orientierung könnte sein: Es ist besser und stabiler, eine Million sehr kleiner Firmen (2-3 Leute) und eine weitere Million Selbständigerwerbender zu haben, als Konzerne mit hunderttausenden Beschäftigten.

Gewiss sind manche Arbeitslose sich ihrer Verantwortung nicht bewusst, dass sie aktiv für Arbeit suchen müssen. Viele sind einfach faul. Andere finden keine Arbeit wegen der Alterslimite, die viele Firmen vorgeben; oder sie haben keine ausreichende Fortbildung absolviert. Individuelle Initiative ist verlangt! Entfliehe deiner Arbeitslosigkeit:

- Wenn nötig, ziehe an einen andern Ort um, wo Jobs offeriert werden.
- Lerne, soviel du kannst für bessere professionelle Qualifikationen.
- Verbessere deine Persönlichkeit, deine Fähigkeiten, dein allgemeines Verhalten.
- Kämpfe hart, jeden Tag; und gib nie auf, Arbeit zu finden.
- Bereite dich vor für Fähigkeiten, ein eigenes Geschäft aufzubauen.
- Sei sehr flexibel und entwickle neue Optionen und Visionen für Arbeit.
- Adaptiere dich an lokale Gegebenheiten und trage bei mit neuen Ideen.

Distanziere dich von Lebenslügen

Manche Menschen behaupten: "Ich habe keine Probleme."

Denn eine problembeladene Wirklichkeit darf es nicht geben. Was darf es im sozialen Netz eines Menschen alles nicht geben? Je weiter der Mensch von den erwünschten Vorstellungen der andern entfernt ist, desto mehr ist er geneigt, sich so zu präsentieren, wie es verlangt wird. Dies geschieht mit Kleidern, Gütern, Auto, Karriere, Geld und mit der Anpassung der eigenen Einstellungen. Was Wirklichkeit im Bewusstsein ist, bestimmt der soziale Druck mit. So entstehen Lebenslügen. Die Hilfsfunktion der Abwehr hat viel zu tun: negieren, verdrehen, beschönigen, verdrängen und unterdrücken.

Die meisten Menschen wollen nicht so genau hinschauen, wie ihr Ich das Leben bewältigt. Die Tendenz zu äusseren Versuchen der Harmonisierung ("das ist doch alles nicht so wichtig / nicht so schlimm") entspannt im Moment die Lage. Doch so wachsen und wuchern immer mehr Lebenslügen.

Konstruktive Lösungen können darauf aufbauend nicht geschaffen werden. Denn die nicht wahrgenommene Wirklichkeit ist da und wirkt: von innen und von aussen, von sich selbst und von andern. Wie eine Flut überschwemmt die nicht wahrgenommene Wirklichkeit den einzelnen und das Kollektiv: in Leiden, in sozialen Konflikten, in der Kriminalität, in der Umweltzerstörung, im Klimawandel, in der globalen Finanzkrise und in Kriegen.

Die Lebenslüge ist im Kern eine Selbstverleugnung, ein Verdrängen des eigenen und fremden psychischen Lebens. Der Mensch will nichts wissen von seinem wahren psychischen Sein, unterdrückt sein inneres Sein und verdrängt konsequenterweise seine realen Probleme. Lebenslüge ist immer eine Flucht vor sich selbst.

Die Lebenslüge zwingt den Menschen zum Leiden, zu einer Art Selbstquälerei. Denn die Abspaltung des psychischen Innenlebens schafft Spannung und immer auch neurotische Konflikte. So führt die Lebenslüge gewissermassen zu einem künstlichen Ausgleich in Narzissmus, in Gier, in exzessivem Konsum und Egozentrismus.

Die Lebenslüge ist ein Selbstbetrug, in dem der Mensch sich selbst und seinen eigenen Weg nicht lebt. Der Mensch ist dauernd bedrängt vom Bedürfnis geliebt, anerkannt und bewundert zu werden. Er kann nicht aus sich selber leben, sondern nur aus dem Wert, den ihm andere (und die Gesellschaft) geben. Er lebt das, was ihm vorgegeben wird, niemals seine authentische Selbstverwirklichung. Das enthält wiederum ein enormes Konfliktpotential und macht das Leben letztlich enorm schwer und kompliziert.

Imaginiere deinen letzten Tag: Du wirst dir voll bewusst, dass du Lebenslügen gelebt hast, aber niemals dein authentisches inneres Sein! Wie fühlt sich das?

Liebe die Welt der Kinder

Alle Erwachsenen waren einmal ein Baby, ein Kind, dann ein Heranwachsender. Etwa 33% der Weltbevökerung sind in diesem Alter! Aber diese Welt ist nicht gemacht für diese 2,25 Milliarden jungen Menschen! Babies, Kinder und junge Heranwachsende haben spezielle Bedürfnisse. Zuviele Eltern sind nicht vorbereitet für eine angemessene Erziehung.

Die Umwelt ist nicht gestaltet für diese sehr jungen Menschen und ihre Bedürfnisse.

Es ist absolut wundervoll, ein Baby zu zeugen, einen Menschen; aber es ist auch absolut schändlich, dass wir weltweit ein Lebensumfeld gebaut haben, das nicht für diese jungen Menchen gemacht ist. Wir stecken weltweit Trillionen Dollars in die Autoindustrie für die Interessen der Erwachsenen und ihrer "Freiheit", aber nicht mal die Hälfte dieser Summe in eine kinderfreundliche Umwelt und in ein Bildungssystem, für die Welt der Kinder, eingeschlossen ihre Gefühle, ihr Denken und ihre Bedürfnisse nach Liebe.

Babies, Kinder und junge Heranwachsende brauchen Liebe und Umsorgung auf vielfältige Weise:

- Hast du ein Kind oder willst du ein Kind zeugen, dann lerne, dieses zu umsorgen in allen Anliegen: Liebe, Ernährung, Spielen, Reden, Unterhaltung, etc.
- Kinder wollen entdecken, lernen; und sie müssen lernen. Die staatlichen Schulen können nicht alles vermitteln! Eltern haben jeden Tag etwas beizutragen! Die menschliche Evolution und ebenso das Leben allgemein verlangen zu lernen!
- Lernen schliesst mitein: Unterstützung und Anregungen geben, Verständnis und Stärkung, akzeptiert sein in ihren Bedürfnissen und Wünschen, eingeschlossen Schwächen und Fehler.
- Kinder brauchen auch moralische Erziehung. Vor allem kopieren Kinder ihre Eltern und Leute aus ihrem Umfeld. Sind ihre Eltern unmoralisch, Lügner, Betrüger, skrupellos und respektlos, dann kopieren ihre Kinder solches Verhalten und solche Charakterzüge.
- Kinder brauchen Schutz in physischen Belangen, aber auch in

psychologischen Aspekten: zum Beispiel, durch die Medien sind Kinder unkontrollierbaren Einflüssen ausgesetzt – nicht nur gute Einflüsse für's Leben.

- Eltern sind ein Rollenmodell: kommunizieren sie schlecht oder leben sie eine archaische Beziehung, dann kopieren ihre Kinder diese Muster. Wenn Eltern ihre Konflikte durch Ignorieren und Unterdrücken zu lösen versuchen, kopieren auch das ihre Kinder.
- Die beste Erziehung von Eltern ist die, dass sie ganz einfach ein allseitig ausgewogenes Rollenmodell leben, echt leben aus ihrem inneren und gut geformten Sein.

Geringschätze die Bedürfnisse der Kinder und diese Kinder werden deine Bedürfnisse geringschätzen, wenn du einmal alt und krank sein wirst. Wenn du beiträgst zur Zerstörung der Welt, dann werden die heutigen Kinder dich morgen niemals lieben.

Heute ein Kind zeugen, macht dich verantwortlich für die Zukunft deines Kindes. Ehre das Vatersein und das Muttersein und sei angemessen verantwortungsbewusst!

Respektiere das "dritte Alter"

Es gibt Männer und Frauen in den Vierzigern und Fünfzigern, aber sie sind mental und manche gar körperlich wie die Menschen in den Sechzigern. Es gibt auch Männer und Frauen in den Sechzigern, aber sie sind mental und manche auch körperlich wie andere in den Vierzigern und Fünfzigern!

Ältere Menschen können positive und hoffnungsvolle Perspektiven für ein langes und interessantes Leben haben. Bist du in diesem Alter: Trainiere deinen Verstand mit Lesen und Lernen. Erweitere Wissen und Fähigkeiten. Mache Ordnung in deiner Vergangenheit, die du im Kopf hast. Verbessere deine Persönlichkeit und deinen Charakter. Sei offen für neue Erfahrungen und Herausforderungen.

Wachse spirituell durch Kontemplation. Finde innen den Lebenssinn!

Besonders in den Industriestaaten werden Menschen über 48 als "alt" verstanden; und sie sind nicht mehr gefragt in der Industrie und Ökonomie.
Aber diese Leute haben die Quellen des Wissens, der Lebenserfahrungen und auch die professionellen Fähigkeiten. Viele von denen haben auch eine grossartige Quelle an Weisheiten und Rollenmodellen mit hohen geistigen Qualitäten. Es ist eine Schande, wie diese Menschen aus dem Arbeitsfeld und generell aus dem sozialen Leben ausgeschlossen werden. Kämpfe, um Arbeit

zu erhalten!

Leute im "dritten Alter" brauchen auch Zuneigung, Zärtlichkeit und Lebensfreude, ebenso wie die jungen Menschen.

Das "dritte Alter" ist deine grossartige Chance für ein neues aktives Leben mit vielfältigen Perspektiven! Du lebst vielleicht weitere 20-35 Jahre oder gar mehr! Aber du musst etwas tun für körperliche, mentale, soziale und geistige Gesundheit. Arbeite etwas, wenn du kannst! Finde Vergnügen, Unterhaltung und Spass.

Du bist nicht zu alt für ein romantisches Dinner mit deinem aktuellen Partner oder mit einem neuen Partner! Sex ist nicht nur für junge Menschen! Entdecke auf neue Weise ein wundervolles Sexualleben mit viel Liebe. Mit Liebe und gutem Sex bleibst du jung im Verstand und Körper!

Finde neue Freunde und geh hinaus in die Natur, auf Berge oder an Strände, wo auch immer! Teile die Freizeit mit neuen Freunden für Museumbesuche, Kino, Konzerte, Parks und Ausstellungen. Erforsche neue Orte und historische Monumente.

Bist du Single, dann finde eine interessante, verständnisvolle Person, um ohne Vorbehalte reden zu können. Finde einen guten Menschen und trage bei für ein sinnvolles und interessantes Leben. Sei offen für die wahre Liebe, sogar für eine neue Zukunft mit einem neuen Partner.

Hast du einen Partner, dann erneuere deine Ehe; frische deine Liebe und dein Leben mit neuen Unternehmungen auf.

Nichts kann dir mehr Glück geben als Freundschaft, Liebe, Umsorgung und deine persönliche Erfüllung! Aber du musst viel lernen, jeden Tag!

Mindestens 75% aller älteren Menschen fallen mehr und mehr in einen Prozess der Regression, weil sie nichts lernen. Sie wollen sich nicht erneuern. Sie ziehen es vor, kindisch, stur und unflexibel zu leben; und ihre Lebenszeit verbringen sie wie Kinder ihre Ferien. Das ist dumm! Sehr dumm! Danebst kostet dies den Staat und die Krankenkassen Unsummen!

1.4. Persönlichkeitsentwicklung

Entdecke und lebe deine Interessen und Talente

Die Funktionen von Interesse:

- Interesse ist eine Grundbedingung und Motivationskraft für das tägliche Funktionieren der Menschen.
- Interesse ist grundsätzlich eine positive Motivation.
- Interesse formt eine wichtige Motivation für dei Entwicklung von Fähigkeiten, sozialen Kompetenzen (Verhalten) und intellektuellen Leistungen.
- Interesse ist eine einmalige Motivation, die täglichen Arbeiten auf gesunde Weise anzupacken.
- Interesse ist unerlässlich für jede Art kreativer Arbeit.
- Interesse vermittelt der Person ein Erleben, in einer interessanten Sache herausgefordert zu sein.
- Wenn ein Gefühl von Interesse durch visuelle Wahrnehmung entsteht, dann tendieren die Augen dazu, das Objekt des Interesses zu fixieren und zu erforschen.
- Die Wahrnehmung von Veränderungen (Transformationen) und die Neuartigkeit eines Objektes (einer Sache) aktiviert Interesse.
- Was neu und anders ist, schafft Interesse.
- Die Vorstellung einer Möglichkeit (Gelegenheit) aktiviert Interesse.
- Tagträumen und Fantasieren rufen ein Intersse hervor, speziell wenn das Interesse mit etwas Neuen, einer Veränderung oder einem Ziel verbunden ist.
- Interesse gibt das Gefühl, engagiert, angebunden, fasziniert und neugierig zu sein.
- Interesse ist ein Verlangen zu erforschen, verlangt zu sein, oder die eigene Identität und das eigene Leben durch neue Informationen oder Erlebnisse zu erweitern.
- Interesse spielt eine wichtige Rolle in der Steigerung der Lust (sexuelle Lust) und erhält eine sexuelle Beziehung aufrecht.

Zur Selbstentdeckung:

- Talent meint eine herausstehende Fähigkeit für gewisse mentale oder praktische Leistungen.
- Geschicklichkeit, Mühelosigkeit, und Gewandtheit sind Attribute von Talenten.

- Ein Talent muss entwickelt, geübt und verfeinert werden.
- Hinter einem starken Interesse ist oft die Disposition eines Talents.
- Eine Disposition eines Talents kann ohne persönliches Interesse niemals in seiner vollen Leistungskapazität entwickelt werden.
- Ein Talent kann ein Teil der Selbstidentität sein.

Ein Talent zu entwickeln und zu praktizieren gibt mit bestimmten grenzen auch Lebenssinn und ein gewisses Mass an Selbsterfüllung.

→ Was sind deine Talente?
→ Was tust du, um deine Talente auszubilden (zu entwicken)?
→ Was hindert dich, dein Talent (deine Talente) zu entwickeln und zu praktizieren?
→ Wie kannst du dein Talent (deine Talente) entwickeln und praktizieren?

Entdecke die Qualitäten deiner Persönlichkeit

Selbsterkenntnis ist die Lebenschance für alle Menschen. Denn der Prozess, der in Gang kommt, ist progressiv, konstruktiv und evolutionär. Durch die Bildung der psychischen Kräfte reduzieren sich zahlreiche Lebensrisiken auf ein Minimum. Das Leben birgt immer Risiken. Doch viele Menschen steuern in ihrer Unbewusstheit und mit ihrer chaotischen Innenwelt mit hoher Wahrscheinlichkeit bestimmten Leiden und Konflikten entgegen. Allein schon der Druck des unbewussten Inventars schafft ein Ausmass an destruktivem Potential, das bei den meisten Menschen einmal durchbricht. Auch kollektiv ist mit Folgen zu rechnen. Die Kraft des nicht ins Bewusstsein integrierten und nicht bewusst gebildeten Lebens ist immer stärker als das bewusste Ich mit dem Willen zur Verdrängung und Unterdrückung.

Finde die Komponenten deiner Stärken heraus:

☐ Ich integriere mein psychisches Leben umfassend.
☐ Ich bin offen, die Wirklichkeiten zu entdecken und zu sehen, wie sie sind.
☐ Ich lebe in Rückbindung an meinen inneren Entfaltungsprozess.
☐ Ich lebe mit einem hohen Ausmass an Bewusstsein über mein Innenleben.
☐ Ich pflege Ordnung und ausgewogene Struktur in meinem Innern.
☐ Träume und Meditationen sind meine übergeordnete Instanz zur Lebensgestaltung.
☐ Ich habe ein hohes Mass an innerer Freiheit (Unbewusstes, Denken, Einstellungen).
☐ Ich denke, fühle, lebe tendenziell konstruktiv (einen "Lebensbaum" verwirklichend).

- [ ] Ich erlebe mich und mein Leben umfassend bewusst.
- [ ] Ich expandiere mein Wissen und Können, mein Leben generell, in Qualität.
- [ ] Soweit ich Macht habe, nutze ich diese zur Förderung und Führung.
- [ ] Mit meinem ganzen Wesen bin ich lebenszugewandt.
- [ ] Da, wo ich gebunden bin, lebe ich diese Bindung progressiv-aufbauend.
- [ ] Ich bejahe voll das psychisch-geistige Leben.
- [ ] Ich bin gegenüber dem psychischen Leben lernoffen.
- [ ] Mein Inneres (Unbewusstes) ist gut steuerbar, berechenbar und ausgewogen.
- [ ] Ich erlebe in mir aus der Bearbeitung der Biographie zunehmend neues Leben.
- [ ] Die Kraft der Liebe ist mir zentral in allem, was ich lebe, auch beruflich.
- [ ] Ich habe innere Wandlungen in Kleinen schon deutlich erfahren.
- [ ] Meine Gegensätze werden zunehmend aufgelöst zu einer ausgewogenen Ganzheit.
- [ ] Ich lebe im Einklang zwischen meinem Innern und dem äusseren Leben.
- [ ] Ich habe meditativ erfahren, was der Vollzug des Kreis-Kreuz-Mandalas bedeutet.
- [ ] Meine psychischen Kräfte sind umfassend und weitgehend entfaltet.
- [ ] Ich umsorge meine Gefühle und Bedürfnisse.
- [ ] Ich begegne allem wohl gebildeten psychischen Leben mit Respekt.
- [ ] Ich erlebe mich als eine innere Einheit.
- [ ] Den transzendentalen Dimensionen begegne ich mit Vernunft und Sachlichkeit.
- [ ] Wahrhaftigkeit ist mir sehr zentral in meinem Leben.

→ Beschreibe die schwachen Aspekte deiner Persönlichkeit:
→ Beschreibe die Stärken deiner Persönlichkeit:
→ Was sind die Folgerungen aus dem Zustand deiner Stärken? Kommentiere:

Organisiere deine qualitative Selbstformung

Man kann Ziele festlegen und planen, was mit wem man wann unternehmen will: mit dem Lebenspartner, mit den Kindern, mit einem Freund, mit den Eltern, mit Arbeitskollegen, mit Nachbarn u.s.w. So lassen sich (endlich) die eigenen Wünsche gezielt an die Hand nehmen. Man ist dabei nicht "Spielball" des Zufalls. Man nimmt das eigene Schicksal an die Hand.

Es macht nichts, wenn gewisse zentrale Wünsche um Monate oder um Jahre aufgeschoben werden müssen. Wichtig ist nur, dass man den Weg der Planung lebt, ohne dabei die Flexibilität zu opfern. Denn gewiss, man kann das Leben nicht vollends rational planen und 'mechanisch' führen.

Es darf auch sein, dass für hohe Ziele lange vorbereitet werden muss: Manchmal sind zuerst Zwischenstufen zu erreichen.

Darum: Planen Sie Ihr "Irgendwann einmal werde ich …"

Mit Planung können bessere Ziele wirkungsvoll erreicht werden:

- Eine Liste erstellen über Bücher zur persönlichen Bildung.
- Konsumbedarf und Zeit können bei Familien wie bei 'Singles' geplant werden.
- Beziehungen mit Freizeitbekannten können geplant und bewusst gestaltet werden.
- Wer seiner Freizeit Sinn geben will, kann dies mit Entwürfen und Planung tun.
- Was nicht zu einer Zielerreichung beiträgt, an den 'richtigen' Platz zurückstellen.
- Eigene Schwächen zur Erreichung bestimmter Ziele lassen sich systematisch angehen.
- Ziele und Pläne werden nur wirkungsvoll, wenn man sie aufschreibt und ernst nimmt.
- Je präziser die Ziele formuliert werden, desto sicherer können sie erreicht werden.
- Manches kann man aufschieben; anderes soll man gleich tun.
- Wünsche und Erwartungen mit den Betroffenen frühzeitig ab-/besprechen.
- Revidiere täglich deine Checkliste und markiere die abgeschlossenen Punkte mit "Erfolg" oder "Misserfolg".
- Einmal etwas Ordnung machen im Privatleben, in den Beziehungen, Beschäftigungen und Gütern kann nichts schaden.

Eine Checkliste zur kritischen Sicht der Lage. Gib einige Stichworte:

- Lose Bekanntschaften
- Eine 'mögliche' engere Beziehung
- Unausgesprochenes in der Ehe
- Papierstapel auf dem Tisch / in der Schublade
- Konsumwünsche und -bedarf
- Ideen für die Weiterbildung
- Wünsche für Wochenendunternehmen
- Hobbies (anfangen oder liegen lassen)
- Beziehungsstörungen

- Anliegen von Freunden und Bekannten
- 'Laster' und 'Tics'
- Gewohnheiten
- Allgemeinbildung (Kurse, Lektüre)
- Ordnung im und ums Haus
- Estrich (Dachboden) und Keller (mal rausmisten)
- Alte Kleider und Utensilien
- Störendes 'schlucken' statt reden
- Wünsche äussern statt unterdrücken
- Kein Ordner, keine Ablagen für Akten
- Kein Tisch für Studier-/Schreibarbeiten

Starke Persönlichkeit für Erfolg formen

Deine Persönlichkeit formen ist die Grundlegung des Erfolges. Persönlichkeitsbildung:

- ist die Schlüsselqualifikation für das berufliche und persönliche Leben.
- ist in der Zukunft die notwendige Grundbildung jeder beruflichen Weiterbildung.
- schafft die Kompetenzen für aufbauende Beziehungen.
- reduziert viele Risiken im Lebenslauf und in der gesellschaftlichen Vernetzung.
- ist überall einsetzbar, kommt vielseitig zum Tragen, stabilisiert die Selbstidentität.
- bedeutet Lebenswissen und Alltagshandeln, das durchdacht und bearbeitet ist.
- qualifiziert zur Freizeitgestaltung, zum optimalen Umgang mit der Lebenszeit.
- schafft innere Sicherheit und Vertrauen in die eigenen Kräfte.
- führt hin zu einem allseitig ausgewogen gebildeten psychischen Organismus.
- ist unerlässlich in allen Lebensphasen für eine substantielle Erfüllung.
- integriert hohe ethische Verantwortung für sich, andere, Beruf, Gesellschaft.
- ist Investition für die Zukunft, weil die Zukunft grosse Herausforderungen stellt.
- ist Voraussetzung für Verantwortung in Bildung, Beratung, Pflege und Management.
- erreicht den Menschen in seinem tiefsten psychisch-geistigen Sein.

Das Selbstbild ist das Resultat der eigenen Selbsterkenntnis.

Im Selbstbild gibt sich der Mensch im Kern phantasiereich seinen eigenen Wert durch Äusseres, ganz gemäss dem Zeitgeist: Geld, Güter, Ansehen, Macht, Status, Kleider, Konsum u.s.w. Der Eigenwert gründet nicht auf den eigenen Potentialen, Anlagen und Fähigkeiten, nicht auf Kreativität, Denken, Liebesfähigkeit u.s.w.

Setzen Sie sich doch einmal vor einen Spiegel, schauen Sie da rein und betrachten Sie Ihr Gesicht. Was sagen Ihnen Ihre Augen und Ihr Mund? Betrachten Sie sich mal ganz nackt im Spiegel und fühlen Sie: Mögen Sie sich? Dann reflektieren Sie ein bisschen über Ihr Leben rundum: Was wollen Sie ändern? Was sollten Sie eigentlich tun?

Denken Sie jetzt ein bisschen in Richtung Zukunft: Was suchen Sie? Was möchten Sie in Ihrem Leben noch erreichen und erfahren?

Und schliesslich: Schauen Sie etwas zurück in Ihre Vergangenheit. Gehen Sie mental durch Ihr Leben zurück, soweit Sie können. Sie sind Ihre lebendige Biographie. Wie sind Sie also? Wie erleben Sie Ihr gelebtes Leben?

Das realistische Selbstbild basiert auf:

- Selbstbild erweitern wollen
- Wissen aneignen und lernen wollen
- Gefühle bewusst erkennen
- Soziale Anpassung flexibel halten
- Abgewehrtes anschauen und bearbeiten
- Verdrängtes bewusst machen
- "Schicksal" als das vorgegebene Leben verantworten
- Psychisches Leben wichtig nehmen
- Bereitschaft zur Selbstbildung
- Offenheit für selbstkritische Wahrnehmung
- Kontemplation als Methode erlernen
- Entwicklung und Wachstum wollen

"Was tun Sie besonders gerne?" Dazu ein Spektrum; zuerst der Alltag: Einkaufen, kochen, Haushalt erledigen, Körper pflegen, Wohnraum gestalten und natürlich essen, trinken, rauchen, etc. Dann sind einige Freizeitbeschäftigungen, z.B.: Fernsehen, Bücher lesen, musizieren, Musik hören, basteln, malen, Gartenarbeit, ins Kino oder Konzert (Theater) gehen, im Internet surfen oder 'chaten', sportlich aktiv sein, spazieren, Tagebuch führen, die Träume bearbeiten, meditieren.

Selbstbesinnung. Fragen zur systematischen Selbstbesinnung:

☐ Kennen Sie eine meditative Technik, Ihre Lebensenergie zu stärken?
☐ Reflektieren Sie Ihren psychischen Energiezustand?
☐ Meditieren Sie über Ihre tägliche Lebensweise?
☐ Schauen Sie meditativ, wie Sie sind?
☐ Verstehen Sie Ihre Gefühle, ihre Ursachen und Wirkungen?
☐ Ist es Ihnen wichtig, vergangene Leiderfahrungen zu versöhnen?
☐ Nehmen Sie Ihre körperliche Situation (z.B. Beschwerden) ernst?
☐ Kennen Sie Ihre echten psychischen Bedürfnisse?
☐ Haben Sie auch schon über Ihre Projektionen meditiert?
☐ Wissen Sie, wie Sie Ihr Innenleben abwehren und unterdrücken?
☐ Haben Sie auch schon versucht, in Ihnen den "Geist" zu suchen?
☐ Reflektieren Sie nach innen orientiert Ihre Selbst-Steuerung?
☐ Befassen Sie sich meditativ mit Ihrer Gewissensbildung?
☐ Haben Sie mit Meditationen Ihre Lebenserfahrungen bearbeitet?

Transformiere deine Schwächen in Stärken

Die 13 Aspekte der Menschenbildung sind der Rahmen für echte Stärke:

1. Grössere Wahrnehmung der Realität.
2. Wachsende Akzeptierung seiner selbst, der andern und der Natur.
3. Zunehmende Spontaneität.
4. Bessere Problemzentrierung.
5. Grössere Distanz und Sehnsucht nach Zurückgezogenheit.
6. Wachsende Autonomie gegen Akkulturation (Aneignung von Kultur).
7. Grössere Frische des Verständnisses / grösserer Reichtum der emotionalen Reaktion.
8. Höhere Frequenz der Grenzerfahrungen.
9. Identifikation mit der menschlichen Spezies.
10. Veränderte zwischenmenschliche Beziehungen.
11. Demokratische Charakterstruktur.
12. Stark zunehmende Kreativität.
13. Gewisse Wandlungen im Wertsystem.

Gib einige Stickworte betreffend deiner Schwächen und Stärken:

▪ Stimmungswechsel:
▪ Geselligkeit:
▪ Heiterkeit:
▪ Leidenschaftlichkeit:
▪ Ruhelosigkeit:

- Minderwertigkeitsgefühle:
- Lebendigkeit:
- Nervosität:
- Reizbarkeit:
- Feingefühl:
- Ich-Stärke:
- Dominanzstreben:
- Ausdrucksfreude:
- Überich-Stärke:
- Soziale Courage:
- Argwohn/Misstrauen:
- Unbekümmertheit:
- Scharfsinn:
- Neigungen zu Schuldgefühlen:
- Eigenständigkeit:
- Durchsetzungsvermögen:
- Angenehmes Wesen:
- Emotionale Instabilität:
- Hilfsbereitschaft:
- Unglücklichsein:
- Betätigungsdrang:
- Selbstvertrauen:
- Maskulinität/Femininität:
- Gelassenheit:
- Sachlichkeit:
- Sorglosigkeit:
- Schüchternheit:
- Nachdenklichkeit:

Beschreibe, welche Aspekte du stärken möchstest oder musst:

Beschreibe, wie du deine Schwächen stärken kannst! Notiere einige Ideen:

Liebe dich mit deinem inneren Leben

Vielleicht hast du in deiner Kindheit und in deinem Leben allgemein viel Liebe erfahren. Dann entwickle dieses Geschenk, liebe dich selbst und gib dieses Geschenk an andere weiter! Du hast überhaupt keine Liebe erfahren in deinem Leben? Auch wenn dich deine Eltern nicht geliebt haben, und auch wenn du die absolute Abwesenheit von Liebe erfahren musstest, beginne, dich selbst zu lieben! Oder bleibe zuhause im Bett und jammere oder weine bis zu deinem letzten Tag – was sehr dumm sein würde! Was macht dich zu einem Menschen? Es ist deine Psyche, dein inneres Leben, deine Seele! Die Selbstliebe hat viele sehr praktische Aspekte:

Du hast Gefühle: verstehe diese Gefühle und transformiere sie in eine konstruktive Kraft zum Leben und Wachsen! Es ist dumm und sinnlos, dich mit all deinen Gefühlen (positive wie negative) gehen zu lassen!

Du hast psychische Bedürfnisse: Liebe, Verständnis, Akzeptiertsein, Gefördert- und Unterstütztsein, Beziehung leben, Intimität erfahren, etc. Beginne, dich zu akzeptieren, zu verstehen und zu fördern!

Du hast die Fähigkeit wahrzunehmen; im allgemeinen mit deinen 5 Sinnen. Identifiziere, was du wahrnimmst! Interpretiere und verstehe, was du wahrnimmst! Schaue hinter die Fassaden! Kontrolliere deine Wahrnehmung!

Du hast Intelligenz und die Fähigkeit zu denken: Wenn deine information (Wahrnehmung) falsch ist, rudimentär, einseitig, oberflächlich, oder gar eine dicke Lüge, dann ist das Resultat deines Denkens von derselben Qualität. Denke in Vernetzung mit Qualitäten und der Zeit (Vergangenheit-Gegenwart-Zukunft).

Du hast eine inner Quelle der Liebe, die Kraft der Liebe: Auch wenn du nie die wahre Liebe erfahren hast, du hast diese Quelle der Liebe in deiner Seele! Suche und du wirst sie finden! Verbinde dich mit dieser Lebensquelle! Und transformiere diese Kraft in etwas Reales in deinem Leben!

Du hast Lebensenergie: Jeder strahlt seine psychische Energie aus, abhängig von eigenen Emotionen, Gedanken, unterdrückten Konflikten und körperlichem Zustand. Entdecke deine Energie und die inneren Dispositionen, die diese formen! Verbessere den Energiezustand und werde dadurch stark!

Du hast eine persönliche Biographie: Alle Erfahrungen, speziell die gefühlsvollen, sind in deinem Unbewussten eingraviert. Du bist von deinen Lebenserfahrungen programmiert! Du kopierst diese Muster! Bearbeite deine Codes sorgsam und revidiere alles, was nötig ist für ein besseres Leben!

Du hast einen inneren Geist: dieser Geist gibt dir Botschaften mit Träumen und in Meditationen. Nutze diese geistige Kraft! Lerne, deine Träume zu deuten und korrekt zu meditieren!

Im Selbstbild gibt sich der Mensch im Kern phantasiereich seinen eigenen Wert durch Äusseres, ganz gemäss Zeitgeist:

Geld, Güter, Ansehen, Macht, Status, Kleider, Konsum u.s.w. Der Eigenwert gründet nicht auf den eigenen Potentialen, nicht auf Anlagen und Fähigkeiten, nicht auf Kreativität, Denken, Liebesfähigkeit u.s.w. Dies führt zwingend zur Lebenslüge. So ist das Selbstbild meist trügerisch.

Akzeptiere, was du bist und ebenso deine Lebensbedingungen! Lass dich nicht lähmen, nicht einmal von einem allerschlimmsten Zustand! Aber analysiere dich und verstehe diese deine Lebensbedingungen!

Selbstliebe meint: Revidiere, was nicht wirkungsvoll ist!
Verbessere, was schwach ist! Lerne von deinen Fehlern!
Wenn du dich selbst nicht liebst, dann verstehe, dass du blosse Humanbiomasse bist!

Lebe deine Entwicklung als Weg

Hast du Langeweile?
Du lebst in Einsamkeit?
Dein Leben erscheint dir sinnlos?
Du weisst nicht, was tun mit deiner Zeit?
Du möchtest ein reichhaltiges und spannendes Leben?
Du willst leben mit all deinen Kräften, Fähigkeiten, Talenten und Potentialen?

Hier hast du viele Tipps für deinen Lebensweg, der damit ganz bestimmt nicht langweilig wird.

Kreuze an, was jetzt besonders wichtig ist für dich:

- [ ] Die zentralen psychischen Kräfte kennenlernen und an sich selbst entdecken.
- [ ] Die Bedeutung der eigenen Biographie verstehen und den Zugang dazu finden.
- [ ] Die Komplexität und Vernetzungen des eigenen Handelns erkennen.
- [ ] Mit der eigenen psychischen Energie konstruktiv umgehen können.
- [ ] Klarheit finden über "Bewusstsein", so dass diese Wirklichkeit handhabbar wird.
- [ ] Wissen aufbauen über das Ich und seine Steuerungsmechanismen.
- [ ] Sachwissen über die intelligenten Funktionen an sich selbst entdecken.
- [ ] Die Welt der Gefühle als handhabbar erkennen und den Zugang dazu finden.
- [ ] Kenntnisse über die Vielfalt der Bedürfnisse durch Selbstreflexion aneignen.
- [ ] Das Unbewusste als Realität begreifen, die umgestaltet werden kann.

- [ ] Die Bedeutung der Träume erfassen und dazu einen Einstieg finden.
- [ ] Die Liebe als die aufbauende und wachstumsoffene Lebenskraft verstehen.
- [ ] Die Bedeutung des psychischen Lebens für das Menschsein erfassen können.
- [ ] Den Zusammenhang zwischen Leben und psychischer Innenwelt erkennen.
- [ ] Die Grundwerte des Menschseins aus dem psychischen Leben entdecken.
- [ ] Den Unterschied erkennen zwischen bewusster und unbewusster Lebensführung.
- [ ] Das Beziehungsleben aus der Sicht der psychischen Wechselwirkungen sehen.
- [ ] Die Wichtigkeit der Sinne auch im Kontext des Psychischen einschätzen.
- [ ] Die Bedeutung der Sexualität und ihre Gestaltungsmöglichkeiten sehen.
- [ ] Die Lebensführung aus praktischer Sicht des Selbstmanagements beurteilen.
- [ ] Das Lernen zur Selbstbildung intelligent und interessant gestalten.
- [ ] Für sich die grösseren und kleinen Ziele der Selbstbildung formulieren können.
- [ ] Verstehen, wie Menschenbilder zustandekommen und beurteilt werden können.
- [ ] Die Gesundheit aus einer ganzheitlichen Sicht interpretieren und pflegen.
- [ ] Partnerschaftliche Beziehung aus dem psychischen Leben begreifen.
- [ ] Männlichkeit und Weiblichkeit, als Rollen und als Seinsformen, neu entdecken.
- [ ] Die Methoden der Selbsterkenntnis verstehen und anwenden können.
- [ ] Kompetenz zu Intuition, Introspektion, Imagination, Kontemplation aufbauen.
- [ ] Die ersten Schritte der Traumdeutung verstehen und praktizieren können.
- [ ] Techniken der Entspannung in den Grundstufen sinnvoll anwenden können.
- [ ] Für sich selbst positive Lebenswerte formulieren und realisieren können.
- [ ] Die Wirkungsweise dessen, was wir "Geist" nennen, entdecken und ernst nehmen.
- [ ] Verantwortung für das eigene Handeln, das Leben, die Lebenszeit übernehmen.
- [ ] Das eigene Menschsein in der realen und transzendentalen Vernetzung erleben.
- [ ] Meditativer und denkerischer Umgang mit Lebensfragen kompetent handhaben.
- [ ] Lebenslust, Liebe zum Leben, Hoffnung und Vertrauen ins Leben aufbauen.

- [ ] Reflektieren, fragen, diskutieren, argumentieren können über das innere Leben.
- [ ] Die religiösen (spirituellen) Dimensionen in der inneren Wirklichkeit orten.
- [ ] Eine kritische Schau über die heutigen psycho-spirituellen Angebote haben.
- [ ] Differenziert und mit sachlicher Distanz die heutigen Lebensformen verstehen.
- [ ] Wachstum, Entfaltung, Bewusstseinserweiterung innen und real erleben.

Niemand interessiert es, ob du zuhause faul rumhängst und nichts tust mit deinem Leben. Aber in der letzten Stunde deines Lebens erlebst du deine Wahrheit: Du hast dich erfüllt oder alles verpasst!

Entdecke dein unbewusstes Sein

Der Mensch kann bekanntlich Gedanken, Gefühle und Wünsche verdrängen. Dann weiss er sie nicht mehr; sie sind aber im Unbewussten weiterhin aktiv. Ebenso werden kritische (konfliktäre) Erfahrungen aus dem Bewusstsein ausgesondert. Das sind peinliche, schmerzliche und "verbotene" Erlebnisse.

Deutlich zeigt sich in Rückführungen, dass jene Vergangenheit, die markant belastend oder besonders positiv erlebt wurde, in der Wiedererinnerung dieselben Gefühle bewirkt. Freude und Leid, peinliche Situationen, intensive Gedanken, bedrohliche Momente, Probleme und Konflikte, Stimmungen der Umgebung u.ä.m. sind offensichtlich im Unbewussten lebendig vorhanden.

Hierin liegt das Codeprogramm des gegenwärtigen Lebens. Diese unbewusste, nicht verarbeitete Bilderwelt beeinflusst den Menschen durch sein ganzes Leben. Denn diese Bilder aktivieren auch psychische Energie. Die Vergangenheit ist somit immer lebendig gegenwärtig. Mit Rückführungen kann man dieses "Codeprogramm" ändern.

Dann haben wir die vielen Leiderfahrungen, die oft schon sehr früh im Leben beginnen, zuerst in der Familie, dann in der Schule und später im Leben.

Die Liste solcher Erfahrungen ist sehr lang: rigider Vater, rohe Strafmuster, emotional überforderte Mutter, Leistungsprinzipien in der Schule mit allen möglichen Formen des Scheiterns und des Verspottetseins, Entwertung der Person, Geringschätzung der Kreativität, Fehlen an Dialog und Verständnis, religiöse Moral aus alter Zeit, der Hass des Kollektivs gegenüber dem Schwachen und Andersartigen, berufliches Scheitern, Misserfolge aller Art, Geringschätzung der Gefühle und der individuellen psychischen Bedürfnisse,

Ausgeliefertsein an Menschen mit moralischem Charakterdefekt, Krankheiten, Tod eines geliebten Menschen, u.s.w.

Es ist eine leicht nachweisbare Tatsache: ein Fötus "denkt", fühlt und erlebt vielseitig mit, was im Umfeld geschieht. Zurück bis zum Tag der Zeugung öffnet sich das gesamte Lebensbuch für den, der meditativ sein Unbewusstes erforscht.

Dann sind die Eigenschaften des Menschen selbst ein Feld, wo fast alle viel verdrängen. Sie wollen nicht erkennen, wer sie wirklich sind. Beispiele sind: die "Schatten", die manchmal durchbrechen, den Charakter aus dem Hintergrund ganz prägen, in Stichworten:

Trotz, Wut, Jähzorn, Gier, Labilität, Gleichgültigkeit, Kontrolle, Sadismus, Vertrauensseligkeit, Egoismus, Gutgläubigkeit, Naivität, Faulheit, Oportunismus, Machtgier, Wertgleichgültigkeit, Lügen, u.s.w.

Vor allem sind da auch die ungeeignet geformten psychischen Kräfte, die keiner an sich sehen will, weil ihm diese viel zu peinlich sind: schwacher Wille, Denkfaulheit, Trotz, schlechte Disziplin, unreflektiertes Reden, Gefühlsdurcheinander, Liebesunfähigkeit, Wissensmangel, oberflächliche Lebenswahrnehmung, lebensabgewandte und menschenfeindliche Einstellungen und Überzeugungen.

Und da ist auch noch das bekannte Strafmuster nach dem Motto "bist du nicht, wie es mir gefällt, dann hau ab".

Der Mensch will seine unbewusste Innenwelt um schier jeden Preis vor sich und vor den andern geheim halten. Dazu leugnet er auch noch die Mechanismen der Abwehr, koste es, was es wolle.

Das Unbewusste ist so etwas wie ein "Reservoir". Alles, was der Mensch ab dem Zeitpunkt der Zeugung gefühlsmässig erlebt und bildhaft erfasst, kann in dieses Reservoir kommen und lebt da weiter.

Weiter können wir generell feststellen, dass das Material im Unbewussten aus Bildern und bildhaften Vorstellungen besteht.

Das Unbewusste bearbeiten, klären, ordnen und transformieren, ist die unerlässliche Hauptaufgabe jeder ernsthaften psychisch-geistigen Entwicklung.

Schliesse deine Augen für 5 Minuten und versuche den Inhalt deines

"Reservoirs" zu visualisieren. Was siehst du?

Werde bewusst über das kollektive Netzwerk

- Du findest, Liebe ist nicht wichtig. Andere finden das auch. Alle finden das. Was dann?
- Der Professor will keine Weisheit, der Lehrer will somit auch keine. Konsequenz?
- Der eine findet Selbsterkenntnis Unsinn; der andere auch; schliesslich alle. Und jetzt?
- Der eine sagt, nur Geld sei wichtig; der andere auch; schliesslich viele/alle. Was dann?
- Der eine sagt: Du musst schneller sein als andere; alle sagen das. Wie sieht dies aus?
- Zuerst gewinnt einer mit Lügen; dann mehrere; dann viele; dann alle. Was bleibt übrig?
- Sehr viele sind soweit; sie sagen: Gefühle sind unwichtig. Was kommt danach?
- Schwaches/Krankes ist "out". Ab 55 J. bist du zunehmend schwach/krank. Lästig?
- Mann hat keine psychischen Bedürfnisse; Frau auch nicht. Wie sieht diese Ehe aus?
- In 30 J. sind 100x mehr Atommüll 10'000 J. und mehr (bis zu einer Million Jahre) lang zu verwalten. Stromkosten heute?
- Alle Europäer sind 50% gesünder, fahren 50% weniger Auto. Die vernetzten Folgen?
- Alle Haushalte und Unternehmen verbrauchen 50% weniger Strom. Warum? Wie?
- 50% der europäischen Erwachsenen betreiben täglich 1 Std. Selbsterkenntnis. Folgen?
- Zweite Frage beim Vorstellungsgespräch für einen Top-Job: Wie gut kennen Sie sich?
- Lehrer wird nur noch, wer seine Biographie bearbeitet hat. Wie ist die Schule dann?
- Jeder Europäer kann seinen Abfall um 50% reduzieren. Was hat das für Folgen?
- Die europäischen Politiker lügen und entstellen nicht mehr. Was geschieht dadurch?
- Jeder Priester aller grossen Religionen ist ein "individuierter Mensch". Was dann?
- Staatsführer und Minister sind "individuierte Menschen". Wie geschieht dann Politik?

- 50% aller Erwachsenen in Europa reflektieren ihr Freizeitleben. Was ändert sich?
- Keiner hat Spass an Sport-Höchstleistungen (wohl aber an Sport). Was bewirkt das?
- 10 Mio Menschen demonstrieren, weil keiner mehr die Liebe ernst nimmt. Vorstellbar?
- 1 Std./tägl. Selbsterkenntnis an jedem Arbeitsplatz. Nimmt jeder einen solchen Job an?
- Keiner will ab Abschluss Volksschule/Berufslehre noch etwas hinzulernen. Folgen?
- Lebenslügen stinken wie Kanalisationen. Wie gehen Menschen dann miteinander um?
- Alle Erwachsenen lesen pro Jahr 12 Bücher über "Psychisches". Was ändert das?
- Die Zeitungen berichten täglich über die Träume der Menschen. Spannende Lektüre?
- Überall gibt's Selbstbildungs-Centers. Alle gehen dahin! Nachbarschaftsbeziehungen?
- Es darf nur heiraten, wer gründliche Selbsterkenntnis/-bildung geleistet hat. Vorteile?
- Kinder zeugen ist ohne gründliche Selbsterkenntnis/-bildung verboten. Wer protestiert?
- Vorgesetzter wird, wer charakterlich durch Selbstbildung gefestigt ist. Pech für wen?
- 75% der Erwachsenen üben täglich 2x 10 Min. Psychohygiene. Wie wirkt das kollektiv?
- Lohnhöhe wird gebunden an den Stand der Individuation einer Person. Warum nicht?
- Jeder schreibt an seine Türe, was ihn glücklich macht. Wie reden dann die Menschen miteinander? Schreibe dies an deine Türe!
- Ändere deine Lebensweise

Konkrete Anregungen für Lebensweisen:

- Positive Bilder besonders suchen / beachten.
- Konstruktive Gedanken im Alltag, schon zu kleinen Dingen.
- Ruhigstellung der Gedanken, täglich 2-3x.
- Loslösende, befreiende Bilder durch Meditation.
- Mentale Distanz schaffen, wenn die Gedanken zu sehr festhalten.
- Auflösung von Gegensätzen durch meditative Bearbeitung.
- Erlösung von Leid durch Verarbeitung.
- Befreiung von Konflikten durch Klärung und richtige Haltung.

- Mentale Fitness praktizieren.
- Sinnwirklichkeit beachten.
- Lebensbejahung ernst nehmen, schon in unbedeutenden Dingen.
- Bedürfnisse mit Vernunft leben, d.h. ausgewogen und zum richtigen Zeitpunkt.
- Wahrnehmung bewusst lenken; mit den Augen nicht zuviel "schlendern".
- Sinnesreize reduzieren; d.h. sich nicht in alles hineinfühlen.
- Loslösung von Raum und Zeit (durch Meditation).
- Bedachter Lebensrhythmus, auch bei hektischem Berufsleben.
- Gesundheit ganzheitlich leben; d.h. psychisch und körperlich.
- Ausgewogen rational-intuitiv das Dasein erfassen.
- Kombiniert analytisch-künstlerisch/kreativ an die Lebensbelange rangehen.
- Integriert logisch-spirituell denken.
- Vernetzt mit Sprache und Bilderwelt das Leben erfassen.
- Linear-synthetisch verarbeiten (= vernetzt denken).
- Eigener Biorhythmus beachten, insbesondere für bestimmte Arbeiten.
- Immer wieder innere Abgrenzung zu den Mitmenschen und Lebensthemen halten.
- Lust bewusst gestalten und geniessen.
- Gesprächsthemen eingrenzen und mitsteuern.
- Nicht zuviel Druck erzeugen.
- In ständiger Entwicklung (Lernen) leben.
- Disziplin halten: emotional, sozial, denkerisch, moralisch u.s.w.

Leben ist wunderschön. Leben mit Wissen und Fähigkeiten ist fantastisch. Von allen inneren Quellen nutzen, gibt dem Menschen ein unbezahlbares Geschenk!

Finde Selbstwert und Selbstvertrauen

Das Fehlen von Selbstwert und Selbstvertrauen hat vielfältige Konsequenzen:

Du beginnst, dich zu vernachlässigen und verlierst den Respekt für vieles, was dir entgegentritt. Du ignorierst dein soziales Leben und dein Umfeld. Du erwartest permanent von andern, dass sie dir Selbstwert und Selbstvertrauen geben. Du isst zuviel; oder du kümmerst dich nicht um gesunde Ernährung; vernachlässigst gar, genug zu essen. Du trinkst zuviel Alkohol oder nimmst zuviele Medikamente auf. Du bekommst Verstopfung, chronische Kopfschmerzen, Depression, Ängste, Migräne; und du kannst nicht mehr gut schlafen.

Als Reaktion können auch verschiedene psycho-somatische Krankheiten auftauchen. Du verlierst zudem die Kontrolle über dein tägliches Leben, über das Management deiner Beziehung und deiner Familie.

Mit hoher Wahrscheinlichkeit wird auch die Qualität deiner Arbeit darunter zu leiden haben.

Das Fehlen von Selbstwert und Selbstvertrauen kann auch Resultat sein, dass du die Kontrolle über dich selbst verloren hast.

Das Inventar deines Unbewussten ist hoch beladen von ungelösten Problemen und Konflikten. Gewiss können auch reale Probleme und Konflikte, die den Menschen bewusst sind, zu einem Mangel an Selbstwert und Selbstvertrauen führen; dies besonders dann, wenn diese Menschen keine Fähigkeiten haben, diese zu lösen.

Die meisten Menschen mit wenig Bildung, sehr engen ökonomischen Dispositionen, und Arbeitslose leiden an niedrigem Selbstwert und Selbstvertrauen.

Leute über 48 und viele Pensionierte sind ebenfalls betroffen von einem Defizit an Selbstwert und Selbstvertrauen.

Wer kein Selbstvertrauen hat, hat im Kern Angst vor sich selbst: Angst, alles falsch zu machen; Angst, Schwäche zu zeigen; Angst zu versagen; Angst, sich lächerlich zu machen; Angst, sich unbeliebt zu machen; Angst vor Streit und Konflikten; Angst, sich Blösse zu geben. Ungeduld ist oft Ausdruck von mangelndem Selbstvertrauen.

Die Ursachen dieser Angst sind verschiedenartig: Mangelndes Selbstmanagement; Unfähigkeit, mit Streit und Konflikten umzugehen; Bedürfnis nach zwischenmenschlicher Harmonie; instabile Psychodynamik; wenig Selbsterkenntnis; überstarke Sensibilität (Empfindsamkeit); übermässiges Abhängigsein von fremden Urteilen; Drang, sich auch vor sich selbst zu verstecken; wenig echte Selbstliebe; Autoritätskonflikt; mangelnde Fähigkeiten zur Analyse, Planung und Realisierung; eine Einstellung, die im Kern heisst: "Ich kann nicht"; starke Abwehr vor der eigenen und fremden psychischen Realität; und die Tendenz, in der Lebenslüge leben zu müssen.

Viele Menschen in einem solchen Zustand kompensieren mit kleinkarierten Haltungen, Intoleranz und aggressivem Verhalten.

Oder sie werden Mitläufer einer Sekte oder irgendeiner Religion mit betont fundamentalistischen Lehren und Regeln für das Leben. Selbstwert und

Selbstvertrauen ist mit der Geburt nicht mitgegeben.

Der Mensch hat sich auf vielfältige Weise aufzubauen, zum Beispiel:

- Selbstwert bedarf der Substanz: etwas Wichtiges leisten.
- Selbstvertrauen benötigt Fakten: Disziplin, Verlässlichkeit, Selbstkontrolle.
- Je besser du dich kennst, desto mehr Kraft kannst du innen aufbauen.
- Je mehr du über die Menschen und das Leben weisst, desto stärker wirst du.
- Je mehr du menschliche Werte lebst, desto mehr hast du Power.
- Finde heraus, ob etwas geschehen ist, das deinen Selbstwert reduziert.
- Verbessere deine Qualitäten als Person mit Selbstbildung.
- Lerne, wie du mit kritischen Vorfällen, Leben und Gefühlen umgehen kannst.
- Gib dir selber Selbstwert, Akzeptanz, Stütze und Achtsamkeit im Alltag.
- Bilde Lebensenergie auf: viel Laufen oder sportliche Aktivitäten.

1.5. Werde eine starke Persönlichkeit

Power und Methoden

Deine Reise der Selbstentdeckung kann beginnen: Der Plan, die Instrumente und die Ziele sind bestimmt.

Lebe mit effizienten Methoden!

Selbst-Bildung und Schulung ist der ultimative Schlüssel für Erfolg, Glück und Erfüllung.

POWER bedeutet: Antrieb, Kraft, Fähigkeit, Energie, Stärke, Leistung, Potenz, Autorität, Eignung, Qualifizierung, Anspruch, Mächtigkeit, Meistern und Verfügung. – Wieviel Power hast du, dein Leben zu meistern, wahre Liebe und eine wirkliche Beziehung zu leben, dich auf echte Weise zu entwickeln, deine Ziele zu erreichen und authentisch dich zu verwirklichen?

Du kannst ein echtes Leben mit wahrer Liebe leben! Lebe wahrhaftig dich selbst! Du kannst dein Glück finden. Du kannst Erfolg haben. Aber du brauchst POWER, um das zu erhalten!

POWER = Wissen + Methoden

Was ist die Differenz zwischen einer Person, die viel Wissen hat über das Leben, die Menschen und das innere Leben – und einer Person, die kaum etwas Wesentliches darüber weiss? Was ist die Differenz zwischen einer Person, die die Methoden zum Leben, zum Verstehen, zum Wachsen und zum Managen des äusseren und inneren Lebens kennt – und einer Person, die kaum etwas Wesentliches darüber weiss?

Kein Wissen + Keine Methoden = LEBEN OHNE POWER

Wie wird dein Leben in 5, 10, 15 und 30 Jahren sein, wenn du nichts Wesentliches lernst über dich, die Menschen, das innere Leben, das Leben im allgemeinen, und auch nichts weisst über die richtigen Methoden, wie man mit all dem wirkungsvoll umgeht und dies alles effizient bewältigt?

Breche die künstlichen Fassaden ab! Werde authentisch, ganz dich selbst!

Schluss mit deinen teuren Lebenslügen! Lebe, was du in dir wahrhaftig bist! Kündige der stupiden Oberflächlichkeit! Finde das Wertvolle, was du in dir bist! Schluss mit Wegschauen und Ignorieren!

Lebe aus deinen vollen gesunden Kräften! Weg vom manipulierten dummen Leben! Nutze deine Lebenskräfte für echtes Leben! Vergiss die schnöden Illusionen über das Glück! Bau dir echte Erfüllung aus dem Innern auf!

Mit dem richtigen POWER erreichst du mehr mit dir und deinem Leben!

Stop mit der entfremdenden Gehirnwäsche! Finde dein wahrhaftiges Sein und lebe es! Schaffe alles weg, was dir innen im Wege steht! Entwickle all das Gute und Positive in dir! Renne nicht mehr weg vor dir selbst! Verwirkliche deine Potentiale und Talente! Gib die untauglichen Codierungen auf! Modernisiere alles, was revisionsbedürftig ist! Es reicht jetzt mit dem sich-selbst-Belügen! Damit dein Leben zur Freude und zum Glück wird! Nimm Abschied von unechten Lebensweisen! Orientiere dich neu! Verändere dich! Erneuere dich! Beende die krankmachende Selbst-Unterdrückung! Lebe mit Intelligenz, Liebe, Geist, Weisheit, Wissen, Fähigkeiten und Methoden!

Selbstverständlich kannst du das!

Lebe mit Intelligenz, Liebe, Geist, Weisheit, Wissen, Fähigkeiten und Methoden!

Wissen bedeutet Power. Die richtigen Methoden haben und nutzen, bedeutet Power! Power um zu leben! Wie ist das Leben einer Person, die über absolut keinen POWER verfügt?

Wie ist dein Leben mit Intelligenz, Liebe, Geist, Weisheit, Wissen, Fähigkeiten und Methoden?

Leben: Lebe, was du wahrhaftig innen bist!

Evolutionäres Menschsein schliesst Selbsterkenntnis und Selbsterfüllung mitein.

Kein Leben ohne Risiken. Kein Leben ohne Probleme. Kein Leben ohne kritische Herausforderungen. Die einen schauen weg. Andere verdrängen alles. Viele wursteln vor sich her.

Fast alle wollen nur „haben" und geben dem Sein keinen höheren Wert. Kredite, Spekulationen, Arbeitslosigkeit, Armut und mangelhafte private Altersvorsorge zerstören mehr als der Hälfte alles gute Sein. Die Wertorientierung „der Grösste", „der Beste" und der „Schnellste" macht die meisten Menschen zu einem kleinen endlos frustrierten „Wurm".

Die kollektive Seuche: Man schaut dauernd, wie andere leben; und verpasst dabei, das eigene Leben zu leben. Fast alle sind nie gebildet worden, ganz und wahrhaftig sich selbst zu leben. Die Risiken entwickeln sich mehr und mehr zu einem kollektiven atemberaubenden Abenteuer. Wer seine Probleme, Krisen und Schwierigkeiten mit dem Leben nicht meistert, schafft sich langfristig enorm viel Leiden. Die meisten meiden professionelle Hilfe, weil sie ihr Sachwissen, Lebenswissen und Können masslos überschätzen – oder sich im Zeitgeist schämen. Du bist nicht schuldig, wenn du Probleme mit dir und dem Leben hast. Aber du machst dich schuldig dir selbst gegenüber, wenn du damit nicht kompetent umgehst.

Vielleicht willst du Teil davon zu sein:

- Die meisten Menschen kennen sich auf einem Niveau von 3-5 %; den Rest meiden sie zu sehen.
- Die meisten Menschen denken nicht an ihr Morgen und an das Netzwerk ihres Lebens.
- Die meisten Menschen glauben, sie seien vollständig richtig mit dem, was sie denken und urteilen.
- Die meisten Menschen haben keine Ahnung über ihre unbewusste innere Welt – ihr wahres Sein.
- Die meisten Menschen glauben, es genüge, was sie gelernt haben; aber das ist bloss blinder Eigensinn.
- Die meisten Menschen können nicht unterscheiden zwischen betörender Erscheinung und den Wirklichkeiten.
- Die meisten Menschen wollen geistig, religiös, ideologisch und esoterisch betrogen werden.
- Die meisten Menschen wollen nichts lernen für Liebe, Geist, Freude, Glück, Frieden und Gleichgewicht.
- Die meisten Menschen haben nicht das notwendige Wissen und die Fähigkeiten für ihre Selbsterfüllung.

So ist nun mal das Leben: Es ist eine Kunst, mit dem Leben richtig umzugehen. Im Leben sind die Gegebenheiten nicht immer so einfach und klar, wie man das gerne haben möchte.

Man braucht Wissen, Fähigkeiten und Lebenstechniken, um Erfolg mit sich und dem Leben zu haben. Es gibt Entscheidungen im Leben, die wirklich wichtig sind, und demzufolge Lebenskompetenzen verlangen. Da muss man klar durchsehen im Leben und ganz besonders in „kritischen Situationen". Wichtig ist: effizient, richtig und ausgewogen die Gegebenheiten erkennen und entsprechend kompetent handeln.

Du willst ein gutes Leben! Ohne gründlichen Einsatz findest du das wirklich gute Leben niemals!

Du brauchst mehr Lebensenergie, gestärkte und zentrierte Lebensenergie. Du willst die besondere Freude am Leben und die kreative Lust am Leben. Du bist bestrebt, den Durchbruch zu einem erfüllten Sein und Leben zu finden. Du denkst, (mehr) Erfolg, (mehr) Zufriedenheit, (mehr) Gleichgewicht ist wichtig. Du wünschst, dass andere dich mit Respekt und Ernsthaftigkeit behandeln. Du willst dich (noch) besser fühlen mit Selbstwert, Selbstvertrauen und Ich-Stärke. Du willst endlich mehr vom Leben und mehr aus deinen Möglichkeiten schöpfen. Du willst mit den richtigen Strategien dein neues, glückliches Leben aufbauen.

Die Psyche zu ingorieren, ist in der Tat ein erbärmlicher Versuch der Selbstflucht. Und diese psychischen Kräfte nicht systematisch zu formen, ist ein Ausdruck von Ignoranz, Arroganz, umfassender Skrupellosigkeit gegenüber dem Menschsein, der Liebe und dem Geist. Die Art und Weise, wie Menschen im Kollektiv miteinander umgehen, ist von einer geheimen Solidarität gekennzeichnet: Halte das unbewusste Sein unbewusst; verstecke das innere psychische Leben; schau nicht hin auf die Manipulationen und Lebenslügen: „Ignoriere deine unbewussten Belastungen!" – Willst du aus dieser kollektiven Misere ausbrechen?

Die externe Welt eines jeden und des Kollektivs ist ein Ausdruck des inneren psychischen Lebens der Menschen allgemein: Respektlosigkeit gegenüber der Welt der Natur und Tiere, Ignoranz gegenüber den Lebensressourcen, Schädigung der klimatischen Bedingungen, Verschmutzung der Umwelt und vieles mehr.

Das bedeutet: die Menschen leben selbst-entfremdet. Die Art, wie Menschen andere behandeln, ist die Art, wie sie sich selbst behandeln, insbesondere ihr eigenes inneres Leben. Was die Menschen innen sind, sehen wir aussen in der Welt und Gesellschaft.

Was ist der Mensch, der nicht seinen Weg der Selbsterkenntnis und Selbsterfüllung lebt? Ein solcher Mensch lebt in Chaos und Unbewusstheit. Nichts kann ferner vom Geist sein als ein Menschsein, das jenseits vom

Prozess der Selbsterfüllung steht. Ohne den inneren Geist ist der Weg ein endloser Irrweg. Der Markt offeriert über 10'000 Irrwege!

Werde authentisch und ganz dich selbst! Lebe, was du wahrhaftig innen bist! Finde dein wertvolles Selbst, das du innen bist! Modernisiere alles, was zu revidieren nötig ist! Lebe aus deinen gesunden Kräften! Nutze deine Lebenskräfte für ein echtes Leben! Finde dein wahres Sein und lebe es! Bilde deine ursprüngliche Selbsterfüllung aus deinem Innern!

Fragen zur Selbsterkenntnis	Gib Antworten:
Auf welchem Niveau kennst du dich?	
Wie denkst du an dein Morgen und an das Netzwerk deines Lebens?	
Wie denkst du über das, was du denkst und urteilst?	
Was weisst du über deine unbewusste innere Welt – dein wahres Sein?	
Wie siehst du all das, was du bis heute gelernt hast?	
Wie unterscheidest du zwischen betörender Erscheinung und den Wirklichkeiten?	
Wie willst du geistig, religiös, ideologisch und esoterisch behandelt (verstanden) werden?	
Was willst du lernen über Liebe, Geist, Freude, Glück, Frieden und Gleichgewicht?	
Wie beurteilst du dein Wissen und deine Fähigkeiten für deine Selbsterfüllung?	

Die Wahrheit über die Welt der Liebe

Jede Frau und jeder Mann hat verschiedene psychologische Qualitäten mit vielseitigen Aspekten: die Art zu denken und Gefühle auszudrücken, Charakterzüge, Einstellungen, geistige Werte, Verlässlichkeit, Ehrlichkeit, Vertrauen, moralisches Verhalten, Kommunikation und Verständnis, Wissen und Weisheit über Liebe und Leben; Fähigkeit, Zuneigung und Liebe auszudrücken; Bereitschaft, Liebe zu erhalten; Fähigkeiten, eine Beziehung zu leben (z.b. Kompromisse zu machen) und das Leben zu meistern (z.B. falsche Interpretationen; Meinungsverschiedenheiten); vielfältiger Charakterausdruck; und ein Unbewusstes (oft voll mit ungelösten Konflikten, Traumas und Komplexen aus der Vergangenheit). All diese psychologischen Wirklichkeiten agieren als eine Art Codeprogramm im Unbewussten für die Partnersuche, für das Leben der Liebe und Beziehung. In der Welt der Liebe gibt es viele Leute mit sehr niedrigen Qualitäten!

→ Die meisten Menschen kennen sich auf einem Niveau von 3-5 %. Auf einem solchen Niveau können Liebe und Beziehung niemals grossartigen Erfolg erreichen!
→ Die meisten Menschen wollen Liebe, Glück und ein besseres Leben. Aber sie wollen nichts lernen! Keine Chance für grossartigen Erfolg!
→ Scheidungsrate: 30-50%. Trennungsrate: 50-75%. Cyber Liebe Scheitern: bis zu 95%. Besser du lernst zuerst, wie du grossartigen Erfolg erreichen kannst!

Die Hauptursachen für Scheitern sind:

Ignoranz, Arroganz, Narzissmus, oberflächliche Einstellungen, Starrsinn, Faulheit, Grobheit, Eitelkeit, dogmatisches Denken, Verneinung von geistigen Werten; zusehr fokussiert auf Erscheinung und billiges Vergnügen und nicht genug auf das innere Leben; Versuch, eine illusionäre harmonische Beziehung zu schaffen; Verweigerung, über Liebe und Leben zu lernen; Fehlen von Wissen und Fähigkeiten für Liebe und Beziehung; ungelöste Traumas und ernsthafte innere Konflikte aus der Vergangenheit; unbewusste Bindung an einen früheren Partner; Negierung der Wichtigkeit und Sorge der persönlichen Entwicklung; fehlendes Interesse an kontemplativer Selbstreflexion; Fehlendes Verständnis und fehlende Kommunikation; Unterdrückung von Gefühlen und Bedürfnissen; Gegenseitiges Nicht-Akzeptieren von Schwächen und sexuellen Bedürfnissen. – Niemand ist perfekt.

Es ist nicht erforderlich, von all dem frei zu sein. Aber es ist absolut wesentlich, über alles zu lernen, alles Nötige zu verbessern und zu stärken, und zu wachsen hin zu einer allseitig ausgewogenen Person.

Keine Liebe ohne Risiken. Keine Liebe ohne Probleme. Keine Liebe ohne kritische Herausforderungen. Übersteigerter Narzissmus ist die kollektive Krankheit. Da ist wenig oder gar keine Liebesfähigkeit. Borniertheit, Starrsinn und Narzissmus sind eine Hauptursache des Scheiterns der Liebe. Die Unfähigkeit, Sexualität zu verstehen wie der ganz normale Hunger, und Sex entsprechend kreativ zu leben, ist eine weitere essentielle Ursache des Scheiterns. Die Unfähigkeit der Frauen, Sex mit ihrem Partner zu leben in einer Auswahl von dem, was das Sex-Gewerbe anbietet, und die Unfähigkeit der Männer, täglich ihrem Partner Zeichen der Liebe zu geben und häufig Romantik zu gestalten, hat das Sex-Gewerbe zu einer natürlichen Super-Industrie gemacht. Da bleiben allerdings die Liebe und der Geist auf der Strecke.

Man findet sich damit ab: ein langweiliges Leben! Der endlose Kampf der Geschlechter ist der dümmste Kampf überhaupt! Die einen schauen weg. Andere verdrängen alles. Viele wursteln vor sich her. Und die meisten meiden professionelle Hilfe, weil ihnen die Liebe und der Sex eigentlich so wichtig auch nicht sind.

Den Partner verstehen ist schwierig und verlangt viel Kommunikation. Wie willst du deinen Partner verstehen, wenn du dich selbst nicht verstehst? Wie willst du den richtigen Partner finden, wenn du dich innerlich nicht vorbereitest? Es gibt in der Beziehung und im Zusammenleben viele Situationen, die in gewisser Hinsicht „kritisch" sind. Die Liebe wächst nicht von selbst. Das Glück kommt auch nicht „einfach so". Man muss eben lernen, Liebe, Sex und Romantik richtig zu leben und zu pflegen. Man muss sich auch Wissen und Fähigkeiten aneignen, will man effizient, kompetent und ausgewogen eine kritische Lage zur Liebe und Beziehung klären und lösen. Du willst mit dir selbst und deinem Partner glücklich sein. Du willst endlich die grosse Liebe in einer partnerschaftlichen Beziehung finden und leben.

- Liebe ist eine vielseitige kreative Tätigkeit des Lebens. Liebe gibt Sinn, Qualität und Wert zu leben.

- Liebe macht das Leben wertvoll und reichhaltig zu leben. Liebe ist der Schlüssel für viele scheinbar unlösbare Probleme.

- Liebe ist viel mehr als blosses Gefühl. Liebe ist eine komplexe Leistung. Wahre Liebe ist eine Seltenheit auf dieser Erde.

- Liebe ohne Verstand (Denken) hat kaum Chancen, etwas Standfestes zu leisten.
- Liebe ohne Geist ist strukturlos und hat keine innere Tiefe. Wie willst du Liebe leben ohne zu meditieren?

- Liebe verlangt, mit Konzentration und Klarsicht in die innere und äussere Welt zu schauen.

- Liebe setzt auch einen Willensakt voraus. Wer Liebe lebt, schaut genau auf die echten inneren Bedürfnisse.

- Liebe im Rohzustand ist archaisch, instinkthaft, nichts als hirnphysiologisches soziales Muster.

- Liebe ist machtlos und instabil, wenn du in deinem Unbewussten unterdrückte Traumas und ungelöste Konflikte hast.

- Liebe handelt im Sinne von deinem eigenen psychischen Leben, dem psychischen Leben deines Partners und für das Zusammenleben.

- Wie kannst du andere lieben, wenn du dich selber nicht liebst? Wie kannst du lieben, wenn du dein ineres Sein ignorierst?

Die Menschen:

Qualitäten zu Liebe und Beziehung	Wie steht es dazu mit dir?
Ignoranz	
Arroganz	
Narzissmus	
Oberflächliche Einstellungen	
Starrsinn	
Faulheit	
Grobheit	
Eitelkeit	
Dogmatisches Denken	
Verneinung von geistigen Werten	
Zusehr fokussiert auf Erscheinung und billiges Vergnügen	
Versuch, eine illusionäre harmonische Beziehung zu schaffen	
Verweigerung, über Liebe und Leben zu lernen	

Fehlen von Wissen und Fähigkeiten für Liebe und Beziehung	
Ungelöste Traumas und ernsthafte innere Konflikte aus der Vergangenheit	
Unbewusste Bindung an einen früheren Partner	
Negierung der Wichtigkeit und Sorge der persönlichen Entwicklung	
Fehlendes Interesse an kontemplativer Selbstreflexion	
Fehlendes Verständnis und fehlende Kommunikation	
Unterdrückung von Gefühlen und Bedürfnissen	
Gegenseitiges Nicht-Akzeptieren von Schwächen und sexuellen Bedürfnissen	

Die Grundbedürfnisse:

Deine Grundbedürfnisse:	Beschreibe, welche Defizite in der Erfüllung du erkennst:
Du willst menschliche Qualitäten haben und leben. Wie denn ohne Selbsterkenntnis?	
Du willst dein wahrhaftiges Sein leben. Was ist denn echtes inneres Sein?	
Du willst Sinn und Werte leben. Was sind denn deine Werte und dein Sinn?	
Du willst deine inneren Potentiale und Begabungen verwirklichen. Kennst du diese?	
Du willst wachsen und dich entfalten als authentische Persönlichkeit. Wie tust du das?	
Du willst Liebe leben und erhalten. Weisst du überhaupt, was Liebe wirklich ist?	
Du willst klar wahrnehmen, wissen, denken, richtig folgern und urteilen. Tust du das?	
Du willst eine Beziehung ehrlich und konstruktiv leben. Kannst du das wirklich?	

Du willst psychisch gesund sein und bleiben. Wie kannst du das bei all den Lebenslügen?	
Du willst Wohlbefinden und Gesundheit. Wie denn bei der Verdrängung und Unterdrückung?	
Du willst effizient handeln im Alltag. Wie denn ohne erlernte Lebenstechniken?	
Du willst Balance und Stabilität im Leben. Wie denn, wenn Starrsinn dich stabil macht?	
Du willst als Selbstausdruck etwas leisten. Wie denn, wo du dein Selbst nicht kennst?	
Du willst Autonomie und Selbstbestimmung. Wie denn bei der kollektiven Gehirnwäsche?	
Du willst guten Sex mit innerer Erfüllung. Wie denn, wo du nur wenig lieben kannst?	
Du willst Lebensfreude und glücklich sein. Wie denn, wenn du dein inneres Sein ignorierst?	
Du willst Gott und die Transzendenz erfahren. Wie denn ohne inneres Wachsen?	
Du willst vom Geist geführt werden. Wie denn ohne Traumdeutung und Meditation?	

Die Gefühle:

Deine Gefühle	Beschreibe, welche Defizite in der Formung du erkennst:
Du willst deine Gefühle verstehen? Das geht nur mit Reflexion und Meditation.	
Du willst mit deinen Gefühlen umgehen können? Dann musst du diese zuerst verstehen.	
Du willst frei sein von innerer Zerrissenheit? Dann verstehe, was	

dich innerlich zerreisst.	
Du willst dem Leben zugewandte Gefühle? Dann wende dich dem wirklichen Leben zu.	
Du fühlst innere Lasten? Dann suche, was dich innerlich schwer belastet.	
Du erlebst dich depressiv verstimmt? Dann ist da etwas, das dich unterdrückt.	
Du bist innerlich traurig? Dann trauere und fühle richtig und dann finde zum Leben zurück.	
Deine Stimmung ist stressig, launisch, nervös? Analysiere genau, was dich treibt.	
Dir fehlt echte Hoffnung und Zuversicht? Dann baue sie in dir auf mit Wachstum.	
Du bist unzufrieden mit dir selbst? Dann tue, was nötig ist zur Zufriedenheit.	
Du fühlst dich nicht erfüllt? Dann finde deine Selbsterfüllung mit Individuation.	
Du bist unglücklich? Wirklich glücklich sein kann man nur mit Liebe und Geist.	
Dir fehlt innerer Frieden? Dann mache Frieden mit dir und deinem Leben.	
Du erlebst eine diffuse Schuld? Die grösste Schuld ist, sich selbst zu verweigern.	
Du findest, alles ist sinnlos? Der tiefste Sinn ist, das eigene Selbst zu finden und zu leben.	

Das Ich:

Dein Ich	Beschreibe, welche Defizite in der Formung du erkennst:
Du erlebst dich minderwertig? Dann	

gib dir Wert mit Selbsterkenntnis und Selbstbildung.	
Du findest dich wenig reichhaltig? Dann entdecke deine inneren Werte und Reichtümer.	
Du verdeckst, projizierst und unterdrückst? Dann höre doch einfach auf mit Lebenslügen.	
Dein Wille ist schwach? Dann werde stark als Person und bestimme klare kleine Ziele.	
Du lebst wenig bewusst und wenig differenziert? Dann lerne, richtig hinzuschauen.	
Du erlebst deine Selbstidentität diffus und wenig geformt? Dann forme sie minutiös.	
Dir fehlt Motivation für die Dinge des Alltags? Dann sei mal dankbar, auf der Erde zu sein.	
Du hast Mühe, dich und dein Leben zu managen? Dann lerne effizientes Selbstmanagement.	
Du bist wenig entschlussfähig? Entscheide zuerst, was wirklich dringend und wichtig ist.	
Du hast wenig Wissen über das psychische Leben? Dann lese dazu und übe viel!	
Du verstehst die Menschen nicht wirklich? Dann verstehe zuerst dich selber sehr präzise.	
Deine Vergangenheit belastet oft dein Bewusstsein? Verarbeite dein gelebtes Leben!	
Du denkst wenig über dich in der Zeitdimension? Meditiere über dich in der Zeitvernetzung.	
Du siehst dich nicht in der Vernetzung mit der Menschheit? Denke über den Klimawandel nach.	
Du glaubst einfach, was man dich	

gelehrt hat? Dann entdecke die Lügen und Manipulationen.	
Du glaubst nicht an die religiösen Lehren? Dann finde Gott und Geist mit deiner Individuation.	

Die Liebe:

Deine Fähigkeit zu lieben	**Beschreibe, welche Defizite in der Formung du erkennst:**
Du entwickelst nicht alle deine psychischen Kräfte. Du liebst dich nicht!	
Du lebst mit hohem Unfall- und Krankheitsrisiko. Du bist rücksichtslos dir gegenüber.	
Du pflegst und umsorgst dich nicht besonders. Du bist gleichgültig dir gegenüber.	
Du bist nicht lernoffen für Wachstum und Veränderung. Du blockierst dich.	
Du hast wenig innen-orienterten Lebenssinn. Du entwertest stark dein Sein.	
Du befasst dich selten mit deinem Innenleben. Du bist arrogant dir gegenüber.	
Du erlebst keine Verantwortung für innere Werte. Du bist ein Massenmensch.	
Du entwickelst dein Leben nicht aus deinem Innern. Du bist ein Konsummensch.	
Du siehst das Innenleben deines Partners nicht? Deine Liebe ist oberflächlich.	
Du gibst deinem Partner wenig Zeichen der Liebe? Dann ist deine Liebe am sterben.	
Du bist wenig kooperativ mit deinem Partner? Dann bist du starr und	

unflexibel.	
Du kümmerst dich dauernd um äussere Werte und Schein? Du bist liebesunfähig.	
Du urteilst und reagierst wenig mit Verständnis und Liebe? Auf dich ist kein Verlass.	
Dir sind psychisch-geistige Leistungen unwichtig? Du bist eine Humanbiomasse.	
Du kannst das andere Geschlecht wenig integrieren? Du bist sehr unausgewogen.	
Du kümmerst dich nicht um den Schutz der Natur- und Tierwelt? Keine Seinsliebe!	
Du bist nicht im inneren Geist verankert? Deine Liebe hat wenig stabile Struktur.	
Du ignorierst Herausforderungen von inneren Wert. Extrem reduzierte Liebesfähigkeit.	
Du tust nichts für die Lage der Menschheit und der Erde. Sehr stumpfer Mensch!	

Die Intelligenz:

Diese Betrachtung hier hat wenig zu tun mit dem Intelligenzquotienten; vielmehr mit der praktischen Nutzung der intelligenten Funktionen, wie sie jeder hat und nutzen kann.

Deine Intelligenz	Beschreibe, welche Defizite in der Formung du erkennst:
Du schaust nicht hinter die Masken und Fassaden anderer. Du willst nicht sehen, was da ist.	
Du liest nicht gerne Texte mit ernstem Inhalt. Bist ein faules und träges Wesen.	
Du kannst dich nicht gut ausdrücken. Dann lese viel und besuche Seminare.	
Du kannst Komplexes nicht gut zerlegen. Dann streng dich ein bisschen	

an!	
Du steuerst nicht bewusst, was du wahrnehmen willst. Du bist sehr beeinflussbar.	
Du bist oberflächlich im Analysieren eines Problems. Dann wirst du nie Erfolg haben.	
Du hast keine gute Merkfähigkeit. Dich belasten Probleme oder du bist uninteressiert.	
Du richtest dein Denken nach Dogmen und Ideologien. Das ist archaisch und ineffizient!	
Du reflektierst deine Werte und Normen nicht. Bist ein Roboter und lebst bloss Erlerntes.	
Du reflektierst nicht gründlich deine Einstellungen. Das führt nicht zu guten Zielen.	
Du prüfst deine Überzeugungen nicht. Du kopierst bloss, was man dir eingedrillt hat.	
Du nutzt dein Denken nicht, bevor du urteilst. Du bist und lebst voller Vorurteile.	
Du begründest deine Ansprüche nicht. Du bist getrieben von (Sex-) Trieb, Drang und Ego.	
Du bist nicht beweglich im Erfassen von Neuem. Das ist Starrsinn und Blindheit.	
Du denkst nicht in komplexen Verflechtungen. Du hast wenig gute Chancen im Leben.	
Du nimmst selten wahr unter der Zeitperspektive. Du verstehst nichts vom Leben.	

Das Unbewusste:

Dein Unbewusstes	Beschreibe, welche Defizite in der Formung du erkennst:

Du hast vieles von deinen Lebenserfahrungen nicht bearbeitet? Du wiederholst alte Muster.	
Manche Erinnerungen sind dir gelegentlich peinlich gegenwärtig? Dann bearbeite diese.	
Du magst Menschen mit Problemen nicht? Du weichst bloss deinen eigenen Problemen aus.	
Du magst Bilder wie Mutter Gottes, Heilige oder Helden. Du bist ein naiver „Träumer"!	
Du hinterfragst religiöse Autoritäten nicht. Du bist kindlich naiv und wirst leicht belogen!	
Du hast unerklärliche Gewissensbisse. Du trägst eingeredete oder reale Schuld in dir.	
Die Gebote und Verbote aus deiner Kindheit wecken noch heute Gefühle. Revidiere alles!	
Manchmal strafst du wie dein Vater und/oder wie deine Mutter. Du kopierst deine Eltern.	
Du hast diffuse vegetative Beschwerden oder Schlafstörungen. Ein Problem nagt in dir!	
Du bist stark übergewichtig. Du hast einen gierigen Komplex in dir, der dich total beherrscht.	
Du hast Platzangst (Tunnel, Lift etc.). Du bist in dir und in deinem Leben extrem eingeengt.	
Du hast sexuelle Störungen. Die Beziehung stimmt nicht. Etwas läuft nicht rund in Sache "Liebe".	
Du hast Verstopfung. Ursachen sind: Stress, schwaches Selbstwertgefühl, Fremdbestimmung.	
Du denkst: "Die Kirche weist den Weg zu Gott." Du bist geblendet, eingebildet, besessen.	

Du denkst: "Kriege wird es immer wieder geben." Du förderst Motive für Kriege!	
Du denkst: "Umweltschäden sind nicht so dramatisch." Wie kann man nur so blind sein?	
Du denkst: "Verkehrsunfälle sind Schicksal." Du bist skrupellos und eine Gefahr für andere.	
Du denkst: "Man soll nicht zuviel über sich nachdenken." Du verweigerst Verantwortung.	

Die Psychodynamik:

Deine Psychodynamik	Beschreibe, welche Defizite in der Formung du erkennst:
Du bist tendenziell immer angespannt. Bearbeite den inneren und äusseren Druck.	
Du fühlst Disharmonie in dir. Schaffe Balance zwischen den psychischen Kräften.	
Du fühlst Druck in dir. Dann nimm eben den realen Druck weg, auch wenn es anstrengend ist.	
Du bist leicht zu verärgern. Es muss alles nach dir tanzen. Zudem bist du unzufrieden.	
Du bist tendenziell eher bedrückt. Sorgen. Oder dein inneres Sein kann nicht leben.	
Du fühlst dich eingeengt. Werte, Normen, Einstellungen, Glaube, Denken, Lebenslagen engen ein.	
Du bist unbeständig. Du hast keinen inneren Halt, keine klaren Werte, keine guten Ziele.	
Du fühlst dich schnell unsicher. Mangel an Wissen, Können, Selbstwert, Selbstvertrauen.	
Dein inneres Leben ist starr und	

gepanzert. Die Verdrängung und Unterdrückung ist total.	
Du kannst sehr rigide reagieren, gar in einfachen Situationen. Du bist als Person nicht gut geformt.	
Du hast wenig Lebensenergie. Unbewusstes frisst Energie weg; und es fehlt an Zielen.	
Dir fehlt die Lust, etwas aktiv anzupacken. Verdrängtes lähmt. Du bist unglücklich.	
Du reagierst chronisch launisch. Deine Person und dein Leben haben keine innere Struktur.	
Du kannst unerklärlich destruktiv sein. Du hast geballte Ladungen im Unbewussten!	
Du bist leicht ansteckbar von Stimmungen anderer. Du bist nicht strukturiert in dir selbst.	
Mit andern zusammen verlierst du schnell deine Energien. Bist nicht abgegrenzt in dir selbst.	

Beschreibe deinen allgemeinen psycho-energetischen Zustand und die Dynamik:

Die Handlungen:

In welchen Lebensthemen erlebst du dein Handeln als "kritisch"? Markiere mit einem Kreuz.

„Kritisch" meint: handlungsunfähig, leider keine Fähigkeiten zu handeln, das Resultat der Handlung ist nicht gut, dein Handeln ist unkontrolliert, andere handeln nicht angemessen (dir gegenüber in der Sache), die Sache bereitet dir Sorgen oder Ängste, etc.

Beziehung/Ehe/Freundschaft	Politik, Parteien
Kindererziehung	Wirtschaft, Geschäftsleben
Kollegen, Bekannte, Verwandte	Kunst, Kultur generell
Freie Zeit	Institutionen der Religionen
Ferien/Urlaub	Verkehr, Transport

Persönlicher Wohnraum	Atommüll, AKW
Persönliche Umwelt (Wohnort)	Staatsfinanzen, Steuern
Ernährung, Essen	Umweltverschmutzung
Gesundheit	Internationale Konflikte
Alkohol und/oder Tabak	Nationale, regionale Konflikte
Medikamente	Bebauter Lebensraum
Konsum allgemein	Naturzerstörung (Klimawandel)
Haushalten	Tierhaltung
Konflikt mit Vorgesetzten	Kriminalität
Scheidung/Trennung	Pornographie, Prostitution
Krankheiten	Überfremdung
Psychische Leiden/Störungen	Banken, Versicherungen
Lebenskrisen aller Art	Behörden
Religiöse Praktiken, Glaube	Randgruppen
Selbsterleben (Angst, Minderwert)	Extremismus, Fundamentalismus
Bildung, Weiterbildung	Abfall (Müll, Abwasser)
Sexualität	Umweltzerstörung
Tagesplanung	Armut (in Europa, im eigenen Land)
Medienkonsum	Kriege, Völkermord, Unterdrückung
Geld, Lebenskosten, Benzin-/Gaspreis	Alte Menschen, Pensionierung
Möbel, Geräte, Auto, Kleider	Verständigung zwischen Menschen
Freizeitbeschäftigungen (Hobbies)	Drogensituation
• Opfer (Diebstahl, Betrug etc.)	• Arbeitslosigkeit
• Arbeit/Arbeitsplatz	• Tod

Die Träume:

Deine Träume	Beschreibe, welche Defizite im Umgang mit deinen Träumen du erkennst:
Du kannst dich an deine Träume selten erinnern. Träume interessieren dich nicht.	
Du beachtest deine Träume nicht. Träume bedeuten dir nichts. Öffne deine Augen!	
Du hast keine Ahnung, dass in	

90

Träumen ein Geistprinzip wirkt. Du kannst es heute lernen.	
Du bildest deine Persönlichkeit nicht mit deinen Träumen. Du wirst so niemals „ganz" werden.	
Du versuchst nicht, meditativ dich zu verstehen. Du meidest zu fühlen, wer du bist.	
Du bearbeitest deine Lebensthemen nicht mit deinen Träumen. Du verpasst beste Lösungen.	
Du orientierst dich bei Problemen nicht an deinen Träumen. Du siehst nur Äusseres.	
Du meditierst nicht über dein Unbewusstes. Umfassende Katharsis ist so nicht möglich.	
Du lebst überhaupt nicht so, dass Meditation regelmässig möglich ist. Du weichst dir aus.	
Du meditierst nicht über Symbole und Archetypen. Du hast keine lebendige geistige Orientierung.	
Du nimmst aussersinnliche Wahrnehmung nicht ernst. Du verstehst wenig vom Menschsein.	
Du hast keine Solidarität über psychisch-geistige Werte. In dir ist kein Geist lebendig.	
Du kannst nicht unterscheiden zwischen Glauben und Erfahrung. Einfach glauben ist sehr billig.	
Du anerkennst deine Träume nicht als Ratgeber. Du meinst wohl, dass du alles besser weisst.	
Du denkst: „Träume sind Unsinn." Du hast das eben so gehört und damit Falsches gelernt!	
Du glaubst nicht, dass Träume dir etwas sagen wollen. Du willst es auch nicht wissen.	

Die psychisch-geistige Entwicklung:

Der Prozess der psychisch-geistigen Entwicklung enthält eine Vielfalt an kleinen Schritten und kann als "Weg" interpretiert werden.

Kreuze an, was du kennst, bereits getan hast, tust oder anwenden kannst:

☐ Ich praktiziere Entspannungstechniken regelmässig
☐ Ich kenne meine Projektionsdynamik und ihre Ursachen
☐ Ich kenne meine Widerstände und Abwehr (Verdrängungstendenzen)
☐ Ich praktiziere Mental-Training regelmässig
☐ Ich übe Kontemplation, tiefgehende Meditation über Grundwerte
☐ Ich deute meine Träume kompetent und regelmässig
☐ Ich integriere meine schwachen psychischen Kräfte
☐ Ich erkenne das Zusammenwirken meiner psychischen Kräfte
☐ Ich habe meine Lebensgeschichte gründlich bearbeitet
☐ Ich kann das psychische Leben umfassend bejahen
☐ Ich habe Überblick über das Wechselspiel Innen-Aussenleben
☐ Die Kraft des Geistes ist mir eine wichtige Rückbindung
☐ Ich habe inneren Halt durch Bildung meiner psychischen Kräfte
☐ Die Archetypen der Seele sind mir Lebensorientierung
☐ Ich lebe Werte und Sinn aus dem Innern und mit Geist
☐ Ich bearbeite mein Innenleben (Gefühle, Komplexe, etc.) gründlich
☐ Ich praktiziere Psychokatharsis und Mental-Training
☐ Ich erlebe Bindung und Verpflichtung an die Kraft der Liebe
☐ Ich akzeptiere Geist als inneres Führungsprinzip
☐ Ich erweitere mein Bewusstsein über das Menschsein
☐ Ich erlebe immer klarer die wesentlichen Grundbedürfnisse
☐ Ich gebe dem Aufbau der Kraft der Liebe besondere Aufmerksamkeit
☐ Ich kann gut unterscheiden zwischen Masken und der Realität dahinter
☐ Ich erlebe klar, was Freiheit und Pflicht im Innern bedeutet
☐ Geist und Liebe sind in mir sehr prägende und bestimmende Kräfte
☐ Ich erlebe mich innerlich frei. Ich weiss, dass ich innerlich umfassend frei bin
☐ Ich kenne das kollektive Unbewusste und seine Wirkungsweisen
☐ Auch in schwierigsten Situationen erlebe ich inneren Halt
☐ Ich habe differenzierte und vernetzte Erfahrungen mit Archetypen der Seele
☐ Auf mich ist in der inneren Rückbindung an Geist und Liebe Verlass
☐ Ich kann die transformierende Kraft der Liebe leben
☐ Mein Leben ist ein umfassender Ausdruck erarbeiteter Selbstbildung
☐ Ich erlebe zunehmend meine allseitig ausgewogene Ganzheit
☐ Das Leben hat mich mit Traum und Meditation umfassend gebildet
☐ Ich erlebe die positiven Bilder in meinem Unbewussten als tragend

1.6. Praktisches Selbstmanagement

Finde Erfolg mit Selbstmanagement

1. Du brauchst Zeit für dich selbst, d.h. niemand muss für jeden immer erreichbar und ansprechbar sein. Jeder braucht seine stillen Stunden. Handy in solchen Momenten abstellen! Mache täglich mindestens dreimal je 5-10 Minuten eine kurze Entspannung.
2. Nein-sagen, ohne zu frustrieren, ist eine Kunst. Anderseits: Man muss auch "ja" sagen können. Die Konsquenzen des JA und NEIN verantworten. Manchmal muss genau überlegen, wie und warum man "NEIN" oder "JA" sagt.
3. Störungen identifizieren, gibt Orientierung. Problemlösungsstrategien erleichtern die Lebensweise. Lärm und Durcheinander sind Störungen. Schwierigkeiten in einem Ablauf werden als Störung erlebt. Devise: Es gibt kein Leben ohne tägliche Störungen; Störungen sind da, um sie zu managen.
4. Denke und handle zielorientiert, d.h. langfristige persönliche Ziele immer mitplanen in den täglichen Angelegenheiten. Das ist nur mit einem "Arbeitstagebuch" realisierbar.
5. Gehe feste Ziele mit einem Zeitplan und mit Arbeitsmethoden an. Dazu muss man auch mal ein Buch lesen, um neue Anregungen zu finden. Oder frage andere Leute, die dazu Erfahrungen haben. Scheue fremden Rat nicht!
6. Grössere Lebensziele in kleine aufbauende Schritte zerlegen. Jeder Lebensabschnitt hat auch seine eigene Ziele. Verpasse diese in der Gegenwart nicht!
7. Ansehen, Geld und Erfolg sind nicht die höchsten Werte im Leben. Reflektiere deinen Konsum, vor allem dein Kompensationsverhalten. Suche in deinem Innern nach dem Sinn deines Lebens.
8. Konzentriere deinen Energieeinsatz. Verzettle deine Kräfte nicht im Durcheinander und in Planlosigkeit. Manchmal muss man täglich etwas Energie auftanken. Dies geschieht mit einfachen Entspannungstechniken.
9. Setze Prioritäten, die den Zielen näherführen. Das wahrhaftige Leben ist das Kernziel von allen Zielen. Auch Arbeit ist Leben! Und immer wieder bedenken: Lebenslügen bieten kein gutes erfülltes Leben.
10. Nicht alles ist gleich wichtig und gleich dringend. Wichtigkeit bedeutet Ziel und Erfolg. Dringlichkeit nur Zeit und Termin. Dringlichkeit geht vor Wichtigkeit. Frage pro Woche mindestens einmal: Was ist mir

persönlich diese Woche wichtig?

11. Neben den Tagesangelegenheiten sich immer auch mit den langfristigen Zielen beschäftigen. Wo willst du in 1-3 Jahren stehen? Prüfe alle paar Monate, ob du mit deiner Lebensweise auch wirklich dahinkommen kannst?

12. Mache regelmässig eine Kontrolle deiner Zeitnutzung. Erstelle einen Tages- und Wochenplan, wo du deine Zeitnutzung eintragen kannst. Dann analysiere: deine Lebenszeit ist dein Lebenskapital. Hast es gut genutzt in dieser Woche?

13. Steuere Stressoren, damit du nicht von diesen gesteuert wirst. Plane deine Mobilität. Vorsicht: Auch Menschen, Fernsehnachrichten, Inserate, Zeitungsartikel u.s.w. sind Stressoren!

Merke dir: Niemand ist daran interessiert, ob du ein erfolgreiches, gutes Selbstmanagement lebst. Niemand ist interessiert, ob du dich psychisch und physisch ruinierst, oder ob du ein Leben auf gesunde Weise lebst, ob du eine glückliche Beziehung lebst oder ob du alleine lebst, ob du den Lebenssinn findest, oder ob du ein versklavtes und manipuliertes Leben lebst, etwa so wie es unser Zeitgeist repräsentiert.

Erfolg mit Selbstmanagement ist die einfache Aufforderung vom Leben selbst für Erfolg, Glück und persönliche Erfüllung.

Der ultimative Weg zum Umgang mit Stress

→ Stress ist eine Reaktion des Körpers und der Psyche auf jede Anforderung, die an ihn gestellt wird.

→ Stress ist nicht bloss nervöse Spannung und nicht immer das Resultat einer Schädigung.

→ Stress ist nicht etwas, das immer vermieden werden muss.

→ Stress ist auch die Würze des Lebens.

→ Im allgemeinen gilt die Wortverwendung: Stress = Distress. Stress ist in diesem Sinne die Antwort des Körpers und der Psyche auf Belastungen aller Art.

Stress ist die Antwort des Körpers und damit auch mit der Psyche verbunden – den Lasten aller Art.

💣 Stress verursachen (= "Stressoren") u.a.:

- 💣 Lärm
- 💣 Werbung
- 💣 Konflikte, Streit
- 💣 Sitzen
- 💣 Erfolgsdruck
- 💣 Menschendichte
- 💣 Autofahren
- 💣 Prestigezwang
- 💣 Gewalt
- 💣 Religiöse Normen
- 💣 Gifte
- 💣 Diffuse Angst
- 💣 Geldsorgen
- 💣 Raum-Enge
- 💣 Kulissenurlaub
- 💣 Lügen
- 💣 Verkehr
- 💣 Schlechte Luft
- 💣 Sorgen
- 💣 Bewegungsmangel
- 💣 Hast, Tempo
- 💣 Herausforderungen
- 💣 Abgase
- 💣 Falsche Ernährung
- 💣 Ehrgeiz
- 💣 Arbeit am PC
- 💣 Falsche Autorität
- 💣 Moralische Einstellungen
- 💣 Frustrationen
- 💣 Neue Technologien
- 💣 Misstrauen
- 💣 Betrügereien

💣 Körperliche Stressreaktionen sind u.a.:

- 💣 Einengung der Atmung
- 💣 Herzstechen
- 💣 Nervosität
- 💣 Ess- und Trinkdrang
- 💣 Durchfall
- 💣 Gereiztheit
- 💣 Hautausschläge
- 💣 Zittern
- 💣 Krebs
- 💣 Harndrang
- 💣 (viel) Rauchen/Alkohol
- 💣 Stottern
- 💣 Magengeschwüre
- 💣 Diffuse Angstzustände
- 💣 Magendruck
- 💣 Übermässiges Schwitzen
- 💣 Appetitlosigkeit
- 💣 Verstopfung
- 💣 Migräne
- 💣 Depression
- 💣 Asthma
- 💣 Frösteln
- 💣 Schwindelgefühle
- 💣 Schlafstörungen
- 💣 Bauchweh
- 💣 Kreislaufstörungen
- 💣 Konsumzwang

Gesunde Dispositionen sind:

- ☐ Meist ist mir bewusst, was ich gerade fühle und empfinde.
- ☐ Ich kann meine Ansichten und Interessen vertreten.
- ☐ Ich kann Ärger, Wut und Zorn aussprechen.
- ☐ Ich kann starke und auch wechselhafte Gefühle akzeptieren.
- ☐ Ich habe gerne neue und auch ungewöhnliche Ideen.
- ☐ Ich kann auch mal 'Nichts tun', ohne den Boden unter den Füssen zu

verlieren.

- [ ] Manchmal bin ich gerne allein und kann mich gut mit mir beschäftigen.
- [ ] Ich kann mich auch mal verwöhnen.
- [ ] Ich muss nicht immer alle Probleme gleich gelöst haben.
- [ ] Ich kann auch gut leben, wenn's nicht immer rundum harmonisch läuft.
- [ ] Ich gehe bei Gelegenheit auch mal zu Fuss (Fahrstuhl, kurzer Einkaufsweg etc.).
- [ ] An die frische Luft gehen mag ich gerne und tue ich regelmässig.
- [ ] Ich lüfte meine Wohnräume regelmässig.
- [ ] Ich meide bewusst Lärm oder schlechte Luft, wenn mir das möglich ist.
- [ ] Dauerberieselung mit Musik benötige ich nicht.
- [ ] Ich stelle das TV-Programm ab, wenn ich mich daran langweile.
- [ ] Ich achte auf einen regelmässigen Lebensrhythmus.
- [ ] Ich halte Mass bei Tabak, Alkohol, Kaffee, Süssigkeiten, Essen generell.
- [ ] Ich schätze Zeit und Ruhe beim Essen.
- [ ] Meine Arbeit macht mir meist Spass.
- [ ] Ich kann mit Zeitdruck gut umgehen, ohne gleich 'ins Schleudern' zu kommen.
- [ ] Ich erlebe Sinn in der Arbeit und auch in meinen Freizeitbeschäftigungen.
- [ ] Mit meiner Wohnsituation bin ich zufrieden, fühle mich da geborgen.
- [ ] Die Wohnumgebung (Quartier) passt mir.
- [ ] Mit Strom, Benzin, Putzmittel, Medikamenten etc. gehe ich massvoll um.
- [ ] Ich erlebe und handle in Sachen Abfall umweltbewusst.
- [ ] Wenn ich autofahre, dann mit Rücksicht und generell vernünftig.
- [ ] Mich interessieren die Biographien anderer Menschen in meiner Freizeitumgebung.
- [ ] Ich besuche des öftern kulturelle, soziale oder politische Veranstaltungen.
- [ ] Falls nötig, setze ich mich für meine Interessen energisch durch.
- [ ] Mein Leben hat Sinn und Wert.
- [ ] Die Grundwerte des Menschseins sind mir sehr wichtig.
- [ ] Ich kann Leiden im Leben annehmen.
- [ ] Ich habe nicht das Gefühl, bis heute Entscheidendes verpasst zu haben.
- [ ] Ich kann schwierige Lebensabschnitte aus meiner Vergangenheit heute akzeptieren.
- [ ] Ich habe Vertrauen in meine Art, wie ich das Leben gestalte und meistere.

Grundthesen über Stress:

1) Stress (als Überlastungsreaktion) ist ein komplexes Phänomen, das im Rahmen eines ganzheitlichen Menschenbildes gesehen und beurteilt werden muss.

2) Gesundheitsverhalten, als Prophylaxe und Bewältigung von Stress, ist entsprechend auch in der Ganzheitlichkeit des Menschen zu entwickeln und

zu praktizieren.

3) Ein gesundes Verhalten ist in der Tat ganz einfach eine gesunde Lebensweise, die die permanente und breite Bildung des Menschen in Betracht zieht.

4) Zu jedem individuellen Lebensstil gehört eine lebensphilosophische Grundlage. Dies schliesst Werte und Einstellungen mitein, die das Leben in seiner biologischen und psychisch-geistigen Ganzheit akzeptieren.

Zeit-Management für ein besseres Leben

Den meisten Menschen zerrinnt die Zeit: 15-25 Std. TV pro Woche; 10 Std. und mehr Schwatzen mit Inhalt ohne persönliche Interessen; über 10 Std. "rumhängen", plus die vielen kleinen Zeitfresser wie Anrufe, Zeitung lesen, Besuche, ergebnislose Beziehungsstreits, Warten in Staus, Desorganisation u.s.w. Das summiert sich im Laufe der Lebensjahre: Jahre an Lebenszeit gehen verloren!

Konstruktive Zeitnutzungskontrolle:

- ☐ Zeitfresser erkennen
- ☐ Tagesplanung am morgen
- ☐ Wochenplanung
- ☐ Tages-/Wochenziele checken
- ☐ "Wach" kommunizieren
- ☐ Akten-Ordnung
- ☐ Telefonate vorbereiten
- ☐ Kleine Tagesziele festlegen
- ☐ Stress regulieren
- ☐ Langsam an die Dinge gehen
- ☐ Checklisten (z.B. für Reisen)
- ☐ "Nein" sagen können
- ☐ Dringlichkeit erkennen
- ☐ Wichtigkeit erkennen
- ☐ konstruktiv streiten
- ☐ Nicht immer nur zögern
- ☐ Einkaufslisten erstellen
- ☐ Gezielte Mobilität
- ☐ Konzentrierte Begegnungen
- ☐ Pausen wichtig nehmen
- ☐ Abläufe überblicken

Zeitnutzung. Notiere den täglichen Zeitaufwand in Minuten (im durchschnittlichen Wochenrückblick):

... Arbeitsweg	... Hast	... Essen
... Bücher lesen	... Ungeplant Einkaufen	... Kochen
... Toilette	... Papierkram	... Abwaschen
... Ankleiden	... Etwas suchen	... Spielen
... Hausarbeiten	... Besuche	... Zeitung lesen
... Schwatzen	... Kurzvisite in Bars	... Berufliche Lektüre
... Telefone	... Fehlplanungen	... Weiterbildung
... Ereignis-Neugier	... Diskussionen	... Rumhängen
... Sachen suchen	... Musik hören	... Traumdeutung
... Unlust/antriebslos	... Hobbies	... Tagebuch
... Fernsehen	... Raum gestalten	... Meditation
... Warten	... Kleineinkäufe	... Naturerleben
... Ungeduld	... Gesundheit	... Körpererleben
... Entscheidung treffen	... Psychische Stärkung	... Sorgen nachhängen
... Staus/Ampeln	... Info sammeln	... Entspannung
... Ungenau zuhören	... Für andere etwas tun	... Liebesbeziehung

Effektiv arbeiten und leben. Um Erfolg zu erreichen. Antworte mit einem kurzen Satz:

▪ Beachten Sie die Ergebnisse Ihres Denkens und Handelns?
▪ Sind Sie bereit, Einsatz in Ihre Lebenswünsche zu investieren?
▪ Haben Sie Ihre Denkmuster durchforscht, die Sie vielleicht immer wieder abspielen?
▪ Nehmen Sie die Verantwortung für das Erreichen Ihrer Lebensziele wahr?
▪ Versuchen Sie, Probleme einfach und vernünftig zu lösen?
▪ Unterscheiden Sie zwischen dringenden und wichtigen Angelegenheiten?
▪ Haben Sie eine Analyse Ihres angewöhnten Zeitgebrauchs gemacht?
▪ Lässt Ihr Tagesplan auch Raum für das Unerwartete?
▪ Wissen Sie, was Sie unterlassen sollten?
▪ Fragen Sie sich: "Ist das der beste Gebrauch meiner Zeit und Kraft?"
▪ Räumen Sie Ihren eigenen Bedürfnissen den höchsten Stellenwert ein?
▪ Nehmen Sie die Verantwortung für die eigenen Gefühle wahr?
▪ Setzen Sie auf die eigenen Stärken, Ihr Können und Ihren Charakter?
▪ Haben Sie den Mut zum Handeln und gehen Sie kalkulierte Risiken ein?

10 Kritische Punkte über Autos

Das gesamte Verkehrssystem:

1. tötet viele hunderttausend Menschen jedes Jahr.
2. verursacht Millionen schwer Verletzte und behinderte Menschen.
3. schafft immenses Leiden und Stress ganz allgemein.
4. produziert gewaltige laterale und vernetzte Schäden.
5. schafft für die Menschen sehr gefahrenreiche Illusionen.
6. produziert ein absolutes Ungleichgewicht im System der Industrie.
7. belastet die Menschen finanziell in unausgewogener Dimension.
8. kann nie ein Ideal für andere Länder weltweit sein.
9. ist eine der Hauptursachen des Klimawandels.
10. ist in der aktuellen Situation ein teuflischer Wahnsinn und eine Absurdität.

Die festen Kosten eines Autos schliessen mitein: Amortisation des bezahlten Preises, Zins des Kredits, administrative Kosten für einen Kredit, Versicherung (Drittpersonen und Vollkaskoversicherung), Steuern, offizielle Inspektion (Strassenzulassung) und die Autonummer. Die Kosten für den Unterhalt erfassen: Services, Reparaturen, neue Pneus (Sommer und Winter), etc. Die laufenden Kosten für Benzin (Diesel), Strassengebühren, etc., sind aufzurechnen. Hinzu kommen Kosten, die auch ins Gewicht fallen: Bussen, Alu-Felgen, Schneeketter, Parking (Garagenmiete zu Hause) Parking draussen (wo auch immer), Kindersitz, kleine Schäden (am eigenen Auto) oder Franchise (bei der Vollkaskoversicherung) und individuelle Verbesserungen oder zusätzliche Ausrüstung.

Ein kleines Auto kostet minimum 300-500€ monatlich (15.000 km p.a.). Für ein Mittelklasseauto muss man mit einem Durchschnitt von etwa 1,000€ pro Monat rechnen. Und für ein Topklasse Auto sind pro Monat etwa 1,500 bis 3,500€ hinzublättern. Rund 60% sind fixe Kosten. Je nach Modell sind nach etwa 4-5 Jahren bis zu 60% des Wagenwertes verloren.

Du verdienst 1,000€/monatlich: was immer das Modell ist, du musst mit minimum 250€ für einen Kleinwagen rechnen. Für dein Leben hast du 750€ übrig. Absurd! Wie lebst du mit einem solch kleinen Betrag?

Du verdienst 1,500€/monatlich: du gibst 300€ für einen kleineren Wagen aus. Für dein Leben bleiben dir etwa 1,200€. Du hast kein bisschen finanzielle Flexibilität und du musst gezwungenermassen sehr bescheiden leben!

Gib 100€ für öffentliche Verkehrsmittel aus und denke kreativ darüber nach, was du jeden Monat für 200€ kaufen kannst: jeden Monat ein kleines Geschenk für deinen Partner; jeden Monat irgendetwas, das deine Kinder glücklich machen kann, zum Beispiel Accessoires, Bücher, CD's, etc.

Du verdienst 2,000€/monatlich: du verschleuderst minimum 600€ für ein einfaches normales Auto. Du hast dann noch 1,400€ übrig. Du bist verrückt, soviel Geld für ein Auo auszugeben! Gib 100€ für öffentliche Verkehrsmittel aus und kaufe dir ein Auto mit einem monatlichen Budget von 300€; und denke über kreative Ideen nach, was du jeden Monat mit 300-500€ kaufen kannst: jeden Monat ein Geschenk für deinen Partner und etwas, das deine Kinder glücklich macht, zum Beispiel Accessoires, Bücher, CDs, Konzerte, Qualitätskleider, gute Schuhe, luxuriöse Bettwäsche, Gym, Seminare für persönliche Entwicklung, Kurse für die Weiterbildung, etc.

Du verdienst 3,000€/monatlich: du gibst 1,000€ für einen guten MIttelklassewagen aus. Dein Leben mag komfortabel sein, dennoch eher limitiert mit einer Disposition von 2,000€ monatlich. Kaufe ein Auto mit 400-500€ monatlicher Belastung und träume darüber, was du jeden Monat für dich, deine Frau und deine Kinder ausgeben kannst!

Du verdienst 5,000€/monatlich: du gibst zwischen 1,200€ und 1,500€ für dein gutes Auto aus; und dies bedeutet, dass du noch 3,500-3,800€ für dein Leben zur Verfügung hast. Nicht schlecht, aber hast du je darüber nachgedacht, ob es sich auch wirklich lohnt? Kaufe ein Auto mit 600-750€ monatlicher Belastung und du kannst fliegen mit deinen Träumen über die wundervollsten Dinge, die du jeden Monat mit 600-750€ für dich, deine Frau und deine Kinder kaufen kannst.

Die Kosten für finanzielle Schäden (durch Verkehrsopfer) und für laterale Schäden (Umweltschäden, Reparaturen für Strassen und Autobahn, Schäden durch Klimawandel, etc.) sind nicht eingerechnet.
Der Unterhalt der Strassen und Autobahnen sind auf dieser Kostenliste auch nicht aufgeführt. Diese bezahlst du obendrauf mit deinen Steuern!

Nun kalkuliere, wieviel du direkt für dein Auto und indirekt mit Steuern ausgibst; und insgesamt jeden Monat verbrennst.

Mache deine Freizeit perfekt

Eine grundlegende Frage über die bewusste Zeitorganisation ist: "Wofür benütze ich meine freie Zeit?" Einige Beispiele:

☐	Arbeitsweg	☐	Ungeduld
☐	Zeitung/Hefte lesen	☐	Entscheidungsfindung
☐	Toilette	☐	Staus/Ampeln
☐	Ankleiden	☐	Nicht genau zuhören
☐	Haushaltarbeiten	☐	Hast

☐ Schwatzen	☐ Ungeplantes Einkaufen
☐ Telefone	☐ Papierkram
☐ Ereignis-Neugier	☐ Keine Aktenordnung
☐ Sachen suchen	☐ Besuche
☐ Unlust/Antriebslosigkeit	☐ Kurzvisite in Bars
☐ Fernsehen	☐ Fehlplanungen
☐ Warten	☐ Diskussionen

Selbstbildung und Selbstmanagement ist auch in der Freizeit wünschenswert:

Positive Aspekte der Freizeit sind:

- Freude
- Regeneration
- Ablenkung
- Träume
- Spass
- Entspannung

- Erlebnisse
- Persönliche Entwicklung
- Interessen
- Die "Batterien" aufladen
- Freisein
- Verständnisvoll sein

Negative Aspekte der Freizeit sind:

- Frustration
- Einsamkeit
- Zerstörung
- Trauma
- Unlust
- Erschöpfung

- Resignation
- Illusionen
- Ideenlosigkeit
- Verschwendung
- Langeweile
- Fehlen an Komfort

Die freie Lebenszeit kann mental träge und langfristig krank machen:

- Fortbestehen des Arbeitsrythmus: Man bleibt körperlich, geistig, seelisch im Trott. Folge: starke Strukturierung, Untergliederung in Fixpunkte, nicht loskommen können.

- Tendenz zum Passiven, Rezeptiven: Man ruht vom Arbeitstag aus und regeneriert für den morgigen Tag.

- Ritualisierungsneigung: Der Feierabend läuft tendenziell nach gleichförmigen Schemen ab, um für den kommenden Tag möglichst fit zu sein.

- In der Gemeinschaft allein: Im Familienkreis bzw. mit andern zusammen;

aber jeder bleibt weitgehend für sich isoliert. Die Kontakte sind flüchtig.

● Verarmte Feierabendsexualität: Starke Diskrepanzen zwischen Erwartungen und Phantasien an Feierabenderotik und der praktizierten Realität geringe Qualität des 'Standard-Kurz-Programms'.

● Schlechte Stimmung: eher negativ, leicht gereizt. Neben der körperlichen und geistigen Müdigkeit spielen hier deutlich Versagens- bzw. Überforderungsgefühle eine Rolle, bedingt durch den unrealisierten Anspruch an sich selbst.

Freizeitstress wird verursacht durch:

- Gedränge, Enge, Schlange stehen
- Von andern gestört werden
- Familientreffen, Verwandtenbesuche
- Verkehrsstau (Warten etc.)
- Geschenkeinkäufe
- Lärmbelästigungen
- In langweiliger Gesellschaft sein
- Auf andere Rücksicht nehmen müssen
- Dauerberieselung durch Musik
- Zu viel vorgenommen
- Langeweile an Wochenenden
- In völliger Stille mit sich allein sein

Die Reaktionen auf Freizeitstress sind u.a.:

- Innere Unruhe: nervös, unkonzentriert, überempfindlich, mit sich unzufrieden ...
- Sich unwohl fühlen: körperliche Unbehaglichkeit, Appetitlosigkeit, Magenflattern
- Aggressiv werden: Türe zuknallen, auf Ordnung verzichten, fluchen, streiten .
- Sich abreagieren: Sportleistungen, schnell ins Café, Einkäufe erledigen ...
- Sich ablenken, sich zurückziehen (auch ins Bett), fernsehen ...

Mentale Fitness für ein langes und starkes Leben

Mental fitsein bedeutet, dass die Gehirnfunktionen gut arbeiten. Die rechte Hemisphäre erfasst die emotionalen Bilder. Hier sind die künstlerischen, die spirituellen und die intuitiven Kräfte. Die linke Hemisphäre arbeitet logisch mit Sprache, analytisch, rational, linear und kontrollierend.

Mentale Fitness kann in beiden Hälften trainiert werden: Denkerische Leistungen halten wir fit mit: lesen, analysieren, Gedächtnisübungen (Namen behalten!), Ziele klar definieren, Selbstkontrolle, Tagespläne machen u.a.m.

Imaginative Fähigkeiten trainieren wir z.b. mit: Bilder anschauen (Museen), Musik hören, Gefühlen Ausdruck geben, intuitive Impulse beachten und natürlich mit methodisch gestalteten Imaginationen (z.b. zur Psychohygiene, zur Bearbeitung von Erlebnissen) sowie durch die Beschäftigung mit den Träumen.

Mental-Traininig ist viel mehr als "positives Denken und Vorstellen". Die einzelnen Kräfte werden in ihrer Leistungsfähigkeit eingeübt und frisch gehalten, um das Leben zu meistern, die Probleme effizient zu bewältigen und neue Gestaltungen einzuführen. Das ist positiv und konstruktiv.

Mentale Fitness kann im Leben eingeübt werden. Übungsvorschläge sind:

- Nach dem Telefonieren aufschreiben, was man und was der andere gesagt hat.
- Den vergangenen Tag durchgehen und Situationen nochmals wiedererleben.
- Den Tag imaginativ vorausschauen und denkerisch-bildhaft durchplanen.
- Wohnraum bewusst mit Bildern aller Art gestalten und mal auswechseln.
- Freizeitbeschäftigungen mit Bildern, Farben, Formen, Musik, Bewegung, Naturerleben.
- Schwierige Situationen denkerisch durcharbeiten und alles aufschreiben.
- Tagebuch führen über Erlebnisse, über andere Menschen und über Sachthemen.
- Träume aufschreiben, durcharbeiten, dazu Skizzen malen, Szenen durchspielen.
- Gefühle mitteilen, körperlich und mit konstruktiven Taten zum Ausdruck bringen.
- Besuche, Feste, Geschenke, Zusammensein bewusst kreativ gestalten (auch planen).

Mental-Training geschieht auch dadurch, dass man sich dem Leben stellt:

- Konflikte differenziert bearbeiten und kompetent Lösungen zuführen.
- Eigene Werte (Einstellungen) präzise formulieren und allenfalls revidieren.
- Kritisch die Masken und Fassaden durchschauen, den Klarblick für das Tiefe finden.
- Alles in der komplexen Vernetzung sehen und nicht naiv vereinfachen.

- Immer wieder Neues lernen durch systematisches gezieltes Lesen.
- Mit der eigenen Lebenszeit und den eigenen Kräften bewusst umgehen.
- Mentale Fitness meint auf der einen Seite: Denken, eingeschlossen Wahrnehmung und Wachsamkeit. Anderseits sind auch Intuition, Imagination und spirituelle Erlebnisse Teil der mentalen Fitness.

Mentale Fitness hat eine entscheidende Funktion in allen persönlichen und beruflichen Bereichen im Interesse der Befriedigung, des Erfolges, der Erfüllung und des Glücks. Mentale Fitness ist offen für alle Herausforderungen des Lebens, von innen und aussen.

Mentale Fitness: Gewichte nachfolgend: 4 = ganz/sehr 3 = überwiegend 2 = mässig 1 = beschränkt

1) Ich bin mental fit (rational):

- [ ] ... klare Wahrnehmung
- [ ] ... differenzierte Wortwahl
- [ ] ... präzises Denken
- [ ] ... durchdachte Ziele
- [ ] ... sachliche Ordnung
- [ ] ... logisches Denken
- [ ] ... detaillierte Fakten
- [ ] ... vernünftige Planung
- [ ] ... richtige Reihenfolgen
- [ ] ... gute Zeitorganisation
- [ ] ... hohe Konzentration
- [ ] ... frisches Gedächtnis

Total Punkte: …...

2) Ich bin mental fit (emotional-imaginative):

- [ ] ... Interesse an Bildern
- [ ] ... Träume behalten können
- [ ] ... Farbenempfinden
- [ ] ... Formenerleben
- [ ] ... spontane Einfälle
- [ ] ... innere Bilder gestalten
- [ ] ... Schönheitserleben
- [ ] ... Erlebnisse innerlich sehen
- [ ] ... klares Körpererleben
- [ ] ... gutes Zeiterleben

☐ ... Gefühl für Ausgewogenheit
☐ ... Ganzheitserleben
☐ ... Gestaltungsinteresse
☐ ... Beobachtungsgabe (im Leben)
☐ ... Intuitionen umsetzen

Total Punkte: …...

3) Mental fitness im Leben:

... Nach dem Telefonieren aufschreiben, was geredet wurde.
... Den Tag durchgehen und Situationen nochmals wiedererleben.
... Den Tag imaginativ vorausschauen und denkerisch-bildhaft durchplanen.
... Wohnraum bewusst mit Bildern aller Art gestalten und mal auswechseln.
... Kreativ mit Bildern, Farben, Formen, Musik, Bewegung, Naturerleben.
... Schwierige Situationen denkerisch durcharbeiten und alles aufschreiben.
... Tagebuch führen über Erlebnisse, über andere Menschen, Sachthemen.
... Träume aufschreiben, durcharbeiten, Skizzen malen, Szenen durchspielen.
... Gefühle mitteilen, mit konstruktiven Taten zum Ausdruck bringen.
... Besuche, Feste, Geschenke, Zusammensein bewusst kreativ gestalten.

Total Punkte: …...

4) Mental-Training geschieht auch dadurch, dass man sich dem Leben stellt:

☐ Konflikte differenziert bearbeiten und kompetent Lösungen zuführen.
☐ Eigene Einstellungen präzise formulieren und allenfalls revidieren.
☐ Kritisch die Masken und Fassaden durchschauen, Klarblick finden.
☐ Alles in der komplexen Vernetzung sehen und nicht naiv vereinfachen.
☐ Immer wieder Neues lernen durch systematisches gezieltes Lesen.
☐ Mit der eigenen Lebenszeit und den eigenen Kräften bewusst umgehen.

Total Punkte: …...

Top 10 Techniken für ein besseres Leben

1. Prinzip der kleinen Schritte

- Endziel in Grobziele, diese in Feinziele und dann nochmals in Mikroziele zerlegen.
- Ein langer Weg besteht aus vielen kleinen Wegteilen, diese aus vielen Schritten.
- Pro Tag 1 Std. Arbeit = pro Jahr 365 Std. = 48 Tage à ca. 7,5 Std. = ca. 10

Wochen.

- Auf die Mikroebene konzentrieren, ohne das hohe Ziel zu verlieren, entlastet.
- Jeden kleinsten Baustein in eine komplexe Vernetzung einbetten.

2. Informationsverarbeitung

- Was man schon kennt, soll man nicht nochmals 100 x sehen, lesen, hören ...
- Konzentration auf Neues, Unbekanntes, Andersartiges lenken.
- Informationen in ihrer Bedeutung und Aktualität gewichten, Prioritäten setzen.
- Erhaltene Informationen in Kontexte stellen (vor allem auch Interessenhintergrund).
- Nicht nur logisch-sachlich begreifen, sondern auch intuitiv (imaginativ) angehen.

3. Mengen- und Kräftedosierung/Kräftefeldanalyse

- Wer müde ist, leistet wenig.
- Vollgegessen arbeitet sich schlecht.
- Was zu schwer ist, soll man zerkleinern, bis die Teile getragen werden können.
- Am Vorabend den neuen Tag planen, aber zuerst den alten Tag abschliessen.
- Immer etwas Zeitspielraum in die Tagesplanung einbauen.
- Rhythmus jeden Tag, immer gleich oder ähnlich, ist konstruktiv für hohe Leistungen.
- Kräfte erkennen, die von innen und von aussen Druck erzeugen.

4. Lernendes Selbstmanagement

- -Wer lernt, kann mehr und besser managen im Leben, überlebt so am ehesten.
- Lernen beginnt mit richtig wahrnehmen, richtig interpretieren.
- Hohe Ziele enthalten immer in allen Teilschritten neue Lernprozesse.
- Störungen als Lernaufforderung begreifen und so als Chance sehen.
- Lernen Sie Ihren Biorhythmus kennen durch Tagebuch-/Stundenbuchführung.

5. Intelligent (!) positives Denken

- Nur der Naive sagt sich täglich: "von Tag zu Tag geht's mir besser".

- Was "besser" meinen soll, ist intelligent festzulegen.
- Nur ein Ignorant meint, ein Schatten oder ein Leiden enthalte nichts Positives.
- Was habe ich gut gemacht? Was muss ich anders machen, damit es gut wird?
- Glück ist nie Dauerzustand. Darum: Suche das positive Leben im "Normalen".
- Positiv ist zuerst einfach das Leben; darum: Lebe!

6. Leistung als Anfang jeden Erfolgs

- Von Nichts gibts nichts.
- Je mehr Leistung um so mehr Substanz vorhanden.
- Vertrauen bewusst mehren auf der Tatsache bisheriger Leistungen.
- Nehmen Sie einen andern Zug, wenn der aktuelle Zug Sie nicht weiterführt.
- Vieles ist wichtig und dringlich; vieles ist banal, aber dennoch wichtig.
- Es gibt die 100%ig befriedigende Arbeit nicht.
- Leistungen kritisch reflektieren im Kontext mit Menschsein und Mensch leben.

7. Wahrnehmungskanalisation

- Auf die Rückseite gehen und von da aus schauen.
- Biographische Dimension miteinbeziehen (in der Selbst- und Fremdbeobachtung).
- Das so Klare und Offensichtliche einmal etwas unter die Lupe nehmen.
- Ob jemand die Wahrheit sagt, sieht man an seinen ethischen Leistungen.
- Der Wahrnehmungsinhalt im Moment ist nicht Ihr Leben, also: Distanz!
- Messen Sie Ihr Leben nie an momentanen Selbst- und Fremdwahrnehmungen.

8. Laterales Denken (alle Seiten einschliessendes Denken)

- Sätze zerlegen, Gedankenteile trennen und neu zusammenfügen.
- Worte ändern und mit anlehnenden Worten bereichern.
- Fragen anders stellen und in Einzelfragen zerlegen.
- Reihenfolge ändern, generell alle Gedankenfragmente ordnen.
- Umwege machen, die Abkürzung ist meist der längere und beschwerlichere Weg.
- Auf Raum- und Zeitdistanz gehen und so Dimensionen ändern.
- Vergrössern von Raum und Zeit darum herum, dann zeigt sich Sache ausgewogener.

9. Re-Framing: Konstruktive Sinngebung

- Vieles Unangenehme und Unmögliche hat aus anderer Sicht eine positive Funktion.
- Thema in anderen Kontext stellen und so eine positive Bedeutung finden.
- Setzen Sie negative Erfahrungen in ein konstruktiv philosophisches Lebensbild.
- Handeln kann Sorgen entlasten und eine Lage neu erleben lassen.
- "Die andern haben auch Probleme"; Sie müssen nicht alle Probleme lösen können.
- Aus jeder Demütigung können Sie nur stärker werden; das ist besser als böse werden.

10. Menschsein leben!

- Lieber echt lieben auf dem "Heuhaufen" als mit Lüge lieben im "goldenen Bett".
- Leben ohne Weisheit können Milliarden (so war das im Grundsatz immer schon).
- Gesundheit erhalten, ja; aber: es gibt höhere Werte als körperliche Gesundheit.
- Erfolg ohne Liebe und Geist hat mit Menschsein wenig zu tun.
- Flexibel abgegrenzt leben gegen alle Menschen und Hierarchieebenen!

Stärke deine psychische Gesundheit

Was ist Gesundheit?

1. Die Weltgesundheitsorganisation (WHO) definiert Gesundheit: "Gesundheit ist das Vorhandensein völligen körperlichen, seelischen und sozialen Wohlbefindens und nicht nur als die Abwesenheit von Krankheit und Gebrechen."
2. Gesundheit ist Kultur aller Lebensmittel. Gesundheit ist Aneignung von Körper und Umwelt in sozialer Aktion. Gesundheit ist eine Lebensform, die sich bildet, indem man sie lebt.
3. Gesundheitsfaktoren sind auch methodische Prinzipien: Angemessenheit anstreben, Gefühlswelt ansprechen, Lebensnähe gestalten.
4. Aktionen für die Gesundheit fördern Gesundheit und vermeiden Krankheit: Nicht oder mässig rauchen; Alkohol in Massen; Fett in Massen und in der richtigen Zusammensetzung; Kalorienbedarf kalkulieren; Salz in Massen (5-6 gr.); Stress handhaben ; Bewegungsmangel ausgleichen.
5. Selbstverantwortung und Selbstbestimmung gelten als wichtige

Bestandteile der gesunden Persönlichkeitsentwicklung.

6. Gesundheit ist Teil der individuellen lebensgeschichtlichen Entwicklung, die nur möglich ist, wenn ein Individuum flexibel und zielgerichtet den jeweils optimal erreichbaren Zustand der Koordination von inneren und äusseren Anforderungen bewältigt.

Liste der Faktoren aus psychologischen und psychoanalytischen Theorien über die ganzheitliche Gesundheit:

- Produktivität, Kreativität, Tätigsein, Werksinn
- Der sachlich-rationale Kontakt mit der Realität
- Anpassungsfähigkeit
- Internes Gleichgewicht, Ich-Integration
- Fähigkeit zur Bedürfnisbefriedigung
- Genitale Sexualität
- Freisein/begrenzter Einsatz von Abwehrmechanismen
- Frustrationstoleranz, Impulskontrolle, Widerstand gegen Stress
- Widerstandfähigkeit gegen seelische Erkrankungen
- Freisein von Symptomen
- Realistische Zielsetzungen
- Gleichgewicht zwischen Abhängigkeit und Unabhängigkeit
- Gleichgewicht zwischen Festigkeit und Flexibilität
- Urvertrauen
- Ich-Identität
- Verwirklichung der eigenen Potentiale
- Autonomie und Widerstand gegen Enkulturation
- Selbstverantwortlichkeit
- Autonome Moral
- Selbsteinsicht
- Realistisches Selbstbild
- Selbstbejahung, Selbstachtung und Selbstvertrauen
- Natürlichkeit, Fassadenfreiheit, Spontaneität, Unbefangenheit, Echtheit
- Offenheit für Erfahrungen und Gefühle
- Grenzerfahrungen, 'positive Gefühle'
- Bewusstseinserweiterungen
- Bejahung des eigenen Körpers
- Streben nach dem Guten, dem Wahren, dem Schönen
- Humor
- Demokratische Charakterstruktur
- Bedürfnis nach Privatheit
- Sinnfindung und Wertorientiertheit
- Fähigkeit zur konstruktiven Bewältigung von Leid

- Willensstärke

Gesundheit viel mehr ist als "Abwesenheit von Krankheit". Gesundheit ist nicht etwas, das man 'hat' oder 'nicht hat', was man 'verliert' oder 'wiedergewinnt'. Gesundheit ist nicht etwas, was zum Leben des Menschen hinzukommt und dieses schöner und angenehmer machen kann.

Gesundheit ist die Art der Lebensvollzüge, die Verwirklichung des Lebens selbst, die Art der Lebensbewältigung."

Pflege eine gute Beziehung mit deinem Körper

Der Zustand des eigenen Körpers und die Beziehung zum eigenen Körper tragen entscheidend zum psychischen Wohlbefinden bei, im einzelnen zu:

- Schöpferische Kräften	- Autonomie
- Realistische Zielen	- Standfestigkeit
- Gesunde Selbstbejahung	- Ausgewogenheit
- Erfüllung der Grundbedürfnisse	- Interesse am Leben
- Anpassung an Stress	- Soziale Offenheit
- Gesunde Selbstakzeptanz	- Umgang mit Aggressionen
- Selbstachtung:	- Stress-Management:
- Meditation, Mental Training:	- Reduktion von Streit:
- Kontrolle der Gefühle:	- Krisen klären:

Was tun mit Gefühlen und Emotionen?

Die Vorstellung, der Mensch könne seine Gefühle immer beherrschen; er solle sie immer unter der Kontrolle des Verstandes halten, möglichst im Gleichmut leben, unbewegt von Höhen und Tiefen der Gefühle, ist falsch. Die Pflege der eigenen Gefühle ist unerlässlich. Gefühle sind grundlegender Teil des Lebens, sie sind ein Aspekt des Lebens schlechthin, die positiven wie die negativen Gefühle.

Praktische Anregungen:

- Gedanken, die man unterdrückt, werden besonders aktiv und brechen in Gefühlen durch. Darum: Befassen Sie sich mit dem, was "es denkt".
- Sorgen sind Teil des 'normalen' Lebens. Unterdrückt man diese, bagatellisiert man das, was sorgenvoll bewegt, dann brechen die Gefühle der Sorgen indirekt durch. Darum: Nehmen Sie Sorgen ernst!
- Schon kleinere allgemeine Ängste führen mit der Zeit dazu, dass man zum

Beispiel entschlussunfähig wird. Darum: Suchen Sie nach den Gründen der Angstgefühle!

- Gefühle sind oft schwierig bis unmöglich zu kontrollieren. Hier ist meist der falsche Ansatz. Darum: Wer erkennt, was Gefühle bewegt, soll eben dort bei den Beweggründen ansetzen!

- Unabgeschlossene Dinge, unerledigte Aktivitäten bewirken innere Spannungen und oft auch Ängste. Ist ein Vorgang abgeschlossen, bewirkt dies Befriedigung und innere Ruhe. Darum: Lernen Sie einerseits, gewisse Dinge auch innerlich "auf's Eis" legen zu können (z.B.Prioritäten setzen!); und anderseits erledigen Sie unerledigte Tätigkeiten nach einem Zeitplan!

- Manche Unsicherheitsgefühle entstehen, weil zu einer Sache die methodischen Mittel nicht klar sind, es dazu an Kompetenzen fehlt (z.B. Kommunikationsfähigkeit). Darum: Klären Sie, was Ihnen an Kompetenzen fehlt und erlernen Sie diese!

- Erklären und begründen wir ein Ereignis falsch, so entstehen dazu die falschen Gefühle (z.B. die Ursachen bei sich sehen oder als unveränderbar annehmen). Darum: Geben Sie acht und prüfen Sie genau Ihre Erklärungen - und v.a. ganz allgemein Ihren Erklärungsstil (z.B. Konflikte als positive Chance sehen)!

- Wer (zu Hause und am Arbeitsplatz) immer meint, alles müsse seinen Vorstellungen entsprechen, schafft sich massiven inneren Druck. Darum: Prüfen und ändern Sie im gegebenen Fall Ihre diesbezüglichen Einstellungen!

- Es mag richtig sein, gewisse Dinge 'perfekt' zu tun; meist aber überfordert man dabei sich, die andern und die Sache selbst. Darum: Persönliche Leistungszufriedenheit darf sich meist schon bei 90% Leistungsqualität einstellen.

- Bilder beeinflussen unser Leben erheblich und schaffen entsprechend Gefühle. Einerseits werden Phantasien durch unbewusstes Material aktiviert, anderseits gibt es auch das 'Spiel mit den Phantasien'. Darum: Halten Sie eine gewisse Psychohygiene mit den Gefühlen und lassen Sie nicht immer allen Bildern freien Lauf!

- Alle Menschen müssen lernen, mit Mängeln zu leben. Idealvorstellungen schaffen oft massiven inneren Druck und entsprechende Gefühle der Unzufriedenheit. Darum: Erkennen Sie eineresits die positive Herausforderung und eignen Sie sich anderseits dem Leben angemessene Ansprüche an!

- Zu starkes Erfolgserleben belastet oft Beziehungen und nimmt das Gefühlsleben unverhältnismässig stark in Anspruch. Darum: Es ist klug und weise, materiellen und geschäftlichen Erfolg nicht einseitig überzugewichten.

- Zu stark arbeitsorientierte Menschen, meist mit einem übersteigerten Pflichtgefühl, schaffen sich Gefühle der Frustration, da der 'innere Mensch' nicht leben kann.

- Anerkennungssucht und Habgier schaffen soviel Leid wie Gewalt! Darum: Halten Sie dazu kritische Selbstreflexion und gönnen Sie sich das 'Leben'!

💣 Ein Missverhältnis zwischen gesellschaftlicher Stellung und psychisch-geistiger Entwicklung zerstört jedes gesunde Gefühlsleben!

Wirkungsvolles Lesen, Schreiben und Lernen

1. Strategie des wirkungsvollen Lesens

Zuerst brauchst du eine allgemeine Idee über den Inhalt eines Buches und den Text darin, der dich besonders interessiert. Du beginnst nicht zu lesen, indem du jedes Wort liest. Du eignest dir zuerst das Textmaterial an, das deinem Zweck und Interesse dient. Lies das Inhaltsverzeichnis mit den einzelnen Kapiteln, das Vorwort und eine weitere allfällige Einführung durch. Dann kannst du den ersten Abschnitt und den letzten Abschnitt eines jeden Kapitels lesen. Beachte auch allenfalls gegebene Diagramme und Zahlenlisten in diesem Buch. Damit hast du wahrscheinlich bereits etwa 20-30% der bedeutungsvollen Substanz erfasst.

In einem nächsten Schritt identifiziere spezielle Details, die die Thematik und dein Interesse ansprechen. Dazu ist es nicht erforderlich, dass du das ganze Buch liest. Identifiziere die Schlüsselworte, die das Thema und deine Fragen abdecken. Der Hauptschritt besteht dann darin, dass einige Themenbereiche ein sehr genaues Verstehen erfordern. Dieses ausgewählte Lesen wird jetzt mehr zeitintensiv. Unterstreiche und markiere Wichtiges. Notiere auf freien Seitenflächen deine Kommentare und Fragen.

Geh nochmals durch den Text und fasse das Wesentliche in Stichworten auf kleinen Notizkarten zusammen. Es ist wichtig, dass du die wesentlichen Begriffe, Fakten, Thesen und Theorien verstehst. Es ist auch wichtig, den Verlauf der Argumentation und das Netzwerk des Wissens und der Fakten zu verstehen. Lese immer kritisch, stelle Fragen, vergleiche Fakten mit andern Fakten und betrachte insbesondere die gegebenen Folgerungen.

2. Strategie für das Schreiben von Abhandlungen (Essay)

Zuerst musst du das Themenfeld der Abhandlung und die damit verbundenen Fragen verstehen. Es ist zu empfehlen, die Bedeutung jedes einzelnen Begriffes im Kontext der Fragen genau zu erfassen. Analysiere die Teile der Fragen und mache zuerst eine Struktur der Schlüsselbegriffe zum

Thema.

Dein eigener Gesichtspunkt (freies Denken und Urteilen) ist Teil der Folgerungen – und nicht Teil der analytischen Abhandlung. Du kannst gewiss mehrere enge Themenfelder bündeln und dazu ein Argument der Selektion festlegen. Stelle immer auch die Prioritäten der Aspekte zur Abhandlung klar. Hast du deine Mindmap erstellt, dann entwickle deine Ideen im Rahmen deiner Bearbeitung. Schliesse die Abhandlung mit einigen Folgerungen und einem persönlichen Statement ab.

3. Lernmethoden

Lernen ist etwas sehr Menschliches und Normales. Jeder Mensch lernt und hat bereits ab der vorgebutlichen Zeit gelernt. Lernen meint, neues Wissen (Begriffe, Theorien und Fakten), Verhalten und Fähigkeiten, Werte und Einstellungen aneignen. Lernen beginnt mit dem Verstehen von Worten, Begriffen, Theorien, Netzwerken und Fakten. Sich neues Verhalten und neue Fähigkeiten aneignen, verlangt nach besonderem Training.

Menschliches Lernen ist Teil der Erziehung und Bildung. Die persönliche psychisch-geistige Entwicklung ist auch ein Lernprozess. Lernen ist Ziel-orientiert, geschieht aber auch in zufälligen Lebenssituationen (Angewöhnung oder Konditionierung). Lernen geschieht durch Studieren, Kopieren, Spielen (nicht nur eine Sache von Kindern), oder einfach durch "Versuch und Irrtum". Motivation und positive Einstellungen erleichern die Lernprozesse enorm.

Organisiere dein Lernen: Was willst du lernen? Was willst du erreichen? Warum willst du dieses bestimmte Ziel erreichen? Wo kannst du Material zum Lernthema beschaffen? – Dann musst du einen Zeitplan machen: das Hauptziel in Teilziele und kleinste Ziele zerlegen. Lernen erfolgt dann in entsprechenden kleinen Schritten. Bestimme dazu die notwendige Priorität und die angemessene Studierzeit in deinem täglichen Leben. Beachte für das Lernen auch deinen Biorhythmus! Erstelle einen Wochen- und Monatsplan.

Lerne nicht mit Lärm und anderen Quellen der Ablenkung. Wenn du an deinem PC lernst, checke nicht alle 5 Minuten die reinkommenden eMails. Während du studierst, surfe nicht im Internet rum für Interessen, die nicht dem Zweck des Studierens dienen. Mache deine Notizen und revidiere periodisch (wöchentlich) die geleisteten Arbeiten. Sei dir immer bewusst, was der Zweck deiner Lektüre ist. Schreibe Grafiken, Tabellen und Mindmaps (etc.) auf. Fasse Teile auf kleinen Archivkarten zusammen. Füge weitere neue Zusammenfassungen hinzu, auch Ideen und Zusammenhänge, die dir dazu einfallen.

Organisiere den Inhalt mit Fragen: Warum? Wozu? Relevanz? Wichtigkeit? Fakten? Beurteilungen? Persönliche Kommentare? Folgerungen? Interpretationen? Argumente? Rahmen? Netzwerk der Begriffe und Theorien? Logisch? Nachvollziehbar? Implikationen? Perspektiven?

Unterscheide zwischen Fallstudie, Fortschungsresultat, Entwicklung einer Theorie, reflektierende Berichterstattung, kritische Besprechung, Literaturbesprechung, Anwendung einer Theorie und eines Konzeptes, Entwicklung neuer oder praktischer Projekte für die Zukunft, etc.

Lese, lerne und organisiere dein Wissen, deine Fragen, deine Entwürfe und den Lernplan immer mit einem Notizbuch (A4 oder A5)!

1.7. Regeln für Effizienz im Leben

Lerne jeden Tag und höre nie auf zu lernen

Effektives Lernen geschieht nicht von selbst. Wir summieren hier 25 zentrale Lernprinzipien, die dir helfen, dein Lernen zu verbessern:

- Das Verhalten Erwachsener ist veränderbar: ein Leben lang lernen ist möglich.
- Selbstkonzept (Selbstidentität) und Selbsteinschätzung beeinflusst das Lernen.
- Frühere Lernerfahrungen unterstützen oder behindern das Lernen.
- Frühere Lernerfahrungen sind zu achten und zu respektieren.
- Im neuen Lernen frühere Erfahrungen verknüpfen.
- Vergangene Erfahrungen werden mit zunehmendem Alter wichtiger.
- Ein positives Selbstkonzept und optimistische Selbsteinschätzung fördern lernen.
- Verfügen über Lernstrategien und Lernfähigkeiten optimiert Lernprozesse.
- Wandel in Werten, Einstellungen, Fertigkeiten etc. destabilisiert anfänglich.
- Eigene Bedürfnisse und Gefühle wirken in das Lernen hinein.
- Bezug auf aktuelle Entwicklung, Lebenskrisen u.a.m. ist motivationsfördernd.
- Lernen geht nicht an Erwartung, Wertsystem und Lebensstil des Lernenden vorbei.
- Lernbedarf und Alternativen zu Bisherigem muss erkannt werden.
- Selbstgewählte Entwicklungsperspektiven fördern Lernfortschritte.
- Freiwillige Entscheidung zum Lernen reduziert Ängste und Bedrohungsgefühle.
- Rückkoppelung ist eine grundlegende Voraussetzung des Lernerfolges.
- Erfolg beim Lernen motiviert.
- Stressreaktionen durch Lernaktivitäten beachten.
- Stress durch Lernen ist nicht dasselbe wie 'Lernschwierigkeiten'.
- Lerntempo flexibel halten; strenge Zeitvorgaben bremsen und blockieren lernen.
- Lernen ohne Lebensbezug wird als 'verlorene Zeit' erlebt.
- Gesund und erholt sein sind Grundvoraussetzungen für erfolgreiches Lernen.
- Sehen und Hören beim Lernen nicht beeinträchtigen, sondern einsetzen.
- Jeder Erwachsene hat seinen eigenen Lernstil.
- Lernaktivitäten sind sequentiell, zyklisch und zielgerichtet (zu organisieren).

Unsere These: Immer wieder Neues lernen in allen Bereichen des Lebens ist eine Grundvoraussetzung für Persönlichkeitsbildung und psychisch-geistige Entfaltung. Ob jung oder alt, wer nicht regelmässig Neues lernt, verliert sich selbst, seine Potentiale und seine Lebensverwirklichung.

Nimm in vielfältiger Vernetzung wahr

Du konsumierst übermässig Strom; Strom auch von Atomkraftwerken. Hast du je darüber nachgedacht, dass die zukünftigen Generationen für Jahrhunderte und unzählbare Jahrtausende für den Unterhalt des Atommülls, den du und viele andere schaffen, zahlen müssen?

Du hast einen schweren Streit mit deinem Partner und du denkst gar an Trennung oder Scheidung. Denkst du jemals darüber nach, was wirklich hinter dem Streit steckt? Das kann vieles sein: ein Missverständnis, Fehlen von Liebe und Respekt, keine Flexibilität, Fehlen von Verständnis, die Energie unterdrückter Konflikte oder Frustrationen, unklare Kommunikation oder falsche Interpretation. Es kann auch sein, dass du im falschen Moment und am falschen Ort zu diskutieren beginnst. Oder möglich ist auch, dass du und dein Partner einfach die Muster reproduzieren, die ihr von euren Eltern erlernt habt.

Du kauft ein Auto. Mit der monatlichen Rate, die du bezahlen musst, ist dein monatliches Budget voll ausgelastet. Jetzt hast du kein Geld mehr für Bücher, CDs, DVDs, Museumbesuche, Ausflüge an Sonntagen, nette Kleider oder Schuhe, Blumen kaufen für deine Liebe, ausgehen mit deiner Liebe für ein romantisches Dinner, an einem Seminar teilnehmen für persönliche Entwicklung oder berufliche Weiterbildung, etc. Visualisiere, was du mit dem Geld tun kannst, das du sparst, wenn du ein Auto mit 20-30% niedrigerem Preis kaufst. Und bedenke auch die positiven Effekte, die dies für dein Leben und deine Beziehung haben kann.

Wenn eine Person seine Batterien in den Müll wirft und dann eine Milliarde dasselbe tun, dann wird die Kontamination Menschen töten. Wenn eine Person zum Klimawandel beiträgt und 4 Milliarden dasselbe tun, dann ist dies der Anfang von allem Ende. Wenn du ein Auto willst und damit für Spass rumfährst, wann immer du willst, und wenn 3 Milliarden dasselbe wollen und tun, dann führt der Klimawandel sehr schnell zu einem Kollaps. Wenn einer nicht darüber nachdenkt, was sein Verhalten in 10, 20 oder 35 Jahren für Folgen haben wird, und Milliarden das auch nicht tun, dann kannst du sicher sein, dass du in einem Desaster von Elend und Leiden landen wirst. Wenn alle an Mythen und Dogmen glauben, dann wird die Menschheit Gott nie finden; und niemals Frieden und vollständige Erfüllung erreichen.

Wenn du denkst, die täglichen Nachrichten am TV und in den Zeitungen informieren dich über das, was wesentlich und wirklich wichtig ist, und dass dies auch den Zustand der Menschheit und Erde widerspiegelt, dann hast du ein sehr enges Verständnis über das Menschsein und Leben.

Die 15 Regeln einer wirkungsvollen Kommunikation

Eine konstruktive Meisterung des Lebens schliesst die top 15 Regeln einer partnerschaftlichen Kommunikation mitein:

15 Regeln zum partnerschaftlichen Reden:

1. Nicht demütigen, nicht verletzen, nicht entwerten, nicht über den Partner nicht spotten.
2. Nicht dreinreden, nicht übertreiben, nicht bagatellisieren, den 'Ton' nicht verlieren.
3. Kooperativ, wechselseitig, ergänzend miteinander die Sachen besprechen.
4. Eindeutig, klar, sachlich, differenziert, offen, direkt sprechen.
5. Zuhören, verstehen, gewichten, selektionieren, ausreden lassen.
6. Probleme, Wünsche, Fragen und vor allem Gefühle angemessen äussern.
7. Abgrenzung und Eigenständigkeit wahren und ermöglichen/gestatten.
8. Abgegrenzte Achtung des Partners als eigenständige Person.
9. Geistige Verwurzelung (z.B.Träume), Intuition und innere Resonanz beachten.
10. Verantwortung über Ort, Raum, Zeitpunkt, Verlauf, Dauer, Ziel, Auswahl, Abschluss.
11. Ausseneinflüsse fern halten (Fernseher, andere Menschen).
12. Eigene Körperverfassung und die des andern mitberücksichtigen.
13. Beharrlich und dennoch flexibel sein, den Verlauf im Auge behalten.
14. Vergangenes als Herausforderung zur Bearbeitung, nicht als Vorwürfe verstehen.
15. Werte, Normen und Einstellungen immer wieder reflektieren und ggf. revidieren.

Dies ist die Art und Weise, wie ich mich um meine Kommunikation kümmere (Prozess, Verkauf, Kontrolle, Umsorgung, Ratschlag; und die Diskussion in der Familie, Beziehung und Freizeit):

Wähle eine Person oder Personen: ....

Markiere mit einem "X" und gib ein Beispiel aus deiner Erinnerung zu:

• Objektiv:	• Konzentriert:
• Original:	• Kompetent in der Sache:
• Langsam und schwerfällig:	• Trickreich:
• Ehrlich:	• Informativ:
• Transparent:	• Flexibel in den Zielen:
• Flüchtig:	• Ängstlich:
• Gewissenhaft:	• Bewusst kontrollierend:
• Offen:	• Aktiv aufnehmend:
• Impulsiv:	• Nicht engagiert:
• Zeiteffizient:	• Geplant:
• Organisiert:	• Vorbereitet:
• Genau:	• Harmonisierend:
• Tiefgehend:	• Einfach in der Tendenz:
• Fragen stellend:	• Anregend:
• Vorschreibend:	• Unentschlossen:
• Behutsam:	• Angemessen im Zeitpunkt:
• Kooperativ:	• Ernsthaft:
• Chaotisch:	• Gleichgültig:
• Gut zuhörend:	• Gut geordnet:
• Mit Konstanz:	• Kurz und prägnant:
• Ruhelos:	• Direktiv-kontrollierend:
• Geschäftig:	• Visualisierend:
• Bewusst um den richtigen Moment:	• Emotional:
• Ohne innere Bindung zur Sache:	• Ohne Fragen zu stellen:

Wie behandelst du deinen Partner, deine Bekannten, deine Klienten, deine Kollegen, deine Patienten…?

Wähle eine Person oder Personengruppe: ....

Markiere mit einem "X" und gib ein Beispiel aus deiner Erinnerung zu:

Freundlich:	Innerlich zurückhaltend:	Emotional:
Dominant:	Ungeduldig	Adaptierend in Stil und Sache:
Diplomatisch:	Objectiv:	Dienend:
Direktiv:	Mit Distanz:	Wertschätzend:
Plaudernd:	Ohne Distanz:	Widerstand brechend:

Aggressiv:	Sorgsam:	Faden verlierend:
Verpflichtend:	Flexibel in Stil und Thema:	Mit Masken:
Höflich:	Heiter:	Ego-zentrisch:
An die Person angepasst:	Wartend:	Provokativ:
Im kollegialen Stil:	Fair:	Dynamisch:
Kooperativ:	Authetisch:	Verlässlich:
Helfend:	Gegenseitig:	Locker:
Verstärkend:	Aufmerksam:	

Wirkungsvolle Einstellungen für Business und Arbeit

Das Leben in der Gesellschaft ist beachtlich von Normen, Regeln, Brauch, Regulierungen und Gesetzen gesteuert. Das gesamte Leben – zum Beispiel Arbeit, Kontakte, Selbstpräsentationen, Beziehungen, alle Arten von Aktivitäten, Umgang mit Geld, Geschäftsleben, Kauf und Verkauf, etc. – ist voll von Normen, begründet in individuellen und kollektiven Urteilen: "Das ist gut", oder "Das ist schlecht" und konsequenterweise: "Es ist dir erlaubt, dies zu tun" oder "Du musst dies tun". Wir können nicht ohne soziale Normen und Regeln leben. Jeder eignet sich solche Normen und Regeln an; und dies beginnt bereits mit der frühen Kindheit. Autonomie wächst mit dem Alter ab 9-12 Jahren. Kinder fragen: "Warum muss ich dies tun?" Normen repräsentieren Werte und Regeln, organisieren das tägliche Leben und die sozialen Gruppen. Normen, Werte und Regeln sind eingebettet in Argumente, in einem System von philosophischen, spirituellen oder religiösen Einstellungen und Glaubensinhalten. Einstellungen steuern Verhalten und geben eine praktische Orientierung in allen Angelegenheiten des Lebens.

Einstellungen können durch Überzeugung grundsätzlich geändert werden. Aber dies hängt vom Grad der Bereitschaft ab zu lernen, oder von der Festigkeit des Starrsinns und der rigiden Zurückweisung einer Person. Jede Art von Angst, Eifersucht, Entrüstung, Abstoss und Wut kann die Wandlung von Einstellungen verhindern.

Denn Einstellungen enthalten eine emotionale Komponente, geben eine gewisse Orientierung und geben Halt im Verhalten. Neurotizismus und starke Emotionen hinter Einstellungen (Gier, Hass, Furcht, etc.), Ignnoranz und Arroganz, sowie tiefe religiöse Wurzeln (Fundamentalismus) behindern mögliche starke Veränderungen.

Die Veränderung von Einstellungen hängt auch von der Intelligenz, des Selbstwertgefühls, des Selbstvertrauens, der Stärke der Persönlichkeit und des

Zieles der beabsichtigten Veränderung ab. Laterale Einflüsse, die eine mögliche Veränderung stützen, sind: Interesse, Attraktivität, Vertrauenswürdigkeit, soziales Umfeld, Expertisen (zum Beispiel Wissenschaft) und zwischenmenschliche Attraktivität.

Es gibt ein optimales emotionales und intellektuelles Niveau in der Möglichkeit, Einstellungen zu verändern. Weitere Komponenten, die Veränderungen stützen, sind: Effizienz des Resultats, Erreichbarkeit, Selbsteffizienz, angesprochene Angelegenheiten und zudem auch die Quelle der Botschaft (die Autorität, die einen Wandel verlangt oder anbietet).

Praktische Effizienz und emotionale Komponenten sind die entscheidensten Faktoren für eine Veränderung. Dies erlaubt einer Person, sich mit der angesprochenen Situation und der spezifischen Emotion zu befassen.

Gibt es nicht genügend emotionale und praktische Motivation, ist Wandlung nicht möglich. Ist der emotionale Appell nicht angemessen oder übertrieben, dann kann die Motivation abgeblockt werden und Veränderungen sind nicht möglich.

Einstellungen sind das Resultat von Lebenserfahrungen und Erziehung, vom sozialen Umfeld, von persönlichen Folgerungen, von "Versuch und Irrtum" oder ganz einfach vom Nachmachen. Die Natur und die praktische Relevanz von Einstellungen spielen für einen Menschen eine eminente Rolle in der Bereitschaft für Veränderungen und im Prozess der Überzeugung.

Einstellungen beinhalten einen Wert und ein Urteil. Einstellungen sind eine Konstruktion, bestehend aus verschiedenen Komponenten. Sie reflektieren auch eine positive oder negative Sichtweise der Person. Einstellungen widerspiegeln immer eine Antwort, die die Intensität der Abweisung oder der Akzeptanz markieren. Einstellungen drücken auch eine Erwartung über ein bestimmtes Verhalten in gewissen Situationen oder über eine Art und Weise des Denkens und Glaubens aus.

Einstellungen beinhalten immer Werte und Beurteilungen:

- Dies ist gut oder schlecht.
- Dies ist richtig oder falsch.
- Dies ist wirkungsvoll oder nicht wirkungsvoll.
- Dies ist schön oder hässlich.
- Dies ist anziehend oder abstossend.
- Dies ist positiv oder negativ.
- Dies ist angemessen oder unangemessen.

- Dies ist korrekt oder nicht korrekt.

Beispiele von solchen Einstellungen sind (konstruiere den Satz!):

- Politiker sind
- Ein gebildeter Mensch ist
- Wer etwas leistet, ist
- Geld und Eigentum sind
- Als ein guter Christ tue ich
- Das Leben ist
- Die wichtigsten Dinge im Leben sind
- Gegenüber den Eltern sollte man
- Teenagers sollten
- Schüler sollten
- Wenn du Liebe machst, dann sollst du
- Wenn du mit Leuten umgehst, dann solltest du
- Wenn du dem Chef begegnest, musst du
- Frauen sollten sich sorgen um
- Ein wirklicher Mann ist
- Begegnest du einem Unbekannten, dann
- Die Küche sollte immer
- Ein gutes drittes Alter ist

Konstruiere einige Einstellungen für bestimmte Situationen und begründe:

1. Konsum:
2. Kommunikation:
3. Business:
4. Sex:
5. Gesundes Leben:
6. Umwelt:
7. Beziehung:
8. Selbstpräsentation:
9. Umgang mit Geld:
10. Spass haben:
11. Frauen:
12. Männer:
13. Arbeitsdisziplin:
14. Auto:
15. Service-orientierte Jobs:
16. Spekulationen:

Effiziente Selbstpräsentation für Leben, Business und Arbeit

Selbstpräsentation ist die Art und Weise, wie eine Person ihr gesamtes Sein in einer sozialen Situation zum Ausdruck bringt.

Dies schliesst mitein: Kleidung, Ton des Sprechens, Gestik und Mimik, Gesichtsausdruck, die Art zu reden, Wechsel im Sprechton, Bewegung der Augenbrauen, Ausdruck der Augen und Lippen, der Händedruck, die Körperhaltung, Bewegungen der Arme und Beine, die energetische Dynamik des Körpers und des Tons, etc. Konsumverhalten ist auch ein Ausdruck der Selbstpräsentation. Selbstpräsentation ist das Bild – die Selbstidentität –, die eine Person gegenüber andern Menschen zeigt.

Die Selbstpräsentation schafft eine Botschaft und hat dadurch eine Wirkung auf andere Menschen. In den meisten Fällen soll dies bewusst oder unbewusst Eindruck machen, Belohnung erzeugen, die eigene Wichtigkeit hervorheben, einen Vorteil oder Gewinn bringen, oder die Szene kontrollieren, etc.
Mit der Selbstpräsentation verkauft eine Person ein Bild, auch um damit bevorzugt zu werden, einzuschüchtern, Einfluss und Kontrolle auszuüben, andere untergeordnet oder übergeordnet zu positionieren.

Einerseits sind sich die meisten Menschen über ihre Selbst-Präsentation nicht bewusst und haben keine Ahnung, wie diese ihr soziales Umfeld beeinflusst. Auf der andern Seite gibt es eine Selbstpräsentation, die klar darauf ausgerichtet ist, mit bestimmten Zielen Erfolg zu haben. Es gibt Wege, Strategien der Selbstpräsentation zu entwickeln, um bestimmte Ziele zu erreichen. Eine falsche Selbstpräsentation schafft Hindernisse, welche Ziele man auch immer damit anstrebt.

Das Management der Selbstpräsentation versucht, ein relevantes Selbstbild zu erzeugen. Strategische Faktoren, um Menschen in eine bestimmte Richtung zu beeinflussen, sind: Anziehungskraft der Selbstpräsentation, um einen vorteilhaften ersten Eindruck auf andere Menschen zu schaffen; die Übereinstimmung zwischen beabsichtigtem und erwartetem Ausdruck zu erwirken (für eine Identifikation); die verdeckten Bindungen zwischen Selbstpräsentation und gezieltem Verhalten herzustellen (zum Beispiel: Kauf eines bestimmten Produktes, in eine ernsthaftere Beziehung zu gelangen, einen Vertrag zu akzeptieren, einen neuen Lebenstil zu erreichen, etc.) oder irgendwelche Selbst-Promotion zu erzeugen. Strategien der Selbstpräsentation und der Selbststeuerung sowie die Schaffung eines Eindrucks variieren mit der Natur des Feldes, in dem die Person handelt.

Selbstpräsentation ist auch bestrebt, eine soziale Ablehnung zu vermeiden.

Positive Handlungen und Ergebnis verlangen Anpassung und Abstimmung mit den Werten und dem Verhalten anderer Personen. Den richtigen Eindruck vermitteln erhöht die Wahrscheinlichkleit akzeptiert und Teil einer sozialen Gruppe zu sein.

Das Management der Selbstpräsentation kann eine Karriere, eine Beziehung, ein Geschäft oder eine soziale Situation ermöglichen oder verhindern. Selbstpräsentation ist an sich nicht wichtig. Wichtig ist insbesondere die Wirkung, die ein Mensch mit seiner Selbstpräsentation erreicht. Narzissmus mit einem aufgeblasenen Selbstbild und exhibitionistisches Verhalten kann zu Erfolg führen, wenn die angesprochenen Personen auch neurotisch sind; wird aber scheitern, wenn die andern Personen psychologisch und geistig reife Menschen sind.

Selbstpräsentation erhöht oder schafft ein bestimmes Bild, das andere Menschen wahrnehmen:

- Um selbst als erfahren und kompetent zu erscheinen.
- Um einen Eindruck der hohen Moral und Integrität zu schaffen.
- Um sich selbst als eine Autorität zu zeigen (Wissenschaft, Politik, Geschäft, etc.).
- Um liebenswert durch verständnisvoll-Sein und lockeres Reden zu erscheinen.
- Um einen Eindruck zu vermitteln, hilflos, schwach und bedürftig zu sein.
- Um eine negative Deutung und eine unerwünschte Reaktion zu vermeiden.

Die meisten sozialen Interaktionen können mit dem Konzept der Selbstpräsentation analysiert und gedeutet werden. Es gibt nur wenig soziale Verhaltensmuster, die man als nicht beabsichtigt oder als unbewusste Selbstpräsentation betrachten muss.

Eine Selbstpräsentation, die nicht im Charakter, in der Integrität und Qualität, in Wissen und Kompetenzen (Fähigkeiten) einer Person verwurzelt sind, ist eine Lüge und zerstört den Charakter dieser Person, das natürliche Vertrauen anderer Menschen, das echte innere Sein, das Gesellschaftsleben allgemein. So wird die Selbstpräsentation zu einem kollektiven Spiel des Betruges, der Gehirnwäsche und Manipulationen.

Es gibt viele "Bühnen", wo Menschen ihre beabsichtigte Selbstpräsentation zum Ausdruck bringen. Gib vier positiv verstärkende Charakteristiken, die du bei derSelbstpräsentation einer anderen Person zu sehen wünschst:

1. Politisches Feld

2. Show Business
3. Business Welt
4. Industrie
5. Wissenschaft
6. Verkauf
7. NGOs für die Menschheit
8. Religion
9. Spirituelle Centers
10. Bildung
11. Gleichgesinnte Gruppen
12. Sport
13. Dating
14. Nachbarn
15. Curriculum Vitae für einen Job

Wie kannst du deine Selbstpräsentation verbessern?

Denke sorgfältig, bevor du redest

Reden ist eine sehr einfache Aktivität. Du kannst reden, ohne irgendetwas zu denken. Du kannst auch ganz chaotisch reden. Doch Reden meint: "eine Botschaft vermitteln". Dazu stellt sich immer die allgemeine Frage: Warum gibst du diese Bostschaft einer andern Person? Und: Was willst du erreichen, indem du die Botschaft weitergibst? Aus einem praktischen Gesichtspunkt solltest du dich selbst fragen: Ist die Botschaft, die du weitergibst oder weitergeben willst, klar und verstehbar?

Das Problem des Redens beginnt mit der Frage: Auf was basiert die Botschaft, die du einer andern Person vermittelst? Du hast etwas gesehen. Du hast etwas gehört. Du fühlst etwas. Du erinnerst dich an etwas, das du erfahren hast. Du hast einige Deutungen gemacht über irgendetwas. Du fühlst etwas, über was auch immer.

Das Hauptproblem beginnt mit der Tatsache, dass die meisten Menschen nur reduzierte, selektierte, manipulierte, falsche oder oberflächliche Informationen haben. Die wenigsten Leute sehen ihre wahrgenommenen Informationen vernetzt mit der Zeit (Vergangenheit, Gegenwart, Zukunft), mit Qualitäten, psychologischem Hintergrund, verdeckten Interessen und dazugehörigen objektiven Fakten. Die meisten Informationen, die die Menschen aus andern Quellen haben, schliessen Interpretationen, Beurteilungen und emotionale Komponenten mitein. Haben sie diese einmal aufgenommen, wird dies alles zu "objektiven Fakten".

Was Menschen wahrnehmen (lesen, hören, sehen, erfahren, fühlen, etc.) wird unverzüglich aufgenommen unter der Disposition des erlernten Vokabulars der Person. Dazu gehören auch Muster vergangener Erfahrungen zur entsprechenden Sache, Muster der Interpretation und Bewertung, auch verknüpft mit emotionalen Reaktionen. Wahrnehmung geht einher mit Abwehrmechanismen: Die Menschen sehen nicht, was sie nicht sehen wollen; oder sie registrieren nicht, was sie nicht beipflichten oder was unangenehm ist.

Das bedeutet: die Botschaft kann niemals besser sein als die Informationen, die sie erhalten haben und worüber sie reden wollen. Die Botschaft kann auch nicht besser sein als das, was die Dispositionen, Muster und Abwehrmechanismen der Person aus den Wahrnehmungen machen.

Menschen reden auch, nicht um eine Botschaft zu vermitteln, sondern um sich wichtig zu machen, Aufmerksamkeit zu erhalten, oder um zu vermeiden, darüber zu reden, was wirklich wichtig ist.

Oder sie reden in einer Art, die unerwartete oder unerwünschte Effekte haben. Manchmal ist es absolut nicht wichtig, was Menschen sagen; sie wollen ganz einfach sich von ihrer schlechten oder aggressiven Laune befreien.

Es ist wirklich nötig, klar hinzuschauen und besonnen nachzudenken, bevor man redet. Darum: verbessere auch dein Denken, indem du über dein Denken nachdenkst!

Der 2 Euro (Dollar) Effekt

Mit einer einzigen Anregung kannst du im Durchschnitt €2 (2$) pro Monat sparen, pro Monat leicht €100 (100$), wenn nicht bis zu €300 (300$) oder viel mehr mit all den hier gegebenen Anregungen!

Finde heraus, wieviel du jeden Monat sparen kannst:

Ankreuzen!	Potential für Geld sparen	€ oder $
	Reduziere die Duschzeit (alle Familienmitglieder)	
	Nimm eine Dusche anstatt ein volles Bad	
	Nutze die Geschirrwaschmaschine erst, wenn sie voll ist	
	Lege einen Backstein in den WC-Wassertank	
	Schliesse den Wasserhahn, wenn du die Zähne bürstest	
	Mach das Licht aus, wenn du es nicht benötigst	

	Gebrauche Energiesparlampen	
	Reduziere die Fernsehzeit um eine Stunde pro Tag	
	Nutze die Waschmaschine nicht, wenn sie nur halbvoll ist	
	Stelle den Computer ab, wenn du diesen nicht gebrauchst	
	Reduziere die Zeit, im Internet rumzusurfen	
	Koche mehr strategisch und koordinierend	
	Nutze die Air Condition (A/C) sparsam	
	Du brauchst den Staubsauger wirklich nicht jeden Tag	
	Kontrolliere die Temperatur im Kühlschrank	
	Du musst nicht jedes Kleidungsstück bügeln	
	Nutze dein Auto 20% weniger	
	Fahre behutsam; sei achtsam mit Beschleunigen und Bremsen	
	Lass das Auto für weniger als 1.5 km stehen. Gehe zu Fuss!	
	Organisiere deine Einkäufe mit dem Auto	
	Nutze öffentliche Verkehrsmittel, wenn möglich	
	Rauche 5 Zigaretten weniger pro Tag	
	Drinke Wasser oder Tee statt sonstige Getränke	
	Reduziere deinen Alkoholkonsum um 20-50%	
	Reduziere den Fleischkonsum um 20%	
	Reduziere den Fischkonsum um 20%	
	Kaufe lokales Gemüse vom Markt	
	Reduziere die Menge an Schokolade um 20-50%	
	Es ist nicht nötig, täglich Dessert zu essen; am Sonntag genügt	
	Esse nicht übermassen Chips, während du TV schaust	
	Reduziere die Menge an Snacks um 50%	
	Koche selber, anstatt vorbereitetes Essen zu kaufen	
	Nutze Putzmittel behutsam, mindestens 20% weniger	
	Nutze Parfüms und Schönheitsprodukte massvoll	
	Übertreibe nicht mit Butter	
	Geh zum Supermarkt, wo gute Preise zu finden sind	
	Für Mittagessen und Abendessen trinke manchmal Wasser	

	Du musst dein Auto nicht jede Woche waschen	
	Nutze deine Kreditkarte nur an Automaten von deiner Bank (gratis)	
	Nutze deine Kreditkarte nur wenn wirklich nötig	
	Reduziere Telefonieren mit dem Handy und dem Festnetz	
	Reduziere die Dauer des Telefonierens	
	Heize deine Wohnung moderat	
	Wenn du in eine Bar gehst, trinke moderat	
	Gehst du Kaffe trinken, suche einen günstigeren Ort	
	Gehst du auswärts für Abendessen, suche einen günstigeren Ort	
	TOTAL:	

Sage nicht, du kannst keinen beträchtlichen Betrag jeden Monat sparen!

Die 20 wesentlichen Fragen für Erfolg

Es gibt hundert Erfolgsrezepte, wie der Mensch sein Glück erreichen kann. Da ist auch der geniale Schlüssel zur schnellen und ganz leichten Wunscherfüllung. Wer diesen Schlüssel nicht will, ist selber schuld, sagen manche; und weiter: Schlagartig kann das Ei des Kolumbus gefunden werden. Man muss dazu gar nichts lernen, nur offen sein für den Geheimschlüssel. Man muss nichts tun; kinderleicht ist alles und der Erfolg kommt von selbst. Alle Wunscherfüllung wird auf einmal greifbar. Kaum begriffen, geschieht auch gleich das Wunder des Erfolges in allen Lebensbereichen.

Wer an die Allmacht von Wunderworten über den Erfolg glaubt, ist ein guter Mensch. Wer sich einem 'genialen' Erfolgs-Programm unterwirft, wird mit Erfolg belohnt. Wer sich dieser Autorität beugt, erhält das schnelle Lebensglück. Wer es schafft, ist der bessere Mensch. Und nur solche Supermenschen werden "Gewinner". Alle andern sind die Verlierer, die niedrigen Menschen, die Menschen mit Schuld, die Versager eben. Darum:

Darum: Werden Sie Millionär! Gewinnen Sie!

Der äussere Erfolg ist bekannt und gesellschaftlich anerkannt, weil sie die akzeptierte kollektive Neurose widerspiegelt: Geld, Güter, Karriere, Ansehen, Macht, Aussehen.

Der innere Erfolg sieht man nicht so leicht, bringt weder Geld noch gesellschaftliches Lob: Lebenserfüllung, Selbstaktualisierung,

Selbstverwirklichung, Leistung als Ausdruck von Talenten, psychische Freiheit, Liebe, Geborgenheit u.s.w.

Auch der innere Erfolg verlangt: Einsatz von Kräften und Ressourcen, anstrengende Leistung (hart und gründlich arbeiten), Ausdauer, Durchhaltevermögen, Sozialkompetenzen, Selbstmanagement, Denk- und Urteilsfähigkeit, Kompromissfähigkeit, Verständnis u.s.w.

Die folgenden Fragen betreffen im Wesentlichen berufliche Aktivitäten. Aber alle selbstkritischen Aspekte haben auch hohe Bedeutung im persönlichen Leben.

1. Beachten Sie die Ergebnisse Ihres Denkens und Handelns?
2. Sind Sie bereit, Einsatz in Ihre Lebenswünsche zu investieren?
3. Haben Sie Ihre Denkmuster durchforscht, die Sie vielleicht immer wieder abspielen?
4. Wissen Sie, dass Effektivität eher Kunst als Technik oder Wissenschaft ist?
5. Nehmen Sie die Verantwortung für das Erreichen Ihrer Lebensziele wahr?
6. Versuchen Sie, Probleme einfach und vernünftig zu lösen?
7. Unterscheiden Sie zwischen dringenden und wichtigen Angelegenheiten?
8. Haben Sie eine Analyse Ihres angewöhnten Zeitgebrauchs gemacht?
9. Lässt Ihr Tagesplan auch Raum für das Unerwartete?
10. Wissen Sie, was Sie unterlassen sollten?
11. Fragen Sie sich: "Ist das der beste Gebrauch meiner Zeit und Kraft?"
12. Besitzen Sie ein gesundes Selbstbewusstsein und Selbstvertrauen?
13. Räumen Sie Ihren eigenen Bedürfnissen den höchsten Stellenwert ein?
14. Nehmen Sie die Verantwortung für die eigenen Gefühle wahr?
15. Setzen Sie auf die eigenen Stärken, Ihr Können und Ihren Charakter?
16. Ist Ihnen bewusst, dass Perfektionismus Ihre Effektivität behindern kann?
17. Haben Sie den Mut zum Handeln und gehen Sie kalkulierte Risiken ein?
18. Versuchen Sie bewusst, Ihre Kommunikationsfähigkeit zu verbessern?
19. Versuchen Sie, mit anderen zusammen und nicht gegen sie zu arbeiten?
20. Schränken Sie gezielt Unterbrechungen auf das Notwendigste ein?

Die 20% Regel fürs Sparen

Zuerst einmal fokussiere auf deine persönlichen Ausgaben. Gehe intelligent um mit deinen Ausgaben und beginne, Geld zu sparen! Alle Lösungen beginnen mit der Anstrengung der Person, Geld im persönlichen Leben zu sparen; und zwar ohne Lebensqualität, Freiheit und Zufriedenheit zu verlieren.

Nicht alle folgenden Empfehlungen sind für jeden anzuwenden. Einige Anregungen können auf dem Niveau von 5-20% in Betracht gezogen werden und andere auf einem Niveau von 30-80%. Während einiger Monaten ist es leichter 20% oder mehr zu sparen und in andern Monaten weniger. Wenn du soviele Anregungen wie nur möglich nutzt, so solltest du im Durchschnitt mindstens 20% pro Jahr von deinen persönlichen Ausgaben und ebenso von geschäftlichen Ausgaben sparen können.

Das Resultat kann etwa so aussehen: bei einem sehr bescheidenen Einkommen kannst du 10€ pro Monat sparen und das sind 120€ pro Jahr. Es ist gut, am Ende des Jahres 120€ übrig zu haben! Bei einem höheren Einkommen sind 600€, 1200€, 1800€ oder gar mehr Ersparnis möglich. Es ist cool, dieses Geld Ende Jahr in der Hand zu haben. Es ist auch sehr intelligent, wenn du ein ausgewogenes Leben leben kannst, selbst wenn du bei den getroffenen Massnahmen kein Geld sparen kannst! Im schlimmsten Fall kannst du wenigstens ohne finanzielles Drama überleben.

Einige allgemeine Vorschläge, wie du Geld sparen kannst:

- Rauche 20% weniger
- Trinke 20% weniger Alkohol
- Verbrauche 20% weniger Benzin/Diesel (weniger Auto fahren und langsamer fahren)
- Nutze 20% weniger Strom
- Reduziere um 20% die Menge an Fleisch und Fisch, die du konsumierst
- Kaufe Produkte, die 20% billiger sind
- Verbrauche 20% weniger Wasser (duschen, Kleider waschen, etc.)
- Reduziere die Kosten der Heizung und A/C um 20% (weniger lang und weniger übertriebene Temperaturen)
- Nutze deine Kredit/Debit Karte nur, wenn du sie wirklich brauchst; mindestens 20% weniger
- Hole Cash von deiner Bank oder vom Automaten deiner Bank (nicht von einem fremden Bankautomaten!) und spare dir die Spesen, mindestens 20%
- Bezahle den Gesamtbetrag oder mindestens 20% des belasteten Kreditbetrages je Monat
- Esse 20% weniger Snacks und trinke 20% weniger Bier, wenn du TV schaust
- Kaufe 20% weniger Getränke (Soda, Bier, Wein) (als Alternative trinke Tee zu Hause)
- Zum Einkauf gehe zum lokalen Markt oder den lokalen Geschäften
- Reduziere dein monatliches Taschengeld um 20%; auch dasjenige deiner

Kinder
- Kaufe 20% weniger Zeitungen und Magazine
- Besorge dir ein Ferienpaket, das 20% günstiger ist als dasjenige des letzten Jahres
- Anschaffungen: gib 20% weniger Geld aus (20% weniger Produkte / 20% biligere Produkte)
- Parfüm/Badprodukte: nutze 20% weniger oder kaufe 20% billiger
- Kaufe 20% weniger vorbereitetes Essen (koche deine eigene Mahlzeit)
- Wenn du ausgehst, gib 20% weniger Geld aus (wähle 20% günstigere Menus, Getränke, etc.)
- Nutze Putzmittel sparsam und du sparst leicht 20%
- Nutze Medikamente moderat, und nur wenn es angemessen ist und spare 20%
- Geh zum Haarschneider, Beauty Salon, Gym mit 20% günstigeren Preisen
- Stelle Elektrogeräte ab (TV, PC, Radio, etc.), wenn du diese nicht gebrauchst
- 20% weniger Fernsehen jeden Tag ist auch gut für die Seele (weniger Gehirnwäsche!)
- Nutze dein Handy 20% weniger / oder reduziere die Gesprächszeit um 20%
- Nutze deinen Computer 20% weniger (im Internet rumsurfen, chatten)

Scheitere nicht mit deiner Verantwortung!

Der Zustand der Menschheit und der Erde zeigt uns: weltweit haben die Politiker unerhört schwer versagt. NGOs konnten die dramatische Zunahme der globalen Probleme der Menschheit und der Erde nicht verhindern. Die fünf Religionen haben auf unglaubliche Weise versagt, die Menschheit in ihrer Evolution vorwärts zu bringen. Die Volksbildung hat ebenso versagt, Menschen für ihr Leben und ihre Zukunft mit relevantem Wissen und wirkungsvollen Fähigkeiten vorzubereiten.

Sieh die Fakten, die Politiker und Führer rund um den Globus dir nicht sagen:

- Wir leben in einer Welt, in der grundlegende Veränderungen schnell wachsen.
- Die Welt bringt dir in 20-35 Jahren unvorstellbare Herausforderungen.
- Alles, was heute sicher erscheint, wird morgen vollständig unsicher sein.
- Der gesamte Lebensrahmen rund um den Globus wird verschieden sein.
- Die grossen Probleme der Menschheit werden dramatisch wachsen.
- Die Schäden und Zerstörungen der Natur werden Milliarden Menschen treffen.

- Die Menschheit wird 50-65% mehr Ressourcen für Industrie und Leben brauchen.
- Armut in den industrialisierten Ländern wird die halbe Population schlagen.
- Viele müssen mit schlimmsten Bedingungen rechnen, um irgendwie zu überleben.
- Die jungen Menschen heute werden die Schäden von heutigen Ursachen erben.
- Menschen in den Vierzigern heute haben ein trauriges "drittes Alter" zu erwarten.
- Menschen in den Sechzigern heute werden wohl auf unwürdige Weise sterben.

Du willst Liebe und Glück. Du willst Nahrung und alles, was das Leben angenehm macht. Du willst dein Zuhause schaffen. Du willst eine Familie gründen. Du willst Spass und Unterhaltung. Du willst eine finanziell stabile Existenz. Du willst dein "drittes Alter" in achtenswerter Weise leben. Du willst gesund bleiben. Du willst niemals durch einen Unfall sterben oder ernsthaft verletzt werden, oder gar behindert sein.

Du willst arbeiten und deine Potentiale für Arbeit und Leben nutzen. Du willst gewiss an Wochenenden gute Stunden und natürlich jedes Jahr grosssartige Ferien verbringen. Du willst nie Krieg und Terrorismus. Du willst nie leiden müssen an Krankheiten, verursacht durch Kontamination, durch unterdrückte innere Konflikte, Schmerzen oder ungelöste Probleme. Du willst dich selbst authentisch leben und psychisch wie spirituell als Person wachsen. Du willst deine echte Erfüllung finden.

Wie kannst du dies alles erreichen, wenn du den Zustand der Menschheit und der Erde ignorierst? Wie kannst du das alles erhalten, wenn du dein inneres Sein vollständig ignorierst? Wie kriegst du dies, wenn du nicht kräftig mit deiner Lebensweise beiträgst, die Ressourcen, die Umwelt, die Welt der Natur und Tiere, sowie das Klima drastisch zu schonen?

Du bist die Ursache für die grossen Probleme der Menschheit und der Erde!!!!!!!! Du zusammen mit Milliarden Menschen!

Darum: du und Milliarden Menschen müssen mit einer neuen erfolgreichen Lebensweise signifikant beitragen, den Kollaps der Menschheit und der Erde in 20-35 Jahren zu verhindern.

Darum: Lerne jetzt und jeden Tag, wie du ein gutes und glückliches Leben dir erschaffen kannst!

Gib konkrete Beispiele, wie du mit deiner Verantwortung beitragen kannst zu:

Leben:	
Auto:	
Einkaufen:	
Nahrungsmittel:	
Strom / Gas:	
Heizung / AC:	
Gesundheit:	
Medien:	
Information:	
Lebensstil	
Menschliche Werte leben:	
Unfälle:	
Geldmanagement:	
Freizeit:	
Ferien:	
Weiterbildung:	
Putzmittel:	
Medikamente:	
Alkohol:	
Rauchen:	
Essensgewohnheiten:	
Wasser:	
Spiritualität:	
Versicherungen:	
Internet:	
Soziales Networking:	
Natur:	
Tiere:	

Tue es einfach!

Tue es einfach! Denn niemand tut es für dich!

➔ Willst du wirklich eine neue Welt, aber ohne dich selbst zu erneuern, und ohne das nötige Wissen und die nötigen Fähigkeiten für Selbsterneuerung und Erfolg im Leben zu haben?

➔ Denkst du wirklich, eine neue Welt und eine gute Zukunft für dich und die Menschheit wird ohne einen Beitrag von dir möglich sein?

➔ Meinst du wirklich, dass die Wissenschaft, die Politik und die Autorität der Kirchen die riesigen Probleme der Menschheit und der Erde lösen werden?

➔ Glaubst du wirklich, dass ein Sohn Gottes vom Himmel herabsteigt und deine Probleme und die riesigen Probleme der Menschheit lösen wird?

Fakt ist: Wenn du das nötige Wissen, die nötigen Fähigkeiten und die erforderlichen Qualitäten deiner Person hast, dann kannst du erfolgreich:

- ein gesundes Leben leben und deine Probleme mit dem inneren und realen Leben lösen.
- deine Beziehung und Liebe, und dein Familienleben mit Kindern leben.
- mit den kritischen Aspekten von Glaube, Religion und Lebenssinn umgehen.
- dich selbst in Richtung einer allseitig ausgewogenen Einheit und Ganzheit entwickeln.
- mit der richtigen Orientierung deine Träume interpretieren und korrekt meditieren.
- dich selbst und andere, eingeschlossen das unbewusste Leben, verstehen.
- unterdrückte Konflikte, Leiden und biographische Lasten klären.
- Vertrauen, inneren Frieden, Zufriedenheit, Glück und Erfüllung finden.
- eine stabile Fundierung deiner Zukunft, speziell deines „dritten Alters" grundlegen.
- deine Talente, Potentiale, Qualitäten, Ziele, Träume und Visionen verwirklichen.
- die Komplexität und Vernetzungen, von denen du abhängst, managen.
- deine innere Lebensquelle und deinen inneren Geist finden und davon profitieren.
- mit deiner Art zu leben, einen Beitrag für die Menschheit und die Erde leisten.

Wenn du all dieses notwendige Wissen und diese Fähigkeiten nicht hast, und wenn du dich selbst psychisch und geistig nicht entwickelst, dann wird dein Leben in einem Chaos und im Ergebnis von dem, was du fortwährend unterdrückst oder ignorierst, enden. Und so wirst du keinen Erfolg in deinem Leben haben. Du wirst scheitern!

Niemand wird für dich tun, was du für ein erfolgreiches und glückliches Leben tun musst! Kein Politiker, kein spiritueller Meister, kein Priester, kein Mönch, kein Bischof, kein Kardinal, kein Papst, kein heiliger Mann, kein Prophet, kein Messias, kein König, kein Kaiser, kein Staatspräsident, kein Millionär und kein Milliardär wird für dich tun, was dein inneres Leben, dein reales Leben, und das Leben allgemein von dir für ein erfolgreiches und glückliches Leben zu tun verlangt! Wenn du die nötigen Konsequenzen nicht in Taten umsetzt, wirst du scheitern!

Jetzt willst du mit einer kräftigen Entwicklung beginnen und mit starker Energie dein echtes Selbst leben. Du kannst ein erfolgreiches und glückliches Leben durch deine Selbsterneuerung und für deine Gesundheit in der Zukunft sowie für eine allseitig ausgewogene Entwicklung erreichen.

Du kannst höchste Ziele mit dir und deinem Leben, insbesondere alle wertvollen psychologischen und geistigen Stufen, eingeschlossen vollständiges Glück und höchste persönliche Erfüllung erreichen.

Beschreibe deine Ziele und was du tun kannst, um diese Ziele zu erreichen:

Ziele und Handlung: ....

1.8. Lebensweise

Die beste Art, ein kreatives Leben zu leben

Kreativ kann der Mensch Probleme angehen und lösen. Intuition, Inspiration und Imagination (auch Phantasie) sind eine Quelle der Gestaltungskraft. Kreativ sein heisst: Wissen und Erfahrung umstrukturieren, mit Spontaneität und Flexibilität neue Beziehungen zwischen den Elementen entdecken. Das beinhaltet Interpretation und Verstehen.

Eine Beschäftigung mit den Themen des Alltagslebens verlangt die aktive kritische Auseinandersetzung mit sich, mit den andern und der Umwelt. Unvoreingenommene Problemwahrnehmung und freie Auseinandersetzung sind Voraussetzungen kreativen Problemlösens.

Die Qualität jeder Lösung, ist das 'Problem' auch noch so gewöhnlich, hängt entscheidend vom Stand der Information ab. Informationen sammeln ist gestalterisches Tätigsein. Mit hinreichender Information kann jede Lösungsvariante probeweise durchgespielt werden, können die engen Grenzen der vorausgehenden Wissenslage gesprengt werden. Der sog. "schlagartige Einfall" (Aha-Erlebnisse, "Ich hab's gefunden") ist somit nicht zufällig, sondern durchdacht und kreativ vorbereitet. Darauf folgen automatisch neue Lernprozesse, eingebettet in die Ausarbeitung und Überprüfung gefundener Lösungen.

Die kreative Gestaltung verlangt auch die Fragen: Ist es anwendbar? Ist es brauchbar? Kann man es durchführen? Wie wirkt es? Was ist der 'Preis' des Einsatzes? Wie kann man darüber mit Betroffenen reden? Hier sind Denkprozesse, Gedächtnis, Bewertung, Verhalten u.a.m. mitbeteiligt.

Kreativität bedingt und fördert im Alltag: Psychische Gesundheit, Ich-Stärke, Entdeckungslust, Energiepotential, Konflikt- und Frustrationstoleranz, Akzeptanz der Komplexität von allem, offene Einstellungen und Mut zur Autonomie für eine eigene Lebensform.

Einige Anregungen, wie Sie Probleme wirkungsvoll angehen können:

- Nehmen Sie sich Zeit, das Problem zu verstehen, bevor Sie es zu lösen versuchen.
- Behalten Sie alle Fakten klar im Kopf.
- Identifizieren Sie die Fakten, die Ihnen besonders wichtig sind.

- Bereiten Sie Fragestellungen vor, um das Problem anzugehen.
- Versuchen Sie bewusst originell zu sein und neue Ideen zu finden.
- Es ist nicht lächerlich, wenn Sie Unübliches sagen oder in der Lösung geirrt haben.
- Löschen Sie kulturelle Tabus, die ein Geschick zur Lösung untergraben könnten.
- Zeichnen Sie Skizzen, die verhelfen, das Problem zu visualisieren.
- Notieren Sie Ihre Ideen, um Wichtiges festzuhalten, Modelle zu suchen.
- Imaginieren Sie, wie Sie das Problem lösen.
- Gehen Sie das Problem real durch.
- Zerlegen Sie das Problem in Teile: lösen Sie einen Teil und fahren Sie so fort.
- Benutzen Sie Analogien (ähnliche Situationen), prüfen Sie die Transfermöglichkeit.
- Halten Sie den Geist offen, funktioniert der Ansatz nicht, prüfen Sie die Annahmen.
- Nutzen Sie verschiedene Strategien: verbal, visuell, rechnerisch, Handlung.
- Bleiben Sie in einem Ansatz stecken, so suchen Sie einen andern Lösungsweg.
- Geben Sie acht auf Eigenartiges oder Intrigantes. Sie könnten nahe der Lösung sein.
- Suchen Sie Verbindungen zwischen verschiedenen Fakten.
- Vertrauen Sie der Intuition. Packen Sie einen Weg an; schauen Sie, wo er hinführt.
- Versuchen Sie (den Lösungsweg) zu erraten, immer weiter, bis einer geht.
- Denken Sie an eine unübliche Art und Weise, Sachen und Umfeld zu nutzen.
- Viel Aufhebens machen hält zwar auf, kann aber schliesslich zum Ziel führen.
- Setzen Sie sich über Geläufiges hinweg, versuchen Sie neue Methoden zu erfinden.
- Versuchen Sie objektiv zu sein; evaluieren Sie eigene Ideen, als ob sie fremde wären.
- Aktivieren Sie Ihre Entdeckungslust durch variable Interpretationen.
- Relativieren Sie Normen und Zeitgeist, die vor allem das "Dazu-gehören" fördern.
- Suchen Sie an unüblichen Orten nach weiteren Informationen zu den Fakten.
- Phantasieren Sie eine 'Erfolgsstory' aus dem Problem.
- Befragen Sie Ihre Träume nach Erklärungen und Lösungswegen.
- Erweitern Sie das Problem mit neuen Elementen, vielleicht lässt sich damit leben.

- Vergrössern oder verkleinern Sie Elemente, um neue Lösungswege zu finden.
- Stärken Sie die schwächsten Anteile einer Lösungsstrategie bzw. eines Einsatzes.
- Suchen Sie zu Teilen das Komplementäre und erweitern Sie so das Problembild.

Mach dir dein Leben einfacher

Alltagsleben als Selbstausdruck. Kreuzen Sie an, was für Sie zutrifft:

☐ unregelmässiger Tagesrhythmus
☐ Lärm im Lebensumfeld
☐ viel Fernsehen
☐ keine Arbeitszufriedenheit
☐ negative innere Elternbindung
☐ Schuldgefühle
☐ existentielle Angst
☐ unbefriedigte Sexualität
☐ vergangenes ungeklärtes Leid
☐ keine berufliche Zukunft
☐ unstabiler Lebenspartner
☐ Stress in der Arbeit
☐ Sorgen mit den eigenen Kindern
☐ keine Spiritualität
☐ viele traurige Erinnerungen
☐ keine/zu wenig Liebeserfahrungen
☐ kein Lebensziel
☐ Perfektionsdrang
☐ Misstrauen
☐ 'Theater' spielen müssen
☐ keine Partnerschaft in der Beziehung
☐ kein "Urvertrauen" ins Leben
☐ keine klaren eigenen Lebenswerte
☐ Angst vor grossen Herausforderungen
☐ Angst vor Arbeitslosigkeit
☐ eigene Probleme vor sich herschieben
☐ Unterdrückung von Ärger/Wut
☐ eigene Interessen immer zurückstellen
☐ keine Zeit und Ruhe zum Essen
☐ keine Innenorientierung (Träume)
☐ keine konstruktive Leidbewältigung

☐ wenig Bewegung
☐ starke Hemmungen
☐ keine regelmässige Arbeit
☐ keine befriedigende Beziehung
☐ unbearbeitete Biographie
☐ Lebensangst
☐ nicht geregeltes Leben
☐ Spannungen in der Beziehung
☐ Geldsorgen
☐ Trennungs-/Bindungskonflikte
☐ Mangel an Selbstvertrauen
☐ Frust in der Hausarbeit
☐ Freizeitlangeweile
☐ Fehlen von tieferem Lebenssinn
☐ nicht 'nein' sagen können
☐ strenge religiöse Normen
☐ strenge (überholte) Normen
☐ viel Frustrationen
☐ Lügen der Menschen
☐ heikle sexuelle Erfahrungen
☐ Lust nicht geniessen können
☐ wenig lachen können
☐ schlechte Gefühle über Nachbar
☐ keine gute Körpereinstellung
☐ unzufrieden mit Wohnsituation
☐ starkes Harmoniebedürfnis
☐ nicht allein-sein können
☐ überstarkes Rücksicht nehmen
☐ eigene Gefühle ignorieren
☐ unklares/wenig reales Selbstbild
☐ diffuse/schwache Willenskraft

- eher starr in der Psychodynamik
- wenig Frustrationstoleranz
- sich häufig überfordern lassen
- stimmungsmässig leicht beeinflussbar
- einseitiges Bild vom Gegengeschlecht
- wenig Treueerfahrungen
- unversöhnte Abtreibung
- unbefriedigte Wünsche
- wenig gründliche Selbstreflexion
- Unfrieden mit andern
- anhaltender Kummer
- übermässiger Erlebnishunger
- Krankheitsangst
- innerlich wenig flexibel
- zuviel tun, was andere wollen
- Konsumdrang
- Eifersucht (eigene/vom Partner)
- unterdrückte Sexualität
- Keine Lebensverantwortung
- wenig persönliche Autonomie
- wenig Echtheit leben können
- viel Misserfolg
- wenig stabiler Selbstwert
- zu wenig Abgrenzung

Lebe mit deinem inneren Rhythmus

Der innere Rhythmus ist das Resultat einer komplexen und vernetzten Lebensweise:

- Werde dir bewusst über deine sinnlichen Gefühle
- Stehe ein für deine Meinungen und Interessen
- Rede über deine Verärgerung, deine Wut und Aufregung
- Akzeptiere starke und auch nicht gefestigte Gefühle
- Wertschätze neue und ungewohnte Ideen
- Versuche 'nichts tun', ohne den Boden unter den Füssen zu verlieren
- Erfahre, gerne alleine zu sein und mit dir selbst beschäftigt zu sein
- Verwöhne dich hin und wieder
- Fühle dich nicht gedrängt, immer gleich alle Probleme sofort zu lösen
- Lebe auf gute Weise, auch wenn es dir nicht gut geht
- Laufe gelegentlich (anstatt den Lift nehmen, einkaufen mit dem Auto)
- Gehe oft nach draussen, um frische Luft zu schnappen
- Lüfte deine Räume regelmässig
- Vermeide bewusst Lärm und schlechte Luft, wenn es denn möglich ist
- Du brauchst nicht immer Hintergrundmusik
- Stelle den TV ab, wenn dich das Programm langweilt
- Achte darauf, regelmässige Lebensmuster zu leben
- Sei massvoll mit Tabak, Alkohol, Kaffee, Süssigkeiten und Essen generell
- Geniesse das Essen mit genügend Zeit und Ruhe
- Erfreue dich an deiner Arbeit, ausgerichtet auf die 20%, die du gerne tust
- Manage Zeitdruck, ohne zu 'schlittern'
- Sieh den Sinn in deiner Arbeit, aber auch in deiner Freizeit
- Sei zufrieden mit deiner Lebenssituation, fühle dich gut und angenehm
- Goutiere dein Umfeld, wo du lebst

- Gehe besonnen um mit Strom, Benzin, Putzmittel, Medikamenten, etc.
- Sei dir bewusst über Abfall und gehe damit ökologisch um
- Respektiere andere beim Autofahren und fahre vernünftig
- Habe Interesse an der Biographie anderer in deinem Lebensumfeld
- Besuche oft kulturelle, soziale und politische Ereignisse
- Falls nötig, setze deine Interessen hart durch
- Dein Leben soll Sinn und Werte haben
- Die Grundwerte des Menschseins sind dir sehr wichtig
- Akzeptiere Leiden, Probleme und Konflikte im Leben
- Denke nicht, dass du wichtige Dinge (Ereignisse) in deinem Leben vermisst
- Akzeptiere schwierige Lebensphasen, die du hinter dir hast
- Sei zuversichtlich darüber, wie du dein Leben gestaltest und meisterst

Denke über die folgenden Fakten nach:

1) Stress (als Überlastungsreaktion) ist ein komplexes Phänomen, das im Rahmen eines ganzheitlichen Menschenbildes gesehen und beurteilt werden muss.

2) Gesundheitsverhalten, als Prophylaxe und Bewältigung von Stress, ist entsprechend auch in der Ganzheitlichkeit des Menschen zu entwickeln und zu praktizieren.

3) Gesundheitsverhalten ist eigentlich schlicht eine gesunde Lebenspraxis unter Miteinbezug der permanenten und breit angelegten Bildung des ganzen Menschen.

4) Dem eigenen Lebensstil soll man ein lebensphilosophisches Fundament geben mit Werten und Einstellungen, die das Leben in seiner biologischen und psychisch-geistigen Ganzheit bejahen.

Vermeide Unfallrisiken

Du gehst an einem Verkehrsunfall vorbei. Du siehst da einen Mann, tot hinter dem Steuerrad, zudem zwei Personen schwer verletzt. Dann fühlst du Trauer. Denkst du je, dass dies geschehen ist, weil der Fahrer nicht konzentriert war, vielleicht mit seiner Frau sich gerade gestritten hatte, übermüdet war, mit einer Sorge beschäftigt oder schwer alkoholisiert war, oder was auch immer? Denkst du je, dass er das Heim verlassen hat mit "auf Wiedersehen meine Liebste(n), ich bin bald wieder da", und jetzt kommt er nie mehr nach Hause zurück; oder er hat als Behinderter ein völlig neues Leben zu beginnen, wenn er nach sechs Monaten Spitalaufenthalt nach Hause zurückkehren kann? Lernst du entschlossen von solchen Erlebnissen für dich selber?

Millionen sterben durch Verkehrsunfälle; Millionen sind verletzt, und unzählige behindert. Hundert Millionen und mehr Autoschäden und Lateralschäden. Das Resultat ist schlimmer als ein Weltkrieg! Und es ist extrem teuer für alle Autoinhaber. Jeder bezahlt sehr viel für Leiden und Schäden! Die Industrie der Autoreparaturen hat einen Umsatz von Milliarden, ist aber absolut kein produktives Arbeitsfeld. Diese Situation kann und muss innerhalb von Jahren verändert werden. Alles hängt von jedem einzelnen Individuum ab – auch von dir!

Weltweit haben wir gar mehr Unfälle im Haushalt der Menschen: verletzt oder getötet durch Manipulationen an elektrischen Installationen; von der Leiter oder einem Stuhl gefallen (der als Leiter diente); Unfälle bei der Gartenarbeit und beim Kochen (zum Beispiel Unfälle mit heissem Wasser); Manipulationen mit Maschinen; Verletzungen mit Messern; Kinder, die Putzmittel oder Medikamente zu sich genommen haben; Feuer, etc.

Die Regeln der Sicherheit missachten, verursacht auch Millionen Unfälle am Arbeitsplatz.

Die Kosten solcher Unfälle sind immens! Ärzte, Kliniken und Spitäler sind überfüllt von den riesigen Wellen an verletzten Menschen. Unzählbare Menschen rund um den Globus leiden durch die Folgen solcher Unfälle! Jeder bezahlt dafür mit seiner Versicherung (Gesundheit, Auto). Diese Situation kann und muss innert Jahren drastisch gesenkt werden. Alles hängt von jedem einzelnen ab – auch von dir!

Die wesentlichen Ursachen sind auch die Lösung:

- Informiere dich über all die möglichen Unfallgefahren.
- Sei immer konzentriert auf das, was du tust (und ein Unfallrisiko hat).
- Lass dich nie drängen, in Eile zu tun, was du tun willst oder musst.
- Unternimm alle Massnahmen, Unfallrisiken zu verhindern.
- Tue alles mit der gebotenen Vorsicht und den angemessenen Fähigkeiten.
- Hole dir professionelle Hilfe, wenn du nicht sicher bist über das "Wie".
- Beobachte immer die Umgebung über mögliche Risiken.
- Verbessere deine Zeitnutzung, dein Selbstmanagement, deine Selbstkontrolle.
- Sei verantwortlich für dich und andere: respektiere die menschlichen Werte!

Verkehrsunfälle, Unfälle im Haushalt und am Arbeitsplatz schaffen rund um den Globus mehr Leiden, mehr Schäden und mehr Kosten als 100 Tsunamis pro Jahr!

Home Staging für ein Leben mit Stil und Wohlgefühl

Was ist "home staging"? Im Kern ist es ein Konzept, ein Heim für den Verkauf zurechtzumachen; und auch für eine Vermietung (möbliert). Home Staging kann aber auch viele Anregungen geben, wie man sein eigenes Zuhause für Wohlgefühl mit Stil einrichtet.

Manche Aspekte (Komponenten) eines Heimes können das Wohlgefühl einer Person ziemlich "abstellen". "Staging" bedeutet: die negativen Aspekte eines Heimes (Zuhause) identifizieren. Zugleich werden mit dem Konzept auch die positiven Aspekte erfasst, um dann mit Kreativität eine gute Stimmung zu schaffen. Der Bewohner muss darauf eine eindeutige emotionale Reaktion haben: "Ich liebe es, hier zu wohnen!" Oder: "Ich bin total angeregt; dies ist wirklich mein Zuhause!" Der Bewohner soll sich zuhause fühlen. Er soll sich im Einklang mit seinem Lebensstil erleben.

Home staging versucht, auf effiziente Weise eine Balance zu schaffen zwischen den negativen Komponenten wie Möbel (Dekoration, Bilder, mögliche Nutzung der Flächen, etc.), der kritischen Struktur der Wohnung (Fläche, Aufteilung, Fenster, etc.), und der Vielfalt möglicher Verbesserungen. Home staging hat zum Ziel, das Wohnen zu verbessern, das Zuhause durch Veränderungen hin Richtung "willkommen" und "attraktiv" zum Leben ansprechender zu machen.

Ziele von Home Staging …

- Lässt das Zuhause grösser, heller, wärmer und heimeliger erscheinen.
- Schafft eine Scenery, die alle fünf Sinne anspricht.
- Poliert das Heim auf, mit besonderer Aufmerksamkeit auch für das Badezimmer.
- Erlaubt, dass alle Räume und Bereiche sich selbst präsentieren.
- Weckt Aufmerksamkeit auf bestimmte Bereiche.
- Macht, dass die Räume offen, luftig und reizvoll aussehen.
- Schafft eine angenehme, leichte Balance zwischen den Räumen.
- Zeigt das Zuhause in seinem vollen Potential.
- Bringt die Aussenwelt nach innen (Natur, Bereiche, Licht).
- Schafft emotionale Verbindungspunkte in jedem Raum.
- Schafft einen sauberen und geordneten Eindruck.
- Markiert eine "Wohn-Persönlichkeit" und einen lockeren Lebensstil.
- Fokussiert auf Emotion, Licht, Gleichgewicht und fliessende Übergänge.
- Schafft Wärme und nicht Sterilität und Seelenleere.
- Unterstreicht Lebensqualität wie in einem 4-5* Hotel.
- Schafft einen Eindruck von Offenheit und Komfort.

Reinigung und Organisation:

Grundlagen: ist ein Zuhaue desorganisiert, chaotisch, ungepflegt und schmutzig, dann fühlen die Bewohner (und Besucher) eine sehr schlechte Atmophäre. Beachte deshalb:

- [ ] Schmutzige Fenster
- [ ] Schmutziges Badezimmer
- [ ] Durcheinander in der Küche
- [ ] Ungeordnete Schränke, vollgepackt mit Kleider
- [ ] Stinkende Vorhänge (vom Rauchen; Stadt: von Autoabgasen)
- [ ] Volle Aschenbecher (Zigaretten)
- [ ] Katzen- oder Hundehaare überall
- [ ] Schmutzige Türfallen
- [ ] Schlechter Geruch
- [ ] Halb trockene Pflanzen
- [ ] Überwachsene Pflanzen
- [ ] Die Betten nicht gemacht und überall Kleider
- [ ] Die Kinderzimmer mit einem Chaos an Spielzeugen am Boden
- [ ] Die defekten Stellen
- [ ] Staubbüschel und Spinnennetze rund um Fussbodenleisten
- [ ] Überall unnützes Zeug
- [ ] Volle Abfalleimer
- [ ] Unordentliche Badetücher im Bad
- [ ] Tropfende Wasserhahnen
- [ ] Risse
- [ ] Zufahrt zum Haus / Eingang nicht sauber
- [ ] Garage und Keller voll unnützer alter Ware
- [ ] Ausguss und Rollladen gebrochen
- [ ] Gebrochene Holzsachen (z.B. Schranktüren, Schubladen)
- [ ] Abgenutzte Teppiche
- [ ] Lose Fussboden
- [ ] Knirschende Treppe
- [ ] Verbrannte Lichtbirnen
- [ ] Alte Türmatte

Das Prinzip der Personalisierung eines Heimes: Sehr spezielle Gegenstände aus der Biographie des Bewohners machen das Wohnambiente persönlich. Beispiele: Prämien und Diplome; religiöse Gegenstände; kulturelle Gegenstände; Bilder; spezielle Düfte; dramatisches Kunstwerk; Familienfotos; Trophäen; Posters; etc.

Das Prinzip der Gestaltung einer allgemeinen Atmosphäre: Der allgemeine

Eindruck über die Atmosphäre beeinflusst das Wohlsein. Strenge Muster vermitteln kein Gefühl des Wohlseins. Beispiele: Dunkle und enge Bereiche; billige Möbel von altem Stil; übermassen grosse Möbel; zuviele Accessoires an den Wänden und auf dem Büchergestell; langweilige, billige Accessoires; zuviele Teppichvorleger; unnötige extra Stühle; sehr unübliche Bilder (dunkles blau, dickes braun, starkes rot, etc.); nicht wesentliche Gegenstände; die Möbel sind auf einer Seite des Raumes gestellt; umherliegende Gegenstände da und dort; Heimbüro (Tisch) überladen mit Bücher und Sachen; Bereiche mit viel zuviel Möbel; Rasen nicht geschnitten; durch Pflanzen und Möbel dunkel gemachte Räume; prall volle Kleiderständer; etc.

Es gibt viele Möglichkeiten, ein Zuhause für besseres Wohlsein aufzufrischen:

Allgemeines:

☐ Neuer Bodenbelag (in neutralem Ton) in Küche und Bad.
☐ Reparieren, was nötig: niemand liebt ein Zuhause mit fälligen (strukturellen) Reparaturen.
☐ Beachte: Neuer Anstrich der Türen (innen und eventuell auch aussen).
☐ Kleine Teppiche und Vorhänge sind in einer soliden neutralen Farbe.
☐ Eine Decke kann Möbelschäden, Risse und Kratzer verdecken.
☐ Blockiere keine Fenster. Lass Licht herein.
☐ Büsche und Hecken schneiden.
☐ Mache den Raum grösser, als er wirklich ist (mit Möbel und Licht).
☐ Schaffe Platz, wo du Geräte, Geschirr und Waschmittel versorgen kannst.
☐ Gib stärkeres Licht im Waschraum.
☐ Mach das Licht an, wo dunkle Möbel und wenig Tageslicht sind.
☐ Säubere unordentliche Bereiche.
☐ Putze die Fenster, um heller zu machen und den Raum zu vergrössern.
☐ Räume unnütze Möbel und Staukästen weg.
☐ Arrangiere Nippsachen auf nette Weise.
☐ Mache die Räume lebendig mit Licht, Pflanzen, Stuhlkissen, Kerzen.
☐ Richte die Lampen so, dass sie dunke Ecken erhellen.
☐ Verdecke den Kabelsalat mit Pflanzen.
☐ Kunstvoll platzierte Spiegel geben Tiefe und Dimension.

Wohnraum:

☐ Ergänze Kommoden, Büchergestelle und Cheminée mit einmaligen Dingen und Pflanzen.
☐ Frische einzelne kleine Bereiche auf.
☐ Arrangiere die Möbel um.
☐ Gib Beachtung zu Weite und Licht.

- [ ] Öffne die Vorhänge und Jalousien, um Licht hereinzulassen.
- [ ] Halte Wände und Böden in neutraler Farbe mit subtilem Muster.
- [ ] Farbanstriche sollten wenn möglich neutral und hell sein.
- [ ] Mache den Bereich um das Cheminée zum Fokus des Raumes.
- [ ] Lege hellfarbige Kissen aufs Sofa.
- [ ] Ergänze mit Accessoires
- [ ] Wohnraum: wenn möglich, schaffe separate Bereiche (sitzen, lesen, und schreiben).
- [ ] Arrangiere die Möbel für angenehmen Konversationsbereich.
- [ ] Wenn nötig: nutze schmalere Sofas und Stühle, damit der Raum grösser wirkt.
- [ ] Wähle weiche Produkte (Seide, Lammwolle, Satin) für Decken über Stühle und Sofa.
- [ ] Gib besonderes Licht zum Cheminée und setze da etwas Nettes auf das Kaminsims.
- [ ] Mache den Wohnraum gemütlich und angemessen für die Tageszeit.

Küche:

- [ ] Kaffeetisch, Arbeitsbereich und Gestelle sollten gut platziert sein.
- [ ] Setze eine nette Kerze auf den Küchentisch.

Schlafzimmer:

- [ ] Schön geordnete Bettdecken und Kissen.
- [ ] Freundliches, warmes Licht durch passende Lampen.

Badezimmer und WC:

- [ ] Stelle kleinen Flechtkorb hin gefüllt mit Spa-Mitteln: Seife, Lotions, etc.
- [ ] Platziere freundlich Lippenstift, Parfüms, etc., neben dem Lavabo.
- [ ] Koordiniere die Farben der Badetücher.
- [ ] Falte und hänge helle Badetücher auf die Hängestange.

Eingang, Vordach-Bereich, Aussenbereich, Garage, Keller (Stauraum):

- [ ] Ein dunkler Eingang braucht ein warmes helles Licht.
- [ ] Stelle Töpfe mit Pflanzen beim Eingang und Vordach.
- [ ] Garage und Stauraum sind immer gut geordnet.
- [ ] Organisiere den Bereich für Auto, Fahrrad und andere Sachen.

Kümmere dich um einen gesunden Lebensstil

Wieviel bezahlst du für deine Krankenkasse (Versicherung)? Wieviel trägt deine Regierung zum Unterhalt der Spitäler bei? Wieviele Medikamente konsumierst du und was bezahlst du dafür und für ärztliche Dienstleistung? Weisst du, dass andere für dich bezahlen, insbesondere für deine verantwortungslose und selbstzerstörerische Lebensweise und deine entsprechenden Verhaltensmuster?

Du hast riesig viele Möglichkeiten, viele positive Lebensweisen für alle möglichen Situationen in Betracht zu ziehen. Kontempliere über diese Komponenten und über deine Chancen für Gesundheit:

- Aktiv sein, Interesse an Arbeit haben, produktiv und kreativ sein
- Einen objektiven und rationalen Kontakt mit der Realität haben
- Fähig und flexibel sein, Realitäten zu adaptieren
- Ein inneres psychisches Gleichgewicht bilden
- Fähigkeit, Bedürfnisse zu befriedigen, auch sexuelle
- Frei sein von Abwehrmechanismen (Verdrängung, Unterdrückung)
- Frustrationstoleranz, Impulskontrolle, gestärkt gegen Stress
- Resistenz gegen psychische Krankheiten
- Frei von Symptomen sein
- Realistische Definition von Zielen
- Gleichgewicht zwischen Abhängigkeit und Unabhängigkeit
- Gleichgewicht zwischen Stabilität und Flexibilität
- Grundlegendes Selbstvertrauen
- Authentische Selbstidentität
- Verwirklichung individueller Potentiale
- Autonomie und Resistenz gegen Kulturaneignung
- Selbstverantwortung
- Autonome Moral
- Verständnis für sich selbst
- Realistisches Selbstbild
- Selbstakzeptanz, Selbstwert und Selbstvertrauen
- Natürlichkeit, Freisein von Fassaden, Spontaneität, Sozialität, Echtheit
- Offenheit für Erfahrungen und Gefühle
- Erfahrungen zur Transzendenz (und ihrer Grenzen), 'positive Gefühle'
- Mentale Erweiterungen: Wissen, Erfahrungen, Reflexionen, Kontemplationen
- Den eigenen Körper akzeptieren
- Das 'Gute', die Wahrheit und die Schönheit anstreben
- Humor

- Demokratische Charakterstruktur
- Bedürfnis für Privatheit
- Orientierung an Bedeutungen und Werten
- Fähigkeit, Leiden konstruktiv zu meistern
- Willensstärke

Gesundheit meint viel mehr als "Abwesenheit von Krankheit". Gesundheit ist nicht etwas, das man hat oder nicht hat, das man verlieren oder gewinnen kann. Gesundheit ist auch nicht etwas, das man zum menschlichen Leben aufaddieren kann. Gesundheit ist nicht, um das Leben schöner und bequemer zu machen. Gesundheit ist eine Art und Weise zu leben, ist Lebensverwirklichung, und ist eine Art, das Leben zu meistern.

Kernorientierung für einen ganzheitlichen Lebensstil

Kritische Selbstbetrachtungen zum eigenen Lebensstil sind:

- Fühle ich mich wohl mit (in) meinem Körper?
- Kann ich körperliches Erleben zulassen, Lust geniessen und gestalten?
- Welche Beziehung habe ich zu Haushaltarbeiten und wie gestalte ich diese?
- Wie bewusst kleide ich mich und kaufe ich meine Kleider?
- Wie und mit welchen Zielen gestalte ich meine Wohnräume?
- Wie und mit welcher Haltung pflege ich meinen Körper?
- Wie gehe ich mit Medien um und wie verhalte ich mich vor dem TV?
- Wie gestalte und erlebe ich mein Schlafzimmer, aber auch meine Küche?
- Wie gehe ich mit Nahrungsmittel um und wie wähle ich diese aus?
- Was gönne ich mir? Wann? Weshalb? Wie?
- Wie pflege ich den Umgang mit andern Menschen?

Lebensweise - Konkrete Vorschläge

- Positive Bilder besonders suchen/beachten.
- Konstruktive Gedanken im Alltag, schon zu kleinen Dingen.
- Ruhigstellung der Gedanken, täglich 2-3x.
- Loslösende, befreiende Bilder durch Meditation.
- Kognitive Distanz schaffen, wenn die Gedanken zu sehr festhalten.
- Auflösung von Gegensätzen durch meditative Bearbeitung.
- Erlösung von Leid durch Verarbeitung.
- Befreiung von Konflikten durch Klärung und richtige Haltung.
- Mentale Fitness praktizieren.
- Sinnwirklichkeit beachten.
- Lebensbejahung ernst nehmen, schon in unbedeutenden Dingen.

- Bedürfnisse mit Vernunft leben, d.h. ausgewogen und zum richtigen Zeitpunkt.
- Wahrnehmung bewusst lenken; mit den Augen nicht zuviel "schlendern".
- Sinnesreize reduzieren; d.h. sich nicht in alles hineinfühlen.
- Loslösung von Raum und Zeit (durch Meditation).
- Bedachter Lebensrhythmus, auch bei hektischem Berufsleben.
- Gesundheit ganzheitlich leben; d.h. psychisch und körperlich.
- Ausgewogen rational-intuitiv das Dasein erfassen.
- Kombiniert analytisch-künstlerisch/kreativ an die Lebensbelange gehen.
- Integriert logisch-spirituell denken.
- Vernetzt mit Sprache und Bilderwelt das Leben erfassen.
- Linear-synthetisch verarbeiten (= vernetzt denken).
- Eigener Biorhythmus beachten, insbesondere für bestimmte Arbeiten.
- Immer wieder innere Abgrenzung zu den Mitmenschen und Lebensthemen halten.
- Lust bewusst gestalten und geniessen.
- Gesprächsthemen eingrenzen und mitsteuern.
- Nicht zuviel Druck erzeugen.
- In ständiger Entwicklung (Lernen) leben.
- Disziplin: emotional, sozial, denkerisch, moralisch u.s.w.

Anregungen zur praktischen Arbeit sind:

→ Täglich die Träume aufschreiben; mit Vorteil sofort nach Erwachen.
→ Täglich mindestens zweimal kurz systematisch entspannen (10 Min.).
→ Am Abend mit einer Übung aus dem Mental-Training "den Kopf leeren".
→ Eine grobe Tagesplanung mit Stichworten reserviert der Bildung die Zeit.
→ Täglich eine kurze Imagination zu einem Thema machen (ca. 15 Min.).
→ Über's Wochenende regelmässig eine Stunde Lebensrückschau halten.
→ Regelmässig einen Trainingskurs besuchen.
→ Die Ergebnisse von einem regelmässig besuchten Trainingskurs aufschreiben.
→ Jede Woche einige Stunden in einem Buch zu einem passenden Thema lesen.
→ Menschen kennenlernen, die auch Selbstbildung betreiben und diskutieren.
→ Neues geplant probieren und danach auswerten.
→ Alle paar Monate die geleisteten Arbeiten bzw. Ergebnisse zusammenfassen.
→ Im wöchentlichen Turnus immer wieder andere Subsysteme und Themen angehen.
→ Nicht immer ist Kontinuität, d.h.regelmässige wöchentliche Arbeit

möglich.

➔ Blockkurse, alle 3-4 Monate, können solche Phasen überbrücken.

Reduziere drastisch deine Lebensrisiken

Du willst Erfolg haben im Leben und glücklich sein. Du liebst den Zeitgeist der Industrienationen. Du erhoffst dir dein Glück mit Geld, Konsum, einem Eigenheim und einer eigenen Familie oder einem Partner. Du findest, was und wie du denkst und urteilst, sei effizient für deine Lebensziele. Deine Einstellungen und deine Religion ist dir heilig. Dann schau mal an, was du in deinem Leben zu erwarten hast (die Zahlen betreffen Deutschland und variieren je nach Land):

- 50% klagen über Schlafstörungen
- 40-60% haben Übergewicht
- 35-45% sind von Verstopfung gequält
- 50-70% leiden an Rückenschmerzen oder haben Wirbelsäuleprobleme
- 35% aller Frauen in einer Beziehung sind sexuell unbefriedigt
- 50% der Menschen ab mittleren Alters sind alkoholgefährdet
- 35-50% der Ehen werden wieder geschieden
- 9-12% leiden an Migräne oder an täglichen Kopfschmerzen
- 8-10 % leiden an Depressionen
- 5-12% stottern, haben Lese- und Schreibschwäche
- 7-9% haben soziale Phobie
- 6-8% haben chronisch Ängste
- 8-9% trinken zuviel Alkohol
- 0,7-0,9% leiden an Herzflimmern
- 1,5% hat gelegentlich Suicidgedanken
- 11-13% leiden an chronischen Schmerzen
- 0,8% leiden an Impotenz und noch viel mehr leiden an sexueller Frustration
- 10% der Kinder sind Opfer von Gewalt in der eigenen Familie
- 35% aller Gewalttaten geschehen in der Ehe und Familie
- In 35% aller Beziehungen wird physische Gewalt ausgeübt (von Frau und Mann)
- Bis zu 35% leben in der Armut oder am Existenzminimum
- 6-12% sind arbeitslos, in gewissen Gebieten bis zu 25%
- 7-15% sind unter dem Joch der Folgen ihres Konkurses
- 25-60% der Pensionierten leben in Armut oder am Existenzminimum

- Ferner: eine grosse Zahl konsumieren Kokain und viele weitere sind süchtig (Nikotin, Alkohol, Drogen aller Art, Medikamente, Spiel, Konsum, Schokolade, Pornographie, Essen, Fernsehen, Handy u.s.w.) und nochmals sehr viele Menschen summieren sich in den Kategorien: Vereinsamte, Verwahrloste, Wirtschaftsopfer, Behandlungsopfer (Medizin, Justiz, Verwaltung), Geschädigte durch Umweltkatastrophen, Stresskranke durch Lärm und Schadstoffe.

- Und schliesslich sind noch all jene zu erwähnen (rund jeder Dritte mindestens einmal im Leben), die an psychischen Störungen leiden durch ihre Lebenslage, durch ihre Biographie, durch die soziale Umwelt und wirtschaftliche Lage. Sehr gross ist auch der Prozentsatz der Menschen, die ihre Schulden nicht mehr bezahlen können.

Die Politik hat versagt! Die Religion ist ineffizient! Der Zeitgeist ist eine Farce. Der wirtschaftliche Schaden ist gigantisch! Jeder muss 45-60% seines Einkommens für Steuern, Krankenkasse und Kreditzinsen hergeben. Die Ursachen sind im Kern: Niemand mehr kümmert sich und die menschlichen Werte, um das psychisch-geistige (innere) Leben und um die vernetzte Verantwortung des individuellen Tuns. – Vielleicht du ab heute?

Lebenserwartung:

- Geringe Bildung: Reduktion 7-9 Jahre
- Arbeitslosigkeit: Reduktion 12-14 Jahre
- Scheidung: Reduktion 9-10 Jahre
- Rauchen (viel): Reduktion 18-22 Jahre
- Alkohol (viel): Reduktion 16-23 Jahre
- Diabetes: Reduktion 21-31 Jahre
- Hoher Blutdruck: Reduktion 7-12 Jahre

(Vorsicht mit Statistik: bereits heute und immer mehr in der Zukunft werden immer mehr Menschen am Cocktail der Kontamination sterben!)

Wir vermuten: Eine grosse Menge an unterdrückten inneren Konflikten und nicht bearbeiteten schmerzlichen Erfahrungen kann die Lebenserwartung bis zu 25 Jahre reduzieren. Ein Chaos im Unbewussten und nicht gut geformte psychische Kräfte im allgemeinen führen zu ernsthaften psychischen Störungen und damit entweder zu einer signifikanten Reduktion der Lebenserwartung oder zu einem traurigen Leben mit hohem Risiko einer psycho-somatischen Krankheit.

Pflege deine psychische Energie (Lebensenergie)

Sorgen werden oft wie ein schweres Gewicht erlebt. Negative und auch positive Gedanken wirken auf das Lebensgefühl erheblich ein. Viele Menschen erleben telepathische Phänomene:

Man denkt an jemanden oder will einem Bekannten telefonieren; und einige Minuten später läutet das Telefon. Man ist eingeladen zu einem Besuch und fühlt auf dem Weg ein eigenartiges Gefühl im Bauch, eine Art Vorankündigung, dass da etwas nicht gut sein wird. Konzentriert man in einem öffentlichen Verkehrsmittel seinen Blick auf den Nacken einer Person 10 Meter weg, dann schaut diese Person plötzlich zurück oder kratzt sich da. Nervosität und innere Anspannung wirken energetisch ansteckend. Wer sich in das Leid eines andern einfühlt, nimmt dieses Leid oft gefühlsmässig in sich auf. Beginnt jemand nach starkem Blockiertsein plötzlich heftig zu weinen, dann kann man den energetischen Gefühlsausstoss in voller Intensität (kommen) spüren. Auch Launen schaffen eine energetische Atmosphäre. Wo sich Menschen mit aggressiven Gefühlen aufgehalten haben, ist deren Stimmung (Energie) in der Luft noch spürbar.

Bilder und Farben wirken nicht nur auf das Auge. Sie beleben innen psychische Energie. Wer mit geschlossenen Augen innerlich Bilder sieht, wird eine energetische Wirkung erfahren, je nachdem, was er sieht; z.B. eine Sonne, einen dunklen Wald, einen tiefblauen Nachthimmel mit Sternen oder Phantasien aller Art. Fernsehwerbung ist darauf angelegt, mit Bildern und Farben, auch mit Musik, psychische Energie in Bewegung zu bringen. Ein spannender Roman und ein Action-Film können die gesamte psychische Energie auf Hochspannung treiben. Wer sich Boxen oder Wrestling anschaut, erlebt nachher seine psychische Energie entsprechend: durchgeboxt, geschüttelt und vielleicht niedergeschmettert. Ein Film über Liebe kann ganz andere energetische Schwingungen bewirken.

Viele Begriffe werden in der Psychologie bzw. Psychoanalyse hierzu verwendet: Libido, Orgon-Energie, Lebenstrieb, Vitalkraft, Lebenskraft, Triebkraft, Bioenergie, Eroskraft u.a.m.

Die Esoterik lehrt eine kosmische universelle Energie, die Emanation und die Aura-Energie. Magnetopathie (Mesmerismus) lehrt eine Magnetenergie, spricht von Fluidum und mediumistischer Energie. Geistheilung und verschiedene parapsychische Heilverfahren implizieren ebenfalls ein Energiekonzept, das als geistige Energie interpretiert wird. Schliesslich sind noch das "Prana" aus fernöstlichem Sprachgebrauch sowie das "Mana Kundalini" bzw. "Kundalini" zu erwähnen.

Wir nennen diese Energie ganz einfach die "psychische Energie".

Fakten zur psychischen Energie:

➜ Es gibt im Menschen eine Energie, die nicht biologisch ist: die psychische Energie.
➜ Die psychische Energie wird geformt durch Denken, Erleben, Fühlen etc.
➜ Die psychische Energie wird von Menschen und dem Lebensraum beeinflusst.
➜ Die psychische Energie wirkt auf das Verhalten und kann psychisch krank machen.
➜ Körperliche Zustände formen bzw. beeinflussen die psychische Energie.
➜ Psychische Energie kann körperlich krank machen.
➜ Durch Mental-Training kann die psychische Energie gereinigt, ausbalanciert und optimal genutzt werden.

Es gibt parapsychologische Methoden, diese Energie zu reinigen, zu zentrieren, und zu stärken. Wir haben diese Energie und ihr methodisches Potential gründlich erforscht; und wir haben Möglichkeiten entdeckt, die bis heute keiner kennt.

Gib 5 Beispiele, wie du die psychische Energie im täglichen Leben erfahren kannst:

Wie kannst du den Zustand deiner psychischen Energie im täglichen Leben verbessern?

Meditiere korrekt und Ziel-gerichtet

Beten ist ganz einfach! Doch Gott kann nichts tun. Wir sind selbst verantwortlich, den richtigen transzendentalen Zugang zu finden und aus der Kraft des inneren Geistes das tun, was wirkungsvoll und angemessen ist. Dazu musst du aber lernen, richtig zu meditieren!

Die Anwendungsbereiche sind:

1. Ruhigstellung der Lebensenergie und Entspannung.
2. Allgemeine Psychohygiene (zum Beispiel: Mental-Training).
3. Befreiung von unverarbeiteten Leiderfahrungen.
4. Reflexion über die eigene Lebensweise.
5. Erweiterung der Wahrnehmung.
6. Andere Menschen verstehen.
7. Lösungswege von Schwierigkeiten erkennen.

8. Verstehen von psycho-somatischen Beschwerden.
9. Den Lebenssinn finden und realisieren.
10. Den eigenen Standort in der Individuation erkennen.

Ohne Meditation kann man das innere Menschsein weder gründlichst erforschen, noch umformen, noch mit dem inneren Geist kommunizieren. Gotteserfahrung geschieht durch innere Erarbeitung der Archetypen der Seele und somit durch Meditation (und auch durch Träume).

1. Konkretes Imaginieren: Frühere und gegenwärtige Lebenssituationen innerlich sehen und die Bilderwelt psychologisch wie lebenspraktisch deuten.

2. Symbolisches Imaginieren: Ein Baum bedeutet das Wachstum des Lebens. In der Imagination ruft man einen Baum, der zeigen soll, wie es um das eigene Wachstum des Lebens steht; oder: In einem Lagerhaus ist das gesamte Inventar des Unbewussten. Imagination erreicht psychische Wirklichkeiten; zum Beispiel: der dürre Baum und das Inventar im Lagerhaus widerspiegeln den Zustand des gewachsenen psychisch-geistigen Seins bzw. den Inhalt im Unbewussten.

3. Kontemplation: inneres Sehen der Archetypen der Seele; zum Beispiel das Lebenssymbol, ein Mandala, eine Pyramide, den alten Weisen (oder eine weise Frau), die Sonne, etc. Die Archetypen der Seele innerlich erfahren fördert die psychisch-geistige Entwicklung.

4. In der Gestaltung sind Mischfomen möglich. Die Durchführung kann in zwei Varianten erfolgen:

a) Aktive Meditation: Das Bildergeschehen wird aktiv gelenkt und umgestaltet, sei es von der meditierenden Person selbst, sei es von einer Drittperson.

b) Passive Meditation: Die Person gibt sich dem Bilderverlauf passiv hin und bricht dann nach einigen Minuten wieder ab (um eine Bilderflut zu vermeiden).

Vorgehen:

1. Schritt: Sich bequem hinsetzen oder hinlegen.
2. Schritt: Ziel festlegen: Was will ich wissen? Worüber will ich meditieren? Wozu?
3. Schritt: Die Art des Bildersehens festlegen: konkret, symbolisch, archetypisch.

4. Schritt: Entspannung und inneres Ausgerichtetsein schaffen.
5. Schritt: Bilder zum Thema rufen durch zielgerichtete Konzentration.
6. Schritt: Langsam die Bilder ablaufen lassen, gleichzeitig Sinn erspüren.
7. Schritt: Nach 3 - 5 Min. abschliessen (wer viel Erfahrung hat: 10 Min.).
8. Schritt: Das Bilderleben und die Gefühle dazu aufschreiben.
9. Schritt: Erlebnisse bearbeiten (interpretieren) wie einen Traum.
10. Schritt: Erkenntnisse in Lebenskontext stellen. Folgerungen formulieren.

Erarbeite deine Transzendenzerfahrungen

Eine erste zentrale Erfahrung ist, dass im psychischen System eine geistige Intelligenz (Geist) durch Träume und Meditationen wirkt. Allein diese geistige Kraft weiss, wie der Prozess der Individuation verlaufen muss.

Dieser Geist hat seine eigenen Werte und seine eigene Sprache. Der Geist übersteigt das irdische Leben und hat damit Zugang zur jenseitigen (transzendentalen) Wirklichkeit.

Eine zweite Erfahrung der Transzendenz ergibt sich durch das Wachstum der Kraft der Liebe. Die Liebe übersteigt das Denken nach Nützlichkeit oder in Bilanzen. Die Liebe überwindet die Logik und die Dynamik der psychischen Kräfte.

Die Liebe ist ausgerichtet auf die Integration von allem psychischen Leben zu einer Einheit und Ganzheit. Durch alles Böse hindurch vermag die Liebe, das Leben zu schützen, zu pflegen und zu entfalten. Insofern ist die Kraft der Liebe transzendent.

Die dritte Art der transzendentalen Erfahrung kann bezeichnet werden als das "Erleben der Archetypen der Seele". Der Weg dazu ist die Kontemplation und manchmal auch die Träume. Archetypen sind die Türen, die in eine andere (geistige; Sinn-) Wirklichkeit führen.

Die vierte Art der transzendentalen Erfahrung sind die Hauptprozesse der Individuation. Wer diese vollzieht, erlebt nicht bloss eine psychische Prozedur, sondern eine andere Wirklichkeit. Er erfährt dabei die "Geheimnisse des Lebens", die sich durch den Vollzug der Individuation offenbaren.

Die fünfte Art der transzendentalen Erfahrung ist das Ziel der Individuation. Wer dieses Ziel erreicht hat, erlebt in sich ein neues Menschsein. Durch die Individuation wird der Mensch ein lebendiges Abbild des Kreis-Kreuz-Mandalas.

Dieses aber ist anderseits auch ein Abbild von Gott. Nur der Vollzug der Individuation ermöglicht es, so nahe zu erfahren, was Gott ist und so nahe bei Gott zu sein (durch Sein und nicht einfach durch Meditieren). Das, was der Mensch hier geworden ist, ist ein Teil des transzendentalen göttlichen Seins.

→ Wie willst du mit einer Religion ursprüngliche und authentische Transzendenzerfahrungen machen, wenn die Lehren auf Mythen und Dogmen beruhen?

→ Wie kannst du Zugang zur "Wahrheit" des inneren Seins finden, wenn du dich um dein inneres Sein überhaupt nicht kümmerst?

→ Die Vorstellung, man könne durch Glauben und Beten die Transzendenz des geistigen Menschseins erfahren, ist sehr dumm und geisteskrank.

1.9. Probleme und Konflikte lösen

Löse Konflikte und Probleme

Wie kannst du im Lösen von Konflikten und Problemen kreativer sein? Hier sind einige Vorschläge:

- Nimm dir Zeit, das Problem zu verstehen, bevor du es zu lösen versuchst.
- Behalte alle Fakten klar im Kopf.
- Identifiziere die Fakten, die dir besonders wichtig sind.
- Bereite Fragestellungen vor, um das Problem anzugehen.
- Versuche bewusst originell zu sein und neue Ideen zu finden.
- Es ist nicht lächerlich, wenn du Unübliches sagst oder dich in der Lösung geirrt hast.
- Lösche kulturelle Tabus, die ein Geschick zur Lösung untergraben könnten.
- Zeichne Skizzen, die verhelfen, das Problem zu visualisieren.
- Notiere deine Ideen, um Wichtiges festzuhalten, Modelle zu suchen.
- Imaginiere, wie du das Problem lösen kannst.
- Gehe das Problem real durch.
- Zerlege das Problem in Teile: löse einen Teil und fahre so fort.
- Benutze Analogien (ähnliche Situationen), prüfe die Transfermöglichkeit.
- Halte den Verstand offen, funktioniert der Ansatz nicht, prüfe die Annahmen.
- Nutze verschiedene Strategien: verbal, visuell, rechnerisch, Handlung.
- Bleibst du in einem Ansatz stecken, so suche einen andern Lösungsweg.
- Gib acht auf Eigenartiges oder Intrigantes. Du könntest nahe der Lösung sein.
- Suche Verbindungen zwischen verschiedenen Fakten.
- Vertraue der Intuition. Packe einen Weg an; schaue, wo er hinführt.
- Versuche (den Lösungsweg) zu erraten, immer weiter, bis einer geht.
- Denke an eine unübliche Art und Weise, Sachen und Umfeld zu nutzen.
- Viel Aufhebens machen hält zwar auf, kann aber schliesslich zum Ziel führen.
- Setze dich über Geläufiges hinweg, versuche neue Methoden zu erfinden.
- Versuche objektiv zu sein; evaluiere eigene Ideen, als ob sie fremde wären.

Vergiss niemals: Überall sind Menschen mit sehr schlechten Qualitäten der Persönlichkeit, die ernsthafte Probleme und Schwierigkeiten schaffen:

ignorant, dumm, arrogant, aggressiv, gewalttätig, aufgeblasen, gierig, despotisch, geblendet, skrupellos, respektlos, neidisch, Falschspieler, Lügner, Heuchler, Grossmäuler, Betrüger, Intriganten, Egoisten, krankhafte Narzisten, Psychopathen, und Kriminelle.

Es ist wirklich sehr nützlich, über diese Art Menschen zu lernen, sich vor denen zu schützen, und sich niemals von solchen "Qualitäten" anstecken zu lassen. Je mehr du über das menschliche Leben und das innere Leben weisst, desto besser bist du vorbereitet, dich selbst schützend mit solchen Menschen umzugehen. Lerne vom Leben und aus Büchern!

Überwinde deinen harten Schicksalsschlag

Viele Menschen erleben im Laufe ihres Lebens einen harten Schicksalsschlag:

Ein geliebter Mensch kommt nicht zurück: Verkehrunfall; tot. Ein anderer ist durch Unfall querschnittverletzt. Verlust der Eltern; oder der Kinder durch Unfall. Ein Kind kommt mit schweren Behinderungen auf die Welt. Eine Liebe zerbricht; Trennung, Scheidung. Plötzliche Arbeitslosigkeit. Die Wirtschaftslage bringt einen Betrieb in Konkurs. Privatkonkurs durch vielfältige Ursachen. Arztdiagnose: Krebs oder eine Krankheit mit lebenslangen Folgen. Ein Unwetter zerstört Hab und Gut; keine Versicherung. Trockenheit oder Überschwemmung zerstört die berufliche Existenz. Opfer von Raub. Vergewaltigung. Missbrauch eines Kindes oder Jugendlichen. Opfer von Gewalt. Opfer von Verleumdung und Rufschädigung mit der Folge der Existenzzerstörung. Verlust von Erspartem durch die kriminellen Machenschaften der Banken. Opfer von Terrorismus und Kriegsereignissen. Fall in die Armut. Und vieles mehr.

Hat dich ein Schicksalsschlag hart getroffen? Du kannst ein Leben lang trauern, weinen, wütend sein, dich aufgeben, Alkoholiker werden, Rache schwören, in Depression fallen; und als gebrochener Mensch irgendwie weiterleben; gewiss verständlich für eine gewisse Zeit, teils nötig. Den Rest des Lebens als gebrochener Mensch zu verbringen, ist aber niemals nötig! Zudem interessiert es niemanden, ob du es schaffst, ein neues Leben zu finden oder den Rest des Lebens in Schmerz und Selbstmitleid zu verbringen. Handle! Suche professionellen Rat! Und beginne mit der Verarbeitung:

- Trauere sehr tief für eine gewisse Zeit. Dann aber STOP!
- Versöhne dich mit dem Leben; damit, was geschehen ist!
- Finde den hohen Wert zurück, dass du auf der Erde lebst!
- Bearbeite alles, was mit dem Ereignis zusammenhängt!
- Beginne dich selbst neu zu finden! Entdecke dein inneres Leben!

- Setze dir neue Lebensziele, die stark Wert-orientiert sind!
- Suche in dir die Archetypen der Seele und wachse damit!
- Verabschiede dich in kleinsten Schritten von der Vergangenheit!
- Richte dich völlig neu ein mit Möbeln, Kleider, und alles dazu!
- In manchem Fällen ist es ratsam umzuziehen (weit weg)!
- Lerne viel über das Menschsein und werde ein weiser Mensch!
- Gehe deinen eigenen Weg, den dir dein Inneres vorgibt!
- Kämpfe hart, jeden Tag und viele Jahre, um vorwärtszukommen!
- Führe ein Tagebuch; orientiere dich an Träumen und Meditationen!
- Dein Wert liegt in deinem inneren Sein: suche und lebe diesen!
- Du darfst 100% Lebensfreude und Glück wiederfinden!
- Liebe dich selbst, dein Leben; sei dankbar für den neuen Weg!
- Es ist es nicht wert, für den Rest deines Lebens in Trotz zu verweilen!

Verstehe die Quellen der Aggression

Je weniger der Mensch sich kennt und je mehr er sich selber unterdrückt, desto höher ist sein Aggressionspotential. Es ist erwiesen, dass Frustration meist Aggression erzeugt, und dass Aggression meist auch Aggression bewirkt.

Die aggressive Dynamik eines Menschen will anstecken. Der "Böse" will den "Guten" durch Aggressionen zwingen, auch zum "Bösen" zu werden.

Fakt ist:

- Wer stark betrogen worden ist, wird andere auch betrügen.
- Wer Hass erfahren hat, hasst selber. Wer hasst, wird Hass ernten.
- Wer wiederholt gedemütigt worden ist, der demütigt dann auch.
- Wer sehr verletzt worden ist, kann lebenslang andere verletzen.
- Wer nie geliebt worden ist, kann sich und andere nicht lieben.
- Wer viel unterdrückt worden ist, unterdrückt sich und andere.

Varianten der Kompensation sind zum Beispiel:

- Gier nach Geld, Besitz, Macht, Anerkennung, "die Nr.1 sein".
- Menschen ausbeuten und missbrauchen: Arbeit, Geld, Sex, etc.
- Sadismus im privaten und beruflichen Bereich.
- Glauben an einen jenseitigen Erlöser.
- Glauben und sich hingeben an einen Führer.
- Alle Hoffnung und alles Glück auf das Jenseits verlegen.
- Sich binden an Fanatismus und Fundamentalismus.

- Die Selbstaufgabe mit Ignorieren des eigenen inneren Seins.
- Selbstaufopferung durch Selbstmordattentate.

Wer die innere Verarbeitung nicht als Lösungsweg geht, wird krank.

Psycho-somatische Leiden sind vielfach Ausdruck von erfahrenen und/oder praktizierten Aggressionen und in der Folge von gebundenen aggressiven Gefühlen. Solche Gefühle stecken auch deshalb an, weil sie psychische Energie aktivieren und entsprechend dem Sinnthema der Aggression ausstrahlen.

Der konstruktive Umgang mit Aggressionen (Worte, Gedanken, Gefühle, Handlungen) verlangt die Bearbeitung und Bewältigung der Ursachen. Manchmal muss man dazu gewisse Ursachenfaktoren ändern. Die Lage- und Problemanalyse hilft hier weiter und zeigt auf, wo neue Handlungsmuster zu erlernen sind. Manchmal genügt es, eine neue Einstellung zur Lage der Ursachen und Wirkungen zu finden. Das konstruktive Streitgespräch ist ein Hauptinstrument bei Aggressionen in Beziehungen.

Jede gründliche Selbsterkenntnis muss auch die abgewehrten und unterdrückten (verdrängten) Wirklichkeiten des eigenen Seins und der eigenen Biographie integrieren.

Gib 5 Beispiele, wie du deinen inneren aggressiven Zustand kompensierst:

Gib 5 Beispiele, wie du wie du mit deinen Aggressionen konstruktiv umgehst:

Überwinde deine psychischen Leiden

Die weit verbreiteten psychischen Leiden sind:

Depression, Angst, Phobien, Zwänge, etc. Andere verbreitete psycho-somatische Störungen und in diesem Sinne auch psychische Leiden sind: Schlaflosigkeit, Kopfschmerzen, Migräne, diffuse Körperschmerzen, manche Formen der Allergie, etc.

Im psychischen Leiden können wir verschiedene Aspekte erkennen:

Unverarbeitete Vergangenheit mit schlimmen Erfahrungen, Sinnlosigkeit im Zeitgeist, unterdrückte Wut, Selbstablehnung, Enttäuschung, Frustration, verdrängte Sexualität, Niedergeschlagenheit, Traurigkeit, Rückzug, Passivität, Isolation, Unzulänglichkeitserleben, Lähmung des Willens, Abhängigkeitsgefühl, Gefühle des Nicht-Könnens, minimale Selbstachtung, wenig Selbstbehauptung, Gefühle des Nicht-Genügens, Mutlosigkeit, und manches mehr.

Über 80% der Menschen in den Industriestaaten leiden psychisch, meist ohne dass man diese als psychisch krank bezeichnen könnte. Charakteristisch ist, dass eine Lösung nicht in der lustbetonten konsumorientierten Lebenszuwendung zu finden ist. Auch aufmunternde Worte, wie sie vielfach von der Lebenshilfe mit Gebet und Mutzusprache vorgeschlagen werden, können ein solches Leiden nicht ändern. Das blosse positive Einsuggerieren "es geht mir von Tag zu Tag besser", ist ein stupider Leerlauf.

In gewisser Hinsicht sind all diese Menschen "gesund", denn sie leiden an einem Zustand, der rundum nicht gut ist. Man muss gar sagen: wer nicht leidet an der Sinnleere des Zeitgeistes, dem Konsumwahn, der Gier und Skrupellosigkeit, der Unmenschlichkeit, dem Zustand der Menschheit und der Erde, ist wirklich krank! Und du willst dein inneres Leiden mit allen Wirkungen mit Medikamenten bekämpfen? Das ist wirklich dumm und ignorant! Es gibt viel wirkungsvollere Wege mit Dauererfolg:

- Erkenne, was dich aus deinem Leben und innern Sein bedrückt.
- Bearbeite mit den richtigen Methoden, was dich belastet.
- Gib dir Selbstachtung durch tägliche kleine Aktivitäten.
- Wende dich den versteckten beherrschenden Kräften zu.
- Finde deinen Selbstwert und dein Selbstvertrauen.
- Bilde Ich-Stärke auf durch Selbsterkenntnis und Selbstbildung.
- Konzentriere dich auf die wichtigen Werte deines Menschseins.
- Versöhne dich mit der Vergangenheit und dem erfahrenen Leid.
- Kläre deine verdrängten Probleme, Schwierigkeiten und Konflikte.
- Finde dich selbst; werde ganz dich selbst mit dem inneren Geist.

Es gibt kein Menschsein ohne Probleme, Schwierigkeiten und Konflikte! Wer frei davon ist, hat diese entweder bearbeitet; oder verdrängt sie und trägt dadurch zur Entmenschlichung bei!

Organisiere deine ungelösten Probleme

Schon vorgeburtlich beginnen sich psychische Kräfte zu formen, die später lebensbestimmend wirken. Der Fötus reagiert auf die Stimmung der Mutter, auf den Vater und auf das emotionale Umfeld der Eltern. Erste Reaktionsmuster werden geprägt. Das Kind im Mutterleib ist in der Lage, motorisch zu kommunizieren.

Der Verlauf der Geburt übt einen entscheidenden tiefenpsychologischen Einfluss auf das Neugeborene aus: von den sinnlichen Wonnen zu

Wehenkontraktionen, dann durch den engen Geburtskanal ins grelle Licht der Welt.

Und der "Empfang": Willkommen? Nicht willkommen? Das hinterlässt Spuren im Gedächtnis.

Die Reaktionen auf "Umweltstimuli" beginnen sich zu bilden. Reflexe werden ausgeformt: Schreien, Greifen, Saugen, Schlafen, Kriechen, Rückzug, Umklammern, Aufmerksamkeit, Bewegen und Interpretation von Signalen.

In der frühen Kindheit formen sich aktives Suchen, Entdecken, Weinen, Lächeln, Verarbeiten von Aussenreizen, Trennungsreaktionen, "Fremdeln", Spielen, Bindungsstabilität, Handlungsmuster zur Auslösung von 'interessanten' Reaktionen und manches mehr. Lusterfahrungen werden zu Mustern: Trinken, Essen, Berührungen, Antriebe, sexuelle Vorlust, Strafen u.a.m.

Das sind grundlegende biographische Erfahrungen, die psychischen Fundamente des sich aufbauenden Lebens. Dazu gehören auch konkret-operatives und formales Denken. Dies dauert fort bis zum Abschluss der Jugend. Immer mehr differenzieren sich Selbsterfahrungen und Fähigkeiten durch Elternhaus, Schule und Freizeit.

Entdecke deine ungelösten Probleme aus der Vergangenheit und deine aktuellen kritischen Probleme:

- [ ] Familie: Eltern, Stiefeltern, Geschwister, Verwandte, Erziehungsstil, Bildung, Arbeit, soziale Verhältnisse, Abwesenheiten (Trennung, Tod)
- [ ] Beziehungen ausserhalb der Familie: Bekannte, Nachbarn, Arbeitskollegen, Pfarrer, Arzt, Berater, Lehrer, ethnische Gruppen
- [ ] Freundschaften, Liebesbeziehungen, Ehe
- [ ] Eigene Familie, Kinder, Familie des Lebenspartners, Beziehungsmuster
- [ ] Wohnen, Wohnatmosphäre, Wohnqualität, Quartierqualität, Umzüge
- [ ] Körper, Sexualität, Aufklärung, Mann-sein/Frau-sein, Badezimmerkultur, Schwangerschaften (Verlauf, Abbruch), Menstruation
- [ ] Ernährung, Ess- und Trinkkultur
- [ ] Krankheiten, Störungen, Leiden, Operationen, Therapien, Abhängigkeiten (Alkohol, Tabak, Medikamente, Drogen, Essen, Spiel)
- [ ] Vorschule, Schule, Fortbildungen, Lernen, Bildung, Schulfächer, Zeugnisse, Schulwechsel, Schulkarriere
- [ ] Berufsbildung, Arbeiten, berufliche Tätigkeiten, Arbeitsplatz, Arbeitslosigkeit
- [ ] Freizeitorte, Freizeitaktivitäten, Hobbies, Spiel, Urlaub, Wochenende, Mobilität

- [ ] Religiöse Praktiken, Glauben, Lebensphilosophie, Esoterik, Sekten, psycho-religiöse Bewegungen
- [ ] Politische Sozialisation, politische Ereignisse, Aktivitäten, ökologische Bewegungen
- [ ] Kulturelles Leben, Lektüre (Zeitungen, Zeitschriften, Bücher), Musik, Kunst, Film, Theater, Fernsehen
- [ ] Gegenstände, Konsumgüter, Kleider, Geld, Wertsachen
- [ ] Psycho-soziale Institutionen: Arbeitslosenkasse, Fürsorge, Beratungen, Auffangstationen, Heime, Versicherungsleistungen
- [ ] Haushalten, Lebensverwaltung (z.B. Steuern, Versicherungen)
- [ ] Schlafen (Rahmen, Gewohnheiten, Träumen)
- [ ] Kriminalität (Opfer, Täter)
- [ ] Ökologische Umwelt: Luft-/Wasserverschmutzung, Verkehr, Lärm, Übervölkerung, Armut, Abfall, Tierquälerei, Energieverbrauch, Katastrophen, Gewalt, Unruhen, Krieg

Die 6 Strategische Schritte für Problemlösungen

Will man nicht zufällig und planlos Probleme und Schwierigkeiten meistern, dann ist Strategie gefordert, d.h. die systematische, offene und transparente Planung von möglichen Lösungswegen. Das tun im Privatleben nur wenige Menschen. Die Folgen liegen auf der Hand: schlechte Lösungen, überhaupt keine Lösung, Versuche ohne Erfolg und ein sich Quälen in endlosen Problemketten.

Die sechs Strategieschritte zur Problemlösung sind:

1. Schritt: Präzisierung und Einordnung des Problems.

Ist das Problem so? Wie kam es dazu? Wie wichtig ist das Problem?

Wer ist daran direkt/indirekt beteiligt? Welche Institution ist betroffen?

Was ist meine Soll-Vorstellung? Welche Möglichkeiten sind gegeben?

2. Schritt: Ermittlung des Defizits an Sachinformation, Lebenswissen, Theorien, Ideen.

Was fehlt an Fakten, Wissen, Theorien und Ideen?
Welche Zusammenhänge verstehe ich nicht?

Ideen und Fakten strukturieren. Dann Problem neu definieren.

<u>3. Schritt</u>: Theoriebildung und Beschaffung des benötigten Materials (Information).

Zusammenhänge und Erklärungen suchen (Ursache-Wirkung; Vernetzungen).

Lösungsgerüst erstellen (Skizzen, Ablaufdiagramme, Mindmapping etc.).

Problembewältigung ist immer auch ein Lernprozess für alle Beteiligten!

<u>4. Schritt</u>: Entwurf der Lösungsmöglichkeiten auf der Basis der Theorien (X ist, weil Y).

Machbarkeit einer Lösung prüfen. Anforderungen dazu festlegen.

Entscheidungen vorbereiten. Begleiterscheinungen/Folgen analysieren.

<u>5. Schritt</u>: Durchführung des Lösungsplanes.

Handlungskompetenzen sind unerlässlich.

<u>6. Schritt</u>: Evaluation, d.h. Überprüfung des Erfolges.

Gegebenenfalls Korrekturen vornehmen und neuen Versuch unternehmen.

Jeder hat seine individuelle Problemlösungskapazität, seine besonderen Hemmfaktoren und seine speziellen Fähigkeiten. Kreativität ist entscheidend. Motivation ist unerlässlich. Mentale Fitness eine Vorbedingung.

Die Kernfrage zu Problemsituationen heisst:

Wollen Sie das Problem lösen? Oder wollen Sie damit die nächsten Jahre leben, bis es vielleicht eines Tages zufällig verschwindet - oder gar gewaltig anwächst?

Die Zerstörungskraft des übertriebenen Narzissmus

Narzissmus ist eine Form von Neurose; charakteristisch ist:

1) Ein Selbstbild, das in der Tendenz grandios, infantil, archaisch und überbewertet ist.

2) Die Leistungen dienen als Kompensation für ein schwaches Ich. Dabei geht es nicht um die Erfüllung einer Aufgabe oder einer Lebensbestimmung, sondern um die Vergrösserung des Ichs. Die Objektwelt dient der Erweiterung des Ichs. Das können sein: Auto, Geld, Möbel, Kleider, Wohneigentum, Schmuck etc. Der andere Mensch wird nur unter dem Interesse der eigenen Bedürfnisbefriedigung wahrgenommen, ist insofern nur Objekt.

3) Die Identifikation mit Führerfiguren und "Weltbesten" aus Politik, Wirtschaft, Sport, Showbusiness etc. dienen der Erweiterung des Ichs. Bewundert und veridealisiert werden Höchstleistungen, die "Nr.1", die Besten, die Mächtigsten, die Schönsten, die Reichsten etc. Die Identifikation mit Fussballclubs oder andern Vereinen mit besonderen Leistungsansprüchen, mit esoterischen oder kirchlichen Vereinigungen (und ähnlichem mehr) dienen der Erweiterung des Ichs.

4) Die Erweiterung des Ichs erkennt man an übertriebenen Selbstwahrnehmungen und Selbstpräsentationen. Das Ich gibt sich einerseits gross und stark, ist anderseits meist schwach und sehr verletzbar, brüchig insgesamt. Übermässige (unangemessene Intensität) Umsorgung, Behütung, Verschmelzung, Fusionierung, indirekte Kontrolle und Harmonisierungsbestrebung mit andern Personen oder Personengruppen.

5) Die Identifikation mit Objekten, Personen oder Institutionen hat meist einen Unterton von Sexualisierung der Objekte oder Person(-en) – als ob es mit Sex oder Verliebtsein zu tun hätte.

6) Deutlich erkennbar sind ferner: Mangel an Angstakzeptanz, ungenügende

Triebkontrolle, Unnahbarkeit als Maske, mangelhafter Realitätsbezug (Wahrnehmung und Umgang), Distanzlosigkeit, partielle Masslosigkeit, Veridealisierung von Vater und Mutter, oft auch von Lehrer und Pfarrer.

7) Identifikation mit einer Religion bzw. religiösen Gemeinschaft, die "Erlösung" verspricht, wo doch eigentlich der Mensch die Erlösung sich selbst erarbeiten muss, zum Beispiel durch Persönlichkeitsbildung und Individuation.

Ursachen eines übertriebenen Narzissmus schliessen mitein:

- Mangel an Liebe, Wärme, Güte und menschlicher Zuwendung in der Kindheit.
- Starke Fremdbestimmung nach rigiden Regeln in der Phase der Erziehung.
- Unterdrückung der genitalen Lust durch Erziehungsnormen und Kontrolle.
- Erfahrungen von Einsamkeit, Verlassenheit, Trennung und Ausschluss.
- Ungenügende positive Wertschätzung als Person in der Kindheit/Jugendzeit.
- Tendenzielles Niedrighalten des Eigenwertes von der Erziehungsumgebung.
- Unterdrückung der Gefühle, der Probleme des Vertrauens und der Hingabe.
- Sehr strenges Über-Ich, das zu Verdrängung und somit zu Lebenslügen zwingt.
- Durch Erziehung produzierte Gefühle der Ohnmacht, Ich-Schwäche u.ä.m.

Je mehr der Mensch bereit ist, seinen psychischen Organismus anzunehmen und als sein Sein zu verstehen, desto eher ist er bereit, diesen allseitig ausgewogen zu bilden. Die Selbstbildung und die Individuation verändern die Beziehung zu sich selbst, zu den Mitmenschen, zu den Elementen der Lebenswelten, zu Gott und "seinen" Institutionen.

Wie du dich vor online Scammer schützen kannst

Fakt ist: Kein Mann hat die Zeit, 20-100 oder mehr Blacklists zu checken um herauszufinden, ob die Frau, mit der er online korrespondiert, bereits irgendwo auf einer Blacklist steht; insbesondere, wenn man in Betracht zieht, dass ein Mann meist mit mehreren Frauen online korrespondiert. Darum sollte jeder Mann, der in der Cyber Welt der Liebe eine Partnerin sucht, zuerst sich umfassend über das Desaster und speziell über die Handlungsweise von Scammers informieren.

Um eine klare Orientierung zu finden, wie Scammers handeln, geben wir hier einen Einblick und entsprechende Kriterien. Wir geben auch einige sehr wichtige Regeln, die verhelfen, Opfer eines Scammers zu werden. Die wichtigste Regel ist ganz einfach: Sende niemals Geld an eine Person, die du vorher nie getroffen hast! Leider vergessen die Männer (manchmal auch die Frauen), diese Hauptregel zu beachten, vorallem wenn sie verliebt und aufgeregt sind.

Allgemeine Ratschläge, Scammer zu vermeiden:

1. Nutze "freie" Dating Sites sehr vorsichtig und vor allem nur national.
2. Stelle spezifische Fragen und beurteile minutiös ihre Antworten und was sie so schreibt.
3. Generell lese ihre Briefe sehr genau: Identifiziere die "Red flags" und lass dich emotional nicht verlieren, besonders wenn du dich nicht total sicher fühlst.
4. Bezahle jemanden für einen Background Check: Identität, Adresse, Bildung, Beruf, etc.
5. Suche mit Search Engines: scammer + blacklist + Name + eMail Adresse.
6. Beschaffe Hilfe von einer seriösen Firma, wenn die Zeit für einen Besuch gekommen ist.
7. Wenn sie sehr heisse Fotos schickt, dann werde nicht verrückt auf sie und verliere deinen Kopf nicht.
8. Wundervolle Worte der Liebe, des Vertrauens und von Versprechen sind nie genug, um jemandem voll zu vertrauen!
9. Vergiss niemals: Solange ihre Identität nicht ausgewiesen ist, weisst du nie, was wirklich real ist!
10. Besuche keine Frau, solange du ihre Identität durch einen professionellen Service (oder sondwie objektiv) nicht ausgewiesen hast.
11. Sei informiert: Lese regelmässig über Scammers und konsultiere online Blacklists.
12. Lass dich über ihre Ausweise, Visa, Residenz und Zivilstand informieren.
13. Sag niemals, wieviel du verdienst; sprich nie über dein Eigentum.
14. Gib deiner Liebe Sicherheit, wenn sie zu dir reisen will.
15. Fühlst du dich unwohl? Bewirkt das Korrespondieren Stress? Beende!
16. Nutze nicht deine persönliche eMail Adresse. Mache dazu eine spezielle eMail Adresse.
17. Nutze niemals ein Passwort, das du auch für andere Zwecke verwendest.
18. Sei vorsichtig mit internationalen Handynummern; dies kann dich viel Geld kosten.

Spezielle Ratschläge:

Wenn du eine kostenpflichtige Website nutzt, die es dir mit oder ohne Bezahlung eines Sonderbetrages erlaubt, auch Standard Mitglieder zu kontaktieren, dann kontaktiere keine Frauen aus dem Ausland!

Solche Websites fördern die Scammerpest in ihrem eigenen finanziellen Interesse.

Mehr und mehr Scammers und Gangs agieren auf kostenpflichtigen Websites, bezahlen sogar den Mitgliederbetrag. Sie nehmen an, dass sie auf solchen Websites einkommensstarke Männer finden, mehr als auf kostenlosen Dating Sites, wo eher mittellose Männer versuchen, ihre Liebe zu finden.

Ursachen hinter online Dating Misserfolg

Die Erfolgsquote, in der Cyber Welt Liebe zu finden, ist sehr gering in Anbetracht der Menge an Korrespondenzen (eMails, Chats), die versanden. Die Hauptursachen für online Dating Misserfolg liegen nicht nur in der vorliegenden Cyber Welt, eine ziemlich reduzierte Wirklichkeit, oder im Fehlen des "richtigen Partners", oder in einem Fehlen an ernsthaften Einstellungen von einer Seite oder von beiden Seiten.

Eine fundamentale Ursache liegt darin, dass zahllose Scammers die Cyber Welt der Liebe vergiften und allgemein ein Desaster sondergleichen verursachen. Viele Männer sind total verzweifelt, wenn sie einmal eine Erfahrung mit Scammers gemacht haben. Sie haben viel Zeit und Geld verloren. Und somit haben sie auch die Hoffnung, in der romantischen Cyber Welt ihre Liebe zu finden, aufgegeben.

Es ist bekannt, dass viele Männer vorallem heisse Fotos, Chats über Sex suchen, und damit Frauen missbrauchen. Da sind auch viele Frauen, die heisse Fotos schicken und sich auf heisse Chats oder eMails einlassen: in den meisten Fällen sind das Scammers! Viele Männer (in der online Dating Welt) sind verheiratet und haben Familie. Sie suchen ein sexuelles Abenteuer, oder einen Lover in einem fremden Land – nicht für die wahre Liebe!

Eine weitere Ursache für das Scheitern von online Dating ist, dass eine grosse Anzahl von Männer und Frauen ganz einfach für Liebe und Beziehung nicht vorbreitet sind. Sie wollen vor allem online Kontakte als Unterhaltung. Allgemein, viele Männer und Frauen schaffen sich eine illusionäre Welt der "Cyber Liebe". Da ist sehr wenig Hoffnung, die dauerhafte Liebe zu finden.

Wesentliche Ursachen für das Scheitern der Cyber Liebe sind auch:

- Die Person sieht nicht die eine Person von 50-100 möglichen Partnern, gemacht für ihn / sie.
- Die Person interpretiert wichtige Komponenten der Korrespondenzen falsch.
- Die Person fühlt Zweifel und niemand hilft ihm / ihr, diese zu klären.
- Die Person gibt auf, weil er / sie keinen professionellen Support erhält.
- Die Person sieht das psychologische und spirituelle Potential einer Frau / eines Mannes nicht.
- Die Person ist zusehr fokussiert auf die illusionäre "Traumliebe".
- Die Person ist Opfer einer Selbsttäuschung.
- Die Person ist starrsinning, will nichts lernen, nichts ändern, nicht wachsen.
- Die Person ist unbewusst nicht vorbereitet und parat für Liebe und reale Beziehung.
- Die Person hört nicht auf die eigene Intuition.
- Die Person achtet nicht auf Körperreaktionen (emotionale Intelligenz).
- Die Person erkennt die Andeutungen nicht, die aufzeigen, dass Erfolg nicht möglich ist.

Viele Männer und Frauen sind ungeduldig, geben auf beim ersten kleinen Meinungsverschiedenheit oder einem unbequemen "Problem" in der Cyberbeziehung, gewiss noch schwach und leicht zu brechen. Die Tatsache, dass eine Person in der Cyber Welt der Liebe tausend und mehr Optionen hat, ist grossartig – aber es ist auch eine gefährliche Falle. Wenn in der Korrespondenz erste kleine "Probleme" auftauchen, brechen sie ab! Es ist so einfach, von einer Kandidatin (einem Kandidaten) zur (zum) nächsten zu hüpfen, auch auf eine andere Dating Site zu gehen, wenn gewünscht.

Top 5 Regeln zur Vermeidung von Scammer

Fakt ist: In der heutigen Welt, wohin auch immer du dich hinwendest und ungeachtet, was immer du tust, du bist konfrontiert mit dem Risiko, einem Scammer zu begegnen, der dich täuschen und betrügen will. Sei es in deinem privaten oder sozialen Leben oder im Beruf – Scammers können überall sein.

ANTI-SCAM REGEL 1: Niemals nimm alles, wie es scheint
Jemand, den du triffst, kann dich mit Liebe und Freundschaft überwältigen. Niemals baue Entscheidungen auf einer solchen "Liebe" und "Freundschaft" auf. Liebe, Freundschaft und ebenso Partnerschaft im Geschäft muss immer auf Vertrauen basieren; und das Vertrauen muss auf realen Erfahrungen gründen. Es gibt dazu einen Spruch: "Wenn der Verlauf hart wird, dominiert das Harte". Übersetze dies für dein Leben!

ANTI-SCAM REGEL 2: Prüfe immer zweimal, wenn Geld involviert ist
Wo immer Geld involviert ist, bist du in Gefahr, Opfer eines Scammers zu werden, sei es im kleinen oder im grossen Stil. Die Kassiererin im Supermarkt kann dich mit dem Wechselgeld betrügen. Ein Verkäufer kann dich mit dem Kleingedruckten im Vertrag täuschen. Ein Immobilienhändler kann dich betrügen, zum Beispiel mit dem Verkauf einer illegalen Immobilie. Was auch immer die Situation ist, prüfe genau, wenn Geld mit im Spiel ist.

ANTI-SCAM REGEL 3: Wenn es "zu gut um wahr zu sein" erscheint, ist es meist so
In der heutigen Welt, wo sich alles schnell bewegt, ist man oft mit "Gelegenheiten" oder mit einem Impuls zur schnellen Entscheidung über einen tollen Deal konfrontiert. Wenn es "zu gut um wahr zu sein" erscheint, dann ist es wahrscheinlich auch so. Auf jeden Fall ist es sehr ratsam, dies zweimal zu prüfen und darüber zu schlafen, bevor man eine Entscheidung trifft. Es ist wichtig, in solchen Situationen sicher und erfahren zu sein.

ANTI-SCAM REGEL 4: Nie einen Vertrag unterzeichnen ohne genaue Prüfung aller Folgen
Ein Vertrag kann hervorragend sein, dennoch in einem vollständigen Drama enden. Lese genau das Kleingedruckte und beachte alle möglichen Szenarien. Dann prüfe, wie du dich zu einem möglichen Resultat fühlst. Fühlst du dich nicht wohl, dann unterzeichne niemals! Sei es deine Hypothek oder dein Telefonvertrag, sei immer wachsam auf das Kleingedruckte.

ANTI-SCAM REGEL 5: Garantien sind soviel wert, wie die Firma oder Person dahinter
Dazu gibt es nicht viel zu erläutern. Ist die Firma, die eine Garantie offeriert, eine "Nacht und Nebel Aktion", dann ist deine Garantie wertlos. Ist die Person, die eine Garantie ausstellt, nicht vertrauenswürdig, dann ist auch die Garantie nicht vertrauenswürdig.

1.10. Liebe, Beziehung, Sex

Bereite dich vor für Liebe und Beziehung

Frage dich, ob du fähig bist, deinem Partner zu sagen:

"Ich gebe das Beste für dich und unser Zusammenleben; sieh es als eine Garantie von meiner Psyche und Seele".

Dieses Versprechen schliesst mitein:

- dich zu verstehen in deinen verbalen und nicht-verbalen Äusserungen,
- dich zu unterstützen,
- deine Schwächen nicht auszunützen,
- Kompromisse zu finden,
- konstruktiv mit Meinungsverschiedenheiten und Streitigkeiten umzugehen,
- dir bei Bedarf eine starke "Schulter" zu sein,
- dich zu trösten in traurigen Momenten,
- dich zu ermutigen und dir beizustehen in schwierigen Stunden,
- deine Bedürfnisse und (Lust-) Wünsche zu befriedigen; auf angenehme Weise,
- meine Interessen mit deinen Interessen auszugleichen,
- deine Gefühle und emotionalen Grenzen zu respektieren,
- Fehlinterpretation und Missverständnisse zu klären,
- für dich und dein Sein zu sorgen (Psyche, Seele, Herz, Lust, Körper, Gesundheit),
- dich zu fördern in deiner psychologischen und spirituellen Entwicklung,
- die Regeln der Partnerschaft zu respektieren,
- konstruktiv zu kommunizieren,
- deine Träume und Gedanken und Meinungen zu verstehen,
- objektiv mit korrekten Informationen zu diskutieren,
- dir immer grösste Aufmerksamkeit zu schenken,
- Gelegenheiten zu geben zur Realisierung deiner Talente und Selbst-Äusserungen,
- mit dir auf demokratische Weise wichtige Entscheidungen zu erarbeiten,
- dich nie zu erpressen oder zu zwingen gegen deine Seele,
- deine Qualitäten als ergänzender Teil von meinem Sein (Seele) zu respektieren,
- mit dir zu sein in guten und schlechten Zeiten,
- unserer Liebe höchste Priorität zu geben, immer gut zu schauen zu dieser Liebe.

Wie auch immer der Charakter deiner gewählten Frau (deines gewählten Mannes) geformt ist, und wie auch immer die kulturellen Unterschiede sich im täglichen Leben manifestieren, dein Partner ist und du bist ein Menschsein mit psychischen Funktionen und Dispositionen, wie wir alle haben!

Sind diese deine Funktionen und Dispositionen gut geformt für Liebe, Beziehung und Leben?

Liebe beginnt mit der vollständigen Hingabe zum eigenen psychischen Leben, dieses vor allem aufzunehmen. Echte Selbstliebe zeigt sich durch akzeptieren, umsorgen und bewusst wachsen mit dem inneren Geist und mit Verantwortung. Diese Beschäftigung mit sich selbst führt den Menschen zu seiner Einheit und Ganzheit, zur inneren Freiheit. Selbstliebe fördert diese Freiheit. Das menschliche Leben ist zuerst einmal immer Menschsein mit Lebensenergie, Gefühlen, Denken, Bedürfnissen, Intelligenz, Wille und dem inneren Geist. Handeln ist auch ein Ausdruck des Lebens. Liebe ist wesentlich im täglichen Handeln. Der Mensch, der sich all diesen eigenen Kräften zuwendet, diese ausgewogen formt, das Leben darin verwurzelt verwirklicht, liebt sich selbst ursprünglich und auf evolutionäre Weise.

Bereite dich vor für die Liebe

Du willst wissen, ob du fähig bist zu lieben und eine Beziehung zu leben. Du willst wissen, was dich hindert, eine ernsthafte Beziehung aufzubauen, vielleicht mit dem Ziel der Heirat. Du willst die Risiken deinerseits kennen lernen, die ein Scheitern von Freundschaft, Liebe und Beziehung bedeuten können. Du willst wissen, was und wie du die Qualitäten deiner Person verbessern kannst, um Freundschaft, Liebe und Beziehung zu erlangen.

Dieser Leitfaden zur Selbstanalyse hat den Zweck, bestmögliche Vorbereitungen für Freundschaft, Liebe und Beziehung zu erreichen. Wähle aus der folgenden Liste das Thema, das dich betrifft. Notiere deine Reflexionen, Gedanken, Gefühle, Fakten und Antworten zu den gegebenen Fragen. Danach versuche, das psychologische Muster deines Anliegens zu verstehen.

Anliegen Thema 1: Beschreibe deine Erfahrungen mit Cyber-Liebe. Was hast du getan? Was mochtest du nicht? Was lief schief? Was mochtest du? Welches waren deine schlimmsten Erfahrungen? Was erwartest du zum Vorgehen bei den online Korrespondenzen?

Anliegen Thema 2: Was sind deine 3 wundervollsten Wünsche, die du in deinem Leben erfüllt haben möchtest? Gib 3 konkrete wundervolle Beispiele, die du mit einem Partner in der Vergangenheit gelebt hast. Was benötigt dein zukünftiger Partner, um solch wunderschöne Erlebnisse wieder zu leben?

Anliegen Thema 3: Wie sollte ein erstes Meeting mit einem möglichen Partner verlaufen? Was erwartest du von einem Partner während einem ersten Meeting? Worüber willst du reden wollen? Gib 5 Fragen, die du deinem Partner stellen möchtest. Worüber willst du ganz sicher nicht reden?

Anliegen Thema 4: Gib 10 Persönlichkeitsqualitäten, die dein Partner haben sollte, damit du dich sicher fühlst mit ihm / mit ihr. Was kann dich überzeugen, dass du deinem möglichen Partner vertrauen kannst? Nenne 5 Verhaltensmuster zum täglichen Leben, die dein Partner haben muss um zu erkennen, dass er / sie dich liebt.

Anliegen Thema 5: Versuche, dich an deine frühe Kindheit zu erinnern. Was sind die 3 frühesten Erinnerungen, die dir in den Sinn kommen? Beschreibe mit 5 Stichworten deine Mutter in der Kindheit. Beschreibe mit 5 Stichworten deinen Vater in der Kindheit. Was hast du in der Kindheit und Jugendzeit vermisst?

Anliegen Thema 6: Beschreibe mit einigen Schlüsselworten die 3 schlimmsten Erfahrungen in deinem Leben. Gib 3 Beispiele, die du niemals mit deinem Partner erleben möchtest. Was willst du tun, damit solch schlimme Erlebnisse nie mehr vorkommen in deinem Leben?

Anliegen Thema 7: Stell dir vor, du bist 80 Jahre alt und du gehst deine Vergangenheit durch. Was konkret wünschst du dir zu sehen über deine Beziehung, die du gelebt hast? Was wünschst du zu sehen über dein persönliches Leben und deine Entwicklung, die du gelebt hast?

Anliegen Thema 8: Was denkst du, sind die Qualitäten, die du und dein Partner benötigen, um Liebe und Beziehung erfolgreich zu leben? Gib 10 Schlüsselworte. Beschreibe kurz einige Ideen, wie du deine Qualitäten verbessern kannst. Was schlägst du deinem Partner vor, wie er (sie) seine (ihre) Qualitäten verbessern kann?

Anliegen Thema 9: Wie reagierst du in Situationen mit Missverständnissen, Streit und Meinungsverschiedenheiten? Was konkret erwartest du von deinem Partner in solchen Situationen? Gib einige "Regeln" darüber, wie man solche Situationen wirkungsvoll und konstruktiv bewältigen kann.

Anliegen Thema 10: Was magst du absolut nicht über das Sexualverhalten deines Partners? Wie erzählst du deinem Partner deine geheimen sexuellen

Wünsche, die du mit ihm / ihr leben möchtest? Wie reagierst du, wenn dein Partner dir sagt, wie er / sie Liebe mit dir machen möchte?

Anliegen Thema 11: Was ist dir wichtig im täglichen Zusammenleben mit deinem Partner? Nenne 5 Werte, die du in deinem Leben und in deiner Beziehung leben möchtest. Was willst du in deiner Beziehung täglich beitragen, damit dein Glücklichsein möglich wird? Gib 5 Beispiele.

Anliegen Thema 12: Was sind deine schwierigen (kritischen) Charakerzüge? Was sind deine Schwächen in Beziehungsangelegenheiten? Was macht dich leicht nervös oder verärgert über deinen Partner. Gib einige konkrete Schlüsselworte dazu. Wie kannst du dich darin verbessern? Mach Vorschläge.

Wie erklärst du andern Menschen, dass sie sich für die Liebe vorbereiten sollen?

Erfolg in der Partnersuche

Einige Anregungen zu beachten:

- Wähle einen wirklich guten Menschen für dich; "den besten" gibt es nicht!
- Du entscheidest, mit wem du eine Beziehung beginnen willst; wen du heiraten willst.
- Du sollst keine irrealen Erwartungen haben; das führt nur zu ernsthaften Konflikten.
- 10 qualitative Ähnlichkeiten haben höheren Wert als hundert kleine Differenzen.
- Kulturelle Unterschiede bereichern eine Beziehung, das Leben und den Ausdruck der Liebe.
- Sei einfühlsam über das, was deinen Partner unglücklich macht.
- Willst du diesen Menschen als Partner? Dann tue soviel wie möglich, um ihn zu lieben!
- Täglich offene Kommunikation in jeder Situation ist der Schlüssel zu Erfolg!
- Lebe und schütze die guten menschlichen Werte über alles: Liebe und Vertrauen!
- Gegenseitig umsorgen, unterstützen, verstehen und helfen, wann immer nötig, ist Liebe.
- Die Kultur des Partners ist nie das Zentrum deines Lebens. Das innere Sein ist die Quelle!
- Für beide: Mach deinen Partner jeden Tag glücklich – gegenseitig! Das ist wundervoll!
- Voneinander und zusammen lernen formt die Stärke der Liebe!

Erfolg in der Partnersuche hängt von viel mehr ab als von Gefühlen der Liebe und vom Begeistertsein über den Partner. Ist die Ehe dein Ziel, dann geht es hier auch um das Teilen der Existenz auf der Erde. Das ist ein Lebensprojekt! Du musst auch in Betracht ziehen, dass du und dein Partner psychologisch und geistig wachsen. Mit den Jahren wird deine Persönlichkeit (und die Persönlichkeit deines Partners) sich erweitern und wandeln.

Im Laufe des Lebens wirst du zusammen mit deinem Partner vielen Herausforderungen gegenüberstehen. Es ist wichtig, den richtigen Partner für ein solches Lebensprojekt zu finden. Aber noch viel wichtiger ist die Art und Weise, wie ihr beide miteinander redet und die täglichen Dinge des Lebens in die Hand nimmt. Um in den verschiedenen Herausforderungen, die sich dir stellen, erfolgreich zu sein, musst du vieles lernen; zum Beispiel über: das innere Leben, viele Bereiche des Lebens, eingeschlossen Geldangelegenheiten, Erziehung der Kinder, das Familienleben managen, alle Interessen ausgleichen, verändernde Arbeitssituationen, etc.

Darum ist die Fundierung der wahren Liebe und der realen Beziehung in den ersten 2-3 Jahren vorrangig. Einige Einstellungen sind wesentlich und unerlässlich, um Erfolg zu haben: Ehrlichkeit, Vertrauen, Wahrhaftigkeit, Verständnis haben, Kooperation, vollständige Transparenz, eine befriedigende Sexualität, und immer auch eine faire und offene Art, miteinander über alles zu reden. Beide Partner müssen für die stabile und sichere Fundierung täglich beitragen.

Du kannst den richtigen Partner wählen und mit der wahren Liebe beginnen. Aber du wirst scheitern, wenn du nichts lernst über die Liebe, die Beziehung, die Sexualität, das innere Leben, die persönliche Entwicklung, das Familienleben, die Entwicklung und Erziehung der Kinder, den Umgang mit Geld und Versicherungen (Verträge ganz allgemein) und das Leben als Ganzes.

Wie schaffst du dir die Grundlegung der wahren Liebe? Gib Beispiele:

33 Prinzipien für eine gelungene Beziehung

Eine Beziehung schliesst sehr vieles mitein: das reale Leben, das innere Leben, den Charakter, die Lebensziele, die Arbeit, das Geld, das Umfeld, und noch vieles mehr.
Die Fähigkeiten, all diese Lebensgegebenheiten zu managen und gewisse Regeln mit dem Partner zu respektieren, sind unerlässliche Bedingung für eine erfolgreiche Beziehung.

Kommentiere deine aktuelle Beziehungslage oder deine Erfahrungen in früheren Beziehungen zu jedem Punkt:

1. Partnerschaft als etwas besonders Wertvolles.
2. Gegenseitiges Interesse an der alltäglichen Realität.
3. Offenheit für Konflikte und erfahrbare Bewältigung.
4. Achtung der Andersartigkeit (Charakter, Geschlecht).
5. Reziprozität (Umkehrbarkeit) und Gleichrangigkeit.
6. Abwechselnde Nähe und Distanz im Zusammenleben.
7. Die Biographie beider als Teil der Selbstidentität.
8. Verständigung über die Unterschiede und Gemeinsamkeiten.
9. Achten der Grenzen des andern und der 'Welt' des andern.
10. Der Alltag als bewusst gepflegter zentraler Raum im Gespräch.
11. Die ständige Belebung und Formung der Liebe.
12. Besprechung aller gemeinsamen täglichen Fragen.
13. Keine gegenseitige Saldierung der Fehler.
14. Selbstverwirklichung als Selbsthingabe.
15. Verstand und Vernunft sind tragende Funktionen.
16. Erotik und Verliebtsein haben ihren Platz im normalen Alltag.
17. Hohes Ausmass an Selbstmanagement bei beiden.
18. Momente symbiotischer Gefühle werden akzeptiert.
19. Akzeptieren von Spannungen und Risiken.
20. Gegenseitige Bejahung und Erfüllung der sexuellen Lust.
21. Kein gegenseitiger Besitzanspruch in der Ganzheit des Seins.
22. Verführung und Lust als belebende Kräfte.
23. Gegenseitige sexuelle Befriedigung ohne reduzierte der Autonomie.
24. Alle paar Jahre deutliche Erfahrung der Wandlung der Selbstidentität.
25. Fähigkeit und Bemühen zu verstehen.
26. Gegenseitig konstruktiver Umgang mit dem inneren Kind.
27. Gegenseitige Förderung des Ich-Gefühls und des sexuellen Erlebens.
28. Wechselseitige Gestaltung der Weiblichkeit und Männlichkeit.
29. Gemeinsame Lösung von Sachfragen.
30. Teilweise gemeinsame Bearbeitung des Unbewussten (Biographie).
31. Gemeinsame Orientierung an Träumen, Intuitionen und
32. Gegenseitige Bereicherung mit kreativem Gestalten der freien Zeit.
33. Rollenaufteilung ist abgesprochen und akzeptiert.

Die goldenen Regeln für eine konstruktive Partnerschaft

Die Erwartungen an eine Beziehung sind gross. Anderseits sprechen die Leiden und Schwierigkeiten in sehr vielen Beziehungen Bände. Die Menschen wünschen sich Harmonie, Liebe, Glück, Zärtlichkeit, Freude, Erfüllung und Frieden im Zusammensein. Liebessehnsucht, Verliebtsein, Erotik und

Lusterlebnisse schaffen eine Unmenge an Illusionen und Hoffnungen, die fast alle im Laufe der Jahre abbröckeln.

Viele 'feste' Beziehungen scheitern. Das Verurteilen sollte man besser lassen. Es ist meist nicht angemessen, von 'Schuld' zu sprechen. Nimmt man "Scheitern" als eine Kritik-Kategorie, so scheitern überall Menschen mit meist weit schlimmeren Folgen.

Beide haben ein komplexes psychisches Leben. Beide haben eine Biographie mit schier unendlich vielen Erlebnisprägungen. Die Lebensgeschichte von beiden enthält viel Ungeordnetes, Unbearbeitetes und Gebundenes. Beide leben in einem sozialen System - eigene Familie, Bekannte, Freunde, Arbeitskollegen -, in einem bestimmten kulturellen Umfeld und in einer eigenen Arbeitswelt. Beide haben ihre Gewohnheiten, ihre Handlungsmuster, ihre Begabungen, ihre Abneigungen Sachen/ Menschen/Einstellungen gegenüber.

Beide haben ferner eine je eigene Körperbeziehung, ein eigenes Lusterleben, eine Ernährungsweise, einen Bekleidungsstil, besondere Bewegungsgewohnheiten, einen Körperpflegestil und eine Natur-/Tierbeziehung. Eine grosse Zahl an Überzeugungen, Einstellungen und kleinen Werten stehen vereint oder einander gegenüber. Auch Gefühlsformen, Psychodynamik und Biorhythmus differieren.

Und schliesslich gibt es unaufhebbare Wesensunterschiede zwischen Mann und Frau.

Beachte die goldenen Regeln aus dem nachfolgenden Kontext:

1. Partnerschaft ist nicht gleich Beziehung, sondern enthält spezifische Merkmale.
2. Zentral ist das Interesse an der alltäglichen Realität beider Partner.
3. Offenheit für das reale Leben beider Partner enthält immer auch Konflikte.
4. Partner achten sich gegenseitig in ihrer Andersartigkeit (Charakter, Geschlecht).
5. Umkehrbarkeit und damit Gleichrangigkeit gelten als Grundprinzipien.
6. Nähe und Distanz in regelmässiger Abfolge sind Teil des Zusammenlebens.
7. Die eigene Biographie und die des andern sind so wichtig wie die Identität.
8. Die Liebe fördert die Individuation, und damit die individuelle Menschwerdung.

9. Partner verständigen sich über ihre Unterschiede und Gemeinsamkeiten.
10. Die Partnerschaft ist kein statischer Zustand, sondern ein Prozess.
11. Partner achten die Grenzen des andern und die 'Welt' des andern.
12. Partner wissen, dass die Grenzen nicht jederzeit überschritten werden können.
13. Der Alltag nimmt zentralen Raum ein und wird im Gespräch 'organisiert'.
14. Die Liebe in der Partnerschaft muss immer wieder neu belebt und geformt werden.
15. Partnerschaft regelt alle gemeinsamen täglichen Fragen im Gespräch.
16. Die Machtverhältnisse sind ausgewogen, was erarbeitet werden muss.
17. In der Partnerschaft werden die eigenen Fehler und die des andern nicht saldiert.
18. Selbstverwirklichung (Bildung der Selbstidentität) impliziert die Selbsthingabe.
19. Verstand und Vernunft sind tragende Funktionen, garantieren aber die Liebe nicht.
20. Erotik und Verliebtsein haben ihren Platz in der Normalität des Alltags.
21. Partnerschaft leben ist anstrengend und verlangt ein hohes Selbstmanagement.
22. Momente symbiotischer Gefühle dürfen in der klaren Autonomie Raum haben.
23. Partnerschaftliche Liebe gibt es nicht ohne Spannungen und Risiken.
24. Die Partner 'besitzen' sich nicht gegenseitig in der Ganzheit ihres Seins.
25. Verführung und Lust sind dynamische Kräfte ebensosehr wie die Sachlichkeit.
26. Die gegenseitige Abhängigkeit sexueller Befriedigung ist nicht gegen Autonomie.
27. Zur Liebesfähigkeit gehört die Fähigkeit zu verstehen, was anstrengend ist.
28. Die Partner können mit dem eigenen inneren Kind und dem des andern umgehen.
29. Die parallellaufende Identitätsentwicklung steht in wechselseitiger Dynamik.
30. Beide Partner wissen: alle paar Jahre erfährt die Selbstidentität Wandlungen.
31. In der Partnerschaft werden das Ich-Gefühl und das sexuelle Erleben gefördert.
32. Partner gestalten sich wechselseitig ihre Weiblichkeit und Männlichkeit.
33. Auch in der Lösung von Sachfragen sind beide Partner ein "Team".
34. Die Bearbeitung des Unbewussten (Biographie) ist teilweise gemeinsames Werk.

35. Partner orientieren sich gemeinsam an ihren Träumen und Meditationen.
36. Partner bereichern sich gegenseitig mit kreativem Gestalten ihrer freien Zeit.
37. In der Partnerschaft kann eine Rollenaufteilung akzeptiert werden.

Schaffe ein konstruktives Beziehungsleben

- Jeder praktiziert systematisch und gründlich auf eigene Weise seine Selbsterkenntnis.
- Jeder sucht auf eigene Weise, das evolutionäre Menschsein in sich selbst zu verwirklichen.
- Stetes Bemühen, sich selbst und den andern zu verstehen.
- Sich mit den eigenen Träumen und den Träumen des Partners ernsthaft auseinandersetzen.
- Die Komplexität der Psyche akzeptieren und bejahen.
- Stetig den andern von Neuem entdecken und sich selbst erklären.
- Den andern in der permanenten Entwicklung seines evolutionären Menschseins annehmen.
- Sich gegenseitig fördern in der allseitigen Entfaltung des Mannseins bzw. Frauseins.
- Sich gemeinsam Grundwerte, Einstellungen und Überzeugungen erarbeiten.
- Die Regeln für das konkrete Zusammenleben gemeinsam erarbeiten.
- Ein Zuhause schaffen, wo sich beide wohl fühlen und jeder seine Ecke hat.
- Die eigene Selbstidentität in Ausrichtung auf den Partner (das andere Geschlecht) bewusst werden.
- In der Freizeit Aussenkontakte pflegen und vor allem mit einem Hobby oder Engagement verbinden.
- Regelmässig gemeinsame Erlebnisse schaffen, die bereichern und Freude bewirken.
- In allen Angelegenheiten, oft auch in Kleinigkeiten, sich absprechen.
- Die Handlungen, die beide betreffen, transparent halten, oft vorbereiten und besprechen.
- Die gemeinsame Geschichte der Beziehung mit den biographischen Erfahrungen verarbeiten.
- Respektieren, dass jeder immer eine eigene Persönlichkeit im Werden und in Entwicklung bleibt.
- In allen Bereichen, vor allem auch in der Sexualität, immer die Kreativität fördern und nutzen.
- Lernen zu streiten, ohne sich mit Lebenslügen und Abwehrspielen gegenseitig in Schach zu halten.
- Die Fehler gegenseitig nicht saldieren. Lernen zu verzeihen und sich zu

versöhnen.

- Die Lebenslügen gegenseitig ohne Vorwurf abbauen. Das psychische Leben höher stellen als alle äusseren Werte.

➜ Was ist dein Partner in deiner Beziehung ohne sein inneres psychisches Leben?

➜ Was bist du, wenn dein Partner dein inneres Leben nicht liebt?

Die top 20 Tipps für eine starke Beziehung

1. Es gibt viele Ansatzmöglichkeiten, Streits und Konflikte in einer Liebesbeziehung anzugehen. Hier einige Anregungen:
2. Jeder praktiziert kontinuierlich, systematisch und gründlich auf eigene Weise die Selbsterkenntnis und Individuation.
3. Stetes Bemühen sich selbst und den andern zu verstehen. Das bedingt die Fähigkeit zur Kommunikation, zuzuhören und zu reden.
4. Sich mit den eigenen Träumen ernsthaft auseinandersetzen. Beide fördern sich in diesem Bemühen. Denn die Kraft, die die Träume schafft, der Geist also, weiss schon, was es täglich jedem zu sagen gibt, damit die Beziehung konstruktiv wachsen kann.
5. Die Komplexität der Psyche akzeptieren und bejahen. Dies setzt voraus, dass sich dazu beide auch praktisches Wissen aneignen, ggf. Kurse besuchen.
6. Stetig den andern von Neuem suchen, sich selbst erklären und den andern in der permanenten Entwicklung seines evolutionären Menschseins annehmen.
7. Sich gegenseitig fördern in der allseitigen Entfaltung des Mannseins bzw. Frauseins unter Berücksichtigung der inneren gegengeschlechtlichen Bilder, genannt Anima bzw. Animus, die auch geformt werden müssen.
8. Sich gemeinsam durch das Gespräch die Grundwerte erarbeiten, die Einstellungen und Ueberzeugungen klären und ggf. revidieren bzw. abstimmen.
9. Das Selbstmanagement als Partnersache verstehen, d.h. Regeln für das konkrete Zusammenleben gemeinsam erarbeiten: Ordnung, Pünktlichkeit, Haushaltarbeiten, Verantwortungsbereiche, Zeiten für das ernsthafte Gespräch und die Entspannung, Listen für Anschaffungen, Freizeit und Urlaubspläne etc.
10. Ein Zuhause schaffen, wo sich beide wohl fühlen und jeder seine "Ecke" hat für Lektüre, Bücher, Schreibarbeiten, administrative Unterlagen etc.
11. Die eigene Selbstidentität in Ausrichtung auf den Partner (das andere Geschlecht) auch im Gespräch bewusst werden bzw. ausdifferenzieren.
12. In der Freizeit auch Aussenkontakte pflegen und vor allem mit einem Hobby oder Engagement verbinden; aber hier nicht den Ersatz für etwas

Fehlendes in der Beziehung suchen.

13. Regelmässig gemeinsame Erlebnisse schaffen, die Freude bewirken. Dazu gehören auch Momente des gemeinsamen Entspanntseins und der inneren wortlosen Anteilnahme am Sein des andern: "Schön, bist Du da in meinem Leben!"

14. In allen Angelegenheiten, auch in Kleinigkeiten, sich absprechen. Die Handlungen, die beide betreffen, sind transparent zu halten, oft vorzubereiten und nachher zu besprechen. Beide fördern sich gegenseitig in den Lebenskompetenzen.

15. Die gemeinsame Geschichte der Beziehung mit den biographischen Erfahrungen von beiden verknüpfen, verstehen und verarbeiten. Die gemeinsame Geschichte und die gemeinsamen Zukunftspläne formen auch eine gemeinsame Paar-Identität.

16. Respektieren, dass jeder immer eine eigene Persönlichkeit im Werden und in Entwicklung bleibt und nie sich im andern gewissermassen "auflösen" kann. Beide wissen, respektieren und fördern die Einsicht, dass es ein Leben lang über Psyche, Liebe, Gefühle und Sex viel zu lernen gibt.

17. In allen Bereichen, vor allem auch in der Sexualität, immer die Kreativität fördern und nutzen. Darüber kann man reden, ohne sich lächerlich zu machen oder schämen zu müssen.

18. Lernen zu streiten, ohne sich mit Lebenslügen und Abwehrspielen gegenseitig in Schach zu halten bzw. zu manipulieren. Dazu muss man die Kommunikationsregeln beachten und Strategien der Problemlösung erlernen.

19. Die Fehler gegenseitig nicht saldieren. Lernen zu verzeihen und sich zu versöhnen, auch nach einem allerheftigsten Streit. Das verlangt die Entwicklung und Stärkung der Liebesfähigkeit.

20. Die Lebenslügen gegenseitig ohne Vorwurf abbauen (lernen) und das psychische Leben höher stellen als alle äusseren Werte. Denn: Was ist das Du in der Beziehung ohne das psychische Leben?

Löse Beziehungskonflikte

Beziehungskonflikte werden vielfach vom unbewussten psychischen Leben verursacht. Ideale, Wünsche, Mutter- und Vatererfahrungen, Ängste, Normen und vieles mehr beeinflussen das Beziehungsleben. Entbehrungen im Kindesalter wollen später eingelöst werden. Doch niemals kann der Partner einem ein frühkindliches Defizitloch auffüllen. Hat der eine nicht gelernt, das eigene psychische Leben zu erkennen und zu bilden, kann er auch das psychische Leben seines Partners nicht erkennen und in der konstruktiven Formung fördern.

So bewirkt die Psyche komplexe Beziehungskonflikte. Danach folgt

Scheidung oder ein lebenslanges zerrüttetes Beziehungsleben.

Der Lebenspartner zeigt meist auch eigene Charakteraspekte, eigene Wert- und Einstellungsmuster. Zudem identifiziert sich jeder im andern mit seinen eigenen Idealbildern. Die Realität wird verdrängt, bis sie irgendwann durchbricht. Dann werfen sich beide gegenseitig vor: "Ich leide, weil Du...", "Du lehnst mich ab, weil Du...", "Du unterdrückst mich...", "Du bist herrschsüchtig...", "Wärst Du reifer, wir könnten...", "Hätte ich Dich nicht geheiratet, ich wäre glücklich...", "Geh doch, ich brauche Dich nicht...". Beide Partner entstellen damit die wahre Wirklichkeit. Denn in solchen Anklagen ist der andere nicht selten das, was man innerpsychisch selber auch ist.

Streit in der Beziehung ist gewiss ganz normal. Doch schon eine banale Nörgelei über das Essen, die Kleidung oder die Pünktlichkeit kann mit der Zeit zu einem ernsthaften Konflikt werden. Wer nicht lernt, mit Spannungen und Konflikten im Gespräch aufbauend umzugehen, wird das Beziehungsleben mehr und mehr als Belastung empfinden und sich innerlich zurückziehen. Immer gibt es auch Kleinigkeiten, die mit den Jahren mehr und mehr nerven. Redet man nicht darüber, dann wird das eines Tages zu einer Sackgasse, aus der so mancher nicht mehr weiss, wie er rauskommen kann.

Beziehungskonflikte sind oft auch Konflikte mit sich selbst. Das "Böse" am andern ist manchmal das eigene unerkannte Böse. Feindbilder werden häufig übertragen. Eigene dunkle Schatten (Persönlichkeitsaspekte) reflektieren sich am Partner. Die eigenen Superwerte und Vollkommenheitsideen zerstören die Beziehung und den Partner. Menschliche Begegnungen werden so zu einer Lebenslüge.

Der Lösungsweg ist klar:

➔ Will ein Mann (eine Frau) die Beziehung und den Partner verstehen, muss er / sie zuerst sich selber verstehen.

➔ Erkennt der eine sein psychisches Leben, kann er das psychische Leben des Partners erkennen.

➔ Im Zwischenmenschlichen und in allen Beziehungskonflikten widerspiegelt sich die Selbstbeziehung.

Der Wille, die Bereitschaft und die Fähigkeit, alle möglichen Angelegenheiten und Schwierigkeiten zu bearbeiten, so wie sie auftreten, verstanden auch als ein lebenslanges Versprechen, ist viel wichtiger als "hohe Übereinstimmung" in Interessen, Hobbies, Geschmack, und all die wundervollen Gefühle des

Verliebtseins.

Beschreibe einen Beziehungskonflikt:
Der "kritische" Aspekt dieses Konfliktes ist:
Beschreibe, wie du mit diesem Konflikt aufbauend umgehen kannst:

Hauptursachen der Probleme in der Liebe

In jeder Beziehung, wo keine psychische Bildung erfolgt, kommt es früher oder später zu Wiederholungen der Kindheitserfahrungen:

☐ Nachahmung der Mutter (als Frau)
☐ Nachahmung des Vaters (als Mann)
☐ Wiederholung elterlicher Streitmuster
☐ Durchbrechen elterlicher Strafformen
☐ Nachwirkungen kindlicher Über-Ich-Bildung
☐ Bindung an familiäre Wertmuster
☐ Wiederholung typischer Alltagsmuster
☐ Nachahmen elterlicher Sprachmuster
☐ Wiederbelebung kindlicher Elternbindungen
☐ Nachholen von Ablösungsversuchen
☐ Versuch Kindheitsdefizite zu befriedigen
☐ Nachholen der unerledigten Pubertät
☐ Elterliche Trennungsängste
☐ Konfliktmuster betreffend Haushalt
☐ Stil elterlicher Tischgespräche
☐ Flucht zu Mutter/Vater als Schutz

Vielfältige Situationen können im täglichen Leben vorkommen, die einen Streit auslösen:

- Eigene Bedürfnisse, auch zur Freizeitgestaltung nicht klar und konkret aussprechen.
- Missverständnisse (auch über erwünschtes Verhalten), weil man nicht klar redet.
- Etwas übergehen, um einem Streit aus dem Weg zu gehen.
- Die eigenen Gefühle und diejenigen des Partners nicht ernst nehmen.
- Übermässig mit sich selbst beschäftigt sein, statt konzentriert präsent sein.
- Im Stress sich wichtig erleben und den Partner nur reduziert Beachtung schenken.
- Zu unpassender Zeit und in unpassendem Rahmen Wichtiges zu reden beginnen.
- Nicht frühzeitig planen und festlegen, was wichtig und was dringend ist.

- Essen und Trinken, auch Fernsehen, aus Frustration oder Langeweile.
- Dem andern gefallen wollen auf eine Weise, die man eigentlich gar nicht will.
- Nicht eingestehen, dass man müde ist oder Sorgen mit sich selbst hat.
- Sich aggressiv verhalten, um Distanz zu schaffen oder etwas zu verdrängen.
- Sich zieren, die entrüstete, beleidigte und gekränkte Person spielen.
- Unpünktlichkeit, die insgeheim als Manipulation eingesetzt wird.
- Unordentlichkeit, die im Grunde einen Streik im Haushalt oder Protest meint.
- Unzufriedenheit durch fehlende gemeinsame Lebensziele
- Geldprobleme und Differenzen im Umgang mit Geld (Konsumbedürfnisse).
- Alle Lebenslügen schaffen Streit, sobald einer nicht mehr mitmacht.

Finde neue Sichtweisen und neue Einstellungen:

- Miteinander reden ist ein Lernprozess; z.b. durch Reflektieren über das Reden.
- Es gibt keine Partnerschaft ohne gelegentliche heftige Auseinandersetzungen.
- Manche Streits verdecken tiefer liegende Gefühle, z.b. über Liebe und Vertrauen.
- Sich mit dem Partner auch mal hart konfrontieren ist unerlässlich.
- Mit der zunehmenden Beziehungsdauer erlebt man immer mehr auch Differenzen.
- Streit über Banalitäten sind 'normal', z.b. Ordnung, Haushaltarbeiten, Kochen.
- Es gibt die 'totale Harmonie' nicht; sie ist eine Lebenslüge.
- Wer ein Kind zeugt, muss wissen: Sex ist nicht mehr jederzeit möglich.
- Eine kränkende Kritik am Arbeitsplatz wird meist zuhause 'weitergegeben'.
- Frust am Arbeitsplatz wird schnell zum Frust in der Beziehung.
- 'Gute' Freunde können Beziehungsschwierigkeiten leicht noch mehr belasten.
- Dogmen und Ideologien sind 'Gift' für eine Partnerschaft mit Individuation

➔ **Manchmal muss man sich besinnen: "Will ich diese Beziehung zerstören?"**

Konfliktlösung in der Beziehung verlangt Liebesfähigkeit, die Erkenntnis auch, dass das Schicksal einer Beziehung davon abhängt, wie die Partner mit der Polarität umgehen, d.h. welchen Raum sie dem Erleben, dem passiven Geniessen und der Aktivität einräumen, wer wann eine mehr aktive und wer wann eine eher passive Rolle einnimmt, welche Bereiche von Erleben und Handeln zugelassen oder unterdrückt werden u.s.w.

Das innere Wertsystem der beiden Partner, auch wenn es lange Zeit unterschwellig bleibt, drängt immer mehr ins Alltagsleben. Dazu gehören ideologische, lebensphilosophische wie religiöse Vorstellungen. Können diese nicht ausgesprochen, reflektiert und revidiert werden, entstehen schwerwiegende Spannungen und Konflikte

Einige Werte und Einstellungen beinhalten:

- Ordnung im Haushalt. Meine Lösung ist:
- Rollen- bzw. Arbeitsverteilung. Meine Lösung ist:
- Sexuelles Erleben und Handeln. Meine Lösung ist:
- Gestaltung von Begegnungen/Besuchen. Meine Lösung ist:
- Treue und 'Fremdgehen'. Meine Lösung ist:
- Männliche und weibliche Emanzipation. Meine Lösung ist:
- Beurteilung von Aggressionen. Meine Lösung ist:
- Anpassung und kreative Neugestaltungen. Meine Lösung ist:
- Schwangerschaftsabbruch. Meine Lösung ist:
- Autonomie- und Freiheitsbedürfnisse. Meine Lösung ist:
- Religiöse oder spirituelle Praxis. Meine Lösung ist:
- Bedeutung der Bildung der Persönlichkeit. Meine Lösung ist:

Versteckte Wirklichkeiten einer Beziehung

Alle Männer und Frauen haben verschiedene psychologische Qualitäten in manchen Aspekten: ihre Art zu denken und Gefühle auszudrücken, Charakterzüge, Einstellungen, spirituelle Werte, Verlässlichkeit, Ehrlichkeit, Vertrauen, moralisches Verhalten, Kommunikation und Verständigung, Wissen und Weisheit über das Leben und die Liebe, Bereitschaft für Liebe, Fähigkeiten für eine reale Beziehung (z.B. Kompromisse schliessen)...

Und mehr noch: Umgang mit Lebensthemen (Fehlinterpretationen, Unstimmigkeiten, etc.) vielfältige Charakterausdrücke und ein Unbewusstes (oft voll von ungeklärten Konflikten, Traumas, Komplexen aus der Vergangenheit).

Alle diese psychologischen Wirklichkeiten operieren als "Code" im Unbewussten, um einen Partner zu finden, Liebe, Sex und Beziehung zu leben. In der Welt der Liebe gibt es sehr viele Menschen mit sehr schwachen Qualitäten!

→ Die meisten Menschen kennen sich auf einem Niveau von 3-5 %. Auf einem so niedrigen Niveau können Liebe und Beziehung niemals grossartigen Erfolg haben!

→ Die meisten Menschen wollen Liebe, Glück und ein besseres Leben, aber sie wollen nichts lernen, um dies zu erreichen! Keine Chance auf Erfolg!

→ Scheidungsrate: 30-50%. Trennungsrate: 50-75%. Cyber Liebe Misserfolg: bis zu 95%. Du solltest zuerst besser lernen, wie du Erfolg haben kannst!

Die Hauptgründe für Scheitern sind: Ignoranz, Arroganz, Narzissmus, oberflächliche Einstellungen, Starrsinn, Grobheit, Eitelkeit, dogmatisches Denken, Verneinung der geistigen Werte; zu sehr auf Schein oder billigen Spass ausgerichtet; nicht genügend nach innen orientiert; getrieben von einer illusionären harmonischen Liebe; Verweigerung, über Liebe und Leben zu lernen; Mangel and Wissen und Fähigkeiten, eine Beziehung zu leben; ungeklärte Traumas und Konflikte aus der Vergangenheit; unbewusste innere Bindung an einen früheren Partner; Zurückweisung der Wichtigkeit und Sorge um die persönliche Entwicklung; Desinteresse an kontemplativer Selbstreflexion; Fehlen an Verständnis und Kommunikation; Unterdrückung von Gefühlen und Verlangen; Verweigerung, gegenseitig Schwächen und sexuelle Bedürfnisse zu akzeptieren.

Niemand ist perfekt. Es ist nicht erforderlich, von all dem frei zu sein. Aber es ist absolut wesentlich, eine positive Haltung gegenüber dem Lernen von all dem zu haben, zu verbessern und zu stärken, was auch immer nötig sein mag, und zu wachsen hin Richtung einer allseitig ausgewogener Person.

Wir schätzen, dass etwa 90% aller Menschen eine grosse Belastung von solchen Komponenten haben. – Du verlierst sehr viel Zeit und gar viel Geld, wenn du ernsthafte Ziele suchst, aber diese Fakten ignorierst! Beachte diese Umstände, wenn du Erfolg haben willst in realer Freundschaft, wahrer Liebe, harmonischer Beziehung und einem grossartigen Leben! Lerne, wie du mit solchen Belastungen und Schwächen umgehen kannst.

Je besser du vorbereitet bist, wenn du beginnst, einen Partner für Freizeit, Freundschaft oder wahre Liebe zu suchen, umso mehr Zeit, Energie und Geld wirst du sparen! Du wirst effizienter suchen! Du wirst Fehler mit schweren Folgen vermeiden! Du wirst eine gute Freundschaft, eine reale Beziehung mit Wissen, Fähigkeiten, Strategie und Persönlichkeitsqualitäten schaffen.

Befriedige dein Verlangen nach Sex und Zärtlichkeit

Liebe machen ist eine menschliche Begegnung. Sex gibt Kraft, Hoffnung und neue Lebenslust. Guter Sex macht positiv, friedfertig und glücklich; stärkt auch Selbstwert und Selbstvertrauen. Liebe machen meint auch, lernen über die Individualität und Ausdrucksweise des Partners, lernen über das, was jeder mag und nicht mag, lernen über Zärtlichkeit mit ihrer ganzen Vielfalt. Sexuelle Begegnung mit viel Zärtlichkeit ist eine wunderschöne Sprache der Liebe. Sexuelle Begegnung ist ein wundervolles menschliches Geschenk!

Es gibt viele Sexualpraktiken. Doch Ziel ist kaum, mit Begierde Akrobatik zu betreiben oder besonders Ausgefallenes unbedingt auch noch probieren zu müssen. Jedoch ist eine gewisse Abwechslung sicher nötig. Jahrelang immer nur dasselbe Muster durchspielen, tötet jede Erotik, wirkt langweilig und verflacht Lust wie Freude. So kann Sex nicht jung halten. Interesse und Neugier sind wertvolle Antriebskräfte, immer wieder neu sich und den Partner zu erfahren.

- Alle vergangenen Erfahrungen bleiben im Gedächtnis und beeinflussen unbewusst unser gegenwärtiges Leben. Sie binden, fesseln und stören.
- Kreatives und spielerisches Entdecken und Gestalten von sexuellem Erleben schafft Freude. Sex und sexuelles Vergnügen haben viel zu tun mit Liebe.
- Sexualität ist immer ein Selbstausdruck der Person. Sexualität leben reflektiert den ganzen Menschen.
- Zärtlichkeiten ausdrücken beinhaltet immer eine Botschaft. Intim sein kann etwas sehr lebendig vermitteln: "Ich will, dass du dich sicher fühlst mit mir.", oder "Ich akzeptiere dich so, wie du bist."
- Zärtlichkeit ist viel mehr als eine Einheit von zarten Liebkosungen. Intime Zärtlichkeit will mehr Vergnügen geben und erhalten mit der Botschaft: "Ich liebe dich".
- Jede sinnliche Erfahrung erreicht den ganzen Menschen, ist eine Erfahrung des Seins und der Natur, aber niemals "bloss Sex" wie üblich.
- Dies verlangt Konzentration und Hingabe, Verstehen von körperlichen und mimischen Reaktionen des Partners, auch der eigenen Motive.
- Sich gegenseitig entdecken und spielerisch erfahren, schafft Lebensfreude.

Paare, die sich lieben, sollten in der realen Beziehungssituation täglich viele Zeichen der Liebe geben, zum Beispiel:

- Kleiner Kuss, zarte Liebkosung, liebes Wort, oft ein kleines Geschenk
- Ein verbales Gefühl der Aufmerksamkeit, auch in unwichtigen Momenten
- Mit einem Lächeln die Anwesenheit des Partners wertschätzen
- Interesse zeigen in allem, was der Partner denkt, fühlt und sich wünscht
- Eine kleine Unterstützung, auch wenn diese nicht nötig ist
- Sich gegenseitig verwöhnen mit allerlei Geben

- Respekt, Verständnis und Kooperation ausdrücken
- So oft wie möglich auf des Partners Wünsche und Verlangen eingehen
- Kleine Momente für neue Erlebnisse schaffen

Unsere Seele braucht viele kleine Zeichen der Liebe: geben und erhalten. Eine Beziehung ohne viele kleine Zeichen der Liebe stirbt von innen.

Verstand und Seele werden sehr rigide, wenn das sexuelle Bedürfnis beider Partner nicht genügend befriedigt ist. Der Körper kann schnell krank werden, wenn der Mensch seinen Sexualtrieb unterdrückt. Wer Sex nur einmal oder zweimal pro Woche will, und immer nur mit romantischem Vorspiel oder gänzlich ohne Romantik, dann sind eben die Ausdrücke der Liebe sehr minim.

Manchmal hilft eine erotische Massage oder sanftes Liebe machen, um schlafen zu können, sich zu beruhigen, Frieden zu finden, sich zu entspannen, zu versöhnen, frei von störenden Gedanken zu werden, Distanz zu Angelegenheiten des täglichen Lebens zu finden, Kraft zu schöpfen, motiviert zu sein, neuen Antrieb für das Alltägliche zu erhalten, etc. Und: Langweiliger Sex tötet die Liebe!

In einer lebendigen Beziehung gibt es viele Momente, wo der eine oder der andere oder beide Verlangen nach Sex haben, eben gerade so, wie es kommt.

➜ Die Quelle ist immer die LIEBE!

Steigere sexuelle Freude

Zur sexuellen Freude gehört gewiss auch die Gestaltung des Rahmens. In der Anonymität der Städte, der wohlorganisierten Alltagswelt und der Konsumvorgaben wirkt Mangel an schöpferischer Gestaltung im sexuellen Erleben und Handeln mit der Zeit lähmend.
Nicht als blosse Stimulanz meinen wir das, sondern vielmehr als bewusst gepflegte intime Begegnung, als eine bewusst gestaltete Vielfalt der Erlebnisform, wie wir sie mit dem Essen, der Bekleidung und der Freizeit-/Feriengestaltung auch handhaben. Dass dabei Probleme anlaufen, ist normal. Der Vielfalt an Möglichkeiten steht der Mensch gegenüber. Einfühlendes Lernen ist somit unerlässlich.

Verstehe sexuelle Begegnung als eine Vielfalt an menschlichen Faktoren zwischen Mann und Frau:

1.   Das sexuelle Verlangen verwechseln viele Menschen mit der Liebe; sie

denken dann, dass man sich liebt, wenn man sich körperlich besitzen will.

2. Die sexuelle Anziehung bewirkt im Augenblick manchmal die Illusion der Vereinigung, aber ohne Liebe bleiben sich beide entfremdet.
3. Die Zärtlichkeit ist der unmittelbare Ausdruck der Nächstenliebe.
4. Liebe und Erotik zusammen erschafft, dass beide sich und den andern aus dem Wesen ihres Seins lieben und erleben.
5. Einen andern zu lieben, ist eine Entscheidung und ein Versprechen.
6. Die Vorstellung von einer Liebesbeziehung bzw. Ehe, die leicht wieder gelöst werden kann, wenn man mit ihr keinen Erfolg hat, ist genauso falsch wie die Vorstellung, dass diese Verbindung unter keinen Umständen wieder gelöst werden dürfe.
7. Menschen, die sich mit Lust und Liebe begegnen, anerkennen sich als Mann und als Frau; und sie stärken gegenseitig ihre sexuelle Identität.
8. In der Sexualität begegnen sich Mann und Frau mit dem Körper und erfahren gleichzeitig psychische Nähe und Geborgensein. Sie leben darin Wahrhaftigkeit.
9. Glück hat auch mit dem lustvollen und liebevollen Sich-Einlassen auf andere Menschen zu tun. Das schliesst immer auch Verzicht ein.
10. Für die meisten Menschen bleibt die Liebe das Zentrum ihres Lebensprojekts. Sexualität ist ein biologischer Ausdruck von Liebe.
11. Man kann die geistige Seite des Lebens von der körperlichen nur auf die Gefahr hin trennen, Einheit und Integrität des ganzen Menschen zu zerstören.
12. Soviele Frauen lehnen bewusst oder unbewusst ihre sexuelle Natur ab, weil sie meinen, sie erlegen sich eine unterwürfige Haltung auf.
13. Keine Frau will das Gefühl haben, ein sexuelles Objekt zu sein.
14. Die Suche nach Lust ist ein Ausdruck der Lebenskraft eines Organismus.
15. Erregung ist ein energetisches Phänomen, ebenso der Sexualtrieb.
16. Liebe und Sexualität sind ein Ganzes. Sie geben dem Leben einen Sinn und liefern die stärksten Lust-Motivationen.
17. Die Fähigkeit, sexuelle Befriedigung zu erlangen, ist das Kennzeichen der reifen, integrierten und wirklichen Persönlichkeit.
18. Für jedes Kind ist von Geburt an nichts interessanter als Sex.
19. Bereits von der ersten Stunde des Lebens an können Babys sinnliche Lust empfinden, nicht nur durch ihre Geschlechtsorgane, aber auch durch sie.
20. Die Art, wie während der gesamten Kindheit mit Sexualität umgegangen wird, hat einen entscheidenden Einfluss auf das spätere Leben als Erwachsener.
21. Das wirkliche Leben, die Freundschaften der Jugendlichen, der Umgang der Eltern miteinander, ihr Verhältnis zu ihren Kindern, die emotionale

Atmosphäre in der Familie haben mehr Gewicht auf das sexuelle Verhalten, als das, was Jugendliche auf irgendeinem Bildschirm über Sexualität sehen.

22. Es gibt auch eine Form der Liebe, die ganz allmählich aus Erotik und Freundschaft entsteht. Eine Liebe, die sich nicht als einzigartige sofortige Explosion zwischen zwei Unbekannten zeigt, sondern bei der sich zwei Menschen zuerst auf dem empfindlichen Terrain gegenseitiger Wertschätzung und Vertraulichkeit begegnen.

23. Sexualität und Liebe stehen in einer Vernetzung mit dem 'ganzen' Menschen.

24. Die idealisierte Darstellung der Liebe in den Medien bereitet Paare nicht darauf vor, mit Enttäuschungen, Frustrationen und Reibungen umzugehen.

25. Entscheidend für eine glückliche Beziehung sind: Engagement, Sensibilität, Grosszügigkeit, Rücksichtnahme, Loyalität, Vertrauenswürdigkeit, Verantwortung.

26. Rollenänderung, Stress am Arbeitsplatz, gesundheitliche Probleme und Genussmittelmissbrauch behindern das sexuelle Bedürfnis.

27. Psychische Aspekte beeinflussen enorm das Bedürfnis nach Sexualität: Selbstzweifel, Minderwertigkeitsgefühl, falsche Idealbilder, sexuelle Leistungsangst, zwischenmenschliche Probleme, die unterschiedlichen Vorlieben über das "Wo", "Wie", "Wie lange" und "Wie oft". Selbstliebe macht liebesfähig.

Identifiziere die Ursachen sexueller Schwierigkeiten

Sexuelle Lust ist heute gewiss mehr akzeptiert als noch vor 20 Jahren. Viele Menschen können intime Zärtlichkeiten, Geschlechtsverkehr und Selbstbefriedigung frei von moralisierenden und lebensfeindlichen Einstellungen leben. Doch mehr: Sex-Supermarkt und Sex-Dienstleistungen aller Art expandieren trotz Aids.

Da mögen einige Angebote hilf- und lehrreich sein; vieles kann Mann und Frau behindern, Sexualität tiefgehend zu lieben. Im Sexuellen sei alles erlaubt, behaupten die einen; andere erleben Sexualität mit Verletzbarkeit, mit intimster Sensibilität, mit Werten und Grenzen. Fortpflanzung ist ein Aspekt. Selbsterleben, Lust und Entspannung sowie die intime Erfahrung des gegengeschlechtlichen Partners ermöglichen eine tiefgehende bereichernde Lebenszuwendung. Konsum und 'freie Liebe' scheinen alle Grenzen sprengen zu wollen, eine Reaktion auf jahrhundertelange christliche Sexualfeindlichkeit! War früher die sexuelle Lust mit Schuld und Beschämung beladen, so ist der Lust-Genuss heute in ungebremster Expansion. Ist das 'schlecht'? Der Mensch befriedigt sich mit Essen, mit Getränken aller Art, mit Schokolade, mit Autos, mit Kleidern, mit Vergnügen, mit einem entspannenden Schaumbad und mit vielem mehr. Breites sinnliches Erleben ist Tagesziel geworden. Körpererleben und Sinnlichkeit sind ein zentraler Teil unseres Lebens.

Der Mensch bringt mit seiner psychisch-geistigen Ganzheit immer mehr ins sexuelle Spiel als blosses Lusthandeln; vieles ist da möglich, so z.B.:

- Unbewusste Sperren oder Blockaden
- Alltagssorgen
- Ich-Kontrolle und Festhalten-Zwang
- Romantische Erwartungen
- körperliche Selbstbejahung/-verneinung
- Hemmung zu körperlichen Bewegungen
- Ffrühere Erfahrungen mit Männern/Frauen
- Unbewusste Elternkontrolle
- Eingeübte Masken (z.B. um zu gefallen)
- Gebremster Selbstausdruck
- Lebenserwartungen/Partnererwartungen
- Abwehr gegen Gefühle
- Erfahrungen bzw. Defizite der Liebe
- Unentwickelte Sexualität

Zur sexuellen Biographie können wir einige Fragen für die Selbstreflexion formulieren:

1. Welche Partner/innen waren für mich besonders prägend in meinem Leben?
2. Was lernte ich von meinen früheren Partnern/innen?
3. Welche Erlebnisse sind noch in peinlicher/unangenehmer Erinnerung?
4. Welche Konflikte hatte ich in früheren Beziehungen?
5. Wie kam es zu Trennungen?
6. Wie lernten meine Eltern, mich als Mann/Frau zu sehen?
7. Welche männlichen/weiblichen Aspekte gefielen meinen Eltern besonders?
8. Wie bin ich aufgeklärt worden?
9. Wie habe ich die Sexualität meiner Eltern 'mitbekommen'?
10. Wie wirken in der Erinnerung meine ersten sexuellen Erlebnisse?
11. Welche Einstellungen hatten meine Eltern gegenüber vor-/ausserehelichem Sex?
12. Was habe ich an meinen Partnern immer gerne gemocht?
13. Was erlebe ich an mir im allgemeinen Lebensrückblick "gegengeschlechtlich"?

14. Wie reagierte ich früher auf Kinder-haben und Verhütung?
15. Wie erlebte ich Eifersucht (meiner früheren Partner/meines jetzigen Partners)?
16. Wie habe ich Eifersucht in mir selbst erfahren?
17. Was hat mich im sexuellen Handeln und Erleben besonders stark verletzt?
18. Wie erlebte ich die Samenflüssigkeit/den Samenerguss?
19. Was bedeutete mir Treue und "Dasein für den Partner auch in schwieriger Zeit"?
20. Was mag ich an weiblichen/männlichen Körpern besonders?
21. Wie habe ich (als Frau) die Menstruation erlebt (als Mann: darüber gedacht/gefühlt)?
22. Worüber getraute ich mich mit meinem Partner nie zu reden?
23. Was erwarteten meine Partner jeweils von mir?
24. Wie habe ich mit meinen jeweiligen Partnern Konflikte besprochen?
25. Welche Einstellungen, Gebote und Verbote über Sexualität habe ich erfahren?
26. Welche Gefühle und Erlebnisweisen hatte ich zur Selbstbefriedigung?
27. Welches war eines der schönsten sexuellen Erlebnisse in meinem Leben?
28. Bei früherem Schwangerschaftsabbruch: Wie habe ich mich damit versöhnt?
29. Welche sexuellen Vorurteile hatte ich gegenüber Frauen/Männern?
30. Was war (ist) das körperliche Idealbild des gegengeschlechtlichen Partners?
31. Welches waren die peinlichsten sexuellen Erlebnisse?
32. Welche Eigenschaften wünschte ich mir bei meinen Partnern?
33. Welches waren die schönsten nicht-sexuellen Erlebnisse mit früheren Partnern?
34. Wie habe ich mich in der Jugendzeit/jungen Erwachsenenzeit körperlich erlebt?

Top 20 Lösungen für eine Beziehung ohne Sex

Das Fehlen sexuellen Verlangens kann verschiedene Wurzeln haben. Hier ist eine Checkliste, die es ermöglicht, solche Wurzeln zu identifizieren:

Der Partner (Freund, Ehemann) ist eher grob, unfähig romantische Momente zu schaffen, nicht wirklich zärtlich, meist in Eile, Coitus zu haben. Mit der Zeit wird eine Frau gelangweilt und erlebt sich als Spielzeug für den Mann.

Der Freund (Ehemann) hat eine unbewusste Verweigerung, den weiblichen Körper anzunehmen und auf das sexuelle Verlangen der Frau positiv zu reagieren. Als Folge religiöser Erziehung, assoziiert der Mann auf die sexuell aktive Frau mit "Prostituierte".

Der Partner weist das sexuelle Verlangen der Frau zurück; er hat gar eine Angst vor dem weiblichen Orgasmus. Er ist noch immer Mutter-gebunden und zwingt seine Frau, eine Frau mit "Mammi-Haltungen" zu werden".

Der Freund (Ehemann) hat vielleicht eine reduzierte Fähigkeit zu fühlen, Gefühle zu zeigen und über seine Gefühle, seine sexuellen Wünsche ("Ich will Sex gleich jetzt") und Fantasien zu reden.

Die Frau hat eine religiöse Erziehung gehabt, die die sexuelle Lust ablehnt und eine Frau nur in der Rolle der (werdenden) Mutter akzeptiert. Unbewusst erlebt die Frau sich selbst als Prostituierte, wenn sie sich "wild" benimmt.

Da ist keine gegenseitige Liebe in der Beziehung. Beide verweigern sich gegenseitig; oder einer von beiden negiert den andern für was auch immer in der Vergangenheit (unversöhnter Konflikt) oder in der Gegenwart (unbeachtetes Anliegen).

Beide Partner verstehen das eigene innere Leben und dasjenige des Partners nicht wirklich. Beide verweigern, sich selbst und das innere Leben des Partners zu entdecken. Die Liebe der beiden ist sehr oberflächlich und berührt die Seele überhaupt nicht.

Die Frau hat sexuelle Traumas erfahren (Missbrauch), vielleicht schon in der frühen Kindheit; oder sie hat in ihrer Kindheit Geschichten über "schlechte Männer, die da berühren wollen" gehört. Die Vergangenheit ist immer der Code für die Gegenwart!

Die Frau hat nie gelernt, ihren Körper anzunehmen, ihn zu entdecken, und und ihr sexuelles Verlangen zu leben. Die Ursache ist die Religion, die noch immer Selbstbefriedigung als "krankhaft", "schmutzig", "böse", oder einfach als "Charakterschwäche" entwertet.

Die Frau in der Mutterrolle hat ihr Interesse an Sex verloren, weil sie mit den täglichen Angelegenheiten der Kinder und der Hausarbeit überbelastet ist. Mit der Geburt eines Kindes hat sie das sexuelle Verlangen verloren.

Die Biographie der Frau ist überladen mit Konfliken, Problemen und dem Daseinsgefühl, in der brutalen Welt verloren zu sein. Da ist auch meist ein Fehlen an Selbstvertrauen und Selbstwert, kompensiert durch tyrannenhafte Einstellungen.

Die Frau liebt ihren Mann nicht oder der Mann liebt sie nicht. Sie vertraut ihm nicht; sie fürchtet ihn gar. Sie ist unfähig, sich ihm gegenüber zu öffnen und ihn an sich zu lassen, eben "in ihren Körper hinein" zu lassen.

Sexuelles Verlangen ist Teil der Lebensfreude. Das beinhaltet ein Verlangen zu haben, ein interessantes Leben zu schaffen, die Talente zu entwickeln und die Welt zu entdecken. Das Fehlen an sexuellem Verlangen ist auch ein Fehlen an Verlangen nach persönlicher Erfüllung.

Mann und Frau sind täglich unzählbaren Reizen und komplexen Umständen ausgesetzt. Sie sind gezwungen, ein künstliches Leben und eine gespielte Selbstpräsentation zu leben. Ein zerstörter natürlicher Lebensrhythmus tötet spontanes sexuelles Verlangen ab.

Sicherheit und Nähe spielen eine entscheidende Rolle für die Qualität des rein sexuellen Lusterlebens. Männer und Frauen machen Liebe auf ziemlich unbewusste Weise, mit Gefühlen der Schuld oder der Peinlichkeit.

"Liebst du mich?" ist nicht nur die sorgenvolle Frage eines Kindes. Es ist dies auch wesentlich für eine Frau, die ihren Partner frägt: "Liebst du mich, speziell und ausschliesslich nur mich?" Das Fehlen von Liebe würgt das sexuelle Verlangen der Frau ab.

Der sexuelle Trieb schafft energetische Spannung, steigerbar durch Gedanken und Fantasien und mit Reizungen und Kontakt. Die steigernde sexuelle Energie (genannt "Libido") drängt nach mehr Lusterleben und "Explosion". Eine Frau kann Angst haben, eine solche "Explosion" zu erfahren, begründet in einem Fehlen an Selbstvertrauen.

Frauen erleben sexuelle Lust mehr ganzheitlich und mehr Beziehung-orientiert. Männer sind mehr genital orientiert. Beide Partner müssen lernen, dazu eine gegenseitige Balance zu finden.

Männer und Frauen müssen lernen zu reden, sogar über ihre höchst geheimen sexuellen Fantasien; oder zu sagen: "Geh und dusche zuerst!" Je mehr Mann und Frau verweigern zu reden, umso höher ist das Risiko, dass eine Frau "einfriert".

1.11. Ehe, Familie und Erziehung

Die Kraft der Liebe

Eine Beziehung erfordert permanente Selbstbildung, wenn Erfolg eine Chance erhalten soll. Mann und Frau sollen ihre Selbstidentität finden und formen. Beide können diese Arbeit gemeinsam tun. "Die goldenen Regeln einer konstruktiven Beziehung" geben dazu eine Orientierung. Daraus entsteht eine echte Partnerschaft zwischen Mann und Frau.

Liebe ist eine vielfältige kreative Kraft des Lebens. Liebe gibt Sinn und Wert zu leben. Liebe macht das Leben wertvoll und reich. Liebe ist der Schlüssel für viele scheinbar unlösbare Situationen. Liebe respektiert das vielseitig balancierte Leben. Liebe handelt in viele Richtungen: für das eigene psychische Leben, für das psychische Leben des Partners, für das Zusammenleben, für die Gestaltung der Umwelt, für das politische und wirtschaftliche Leben, für die Kultur und das religiöse (spirituelle) Leben.

Die meisten Leute übersehen schnell, dass Liebe viel mehr ist als ein Gefühl. Liebe ist eine komplexe Leistung. Liebe ohne Verstand (Denken) hat sehr kleine Chancen, sich zu etwas Stabilem zu entwickeln. Liebe ohne Geist ist strukturlos und hat keine inneren Wurzeln. Will jemand mit Geist leben, muss er lernen, seine Träume zu deuten und richtig zu meditieren. Will jemand lieben, muss er mit Konzentration und Klarsicht auch das innere Leben und die äussere Wirklichkeit erkennen. Liebe setzt einen Willensakt voraus. Liebe verlangt, genau auf die echten inneren Bedürfnisse, auf das eigene Handeln, auf die Psychodynamik und auf alle Gefühle zu schauen. Im rohen Zustand ist die Liebe nichts anderes als physiologisches soziales Muster.

Wie kann ein Mensch andere lieben, aber sich selber nicht? Wie ist es möglich, sich um die Bedürfnisse anderer zu kümmern, aber die eigenen Grundbedürfnisse zu negieren und zu unterdrücken? Wie kann ein Mensch seine eigenen Bedürfnisse geringschätzen, aber sorgsam die Gefühle der andern schützen und fördern? Wie können die Menschen "Geist" im Leben ausdrücken, aber ihren eigenen inneren Geist missachten? Wie kann man Gott lieben, aber sich dem eigenen inneren Leben nicht zuwenden? Wie kann ein Mensch Gott lieben, ihn ehren und im Leben verwirklichen, aber das eigene innere Leben verweigern? Wie kann jemand die Wahrheit lehren, aber die eigene innere Wahrheit nicht (an)erkennen?

Durch Selbstliebe wird der Mensch fähig, im realen Leben zu lieben. Man kann am andern nur in Betracht ziehen und fördern, was man an sich selber erkennt und sich darum bemüht. Wenn ein Mensch seine eigenen Bedürfnisse erkennt sich darum mit Verantwortung sorgt, wird er fähig, die Bedürfnisse der andern zu integrieren. Wenn jemand seine eigenen Träume bearbeitet, kann er auch Interesse an den Träumen anderer Menschen entwickeln. Wenn sich der Mensch im psychisch-geistigen Wachstumsprozess formt, kann er denselben Prozess bei andern auch fördern. Wenn der Mensch sich selbst liebt, dann kann er seinen Partner und andere in derselben Weise auch lieben: mit dem gesamten psychischen Organismus.

Die Liebe klärt und erkennt die Zukunft über das kurzfristige Vergnügen hinaus. Die Liebe versteht den Menschen allseitig und ausgewogen. Die Liebe leistet für andere und für menschliche Werte. Das ist die Art und Weise, wie die Selbstliebe sich in Liebe für andere Menschen umsetzt. Die Liebe findet auch einen Ausdruck im Umgang mit der Natur, den Gütern, den Tieren und den Pflanzen.

Liebe respektiert das Leben auf vielfältige Weise. Liebe integriert die Welt der Kinder und der alten Menschen in die Gesellschaft. Kranke und behinderte Menschen mit beschränkten Fähigkeiten können die Liebe entdecken und lernen, Liebe kreativ zu leben, für das psychische Leben des Partners, für das soziale Leben, für das Lebensumfeld, für das politische und wirtschaftliche Leben, und ebenso für das kulturelle und religiöse Leben.

Liebe ist eine kreative Kraft. Der Geist ist das ordnende und kontrollierende Prinzip der Liebe. Die Liebe ist das Spezifische der menschlichen Natur: als Potential, als Leistung und Lebensweise. Wenn dies nicht der tiefste Lebenssinn sein kann, was dann kann es sein?

Die Liebe hat die Tendenz, alles, was eine ausgewogene innere Ganzheit behindert, zu transformieren. Die Liebe tendiert "Komplexe" im Unbewussten aufzulösen, Gedanken im realen Leben umzusetzen, und offen sich um die Gefühle zu sorgen. Die Liebe will ihre eigenen Werte durchsetzen, als Lebensrahmen zu gelten und als individueller Lebenssinn zu leben.

Umsetzen meint: psychische Kräfte neu formen, spirituelle Werte anstreben, spirituell verwurzelt zu leben, Lebenssinn und innere Werte zu beachten und zu leben. Dies bedeutet Zuwendung zum realen Leben des Menschseins; und es verlangt die Bildung der psychischen Kräfte.

Ausdrucksformen solcher Leistungen sind: das eigene innere Leben bearbeiten, die Fähigkeit zu versöhnen und auf etwas im Interesse der höheren Ziele der psychisch-geistigen Entwicklung zu verzichten.

"Transzendentaler Prozess" meint auch: das gesamte eigene Sein im Netzwerk der Menschheit zu verstehen (zu sehen, zu umsorgen, zu leben).

Über die eigene Ganzheit hinausgehen führt den Menschen auch zur Umwelt: Was die Menschen innen als archetypisches Ideal haben, soll aussen in der realen Welt einen Ausdruck finden.

Welche Wichtigkeit und Bedeutung hat die Kraft der Liebe für dich?

Liebe deinen Partner

Es ist von enormem Wert, einen besten Freund, Lover und Partner zu haben (Mann mit Frau bzw. Frau mit Mann gemeint – nicht Homosexuelle!). Das Potential für eine grossartige Entwicklung und für das Leben ist vielseitig. Aber beide müssen verschiedene ernste Fakten und Forderungen beachten:

- Verstehe deinen Partner! Aber du musst die gesamte innere Welt integrieren und verstehen. Wenn du dein inneres Leben ignorierst, dann kannst du deinen Freund, Lover und Partner (Mann, Frau) auch nur lieben unter Ausschluss des inneren Lebens!
- Ein Mann bleibt immer ein Mann und eine Frau bleibt immer eine Frau! Mann und Frau sind nicht nur körperlich verschieden! Es gibt viele natürliche Unterschiede in der inneren Welt und ihrer Ausdrucksformen, welche sich gegenseitig ergänzen.
- Eine partnerschaftliche Beziehung leben hat unzählige Potentiale und macht das Leben spannend! Beachte die Regeln der Partnerschaft: Kooperation, Gleichheit in Entscheidungsprozessen, Verständigung, Kommunikation, etc.
- Teile deine Gedanken, Gefühle, Wünsche, Visionen, Sorgen und dein Verlangen. Beide können sich gegeneitig bereichern. Beide können gegenseitig einseitige und falsche Gedanken ausgleichen. So lösen sich auch viel besser alle Arten von Schwierigkeiten und Konflikten.
- Befriedige die Bedürfnisse und das Verlangen deines Partners. Integriere die echten Unterschiede und sei flexibel. Beide sollen sich gegenseitig Raum geben, um individuellen Interessen nachzugehen.
- Einen Menschen zu lieben, schliesst auch mitein: umsorgen, unterstützen, helfen, Respekt, Anteilnahme, gemeinsame kreative Aktivitäten, Interessen und Kapazitäten fördern.
- Eine Beziehung formt immer auch eine Beziehungsbiographie! Es hängt von beiden ab, wie diese Biographie sich entwickelt. Und beide sollen wissen: der eine kann diese Beziehung zerstören, auch wenn der andere

Partner endlos sich Mühe gibt, Beziehung und Liebe lebbar zu machen!
- Es gibt keine Beziehung und keine Liebe ohne Missverständnisse, Meinungsverschiedenheiten, Konflikte, Probleme, Schwächen, Fehler, etc. Lerne, wie du mit diesen Angelegenheiten effizient umgehen kannst!
- Es gibt keinen Menschen ohne Schwächen, Fehler, Probleme, Konflikte, schlechte Gewohnheiten und unentwickelte innere Kräfte. Die Liebe schliesst diese Wirklichkeiten mitein!
- Zusammenleben, Sein und Leben teilen, ist ein Lebensprojekt! Mann und Frau stimmen dem zu, dass sie ihre Existenz auf dieser Erde teilen, und das Bestmögliche für Wachstum und für ein ein gutes Leben unternehmen.

Sein und Leben mit Liebe teilen, schliesst immer Lernprozesse mitein. Nicht lernen wollen und sich nicht verändern zu wollen, ist starrsinnig und ineffizient! Es ist normal, dass manche Beziehungen scheitern, weil jeder Mensch in einer psychischen und geistigen Entwicklung ist. Das höchste Prinzip, eine Beziehung und das Leben erfolgreich zu managen, ist: lernen von Erfolg und Misserfolg, vom Leben ganz allgemein.

Nahezu alle Menschen haben Sehnsucht nach einem Partner, wollen lieben und geliebt werden. Menschen wollen Harmonie, Glück, Zärtlichkeit, Freude, Erfüllung und Frieden in einer Beziehung. Doch die Sehnsucht nach Liebe, Verliebtsein, Erotik und lustvollen Erlebnissen schafft eine Riesenmenge an Illusionen und Hoffnungen. Viele Beziehungen scheitern an dieser Realität.

30 Aspekte der Übereinstimmung mit einem Partner

Sage deinem Partner nicht: "Versuche nie, mich zu ändern!" Wenn dein Partner dir sagt: "Versuche nicht, mich zu ändern!", dann ist er / sie falsch und starrsinnig.

Zusammenleben bedingt immer, voneinander und zusammen zu lernen, sich dem andern anzupassen, Kompromisse zu finden und die psychologischen Qualitäten des andern Geschlechts zu integrieren. Von Fehlern lernen und mangelhafte Aspekte (Qualitäten, Verhalten) zu verbessern, ist der Schlüssel zu Erfolg. Einen Ausgleich in den Interessen und in der Lebensweise zu finden, bedeutet Lernen. Zusammen in Liebe leben, bedeutet zusammen psychologisch und geistig wachsen.

Mit andern Worten: Du und dein Partner sind immer in einem Wandlungsprozess in der Beziehung! Wenn du keine Veränderungen willst (dich nicht wandeln willst), nicht lernen und nicht wachsen willst: dann bleibe besser allein!

Beantworte die Fragen, die dir wichtig sind. Gib einige Schlüsselworte:

1. Ich kann nicht leben ohne:
2. In meinem Leben will ich niemals haben, allgemein gesehen:
3. Ich mag Menschen, die sind:
4. Ich mag Menschen nicht, die sind:
5. Die Art und Weise meines täglichen / wöchentlichen Einkaufens ist:
6. Ich mag es nicht, wenn in meinem Badezimmer und Schlafzimmer ist:
7. Wenn ich ein Tier sein sollte, würde ich wollen:
8. Meine 3 grössten Wünsche für mein Leben sind:
9. Die 3 grössten Ziele, die ich im Leben erreichen will, sind:
10. Meine 3 schlimmsten Lebenserfahrungen sind:
11. Meine 3 schönsten Lebenserfahrungen sind:
12. Meine signifikanten Lebensängste sind:
13. Meine Stärken, Beziehung und Liebe zu gestalten, sind:
14. Sexuelle Befriedigung will ich (Wichtigkeit, Dauer, Häufigkeit):
15. Liebe machen mit meinem Partner, bedeutet mir:
16. Wenn ich Liebe mache, mag ich wirklich nicht:
17. In meiner Beziehung möchte ich auch aktiv für mich sein und zwar in:
18. Für meine eigene Selbstverwirklichung in der Beziehung brauche ich:
19. An einem sonnigen Sonntag mag ich mit meinem Partner:
20. An einem regnerischen Sonntag möchte ich mit meinem Partner:
21. Liebe leben in der Beziehung, bedeutet konkret für mich:
22. Bei Missverständnissen in der Beziehung reagiere ich:
23. Kommunikation mit meinem Partner; Wichtigkeit, Stil, Kritisches:
24. Ich denke und fühle über meine letzte(n) Beziehung(en) und Partner:
25. Selbsterkenntnis und psychisch-geistige Entwicklung bedeuten mir:
26. Ich bin sehr flexibel in der Beziehung in den folgenden Punkten:
27. Meine physische Gesundheit ist:
28. Meine psycho-somatischen Reaktionen in stressreichen Situationen sind:
29. Meine mentalen Stärken / Schwächen sind:
30. Wenn ich Gott begegnen würde, ich würde ihm sagen:

Ehre den Bund der Ehe

"Ehe" ist ein Begriff, der im Wesentlichen bedeutet: gemeinsam durch den Prozess des psychischen und spirituellen Wachsens gehen, um eine ausgewogene Ganzheit von Männlichkeit und Weiblichkeit (innerpsychisch und archetypisch gesehen) zu erreichen. Ein Mann wird zum Mann und eine Frau wird zur Frau durch die gegenseitige Förderung und Teilnahme an diesem psychischen und geistigen Prozess. Liebe-machen ist auch ein symbolischer Ausdruck dieser Bedeutung. In diesem Sinne hat die Begegnung zwischen Mann und Frau eine archetypische Bedeutung: es geht um die

Integration des andern Geschlechts und um die Art und Weise der gegenseitigen Erfahrung der männlichen und weiblichen Sexualität in all ihren physiologischen, psychischen und geistigen Aspekten.

Aus psychisch-geistiger Sicht fokussiert "Ehe" im Kern diese inneren und äusseren Erfahrungen und Prozesse. Die Bedeutung, dass Mann dadurch ganz Mann wird und die Frau ganz Frau wird, ist "unanfechtbar". Nur durch diesen archetypischen Aspekt erhält der Begriff "Ehe" als rituelle Zelebration und praktische Verwirklichung seine Legitimität. In kurzen Worten: Der Begriff "Ehe" ist ein ewiger Archetypus der Vereinigung von Männlichkeit und Weiblichkeit beim Mann und bei der Frau, und dies innerhalb der realen Bindung, der realen Beziehung, in der beide Wachstum, Sein und Leben teilen.

Darum ist die Ehe nicht einfach eine Lebensgemeinschaft, wo jeder auch eigene Interessen vertritt. Die Ehe ist nicht bloss Verwirklichung von Liebe und sexueller Befriedigung. Die Bedeutung schliesst viel mehr ein als einen menschlichen und juristischen Raum, Kinder zu zeugen und zu erziehen. Eine Ehe ist mehr als bloss eine gemeinsame Meisterung des Lebens.

Die Ehe meint aus ihrem ureigenen, echten psychisch-geistigen Sinn den Prozess des Wachstums mit und durch das andere Geschlecht – zwingend mit dem biologischen und psychologischen Geschlecht.

Es gibt vielfältige Gründe für ein Scheitern, zum Beispiel:

- Unfähig, die eigenen Gefühle zu zeigen; unfähig, Probleme zu lösen.
- Unfähig, konstruktiv zu argumentieren und zu streiten.
- Die Motivation zu heiraten war, wegzukommen von der Angst des Alleinseins.
- Ein Konflikt der gegenseitigen Rollenerwartungen, zum Beispiel: umsorgen.
- Unfähig, zuzuhören und zu reden (Fehlen von Kommunikationsfähigkeiten).
- Fehlen von Selbstliebe und dadurch Unfähigkeit den Partner zu lieben.
- Die Illusion, dass die Ehe – Beziehung – von selbst funktioniert.
- Unfähig, sich selbst zu verwirklichen aus dem Innern (Selbstverwirklichung).
- Opfer und Akteur sein von Lebenslügen und Illusionen unseres Zeitgeistes.
- Berufliche und ökonomische Änderungen formen Charakter und Interessen.
- Untreue als Resultat einer Stagnation oder oberflächlichen Beziehung.
- Eine persönliche Lebenskrise, die die Person nicht meistern will.
- Eine kritische und behindernde Charakterentwicklung des einen Partners.

- Unfähigkeit, Sex zu leben, mit den entsprechenden Konflikten umzugehen.
- Der eine rennt weg von sich selbst und von der Verantwortung.
- Lebensumstände können eine Liebe und Beziehung zerstören.
- Andere Menschen zerstören die Liebe zwischen zwei Menschen.

Lerne, solche Risiken des Scheiterns zu vermeiden! Lerne, Liebe und Beziehung zu leben! Verstehe die wesentliche Bedeutung der Ehe und erlerne alles, was nötig und nützlich ist, lebenslangen Erfolg zu haben. Die Ehe muss geschützt werden; sie muss in all ihren Kapazitäten von beiden Partnern entwickelt werden. Ein partnerschaftliches Leben schaffen, stärkt die Ehe.

Homosexuelle Ehe: Es gibt klare psychoanalytische Erläuterungen zur Homosexualität, die besagen, dass diese durch unbewusste Triebkonflikte verursacht sind, geschaffen durch Erfahrungen mit Vater- und Mutterbeziehung (ausgenommen in definitiv physiologischen Fällen). Leider wollen diese Menschen ihre eigene innere wahre Realität nicht sehen.

Die Folgen heute sind: sie schänden durch ihren neurotischen Konflikt den Archetypus der Ehe, indem sie diesen für ihre homosexuelle Beziehung beanspruchen. Ihre Forderung ist gleich einem Dogma und in diesem Sinne fundamentalistisch. Sie können gewiss ihre Rechte auf dem Niveau gesetzlicher Regelungen erhalten, aber niemals durch die Entweihung des Archetypus "Ehe". Eine solche Gesetzesregelung kann gleichzeitig das Zusammenleben von Brüdern, Schwestern, älteren Menschen sowie jede Art einer Paargemeinschaft regeln, die unter besonderem gesetzlichem Schutz und unter besonderen Rechten zusammenleben wollen.

Du entscheidest über Scheidung (Trennung)

Die Scheidungsrate in den Industrieländern ist bekanntlich sehr hoch. Scheidung ist heute "normal" geworden, d.h. gesellschaftlich gebilligt, gar gefördert.
Es gibt viele Gründe, die die Menschen drängen, sich zu scheiden; zum Beispiel:

- Die eigenen Gefühle nicht zeigen und die Probleme nicht lösen können.
- Nicht konstruktiv streiten können.
- Man hat geheiratet aus Angst vor dem Alleinsein bzw. vor Einsamkeit.
- Konflikt der gegenseitigen Rollenerwartung: versorgen und beschützen.
- Weder zuhören noch sich aussprechen können (Kommunikationsfähigkeit).
- Mangelnde Selbstliebe und somit auch Unfähigkeit, den Partner zu lieben.
- Illusionen, eine Ehe bzw. Beziehung funktioniere von selbst.
- Unfähigkeit, sich selbst wahrhaftig zu verwirklichen (Selbstverwirkichung).

- Opfer und Täter der Lebenslüge und damit der Illusionen des Zeitgeistes sein.
- Berufliche und ökonomische Veränderungen, die den Charakter belasten.
- Untreue infolge stagnierender, oberflächlicher Beziehungssituation.
- Persönliche Lebenskrise, die die Person nicht bewältigen kann oder will.
- Erschwerende Charakterentwicklungen des einen Partners.
- Die Sexualität mit all ihren Konflikten nicht leben bzw. bewältigen können.

Das bedeutet: Mit der Scheidung wird keine dieser Ursachen wirklich gelöst. Der Mensch flieht durch Scheidung letztlich vor sich selbst und vor der Selbstverantwortung. Er ächtet den Partner und gleichzeitig alles, was er selbst an Unvermögen hat. Und nebenbei muss man wissen: Scheidung enthält ein enormes Gesundheitsrisiko.

In schätzungsweise 7 von 10 Scheidungen wäre ein Lösungsweg möglich, wenn beide Partner durch Persönlichkeitsbildung und Individuation, sich selbst stellen würden. Das bedeutet gleichzeitig den Verzicht auf die Lebenslüge.

Die erste Grundregel für einen konstruktiven Lösungsweg ist: Jeder hat sich selbst zu stellen, ohne vom andern darin beeinflusst oder missbraucht zu werden. Jedem sagen die eigenen Träume, was er zu tun hat und wie er in seiner Selbstbildung und Individuation vorwärts kommt.

Die zweite Grundregel für einen konstruktiven Lösungsweg ist: Die Liebe verlangt die Individuation. Nur wenn sich einer der beiden Partner diesem Gebot der Liebe vollumfassend verweigert, während der andere diesen Weg verantwortungsvoll geht, ist eine Scheidung angebracht.

Die dritte Grundregel für einen konstruktiven Lösungsweg ist: Der eine Partner muss – wenn der andere (noch) nicht will – den Weg der Indviduation zuerst alleine gehen und damit seinem Partner vorleben, dass dieser Weg wirklich eine echte Alternative zur Lebenslüge ist. Er muss lernen zu lieben, damit der andere dies dadurch (durch überzeugen mit Fakten) etwas später auch lernen kann.

Will ein Partner diese Grundregeln nicht achten und leben, drängt sich meist Scheidung auf. Nicht scheiden kann das gesamte noch offene Leben einer Person lähmen und definitiv jede Entwicklung und Selbst-Erfüllung blockieren. Die Folgen sind dann: verhärteten Charakter, Flucht in die Religion oder in Alkohol, psychische Leiden, psycho-somatische Störungen und Krankheiten, auch Krebs, und ein bitteres, trauriges Alter.

Entscheide sorgfältig über Schwangerschaftsabbruch

Zuerst einmal, es ist deine absolute Pflicht, gründlich nachzudenken, ob du mit deinem Partner ein Kind zeugen willst und ob ihr beide bereit seid, ein Kind zu zeugen, einschliesslich aller finanziellen Konsequenzen, die damit verbunden sind. In diesem Sinne ist es auch deine Pflicht, die angemessenen Massnahmen zu treffen, dass du kein unerwünschtes Kind zeugst. Es ist definitiv nicht ratsam, ein Kind zu zeugen, wenn du und dein Partner für diese Verantwortung nicht vorbereitet seid. Ein Kind braucht sehr viel Liebe und Unterstützung vom Vater und von der Mutter.

Wer vor der Entscheidung steht, eine Schwangerschaft abzubrechen, muss Folgendes wissen und bedenken:

Jede Frau, die abtreibt und dies nicht gründlich verarbeitet, wird auch noch nach zehn, zwanzig oder mehr Jahren Tränen des Schmerzes und der Schuld haben, und dies selbst dann, wenn es ihr gelungen scheint, die "Sache" technisch oder lebensgeschichtlich zu rationalisieren und zu vergessen. Das vollzogene Ereignis (Schwangerschaftsabbruch) und die verdrängte Schuld schaffen immer ein neues Schicksal.

Meditative Rückführungen in die vorgeburtliche Zeit erhellen klar, dass mit der Zeugung gleichzeitig sich eine Seele an dieses biologische Werden bindet. Diese Seele hat ein paranormales Bewusstsein, eine paranormale Wahrnehmung und ein entsprechendes Erleben. Die Seele erlebt, dass sie nicht aufgenommen ist und wieder gehen muss.

Männer im allgemeinen überlassen das emotionale und moralische Problem des Schwangerschaftsabbruchs nur allzu gerne der Frau; sie erleben dennoch unbewusst ihre Mitverantwortung dem werdenden Leben gegenüber, auch wenn sie diese rational und "cool" verdrängen können. Um diese Verdrängung aufrechterhalten zu können, müssen sie in ihrem Charakter immer rigider werden.

Auch Männer können über Jahrzehnte verfolgt werden von der nagenden Vorstellung: "Was wäre das wohl für eine Tochter / einen Sohn geworden?" Diese Frage wird vielfach mit der Hektik des alltäglichen Lebens verdrängt. Die Gewichtigkeit und der Ernst dieses möglich gewesenen Menschwerdens wirkt enorm viel tiefer als irgendeine Verdrängung von Wünschen oder Gefühlen.

Die Entscheidung zur Abtreibung ist in der Tat menschlich sehr schwierig. Professionelle Beratung und Stütze ist auf jeden Fall immer angezeigt. Denn der Entscheid ist nachher nicht mehr rückgängig zu machen. Das werdende Kind und die Verweigerung, dieses aufzunehmen, prägt den Menschen.

Der rein technische Umgang mit dieser Entscheidungssituation im Sinne von "Das ist ja bloss ein erstes Entwickeln von menschlichen Körperzellen, die eben wieder weggeschafft werden" macht den Menschen in seinem Charakter roh, brutal, hart, kalt und aggressiv allem sensiblen Menschsein gegenüber.

Die andere Einstellung, die den Schwangerschaftsabbruch als "Mord" bezeichnet, ist ebenso unangemessen wie die rein technische Betrachtung, wenn man die kritischen Folgen einer Schwangerschaft in Betracht zieht; das sind zum Beispiel: menschlich und ökonomisch sehr unglückliche Lebensumstände der Frau, belastete psychische und vielleicht physische Dispositionen, Erzeuger mit für die Frau allerschwierigsten Belastungen (z.B. Vergewaltiger) u.ä.m.

Die enorme Tragweite einer solchen moralischen und menschlichen Entscheidung sollte zumindest zu verantwortungsbewussten Einstellungen über die eigene Praxis der Sexualität führen, die diesem Risiko in vollem Umfange Rechnung tragen. Darüber hinaus ist ein solch herausfordernder Lebensmoment auch eine schicksalshafte Chance, über das psychisch-geistige Menschsein und das eigene wie fremde menschliche Leben gründlichst nachzudenken; eine Chance, das eigene evolutionäre Menschsein zu fördern (und die eigene Entwicklung).

Effizientes Familienmanagement

Heutzutage beobachten wir viele verschiedene Formen der Familie und viele Arten und Weisen des Familienlebens. Eine Familie ist eine soziale Institution. Wenn wir über Familienmanagement reden, dann müssen wir zuerst hervorheben: eine Familie beginnt mit Liebe, ein Mann und eine Frau lieben sich und wollen ein Kind zeugen. Der wesentlichste und tiefste Kern des Familienmanagements ist LIEBE! Liebe zwischen Mann und Frau, zwischen Eltern und Kind / Kinder. Liebe ohne Intelligenz, ohne Wissen und Fähigkeiten muss scheitern. Management besteht aus verschiedenen Fähigkeiten. Im Familienmanagement hält die Liebe alles zusammen.

Familienmanagement ist auch grundgelegt in der menschlichen Sehnsucht, mit einem Partner ein Zuhause zu haben, zu wachsen mit dem Partner und den Kindern. Liebe beinhaltet immer auch: Wertschätzung geben, Zuneigung zeigen und sich gegenseitig ermutigen. Liebe akzeptiert die Differenzen zwischen den Personen durch das ganze Leben hindurch, weil alle Mitglieder der Familie wachsen. Spirituelle, allgemein menschliche Werte und Glauben

(Vertrauen) halten eine Familie zusammen. Alle Mitglieder einer Familie wollen geliebt und geschätzt werden. Positives Feedback, Ermutigung und Zeichen der Zuneigung schaffen jeden Tag einen "Familiengeist".

Das Familienleben muss organisiert werden: jedes Mitglied hat seinen "Platz" und alle Mitglieder haben für ein gutes Zusammenleben beizutragen. Die Hauptaufgaben sind: einkaufen, putzen, kochen, waschen, die Kinder von da zu dort und zurück rumzufahren (Schule, Freunde). Eine Familie muss auch zusammen entspannen, Spass haben und die Welt erfahren (Beispiel: Ferien, Freizeit).

Eine gut funktionierende Familie nimmt sich Zeit zu reden und zuzuhören, die täglichen Hausarbeiten zu teilen und gemeinsam Entscheidungen zu treffen, insbesondere auch kritische Vorfälle im Alltag zu klären. Jedes Familienmitglied will erzählen, was durch den Tag so alles vorgefallen ist und auch mit Interesse zuhören, was andere zu sagen haben. Jedes Mitglied der Familie ist auf eigene Weise original. Alle Mitglieder erlauben sich gegenseitig, über Interessen begeistert zu sein. Respekt zeigen und Toleranz üben ist eine einfache, aber wirkungsvolle Regel. Familienzeit schafft auch eine Zusammengehörigkeit, wo alle Mitglieder Ideen, Gedanken und Erfahrungen teilen.

Alle Familienmitglieder wollen ein organisiertes und berechenbares Zuhause. Die täglichen Hausarbeiten werden zwischen Vater und Mutter geteilt, und die Kinder tragen dazu je nach Alter bei.

Kinder wollen und benötigen ein Mitreden in Familienangelegenheiten. Die richtige Weise der Kommunikation schafft eine sehr spezielle Beziehung zwischen den Familienmitgliedern. Vertrauen und Intimität sind vital. Eine gut funktionierende Familie widersteht Rückschlägen und Krisen mit konstruktiven Einstellungen und gemeinsamen Werten. Alle Mitglieder kooperieren zusammen in Sachen Herausforderungen.

Routine sind die geplanten und sich wiederholenden Aktivitäten, die ein glattes Funktionieren des Familienlebens ermöglichen. Routine vermittelt Sicherheit und Stabilität. Routine beinhaltet Dinge, die zu bestimmten Zeiten getan werden müssen: Essenszeiten, Zeiten für Schlafen gehen, einkaufen, putzen und waschen, regelmässige "Spielzeiten", tägliche Hygiene von allen, Geschichten vor dem Einschlafen erzählen, Aufteilung der Hausarbeiten, den Tisch decken, das Geschirr abwaschen, Hobbies und Sportaktivitäten, und auch die Art und Weise, sich zu verabschieden, etc. Routine verhilft jedem, sich zu organisieren und weniger Stress zu haben. Routine fördert Teamarbeit, weil jedes Mitglied eine Verantwortung übernimmt. Routine gibt

Stabilität, innere Sicherheit und Zufriedenheit.

Rituale helfen den Familienmitgliedern zu wissen, was über die Familie speziell ist, zum Beispiel: Weihnachten, Geburtstagsfeiern, soziale und kulturelle Ereignisse, religiöse Feiern, Einladung der Grosseltern, am Sonntagmorgen einen Kuchen backen, nationale und lokale Feste. Rituale bewirken, dass die Familienmitglieder die Familienidentität wichtig nehmen und diese stärken, teils auch als nationale Identität. Die Familie erhält damit auch ein Gefühl der eigenen Familiengeschichte mit all dem Eigentum. Rituale zusammen mit Routine schaffen einen Familienzusammenhalt.

Soziale Aktivitäten sind ein weiterer Teil des Familienlebens, speziell Kontakte mit Nachbarn, Freunden, Sportsfreunden, Schulkameraden, Freunde der Kinder, Lehrer und Verwandte. Soziale Aktivitäten bereichern ein Familienleben und geben jedem Mitglied einen eigenen Bereich für Selbstdarstellungen und um die Welt zu entdecken. Im Allgemeinen herrscht rund um die Welt ein unglaubliches Defizit an psychisch-geistiger Reife und an Qualitäten der Persönlichkeit. Menschen und somit auch Familien sind heutzutage zahllosen Einflüssen ausgesetzt:

Medien (Radio, Fernseher, Zeitungen, Magazine, Filme), Internet, Marketing, Schaufenster, Millionen Güter, Unmengen an Spielzeug und elektronischen Spielen, Handy in tausend Modellvarianten, Freizeitbereiche für Teenagers (Pubs, Diskotheken), zahlreiche Konsumgüter, Autos, Accessoires, ständig wechselnde Modeprodukte, etc.

Der westliche Supermarkt hat alle Bemühungen der Eltern für eine gute Erziehung ihrer Kinder untergraben (zerstört). Bereits kleine Kinder sind gehirngewaschen und manipuliert von den Konsumgütern, von Kleider und Schuhen (Marken); und sie können soviel Spass (Unterhaltung) haben, wie sie wollen. Gewalt zwischen Teenagers und sogar Kindern in der Schule und auf der Strasse hat dramatisch zugenommen. Öffentliche Schulen sind Leistungsfabriken geworden. Die Kinder werden gezwungen, soviel zu leisten wie nur möglich – oder sie scheitern in der Schule und im späteren Leben – auch das Familienmanagement. Gibt es da noch Hoffnung?

Die junge Generation hat den minimalsten Respekt gegenüber ihrer Eltern, Lehrer und andern Menschen verloren; auch gegenüber Geld. Später im Leben, wenn diese jungen Menschen heiraten und Kinder haben, dann werden sie keine Vorstellung mehr von Grossmutter's Rezepten haben; und sie können nicht einmal eine einfache Mahlzeit kochen. Sie haben keine Ahnung, wie ein Familienleben zu managen ist und wie man Kinder erzieht. Wie könnten sie auch? Sie können nicht einmal ihr eigenes inneres Leben, ihre Beziehung und ihr reales Leben managen. Sie haben das Bewusstsein über Familienwerte vollständig verloren.

Die Werte der Familie sind verloren!

Das fundamentale Familienmanagement kann mit einem Geschäft verglichen werden. Aber es ist viel mehr als das. Es hat immer zu tun mit Intelligenz, Liebe und Geist.

Typische Probleme im Familienleben sind:

- Familienwerte
- Geld Management
- Kommunikation
- Entscheidungen treffen
- Verantwortung in Hausarbeiten
- Aktivitäten der Familie
- Soziale Aktivitäten
- Individuelle Aktivitäten
- Tägliche Routine
- Rituale
- Arbeit (Geld verdienen)
- Kindererziehung

25 Prinzipien für die Erziehung deiner Kinder

Ein Kind zu erziehen ist eine anspruchsvolle Verantwortung. Die Fähigkeit, Kinder zu erziehen verlangt Bildung. Aber die meisten jungen Eltern haben nie gelernt, wie man Kinder erzieht. Gewiss, sie zeigen ihren Kindern, wie man Zähne putzt und die Hände wascht, wie man sich am Tisch verhält (beim Essen) und wie man das Zimmer in Ordnung hält.

Ein Vater und eine Mutter haben wesentlichen Einfluss in die Art, wie ihre Kinder kommunizieren und mit der Riesenmenge an kritischen und normalen Situationen umgehen.

Ein wichtiger erzieherischer Fokus ist, den Kindern ein Gefühl von Selbstwert zu vermitteln, Zuneigung und Unterstützung zu geben, sie zu ermutigen und ihnen Verständnis zu zeigen. Lob fördert das Lernen! Kinder müssen lernen, dass Routine und Rituale wichtig sind. Sie müssen nebst anderen Aufgaben auch zu den Hausarbeiten einen Beitrag leisten.

Ein Weg, Kinder zu erziehen, ist das Reden und Zuhören. Reden löst die meisten Probleme im Familienleben. Kommunikation ist eines der wichtigsten Werkzeuge, um Probleme im Familienleben zu lösen. Offensichtlich ist zuhören ebenso wichtig wie reden. Erniedrigende Kommunikation, Drohungen und Schuldzuweisungen macht das Kind schlecht, schuldig und hilflos. Mit den richtigen Worten kritisieren kann zu Verbesserungen verhelfen, kann aber auch Lernen lähmen. Der beste Weg ist: Zeige, was warum falsch ist, zum Beispiel wegen Ineffizienz oder unerwünschten Konsequenzen. Manchmal ist aber auch Druck nötig. Aber dies sollte angemessen und nie erniedrigend sein. Kinder benötigen Chancen zu lernen, indem sie etwas tun. Ein nie endender Streit im Interesse der Kontrolle macht eine Situation nicht besser.

Tägliche Routine hilft, unsere Körperuhr und Tagesuhr zu bestimmen. Routine helfen der Erziehung in Sachen Gesundheit (Beispiel: Zähne putzen, Hände waschen nach der Benutzung des Klo, oder wenn sie nach Hause kommen, etc.).

Es gibt viele Wege, wie man Kindern den Umgang mit Geld beibringt. Kinder müssen den richtigen Umgang mit Geld lernen, auch über die Nutzung des Handy und des Internet, etc.

In den industrialisierten Ländern sind bereits Babies, Kleinkinder und Teenager Millionen Gütern und einer Unmenge an Möglichkeiten für Unterhaltung ausgesetzt.

Kinder wollen alles haben, was sie mit den Augen sehen und mit der Hand anfassen können. Eltern wissen sehr wohl, dass niemand alles haben kann, weil dies das Budget ruinieren würde. Jeder muss arbeiten, um Geld zu haben für Güter, Essen und Unterhaltung. Geld kann manchmal auch eine erzieherische Belohnung sein für ein gutes Verhalten oder eine besondere Leistung; dies aber sollte nie die Norm sein.

Der beste Weg, Kinder in einer Welt von zahllosen Gütern und Offerten für Unterhaltung zu erziehen ist die Art und Weise, wie die Eltern selber in dieser materiellen Welt leben. Menschliche Werte und allgemein Werte vermitteln hat "kurze Beine", wenn die Eltern nicht leben, was sie vermitteln. Das Verhalten der Eltern ist das beste Modell, den Kindern die wichtigsten Werte zu vermitteln.

Kinder kopieren alles, was sie an ihren Eltern beobachten, am Fernsehen, auf der Strasse, in Magazinen, in andern Familien, bei Freunden und anderen Menschen sehen. Kinder wollen die Welt erforschen, wollen erleben, wie es ist, was andere haben oder leben. Sie müssen lernen, wie schädlich etwas sein kann, wenn sie nicht mit einer Wertorientierung auswählen.

Die meisten Erwachsenen haben die Fähigkeit, stark zu sein, verloren; sie sind unfähig, eine ausbalancierte Disziplin zu leben. Nun, wie können sie so ein Ideal für die Kinder sein? Erziehung beinhaltet auch das flexible Lernen der Disziplin. Je mehr die Eltern wahre Liebe und echten Brauch leben, umso mehr akzeptieren die Kinder die Worte, Regeln und Werte. Strenge Disziplin, wirkungsvolles Arbeiten und gute Lernhaltungen, zusammen mit einer verständnisvollen und nachvollziehbaren Erklärung, müssen Teil der Kindererziehung sein.

Eltern haben eine enorme Verantwortung in der Erziehung ihrer Kinder. Aber diese Verantwortung hat eine gewisse Grenze. Jedes Kind hat seinen eigenen Charakter und immer einen gewissen Spielraum, ob es den Weg der Eltern akzeptiert oder zurückweist. Jedes Kind hat auch eine eigene Art und Freiheit, Entscheidungen zu treffen. Die Umwelteinflüsse sind heute so stark, dass die Eltern ihre Kinder nicht mehr vor Manipulationen und Gehirnwäsche (Information, Verhalten, Marketing) schützen können.

25 Regeln über den besten Weg der Kindererziehung in einer materialistischen Welt zu geben, wo nur noch Lebenslügen, Oberflächlichkeit, Geld und Konsum geschätzt wird, und wo die meisten Menschen sehr niedrige Qualitäten (der Persönlichkeit) haben, dafür aber umso neurotischer sind (ihre eigene innere Welt ignorieren), ist wie ein Haus auf tiefem Triebsand bauen.

Die ultimative Hoffnung für Väter und Mütter ist:

Es gibt nur eine Regel für eine gute Erziehung der Kinder: erziehe dich selbst mit sehr strenger Disziplin, grundgelegt im inneren Geist! Eigne dir Wissen an über das innere Leben der Menschen und der Kinder; und erlerne die richtigen Fähigkeiten, dich selbst und das Leben allgemein zu managen. Lebe den Weg deines persönlichen psychisch-geistigen Wachstums zusammen mit deinem Partner. Lebe immer Liebe mit Intelligenz und Geist. Dies ist die beste Fundierung der Erziehung deiner Kinder. Aber dein Kind wird immer eine freie Wahl haben, ob es deinem lebendigen Modell (Vorbild) nachfolgen will, dieses korrigiert oder verbessert, oder dieses teilweise oder ganz verweigert.

1.12. Entdecke dich mit Traumdeutung

Nutze die Kraft deiner Träume

Der innere "Geist" ist die Kraft, die die Träume schafft, die Meditationen intelligent komponiert und als Quelle der Intuition bzw. Inspiration gilt.

➜ Der Geist ist eine informative, ordnende und führende überpersönliche Kraft.
➜ Der Geist ist das Tätigkeitsprinzip der Seele.
➜ Der Geist ist belebend, anregend, inspirierend, wohlwollend.
➜ Der Geist ist die Quelle der Weisheit.

Der Geist ist somit keine menschliche Schöpfung, kein Produkt der Kultur, sondern eine spirituelle psychische Funktion in jeder Psyche eines jeden Menschen, respektive der Seele schlechthin.

Der Geist hat einige Besonderheiten, wovon wir hier hervorheben:

- Der Geist weiss, wie und wozu er dem Ich Botschaften übermittelt.
- Der Geist kennt das "Codeprogramm" der Individuation.
- Der Geist organisiert die Bearbeitung des Inventars im Unbewussten.
- Der Geist kennt die Wege und Abstufungen zu einem ausgewogenen Leben.
- Der Geist ist die Quelle zu Informationen über Gott und die Transzendenz.
- Der Geist sieht Lösungen, wo das Ich mit Rationalität keinen Weg sieht.
- Der Geist ist die ursprüngliche Quelle jeder Religion, aller religiösen und spirituellen Lehren; diese Quelle haben die Religionen seit Jahrhunderten und Jahrtausenden verloren.

Denke nach und nutze den Power des inneren Geistes. Und beachte auch dies:

1. Der innere Geist ist die höchte Autorität und steht über allen Religionen und dogmatischen Lehren!
2. Das spirituelle Bewusstsein der meisten Menschen ist noch immer auf einem archaischen Niveau! Die Menschen vermeiden es, mit diesem inneren Geist in Berührung zu kommen.
3. Musst du deinen Gott für alles verantwortlich machen und ihn um Hilfe bitten, gewissermassen als Ersatz für Traumdeutung?
4. Gott (Religion, Dogmatismus) ist für die meisten Menschen ein Ersatz

für Selbsterkenntnis und Selbstbildung! Anstatt mit Träumen zu arbeiten, bitten sie Gott, alles für sie zu regeln.

5. Willst du psychisch und geistig wachsen? Dann höre auf diese innere Kraft und wachse mit dem inneren Geist!

Es ist wirklich Zeit, jetzt zu lernen, wie du deine Träume richtig interpretieren kannst!

Traumdeutung

Bringen wir es gleich auf den Punkt: Wir alle träumen nachts. Und dies ist äusserst wichtig. Denn diese Träume enthalten sinnvolle Botschaften. Wir alle haben in unserer Seele einen inneren Geist. Wir können dem Geist nicht befehlen, was er uns wie zu sagen hat. Wir können diesen Geist auch nicht bilden, etwa im Sinne der Intelligenz. Dieser Geist ist transzendental wie die Seele. Dieser Geist ist gleichzeitig auch der Geist Gottes. – Das wagt selten ein Psychoanalytiker, Psychotherapeut und Psychologe so zu sagen.

Ich kann es mir leisten. Denn ich habe 30 Jahre lang die Welt der Träume im Zusammenhang mit der Individuation (der psychisch-geistigen Entwicklung) des Menschen gründlichst und minutiös erforscht. Ich sage es gerne auch hier: Ich habe mehr Träume über Gott und Geist, über die Seele, über die Archetypen der Seele, über das Menschsein und über den Lebenssinn gehabt, als in allen heiligen Büchern der Menschheitsgeschichte zusammen zu finden sind. Und tausend Träume oder mehr haben mir aufgezeichnet, wohin sich die Menschheit und die Erde entwickeln.

Der Geist spricht zum Menschen durch Träume. Der Geist steht über allen Religionen und über jedem Konzept der Spiritualität. Und damit beginnt das grosse Menschheitsdrama: Die Religionen und die Konzepte der Spiritualität haben diesen lebendigen Geist verloren. Sie erheben sich über diesen Geist mit Dogmatismus, Fundamentalismus und abstrusen Lehren. Die tausend spirituellen Konzepte ohne diesen Geist sind ein furchterregendes Labyrinth an Irrlehren. Ein Alptraum! Geistige Menschenverführung! Sekten auf dem Niveau schwerster Neurosen! Und was ist eine Religion ohne diesen lebendigen inneren Geist in jedem Menschen?

Nebenbei habe ich zudem unzählige Websites über Träume und Traumdeutung angeschaut. Es ist nicht zu fassen, wie krank, wenn nicht gar pervers es ist, wie mit dieser Welt der Träume umgegangen wird! Das gibt es Traumverständnisse, die übler sind als ein giftiger, atomverseuchter, stinkender Sumpf. Gewisse Fernsehkanäle berichten hin und wieder über Träume und behaupten im Namen der Wissenschaft, Träume seien nichts anderes als „hirnphysiologischer Abfall".

Wenn man wissen will, was geistige Verbrecher sind, dann muss man sich solche „wissenschaftliche" Reportagen und die unzählbaren selbsternannten Master der Traumdeutung genauer anschauen!

Der Geist ist Teil von Gott, vielleicht sowas wie die „Intelligenz" von Gott. Geist orientiert sich an den sich permanent wandelnden Wirklichkeiten des Menschen, der Menschen, der Menschheit und der Erde. Das bedeutet: Geist lernt und adaptiert ununterbrochen. Also lernt und adaptiert auch Gott ununterbrochen. Gott orientiert sich gemäss dem Geist. Umgekehrt gesehen: ein ineffizienter Geist, der nichts lernt und nichts adaptiert über das, was die Menschen auf der Erde tun! Und was für ein langweiliger und impotenter Gott, der nichts lernt und nichts adaptiert über das, was die Menschen auf der Erde tun!

Und das bedeutet praktisch für uns: wir müssen über uns, das Menschsein, das Leben und die Erde permanent lernen und adaptieren. Traumdeutung muss logischerweise mit diesem Lernen und Adaptieren verbunden sein, will sie richtig sein und praktisch auch konstruktiven Nutzen bringen.

Wie kommt es, dass die meisten Menschen kein Interesse haben, die sinnvollen Botschaften ihrer eigenen Träume, die sie jede Nacht erhalten, zu verstehen und zu nutzen?

Einem kleinen Kind kommt es kaum in den Sinn, dass Papa und Mamma lernen (müssen, müssten). Sie wissen einfach alles. Und sie können immer alles. Wie geht ein Kind mit dem Schock um, wenn es erkennt, dass Papa und Mamma weder irgendetwas Essentielles über das Menschsein und Leben wissen, noch irgendwelche wirkungsvollen Lebensfähigkeiten haben? Was müssen junge Erwachsene denken, wenn sie erkennen, dass ihre Eltern wenig oder nichts Essentielles über das psychisch-geistige Menschsein und das Leben gelernt haben und lernen? Die einen Kinder lernen und andere Kinder lernen nichts oder wenig und kopieren das Muster der Eltern ein Leben lang. Geist existiert da nicht! Das ist keine Voraussetzung für eine richtige Traumdeutung!

Fakt ist: wenn ein Mensch 1% über das psychische Leben weiss, dann kann er die Träume, die davon handeln auch nur zu 1% verstehen; vielleicht noch ein bisschen dazu. Und mal ehrlich zu beantworten wäre die Frage: Ist es nicht so, dass die meisten Menschen weniger als ein Promille Wissen über das psychische und geistige Leben haben; und auch nicht viel mehr über das Leben und die Welt im allgemeinen? Ich meine hier das Niveau des

Lebenswissens, nicht etwa das wissenschaftliche Wissen.

Wenn Gott und Geist nicht zu faul sind zu lernen und die sich permanent wandelnden Wirklichkeiten zu adaptieren, dann sollte es eigentlich für jeden Menschen eine Selbstverständlichkeit sein, über Menschsein und Leben zu lernen und und die Wirklichkeiten zu adaptieren. Dazu gehört auch, dass man hinter die Fassaden und Kulissen schaut. Dabei muss man immer die aktive Dynamik unseres Zeitgeistes (des archaischen Menschseins) vor Augen halten: verdrehen, entstellen, beschönigen, entwerten, unterdrücken, verdrängen, ignorieren, intrigieren, lügen, lavieren, paktieren und alles tun, damit die wahre Wirklichkeit nie erkannt werden kann. Die Träume zeigen die wahre Wirklichkeit, wenn man sie richtig deutet! Nur wenige wollen die Wahrheit über ihr eigenes Sein wissen. Also wollen auch nur wenige die Traumdeutung ernst nehmen. Deshalb sind für die meisten Menschen die Träume eben nur mentaler Abfall.

Kurzum: die Welt der Träume und die Traumdeutung ist kein Kindergarten und kein Übungsfeld für Dilettanten und neurotische spirituelle Meister. Dogmatismus und Fundamentalismus sind unvereinbar mit Geist und Traumdeutung. Richtige Traumdeutung ist anspruchsvoll und ein sehr ernstes psychisch-geistiges Unternehmen!

Auf verschiedenen Websites mit einem Forum habe ich festgestellt, dass sehr viele junge Menschen regelmässig ihre Träume aufschreiben und darin nach Orientierung, Sinn und Rat suchen. Ich kann jedem nur empfehlen:

➜ Lerne viel über das innere Leben!
➜ Lerne viel über das Menschsein!
➜ Lerne viel über den Zustand der Menschheit und der Erde!
➜ Und lerne auch, wie man Träume richtig deutet!

Dann hast du die allerbeste innere Führung sowie geistige und praktische Orientierung, die es für den Menschen gibt und geben kann: der Power des lebendigen inneren Geistes!

Träume als Lebensquelle

Kannst du dich an deine Träume erinnern? Jeder Mensch träumt jede Nacht. Menschen haben immer schon Träume für wichtig gehalten. Aber heute spielen die Träume für die meisten Leute keine essentielle Rolle für Selbsterkenntnis und Leben. So wie es Menschen gibt, die das Denken für unwichtig halten und nie über ihr Denken nachdenken, so gibt es viele, die ihre Träume für belanglos halten und nie darüber reflektieren. Dabei sind die

Träume wertvollste Lebensquelle! Warum verwirfst du die Kraft deiner Träume für ein gutes Leben?

Alle Menschen träumen. Die Träume sind wertvollste Lebensquelle. Den diversen Traumtheorien ist gemeinsam, dass verschiedene Traumbilder in Menschen- oder Tiergestalt, in Gegebenheiten oder Handlungen über die Wirklichkeit des Träumenden berichten. Aus Träumen können wir Rückschlüsse auf die Person und ihr Leben ziehen: "Erzähle mir 3 Träume und ich sage Dir, wer Du bist!"

Allgemein bekannt ist, dass schon in der Antike "grosse Träume" als Botschaften Gottes und der Götter gegolten haben. Es ist nicht nur Volksmeinung aus archaischen Zeiten, wenn viele annehmen, dass in Träumen eine Botschaft verborgen ist.

Alle Traumlehren gehen davon aus, dass die Botschaften nützlich sind: sie informieren, sie beraten, sie warnen, sie unterstützen, sie heilen, sie entwickeln, sie bewerten, sie analsieren, und sie helfen weiter, wo das Ich keinen Weg mehr weiss. Träume informieren auch über die Welt, die Zukunft, die Vergangenheit, und die transzendentale Welt. Das heisst: Eine intelligente geistige Kraft im Menschen organisiert die Traumelemente zu einer Botschaft an das Ich.

Wir korrigieren und erweitern entscheidend alle bekannten psychoanalytischen und anderen Traumlehren: Der Traum ist die unerlässliche, durch nichts ersetzbare "via regia" (Königsweg) zum gesamten psychisch-geistigen Menschsein. Damit wird die Individuation – der Prozess der psychisch-geistigen Entwicklung – selbst zum „Königsweg" hin bis zur vollständigen Selbsterfüllung.

- Träume sagen die Wahrheit über dich, andere Menschen, die Religionen, die Ideologien, die Gesellschaft, die Erde, die Zukunft und Gott.
- 90% aller Psychologen, Therapeuten und Analytiker verstehen kaum 10% über die Träume und Traumdeutung.
- 99% aller Leute, die ihre eigenen Träume deuten, tun dies auf dem Niveau vorsintflutlicher Werkzeuge und primitivem Wissensstand.
- Du kannst Träume nicht richtig interpretieren ohne gründliche Kenntnisse über das unbewusste und das reale Leben.
- Du musst psychisch und geistig wachsen, willst du deine Träume (und diejenigen von andern) richtig verstehen!

→ Bist du gegen den inneren Geist? Dann stellst du dein Ego über die spirituelle Intelligenz (Geist, geistige Kraft)!

Ziele der Traumdeutung

Die Träume helfen in allen Belangen des Lebens zu einem guten, glücklichen und sinnerfüllten Leben. Träume weisen den Weg zum innersten Sein, zum eigentlichen psychisch-geistigen Menschsein. Träume verhelfen zur Bildung aller psychischen Kräfte. Träume geben auch eine Orientierung über die äussere Welt. Träume sind das Tor zur psychischen Welt und zum geistigen Universum.

Du möchtest mit deinen Träumen und der Traumdeutung:

➜ ein hohes Bewusstsein über dein Sein und Leben erreichen!
➜ die wirkungsvolle Orientierung für dein Leben finden!
➜ die richtigen Entscheidungen für dein Glück treffen!
➜ Ratschläge und Anregungen aus deinem Innern erhalten!
➜ mit innerer Freiheit und Aufrichtigkeit richtig leben!
➜ mit offenen, wachen und klaren Augen leben!

Du hast Träume, die dich sehr bewegen. Du spürst, diese Träume sind sehr wichtig. Du möchtest diese Träume unbedingt richtig verstehen. Dann lerne die Sprache der Träume!

Träume decken die Wahrheit über alles auf. Kommentiere diese Aussage:

Gib einige Gründe, warum Träume und Träume verstehen für alle Menschen wichtig ist:

Vielfalt der Traumbotschaften

Träume enthalten Botschaften über alles im Leben, zum Beispiel:

- Biographie (Vergangenheit)
- Schatten, Persönlichkeitsaspekte
- Psychische Kräfte
- Unbewusstes, Komplexe
- Triebnatur, Sexualität
- Handlungen
- Beziehungsaspekte
- Wandlungsaspekte, Selbstverwirklichung
- Einstellungen, Überzeugungen, Normen
- Lebensstil, Lebensweise
- Gesundheit
- Archetypen der Seele

- Gefahren
- Andere Menschen
- Beruf, Arbeit
- Kirchlich-Religiöses, Spirituelles
- Gesellschaft mit allen Systemen
- Weltlage: Erde und Menschheit
- Amoralisches, Moral, Werte
- Gott und Geist
- Transzendenz (die jenseitige Welt)

Die spirituelle Intelligenz (Geist) in Träumen

"Geist" ist die Kraft, die die Träume schafft, die Meditationen intelligent komponiert und als Quelle der Intuition bzw. Inspiration gilt.

➔ Der Geist ist eine informative, ordnende und führende überpersönliche Kraft.
➔ Der Geist ist das Tätigkeitsprinzip der Seele.
➔ Der Geist ist belebend, anregend, inspirierend, wohlwollend.
➔ Der Geist ist die Quelle der Weisheit.

Der Geist ist somit keine menschliche Schöpfung, kein Produkt der Kultur, sondern eine spirituelle psychische Funktion in jeder Psyche eines jeden Menschen, respektive der Seele schlechthin.

Der Geist als die Traum-schaffende Kraft hat einige spezifische Charakteristiken, zum Beispiel:

➔ Der Geist weiss, wie und wozu er dem Ich Botschaften übermittelt.
➔ Der Geist kennt das "Codeprogramm" der Individuation.
➔ Der Geist organisiert die Bearbeitung des Unbewussten.
➔ Der Geist kennt die Wege und Abstufungen zu einem ausgewogenen Leben.
➔ Der Geist ist die Quelle zu Informationen über Gott und die Transzendenz.
➔ Der Geist sieht Lösungen, wo das Ich mit Rationalität keinen Weg sieht.
➔ Der Geist ist die Quelle jeder Religion, aller (wahren) religiösen und spirituellen Lehren.

Jeder Mensch hat einen inneren Geist. Denke darüber nach und nutze die Kraft des inneren Geistes!

Religion ohne inneren Geist

Tatsache ist: die christliche Religion ignoriert das Traumleben der Menschen und die Welt der Träume generell. Und dies tun sie, obwohl alle Propheten sich selbst mit Träumen legitimierten. Damit ignoriert die Religion den inneren Geist. Die Religion hat keinen lebendigen Geist. Tatsache ist:

➜ Der innere Geist ist die höchste Autorität und steht über allen Religionen und dogmatischen Lehren!

➜ Das spirituelle Bewusstsein der meisten Leute ist noch immer auf einem archaischen Niveau! Die meisten Leute meiden, mit dem Geist in ihrer Seele in Berührung zu kommen.

➜ Musst du denn deinen Gott immer für alles verantwortlich machen und ihn um Hilfe bitten – als Ersatz für Traumdeutung?

➜ Gott (Religion, Dogmatismus) ist für die meisten Leute ein Ersatz für Selbsterkenntnis und Selbstbildung! Anstatt mit Träumen zu arbeiten, ziehen es viele vor, Gott zu fragen, damit er alles löst.

Du willst psychisch und geistig wachsen? Dann höre auf deine innere spirituelle Kraft und wachse mit dem inneren Geist! Das bedeutet: lerne, deine Träume richtig zu deuten und zu nutzen!

Was ist eine Religion, die die Träume und die Traumdeutung ignoriert? Sie ignoriert den inneren Geist und ist damit „geistlos".

Vielfalt der Traumbilder

Wir finden folgende groben Segmente über Traumbilder. Segmente sind:

- Menschen: Mit Körper und Ausdrucksweisen: Mimik, Gestik, Bewegungsarten.
- Naturwelt: Die Erde mit ihren Grundkräften, die gesamte Pflanzenwelt.
- Tierwelt: Alles, was der Einzelne heute kennt.
- Objektwelt: Alles, was grundsätzlich im Leben zu finden ist.
- Handlungen: Ein Tun, eine Aktion, auch Worte bzw. Reden.
- Ereignisse: Da passiert etwas: mit Menschen, Sachen, Tieren, Natur u.s.w.
- Schauplätze: Der Ort, wo etwas geschah, geschieht oder geschehen wird.
- Urbilder/Archetypen: Über das Numinose, im Kulturgut variationsreich präsent.

Traumbilder können drei Qualitäten enthalten:

1) Die Bilder aus dem Leben der Person: das gesamte persönliche Lebensinventar, das für den Träumenden eine subjektive Bedeutung hat.

2) Die Symbole: Symbole sind jene Bilder, die zwar auch zum Erfahrungsbereich gehören, die jedoch keine persönliche Bedeutung haben, sondern als Allgemeingut aus dem Inventar der Welt zu sehen sind.

3) Die Archetypen: das sind Symbole, die über das Allgemeingut hinaus eine transzendentale, d.h. nicht weltliche Bedeutung haben und in der Form auch nicht als gewöhnlicher Kulturgegenstand oder als normale Wirklichkeit erscheinen. Das sind u.a.: abstrakte Symbole wie Kreis-Kreuz-Mandala, Pyramide, ein geistiges Licht, ein brennendes geistiges Feuer, eine weise Gestalt, ein Tier mit besonderen Eigenschaften, ein Tempel, ein Mandala u.a.m.

Bei der Deutung ist zu beachten:

- Bilder mit subjektiven Bedeutungen (durch eine eigene Erfahrung)
- Bilder mit allgemeinen Bedeutungen (z.B. Gegenstände der Kultur)
- Symbole mit weltumfassender allgemeiner Gültigkeit
- Archetypen: Symbole mit spezifischen Bedeutungen über das psychisch-geistige Leben
- Alltägliche Handlungen und Rituale
- Sprache bzw. Worte

Bildende Funktionen der Träume

Die Träume enthalten sinnvolle Botschaften über den Träumenden, über andere Menschen, über Gegebenheiten in der Welt und auch über die Transzendenz. Deshalb können Träume lebenspraktisch genutzt werden.

Die Träume:	Beschreibe, was du bereits erfahren hast:
Informieren	
Warnen	
Beraten	
Stützen	
Fördern	
Helfen	
Heilen	
Befreien	

Entfalten	
Bewerten	
Analysieren	
Prognostizieren	

Psychische Funktionen der Träume

→ Träume haben eine kompensatorische Funktion, die Inhalte im Bewusstsein ausgleichend.

→ Träume haben eine prospektive Funktion, ausgerichtet auf Entwicklung.

→ Träume reagieren auf bewusste und unbewusste Wirklichkeiten.

→ Träume enthalten auch 'objektive' Informationen (Fakten).

→ Träume zeigen und vollziehen entscheidende psychisch-geistige Prozesse.

→ Träume erhellen archetypische Sinnthemen des menschlichen Seins.

→ Traumdeutung schliesst verschiedene Bedeutungsdimensionen mitein.

Traumsprache

Der Mensch hat viele Arten, etwas mitzuteilen. Man kann überlaut oder betont leise reden, weil der andere nicht hören will. Oder man macht eine Andeutung, weil man nicht direkt zur Sache kommen kann wegen der Abwehr der Person. Manchmal reden wir in Gleichnissen, ziehen Vergleiche herbei oder übertreiben etwas extrem, damit der andere aufmerksam wird. Längst kennen wir alle die schwierige Sache: Der Mensch will die Wahrheit wissen und will diese doch nicht sehen. Dann gibt es Botschaften, die berichten, warnen, erklären, vorausschauen. Wir werten und urteilen, wir informieren und interpretieren nach manchen Gesichtspunkten.

Die traumschaffende Kraft nutzt diese alltägliche Vielfalt der Gestaltung einer Botschaft auch. Je mehr der Mensch mit seinen Träumen arbeitet, desto mehr kann er erfahren, wie dieser innere Geist durch Bilder und Abläufe "spricht". Dabei kann jeder feststellen, dass diese intelligente Kraft offensichtlich mehr weiss, als das Ich wissen kann. Der Geist kann auch über sich selbst oder über die geistige Welt (die Transzendenz) berichten.

> **Wer die Traumsprache erlernt, hat umfassenden Zugang zum eigenen Unbewussten, zum gesamten eigenen psychischen und realen Leben und zum Geist selbst. Träume sind das Tor zum psychisch-geistigen Menschsein!**

Die Traum-schaffende Kraft fordert auf: "Willst Du mit mir kommunizieren, dann lerne mich verstehen." Kompetent wird man in diesem inneren Dialog, indem man sich auf die Träume und damit gleichzeitig auf das eigene psychische Leben einlässt.

> **Willst du oder verweigerst du den umfassenden Zugang zu deinem Unbewussten, deinem gesamten psychischen und realen Leben und zum Geist selbst?**

Traum, Geist und Intelligenz

Denken und Verstand stehen nicht in Opposition zum Wirken des Geistes. Sie sind eingefügt in die übergeordnete Vernetzung des Geistes.

Hinfällig werden jegliche Erlösungserwartungen aus dem Jenseits oder auf das Jenseits. In keiner Hinsicht wird dem Menschen in der Individuation ein blinder Obrigkeitsglauben mit Denkschranken abgefordert. Er erfüllt mit innerer Hingabe sein Menschsein mit Liebe, Wahrhaftigkeit und Geist. Die Träume weisen dazu den Weg.

Den Prozess dieser psychisch-geistigen Evolution und das gesamte Leben der Person führt immer das "Ich" unter Einbezug des gesamten psychischen Organismus und der äusseren Realität. Dies verlangt nebst Geist eben auch diverse Intelligenzleistungen und den praktischen Verstand.

Du willst psychisch und geistig wachsen. Erstelle eine Liste mit Zielen, Wegen, Mitteln und möglichen Schwierigkeiten.

Träume erinnern

Manche nehmen ihre Traumerfahrungen ebenso wahr, wie sie die äussere Wirklichkeit sehen: vordergründig, oberflächlich, einseitig, Interessen bezogen. Sind die Einstellung und das Interesse den Träumen gegenüber eher locker bis gleichgültig oder gar ablehnend, so verlieren sich nach dem Erwachen sehr schnell jene Details, die der Person im Moment als unwichtig erscheinen. Doch oftmals haben unwichtige und nebensächliche Traumelemente in der Vernetzung mit andern Elementen und im Kontext des assoziierenden Deutens eine erhebliche Bedeutung.
Je stärker das Interesse am Traumleben ist und je ernsthafter man die Träume bearbeitet, desto häufiger erinnert man sich an Träume.

Wer den Traum gleich nach dem Erwachen aufschreibt, hat oft eine umfassendere Erinnerung, als wenn er ihn erst eine oder mehrere Stunden später schriftlich festhält. Manchmal jedoch erinnert man sich eine Stunde oder einen (halben) Tag später an weitere Traumelemente, die man eben vergessen hat. Wer einer solchen Erinnerung keine Aufmerksamkeit schenkt, verliert diese schnell wieder. Solche Zusatzerinnerungen ergeben sich durch zufällige Wahrnehmungen im Tagesgeschehen oder beim Erzählen eines Traumes, vor allem, wenn die Person im Abstand von einer Viertelstunde oder einer halben Stunde den Traum wiederholt erzählt.

Wer sich nie oder sehr selten an Träume erinnert, hat Abwehr, einen nahezu totalen Widerstand gegenüber seinem psychischen Innenleben. Man darf aber nicht ausser Acht lassen, dass wir in unserer Kultur nirgendwo lernen, wie wichtig das Traumleben ist. Wer eben darüber gar nichts weiss und nie eine Chance erhalten hat, dazu etwas zu lernen bzw. einen Zugang zu finden, der hat schon im Voraus keine offene Disposition zur Erinnerung.

Je mehr man über die Bedeutung des Träumens weiss, desto offener wird man für die Botschaft und desto leichter kann man sich an Träume erinnern. Sich regelmässig an viele Träume erinnern, ist sehr wertvoll.

Traumdeutung in 12 Schritten

Die praktische Traumdeutung geschieht in 12 Schritten:

1. Schreiben Sie den Traum mit dem Gefühlserleben auf.
2. Zerlegen Sie den Traum in seine Teile (Einzelbilder) und Sequenzen.
3. Beachten Sie besonders die Schlüsselbilder.
4. Erfassen Sie den eigenen Standort im Traum (Traum-Ich).
5. Suchen Sie nach Einfällen: Lebenserfahrungen, spontane gedankliche Reaktionen.
6. Welche psychischen Kräfte sind angesprochen?
7. Welche Lebensthemen sind angesprochen?
8. Welche anderen Personen und Gegebenheiten sind angesprochen?
9. Sind Archetypen (Ursymbole) oder innere archetypische Prozesse aktuell?
10. Verknüpfen Sie jetzt Ihr Arbeitsergebnis zu einem neuen Sinn-Ganzen.
11. Vergleichen Sie mit früheren ähnlichen Träumen bzw. Traumthemen.
12. Erweitern Sie mit Imagination die Traumerfahrung.

Vergessen Sie danach nicht, Ihre persönlichen Konsequenzen zu formulieren.

Und schliesslich wäre dann noch die Umsetzung der gewonnenen Erkenntnisse im Leben.

Selbstkritische Vorsicht ist bei der Traumdeutung immer angebracht, denn:

> Man kann die Träume nicht besser deuten, als man Wissen über das psychische und das reale Leben hat. Je mehr der Mensch Widerstände hat, auch seine "dunklen Schatten" kennenzulernen, desto eher deutet er falsch. Was man nicht sehen will, das sieht man nicht.

Das "geistige Gold" leuchtet auch in Träumen meist nur sehr zurückhaltend.

Vorbereitung für Traumdeutung

> Wer seine Träume bearbeitet, befasst sich letztlich nicht mit den Träumen, sondern mit sich selbst und seinem Leben. In der Traumdeutung steht nicht der Traum im Mittelpunkt, sondern der Mensch und sein Leben.

- Darum: Es gibt keine Bewusstseinserweiterung, keine Heilung, keine Veränderung psychisch-geistiger Prozesse und kein Wachstum hin Richtung Ganzheit ohne aktive Leistungen der Person.
- Die Deutung der Träume ist das Eine. Sich auf den Prozess der Träume einlassen, bedeutet Verpflichtung, Ernsthaftigkeit und Bereitschaft zur kritischen Selbstschau.
- Der Traum kann den Menschen weder eine Entscheidung noch die Verantwortung abnehmen. Das setzt Gewissensfähigkeit bzw. moralische Ansprechbarkeit voraus.
- Ohne Aneignung von tiefenpsychologischen Kenntnissen ist der Prozess kaum zu bewältigen. Das setzt ein gewisses Interesse an psychologischem und geistigem Wissen voraus.
- Wenn sich der Mensch auf die Hilfe seiner Träume einlässt, kostet das Aufwand, Zeit und Geld. Da muss man eben in der Freizeit manchmal Prioritäten setzen.
- Sich der Traumführung hingeben, verlangt ein enormes Vertrauen in die Kraft des Geistes und ein verpflichtendes Engagement zum Dialog mit dem Geist.
- Erfolg setzt voraus, dass es dem Menschen viel wert ist, sich auf die Kraft des Geistes einzulassen, mindestens soviel, wie ihm sein psychisch-geistiges Menschsein und damit sein Leben wert ist.
- Traumdeutung verlangt Intelligenz und Verstand, abgestimmt mit Einfühlung und Intuition.

Traumtagebuch

Die Führung eines Traumtagebuches ist ein unerlässliches Arbeitsinstrument für alle, die sich mit ihren Träumen ernsthaft befassen wollen.

Es empfiehlt sich, einen kleinen Schreibblock auf dem Nachttisch bereit zu halten. Dazu gehört Schreibzeug. Noch im Halbschlaf kann man sich Stichworte oder gar den ganzen Traum notieren.

Nach dem Frühstück soll man sich eine Viertelstunde Zeit nehmen, den Traum jetzt genau aufzuschreiben, auch Gefühle und erste spontane Gedanken dazu.

Zur Zeitplanung gehört, dass man sich am Morgen für seine Träume etwas Zeit einrechnet. Vielleicht muss der eine oder andere eine halbe Stunde vorher zu Bett gehen, um entsprechend etwas früher aufstehen zu können.

Traumprotokoll

1. Traum: Schreibe den Traum (die Traumsequenzen) genau auf, auch deine Gefühle im Traum und nach dem Erwachen. Beschreibe auch deinen Standort im Traum (z.B. Zuschauer, aktiv).
2. Assoziationen: Erinnerungen, Gedanken, Gefühle, Fakten und spontane Wertungen zu den einzelnen Bildern. Gib Informationen zu Personen, Orten, Ereignissen und Themen, die für dich eine persönliche Bedeutung haben.
3. Betroffenheit: Wo, was, weshalb, wozu und wie betrifft dich das? Vernetze deine Deutung damit.
4. Gesamtdeutung: Deute die Schlüsselbilder und dann den Traum als Ganzes.
5. Konsequenzen: Psychologische, lebenspraktische, moralische und lebensphilosophische Folgerungen.

Traumlexikon

Ein Traumlexikon ist niemals die Deutung! Darum beachte Folgendes:

→ Nahezu alle Bilder enthalten mehr als eine Bedeutung, d.h. einen Bedeutungsraum.
→ Es darf nicht erwartet werden, dass die Bilder hier erschöpfend gedeutet sind.
→ Die Angaben dürfen nicht als feste, unverrückbare Deutung genommen werden.
→ Der Bedeutungsraum gibt vor allem eine einkreisende, fokussierende Orientierung.
→ Mit den Sinnelementen soll ernsthaft, aber dennoch locker und flexibel umgegangen werden.
→ Das Bedeutungsspektrum dient als Anregung, assoziativ weiterzusuchen.

→ Die richtige Deutung zu erkennen, bedarf immer des gesamten Traumkontextes.

→ Stimmig ist jene Deutung, die die Person innerlich so erlebt und die real trifft.

→ Sehr viele Traumbilder haben die richtige Bedeutung nur im persönlichen Kontext.

→ Jede Deutung muss von der Person mit eigenen Assoziationen vernetzt werden.

→ Ist ein Traumbild nicht aufgeführt, suche man bei ähnlichen, naheliegenden Bildern.

→ Das Traumlexikon ist ein Arbeitsinstrument zur Deutung und nicht die Deutung.

→ Der Umgang mit dem Traumlexikon verlangt intuitive und kreative Eigenleistung.

2. Wissen und Übungen zu Liebe leben

Der Weg zu Liebe und Glück

Wissen ist Macht! Unwissenheit bedeutet Ohnmacht! Die meisten Menschen wissen weniger als 3-5 % über ihr psychisch-geistiges Sein und Leben. Dem nicht-wissenden Rest gegenüber sind sie ohnmächtig ausgeliefert. Das ist wie ein Kapitän, der 3-5 % seines Schiffes und der Fahrbedingungen im Bewusstsein hat, und dem Rest blind ausgeliefert ist. Eine solche Schifffahrt muss ein Alptraum sein und mit Sicherheit in eine Katastrophe führen.

Und du bist der Kapitän deines Seins und Lebens. Wo führt das hin, wenn du 95-97% deines Seins und Lebens nicht erkennst und nicht unter deiner Führung hast?

Erwache und lebe mit offenen Augen!

Es heisst: „Das Leben ist die Schule" für einen jungen Erwachsenen, entlassen aus der Volksschule. Doch was lehrt das Leben den Menschen? Lernen denn die Menschen das aus ihrem Leben, was wirklich nötig ist für den persönlichen Erfolg und das Glück in der Beziehung und Selbsterfüllung?

Tatsache ist doch, dass die meisten Menschen ihr Leben lang wenig bis fast gar nichts Wesentliches lernen aus dem Leben – auf jeden Fall viel zu wenig. Damit sind wir beim Kern: Was ist das Wesentliche, das es zu lernen gibt? Öffne die Augen und du siehst es schnell!

Wer nie lernt im Leben über sich selbst, über seine Lebensweise, über seinen Partner, über die Beziehung, über Sex, über die Liebe und manches mehr, der hat doch eigentlich am Ende seines Lebens seine evolutionären Chancen verwirkt. Sein Menschsein bleibt unbewusst und archaisch.

Jeder macht im Leben Fehler, hat Misserfolge, Schwierigkeiten, Krisen, Leiden, scheitert gar über viele Jahre an allem. So ist das Leben und das ist an sich „normal". Das eigentliche Problem beginnt, wenn der Mensch daraus nichts lernt, sich kein Wissen und kein Können aneignen will. Dann schafft er sich selber ein Leben mit sehr wenig Bewusstsein.

Misserfolge, Krisen und Leiden enthalten Chancen: mit sich selbst und dem Leben höhere Ziele zu erreichen. Willst du den Kopf in den Sand stecken, einfach wegschauen? Erwache und lebe, aber richtig! Und liebe dich selbst!

Noch ernster wird das Problem, wenn der Mensch verweigert, sich selbst umfassend zu erkennen, zu bilden, zu verändern, zu wachsen und zu entfalten. Selbstentdeckung und Selbstbildung ist doch eine selbstverständliche Voraussetzung für alle guten Ziele in Sachen Beziehung, Sex, Liebe, Partnerschaft, Frausein und Mannsein, Lebenserneuerung, Partnersuche, Partnerwahl u.s.w.

Wenn der Mensch sich nicht bewusst aus seinem Innern entwickelt hin zu höherer Seinsqualität, zwingt ihn das Leben, das zu sein und zu werden, was ihm von aussen aufgetragen wird.

Du hast die Wahl: dumm oder clever? Erwache und schau die Realitäten an! Und lerne! Denke und handle den Realitäten entsprechend. Das ist „richtig leben" und „liebe dich selbst"!

Die besondere Freude am Leben beginnt, wenn der Mensch sich dem Leben hingeben und gleichzeitig sein Menschsein und Leben erfolgreich an die Hand nehmen kann.

Mit dem nötigen Lebenswissen und vielen praktischen Übungen kannst du hier deinen Erfolg in Beziehung, Lebensgestaltung und Selbsterfüllung aufbauen. Das ist der Weg zu Liebe und Glück: Praktiziere die Kunst zu lieben und liebe dich selbst!

2.1. Praktiziere die Kunst zu lieben

2.1.1. Gestalte Beziehung auf vielfältige Weise

These E1-L1/1.: In einer Beziehung stehen sich zwei Menschen gegenüber. Beide haben ein komplexes psychisches Leben. Es gibt vielfältige Ursachen für Spannungen und Konflikte. Jeder kann diese klären! Jeder kann daraus wachsen. Es gibt verschiedene Ansätze, die Qualität einer Beziehung zu verbessern.

Trifft für mich zu: 1 = nicht | 2 = ein wenig | 3 = oft | 4 = überwiegend | 5 = vollständig

Punkte	Übung I-1-L1/1.: Ich in meiner Beziehung. Ich erlebe mich in meiner aktuellen / vergangenen Beziehung:
	Da läuft einiges in meiner Psyche, das ich nicht gut verstehe.
	Meine Biographie ist in mir noch ziemlich belastet und nachwirkend.
	Gewisse Ausdrucksweisen dem Partner gegenüber sind nicht konstruktiv.
	Gewisse Handlungsmuster dem Partner gegenüber sind zu wenig reflektiert.
	Mein soziales System (Verwandte, Freunde) belastet meine Beziehung.
	Ich habe keinen ausgeprägten Lebensstil im Zusammenleben.
	Manchmal bricht ein Schatten von mir durch und dann eskaliert Streit.
	Ich habe gewisse kleine oder grössere Komplexe, die störend wirken.
	Ich habe eine gewisse Tendenz, Konfrontationen zu provozieren.
	Mir fehlt Wissen und Fähigkeiten für das Leben und die Beziehung.
	Meine Persönlichkeitsentwicklung ist in der Beziehung eher behindert.
	Ich kann in meiner Beziehung meine Wesensart (als Mann / als Frau) nicht wirklich leben.
	Summe der Punkte.

Punkte	Übung I-1-L1/1.: Ich in meiner Beziehung. Ich erlebe mich in meiner aktuellen / vergangenen Beziehung:
	Da läuft einiges in meiner Psyche, das ich nicht gut verstehe.
	Meine Biographie ist in mir noch ziemlich belastet und nachwirkend.
	Gewisse Ausdrucksweisen dem Partner gegenüber sind nicht konstruktiv.
	Gewisse Handlungsmuster dem Partner gegenüber sind zu wenig reflektiert.
	Mein soziales System (Verwandte, Freunde) belastet meine Beziehung.
	Ich habe keinen ausgeprägten Lebensstil im Zusammenleben.
	Manchmal bricht ein Schatten von mir durch und dann eskaliert Streit.
	Ich habe gewisse kleine oder grössere Komplexe, die störend wirken.
	Ich habe eine gewisse Tendenz, Konfrontationen zu provozieren.
	Mir fehlt Wissen und Fähigkeiten für das Leben und die Beziehung.
	Meine Persönlichkeitsentwicklung ist in der Beziehung eher behindert.
	Ich kann in meiner Beziehung meine Wesensart (als Mann / als Frau) nicht wirklich leben.
	Summe der Punkte.

These I-1-L1/2.: Mit einer Beziehung zwischen Frau und Mann werden viele Hoffnungen verknüpft: Frieden, Glück, Freude, Harmonie, Erfüllung, Lusterleben, Zärtlichkeit, Liebe, Erotik, guten Sex, Umsorgtsein, aufbauende Gespräche, Treue, Geborgenheit, u.s.w. Dies alles und manches mehr kann man mit partnerschaftlichen Einstellungen und Verhaltensweisen finden.

Was hast du von den folgenden partnerschaftlichen Prinzipien in der Beziehung bis heute zu wenig oder gar nicht erfahren und leben können?

Trifft für mich zu: 1 = nicht | 2 = ein wenig | 3 = oft | 4 = überwiegend | 5 = vollständig

Punkte	Übung I-1-L1/2.: Partnerschaftliche Prinzipien. Ich erlebe die folgenden partnerschaftlichen Haltungen in meiner gegenwärtigen / vergangenen Beziehung.
	Gegenseitige Achtung der Andersartigkeit (Charakter, Ausdruck, Geschlecht).
	Umkehrbarkeit (Reziprozität) und Gleichrangigkeit in allen Lebensbereichen.
	Abwechselnde Nähe und Distanz im Zusammenleben.
	Verständigung über die Unterschiede und Gemeinsamkeiten.
	Achten der Grenzen des andern und der Welt des andern.
	Der Alltag erhält im Gespräch bewusst gepflegten zentralen Raum.
	Die tägliche Belebung der Liebe auch durch kleine Aufmerksamkeiten.
	Keine gegenseitige Saldierung der Fehler und der unentwickelten Seiten.
	Verstand und Intelligenz sind tragende Funktionen in allen Belangen.
	Erotik, Verliebtsein und Verführen haben Platz im gewöhnlichen Alltag.
	Hohes Ausmass an Selbstmanagement (Lebenstechniken) bei beiden.
	Akzeptieren von Spannungen, Streits, Konflikten und gewissen Risiken.
	Gegenseitige Bejahung und Erfüllung der sexuellen Lust mit Liebe.
	Fähigkeit und Bemühen, sich, den andern und das Leben zu verstehen.
	Konstruktiver Umgang mit dem inneren Kind und den Schwächen.
	Wechselseitige Gestaltung (Entwicklung) der Weiblichkeit und Männlichkeit.
	Gemeinsame Lösung von Sachfragen, Interessen und Zielen.
	Rollenaufteilung ist abgesprochen und akzeptiert; dennoch flexibel.
	Summe der Punkte.

These I-1-L1/3.: Erfolgreiche Konfliktlösung in der Beziehung verlangt Liebesfähigkeit und Sozialkompetenzen (Lebenstechniken).

Kritische Situationen in der Beziehung.
Trifft für mich zu: 1 = nicht | 2 = ein wenig | 3 = oft | 4 = überwiegend | 5 = vollständig

Punkte	Übung I-1-L1/3.: Kritische Situationen. Gewichte, was und wie stark Streit und Konflikte in deiner aktuellen / vergangenen Beziehung schafft.
	Eigene Bedürfnisse nicht deutlich und konkret genug aussprechen.
	Missverständnisse bereits in kleinen Dingen, weil man nicht klar redet.
	Etwas übergehen, um einem möglichen Streit aus dem Weg zu gehen.
	Die eigenen Gefühle und diejenigen des Partners nicht ernst nehmen.
	Zu unpassender Zeit, in unpassendem Rahmen Wichtiges reden.
	Nicht frühzeitig planen / festlegen, was wichtig und was dringend ist.
	Essen, Trinken und Fernsehen, aus Frustration oder Langeweile.
	Sich aggressiv verhalten, um Distanz zu schaffen / etwas zu verdrängen.
	Unpünktlichkeit, die insgeheim als Manipulation eingesetzt wird.
	Unordentlichkeit, die im Grunde einen Protest meint oder provoziert.
	Unzufriedenheit durch fehlende gemeinsame Lebensziele.
	Geldprobleme / Differenzen im Umgang mit Geld (Konsumverhalten).
	Missachtung der sexuellen Bedürfnisse (eigene, die des Partners).
	Unachtsamkeit, Lieblosigkeit, Grobheit, Nachlässigkeit, Gleichgültigkeit.
	Summe der Punkte.

These E1-L1/4.: Für das Gelingen einer Beziehung ist nebst einer gemeinsamen Grundlage, nebst Liebe und Liebesfähigkeit, auch Bildung nötig: Selbsterkenntnis, Menschenkenntnis, Persönlichkeitsbildung, Lebensbildung und Individuation.

Übung E1-L1/4.: Neue Sichtweisen und Einstellungen finden. Ankreuzen, was dir notwendig oder besonders wichtig erscheint im Umgang mit deinen Beziehungsproblemen:

- Miteinander reden ist ein Lernprozess; z.B. durch Reflektieren über das Reden.
- Es gibt keine Partnerschaft ohne gelegentliche heftige Auseinandersetzungen.
- Manche Streits verdecken Mangel Lebensfähigkeiten und Selbstbildung.
- Streit über Banalitäten entsteht oft durch Mangel an bewusster Selbstführung.
- Es gibt die totale Harmonie nicht. Wer sie sucht, hat ein ernstes Problem.
- Frust mit sich selber oder am Arbeitsplatz wird zum Frust in der Beziehung.
- Dogmen und Ideologien sind Gift für eine Partnerschaft mit Selbsterfüllung.
- Viele Probleme in einer Beziehung haben mit dem ganzen Menschsein zu tun.
- Beziehungsprobleme lösen, verlangt meist auch ein Wachstum der Person.
- Lern- und Bildungsprozesse (Lektüre, Kurse, Vorträge, etc.) sind unerlässlich.

Übung E1-L1/5.: Meine wichtigen Beziehungsprobleme sind:

Übung E1-L1/6.: So will ich jetzt meine Beziehungsprobleme zu lösen versuchen:

2.1.2. Entdecke neu das Frausein und Mannsein

These E1-L2/1.: Mann und Frau sind „wesensverschieden":

- Das psychische Leben als Ganzheit funktioniert bei Mann und Frau nicht gleich.
- Weibliche und männliche Rollen sind nicht alle blosse Produkte von Lernprozessen.
- Es gibt das Weibliche und das Männliche als psychische und biologische Qualität.
- Kein Mann wird Mann und keine Frau wird Frau ohne das Gegengeschlechtliche.
- Mann und Frau haben ihre psychische Gegengeschlechtlichkeit polar in der Psyche.

Übung E1-L2/1.: Belastende Erfahrungen. Kreuze an, was für dich zutrifft.

☐ Ich habe belastende, unausgewogene Erfahrungen zu Vater / Väter / Vater-sein.

☐ Ich habe belastende, unausgewogene Erfahrungen zu Mutter / Mütter / Mutter-sein.

☐ Ich habe belastende, unausgewogene Erfahrungen zu Mann / Männer / Männlichkeit.

☐ Ich habe belastende, unausgewogene Erfahrungen zu Frau / Frauen / Weiblichkeit.

These E1-L2/2.: Die Erfahrungen über das eigene Geschlecht und das andere Geschlecht formen nicht nur die äussere Männlichkeit bzw. Weiblichkeit, sondern auch den inneren gegengeschlechtlichen psychischen Pol; in der Konzeption der Individuation beim Mann als „Anima" und bei der Frau als „Animus" benennt.

Individuation = echter psychisch-geistiger Wachstumsprozess

Je unausgewogener die Erfahrungen über Männer und Frauen sind, desto unausgewogener ist auch das innere Bild (= Anima, Animus) und damit auch die Entwicklung der Person als Mann / Frau insgesamt.

Der reife Mann und die reife Frau haben das männliche und das weibliche Konzept in Polarität zu einer ausgewogenen Ganzheit integriert. Dies zu erschaffen, ist das wesentlichste Charakteristikum der Ehe (der festen Beziehung) zwischen Mann und Frau. Diese Ausgewogenheit des Menschseins ist nicht zu erreichen in einer gleichgeschlechtlichen Beziehung.

Erfahrungen des männlichen Konzepts

Trifft für mich zu: 1 = nicht | 2 = ein wenig | 3 = oft | 4 = überwiegend | 5 = vollständig

Punkte	Übung E1-L2/2. A: Männliche Prinzipien. Gewichte, wo du keine, wenig oder negative Erfahrungen bei / mit / über Männer gemacht hast:
	Geist als innere Führungskraft und Quelle von menschlichen Werten.
	Strukturen entwickeln als Grundmuster für die Lebensgestaltung.
	Projekte entwerfen zur Verwirklichung des Seins und Lebens.
	Management als zentrierende Kraft in der Lebensverwirklichung.
	Orgastischer Sex als liebevolles ganzheitliches Erleben mit Liebe.
	Lebensoffene Prinzipien, die der Lebensentwicklung zugrunde liegen.
	Exploration: Erforschen und Erkunden als Neugier und Lebenslust.
	Ereignisse und Neues schaffen (beleben) in vielen Situationen.
	Analytisches Denken zum Verstehen, Verbessern, Verändern, Handeln.
	Rationale Macht zur Lebensverwirklichung als Ausdruck der Verantwortung.
	Männliche Körperlichkeit und Sexualität als Teil der Selbstidentität integriert.
	Summe der Punkte.

Erfahrungen des weiblichen Konzepts

Trifft für mich zu: 1 = nicht | 2 = ein wenig | 3 = oft | 4 = überwiegend | 5 = vollständig

Punkte	Übung E1-L2/2. B: Weibliche Prinzipien. Gewichte, wo du keine, wenig oder negative Erfahrungen bei / mit / über Frauen gemacht hast:

	Leben als Quelle und Ausdruck von menschlichen Werten verstehen (äussern).
	Pflegen als Ausdruck der Verantwortung und Form der Lebensgestaltung.
	Nähren als notwendiges „Gesetz" in körperlichen und psychischen Bereichen.
	Schützen des Seins und Lebens, weil darin die Werte des Menschseins liegen.
	Umsorgen als ganzheitliche Form und als Ausdruck der Lebensverwirklichung.
	Empfangen zur Bereicherung, zum Verstehen, zur Erweiterung des Seins.
	Romantischer Sex als liebevolles ganzheitliches Erleben mit Liebe.
	Intuitives Denken zum Verstehen, Verbessern, Verändern, Handeln.
	Sensibilität, um in das Sein und Leben einzudringen und Sinn zu verstehen.
	Emotionale Macht zur Lebensverwirklichung als Ausdruck der Verantwortung.
	Weibliche Körperlichkeit und Sexualität als Teil der Selbstidentität integriert.
	Summe der Punkte.

These E1-L2/3.: Die Polarität von Männlichkeit und Weiblichkeit ist zwar in der Psyche natürlich etabliert; aber sie ist von der Biographie und der Lebensumwelt durch viele Fragmente variationsreich geformt.

Die Qualität einer Beziehung hängt entscheidend davon ab, wie die Partner mit der Polarität umgehen und diese lebensaufbauend formen, umformen und entwickeln.

Übung E1-L2/3.: Kreuze an, wie es bei dir ist:

☐ Männlichkeit und Weiblichkeit bedeuten mir für das Sein und Leben wenig.
☐ Die Gestaltung einer Balance von Männlichkeit und Weiblichkeit ist mir nicht wichtig.
☐ Ich habe das Gegengeschlechtliche in mir wenig ausgewogen entwickelt.
☐ Das Gestalten von Männlichkeit und Weiblichkeit ist nicht Gesprächsstoff mit meinem Partner.

These E1-L2/4.: In der Beziehung handelt immer der ganze Mensch. Bei beiden gibt es auch nicht gut geformte männliche und weibliche Ausdrucksweisen. Mann und Frau haben ohne bewusste Selbstbildung meist sehr unausgewogene Charakterzüge.

Charakterzüge: Schwächen, Ungleichgewicht

Trifft für mich zu: 1 = nicht | 2 = ein wenig | 3 = oft | 4 = überwiegend | 5 = vollständig

Punkte	Übung E1-L2/4.: Charakterzüge. Gewichte deine Schwächen und dein unausgewogener Zustand:
	Unausgewogen Introvertiertheit und Extravertiertheit
	Macht- und Dominanzstreben
	Minderwertigkeitsgefühle, Ängste, Bedrücktsein
	Übertriebene Ordnungshaltung
	Sehr betonter Narzissmus
	Launen, Gefühlsstimmungen
	Trägheiten, Gleichgültigkeiten
	Nörgeln, Kritisieren, verurteilende Wertsetzungen
	Ordnung im Haushalt; Korrektheit im Verhalten
	Rollen- bzw. Arbeitsverteilung
	Sexuelles Erleben und Handeln, Lustabwehr
	Treue und Fremdgehen; Eifersucht
	Männliche und weibliche Emanzipation
	Anpassung und kreative Neugestaltungen
	Autonomie- und Freiheitsbedürfnisse
	Summe der Punkte.

Übung E1-L2/5.: Meine wichtigsten Probleme mit Männlichkeit / Weiblichkeit sind:

Übung E1-L2/6.: So will ich meine Polarität Männlichkeit-Weiblichkeit besser finden:

2.1.3. Liebe und liebe dich selbst vollständig

These E1-L3/1.: In der Liebe zwischen Mann und Frau erschafft das Du als gegengeschlechtlicher Pol die Ganzheit der Person und der Beziehung. Die psychologische Vereinbarkeit und Verträglichkeit beider Partner ist weiterer Teil dieser Ganzheit der Person und der Beziehung.

Diese Liebe will zudem das Sein, den Lebenssinn und die Lebensziele als gemeinsames solidarisches Lebensprojekt verwirklichen.

Konkrete Liebe zwischen Mann und Frau im Alltag

Trifft für mich zu: 1 = nicht | 2 = ein wenig | 3 = oft | 4 = überwiegend | 5 = vollständig

Punkte	Übung E1-L3/1.: Fundierung im Leben. Gewichte, wo du eigene Schwachstellen und Defizite erkennst:
	Die eigene Wahrhaftigkeit und die des Partners als hohen Wert schätzen.
	Die Pflege (Bildung) des psychischen Lebens gegenseitig fördern.
	Sich den Gefühlen zuwenden und diese als wichtige Botschaften deuten.
	Mit Verantwortung und Bewusstsein sich den Lebensgegebenheiten stellen.
	Die Potentiale entfalten (umsetzen) und diese auch beim Partner fördern.
	Die eigene Sinnlichkeit schätzen und mit dem Partner vielseitig pflegen.
	Streit ernst nehmen und abbauen; sich am gleichen Tag versöhnen.
	Häufig das aufbauende Gespräch suchen, was bereits im Alltäglichen beginnt.
	Das psychisch-geistige Wachstum bei beiden ernst nehmen und fördern.
	Dem eigenen Leben und der Beziehung gleichermassen innere Tiefe geben.
	Wachsam sein auf die eigenen destruktiven Kräfte des Unbewussten.
	Die Bedürfnisse des eigenen Körpers (Gesundheit) achten und pflegen.

	Die Lebenszeit als wertvoll erleben und entsprechend sinnvoll nutzen.
	Die Werte des Zusammenseins und Zusammenlebens schützen und fördern.
	Sich viel Wissen aneignen, um das Menschsein kompetent zu gestalten.
	Rigide Prinzipien und starre Normen in lebensoffene Muster umwandeln.
	Entschlossenheit entwickeln gegen alles, was Liebe und Wahrhaftigkeit zerstört.
	Entdeckungslust entwickeln für die inneren transzendentalen Wirklichkeiten.
	Summe der Punkte.

These E1-L3/2.: Selbstliebe ist der Anfang jeder Liebe. Lieben hat zu tun mit Interesse haben, pflegen, zuwenden, fördern, wachsen lassen, schützen und stärken. Die Liebe beginnt mit der Zuwendung und Integration des psychischen Lebens. Dieses eigene Leben bewusst formen und schützen ist Selbstliebe.

Stärken für die Liebe

Trifft für mich zu: 1 = nicht | 2 = ein wenig | 3 = oft | 4 = überwiegend | 5 = vollständig

Punkte	Übung E1-L3/2.: Stärken für Liebe. Gewichte deine Qualitäten:
	Ich interessiere mich für mein Innenleben, für mein ganzes Leben.
	Ich wende mich dem bewusst und auch kritisch zu, was ich bin und lebe.
	Ich fördere und nutze meine Potentiale, Neigungen und Begabungen.
	Ich forme meine schwachen, wenig gebildeten Kräfte und Fähigkeiten.
	Ich setze um, was ich an Lebenskräften und Lebensentwürfen habe.
	Ich forme das Ungeformte in mir, bilde mein psychisches Leben weiter.
	Ich steuere mich selbst bewusst und ausgewogen im Alltag.

	Ich stärke meine Schwächen, bin rücksichtsvoll mit meinen Grenzen.
	Ich nehme meine Träume, Intuitionen und Körpererleben ernst.
	Ich bin dankbar dem Leben gegenüber für das, was ich leben kann.
	Ich erlebe mich eingefügt in eine transzendentale Vernetzung.
	Ich trage Verantwortung für mein Lebensglück und für mein Tun.
	Ich handle im persönlichen Leben mit Kompetenz und Kenntnissen.
	Ich kann mich an kleinen Dingen an mir / in meinem Leben erfreuen.
	Summe der Punkte.

These E1-L3/3.: Die Liebe zwischen Mann und Frau ist nicht nur psychologisch. Sie wird belebt durch ein Angesprochensein des Wesens des andern Geschlechts und durch die archetypische (= ewig gültige) Bedeutung der Mann-Frau-Beziehung.

Diese Liebe fördert die übergeordnete Ganzheit von Männlichkeit und Weiblichkeit, psychisch, körperlich und lebenspraktisch. In dieser Liebe sollen Mann und Frau die eigene Ganzheit durch das andere Geschlecht finden.

Diese „Vereinigung" ist tiefstes geistiges Sinnbild und seit Urzeiten einer der höchsten Archetypen; und meint Sein, Weg und Ziel zugleich.

Die „Ehe" als Bund und Lebensform zwischen Mann und Frau ist in diesem Sinne archetypisch; das heisst: immer gültig, immer besonderer Sinn des Menschseins und in diesem Sinn „heilig" (das bedeutet: unantastbarer und unauslöschbarer Wert – heute weitgehend geschändet!).

Übereinstimmung in der Beziehung.

Trifft für mich zu: 1 = nicht | 2 = ein wenig | 3 = oft | 4 = überwiegend | 5 = vollständig

Punkte	Übung E1-L3/3.: Gegenseitige Übereinstimmung. Gewichte, wie viel und wie oft du erfahren hast:
	Wir haben wichtige Charakterzüge und Eigenschaften, die sich sehr ähneln.

	Ich bin ein echter Freund meinem Partner (meiner Partnerin) gegenüber, wenn er (sie) Schwierigkeiten hat.
	Ganzheitlich gesehen sind wir einander eigentlich in vielem sehr ähnlich.
	Wir können beide je den Weg der eigenen Selbsterfüllung gehen; und sind doch ein Ganzes.
	Ich bin sehr angesprochen, wie mein Partner (meine Partnerin) hohe Werte des Menschseins verwirklicht.
	Uns selbst und den höheren Sinn des Lebens finden, ist unser gemeinsames Projekt.
	Wir sind sehr verträglich, im Sex ebenso wie in allem Sein, Leben und Werden.
	Wir sind wie zwei Instrumente, die dieselbe lebensoffene Melodie des Lebens spielen.
	Wir sind in unseren Unternehmungen wie Kumpel und Komplizen (im guten Sinne).
	Wir gehen beide einen gemeinsamen Weg, und darin jeder gleichzeitig seinen eigenen.
	Ich bin vom ganzen Wesen meines Partners (meiner Partnerin) angesprochen – und mein Partner (meine Partnerin) auch.
	Wir können uns gegenseitig im Mannsein und Frausein respektieren, annehmen und erfahren so tiefe Bereicherung.
	Summe der Punkte.

These E1-L3/4.: "Liebst Du mich?" ist die erste Frage des Kindes an Mutter und Vater, schon vorgeburtlich ein Erleben des Fötus. Damit ist auch die Frage nach dem „mich" angesprochen, d.h. „ganz besonders mich; mich ausschliesslich als Dein Kind".

In der Beziehung zwischen Mann und Frau wiederholt sich diese Frage auf einer neuen Ebene ganz entscheidend jeden Tag; und damit wiederholt sich oft auch das Kindheitsdrama.

Die vollständige Liebe zwischen Mann und Frau ist eine Qualität, die man erarbeiten muss; sie ist nicht einfach so gegeben. Sie ist ein wesentliches Ziel der Ehe.

Trifft für mich zu: 1 = nicht | 2 = ein wenig | 3 = oft | 4 = überwiegend | 5 = vollständig

Punkte	Übung E1-L3/4.: Die vollständige Liebe. Betrachte deinen Zustand der Liebe für deinen Partner.
	Ich liebe meinen Partner mit Herz, Leib, Verstand, Geist und Seele.
	Ich liebe meinen Partner aus der Tiefe meines Seins.
	Ich liebe meinen Partner mit Wissen, Lebenswissen und Fähigkeiten.
	Ich liebe meinen Partner mit vollem Vertrauen und grosser Zuversicht.
	Ich liebe meinen Partner mit Intelligenz, Verstand, Intuition, Bauchgefühl.
	Ich liebe meinen Partner ohne „geheime" Vorbehalte und uneinschränkt.
	Summe der Punkte.

Übung E1-L3/5.: Meine Liebe zu meinem Partner hat da schon gewisse Schwachstellen:

Übung E1-L3/6.: Ich will die Liebe zu meinem Partner wie folgt beleben und vertiefen:

2.1.4 Geniesse Liebe machen mit Kreativität

These E1-L4/1.: Der Mensch ist mehr als biologischer Lustapparat. Der Mensch ist auch ein psychisch-geistiges Wesen. Das sexuelle Verlangen verwechseln viele Menschen mit der Liebe; sie denken dann, dass man sich liebt, wenn man sich körperlich besitzt und befriedigt, im guten Einvernehmen zusammenlebt.

Sexuelle Erfahrungen: Defizite und unerfüllten Bedürfnisse

Trifft für mich zu: 1 = nicht | 2 = ein wenig | 3 = oft | 4 = überwiegend | 5 = vollständig

Punkte	Übung E1-L4/1.: Sexuelle Erfahrungen. Suche deine Schwächen, Defizite und unbefriedigten Bedürfnisse in deiner aktuellen / vergangenen Beziehung.
	Ich erlebe mich in der sexuellen Vereinigung entfremdet vom Partner.
	Die Zärtlichkeit kommt zu kurz, obwohl sie ein Ausdruck der Liebe ist.
	Ich anerkenne meinen Partner nicht speziell als Mann (Frau).
	Ich erlebe meinen Partner in der Sexualität nur körperlich.
	Ich habe das Gefühl, für meinen Partner ein sexuelles Objekt zu sein.
	Ich finde, Orgasmus (Lustbefriedigung) ist Zweck und Ziel beim Sex.
	Wir suchen nicht, Lust anzuregen (verführen), kreativ zu steigern.
	Ich mag den Moment der Erregung nicht, fühle mich peinlich berührt.
	Bei uns ist „Sex = Sex". Da spielt die Liebe keine kommunikative Rolle.
	Ich habe Mühe, sexuelle Befriedigung zu erlangen; fühle nicht wohl.
	Wir pflegen selten eine kreative erotische Phase, bevor wir Sex haben.
	Summe der Punkte.

These E1-L4/2.: Sexualität ist ab frühester Kindheit „interessant"; die ganze Jugendzeit bis ins Erwachsenenalter spielt Sexualität eine ausserordentlich wichtige Rolle, als spezifisches Thema (eben „Sex"), aber auch als Teil der Formung der Selbstidentität. Auch im Erwachsenenalter spielt Sex schier täglich eine gewichtige Rolle als Trieb, als Wunsch, als Konflikt, als Lebenskraft.

Sexualität ist viel mehr als Lust erzeugen und Orgasmus schaffen. Die Bejahung der Sexualität ist Bejahung des Menschseins mit allen Möglichkeiten der Sinneserfahrung. Wer Sexualität wirklich liebt, gestaltet diese in Selbstreflexion und in Kommunikation mit dem Partner.
Sexualität und Erotik benötigen regelmässig der kreativen Gestaltung, des Nachdenkens und des Suchens nach sich selbst und dem Partner. Alle sexuellen Probleme (soweit nicht medizinisch) haben somit mit dem ganzen Menschen zu tun!

Die sexuelle Biographie as the Fundament der gegenwärtigen gelebten Sexualität

Trifft für mich zu: 1 = nicht | 2 = ein wenig | 3 = oft | 4 = überwiegend | 5 = vollständig

Punkte	Übung E1-L4/2. A: Sexuelle Codierungen. Gewichte, was dich wie sehr betrifft:
	Meine Sexualität in der Pubertät war sehr beladen mit Problemen.
	Ich habe mich nicht wohl gefühlt in meiner ersten Liebesbeziehung.
	Lusterleben und Sex war bei mir oft (meist) mit Schulderleben verbunden.
	Ich habe besondere eigene sexuelle Schwierigkeiten gehabt (oder: und habe noch).
	Meine erste sexuelle Erfahrung war ganz und gar nicht erfreulich.
	Ich erlebte in früheren Beziehungen sehr peinliche sexuelle Momente.
	Das frühere Scheitern einer Liebesbeziehung hatte auch mit Sex zu tun.
	Meine (religiöse) Erziehung in Sachen Sex war extrem Lust-feindlich.
	Meine früheren Partner hatten ernsthafte sexuelle

	Schwierigkeiten.
	Ich hatte / habe Minderwertigkeitsgefühle im Zusammenhang mit Sex.
	Ich bin schon oft im Sex gedemütigt, entwertet und erniedrigt worden.
	Summe der Punkte.

Sexuelle Einstellungen

Trifft für mich zu: 1 = nicht | 2 = ein wenig | 3 = oft | 4 = überwiegend | 5 = vollständig

Punkte	Übung E1-L4/2. B: Sexuelle Einstellungen. Gewichte, was dich wie sehr betrifft.
	Ich habe eine lockere, positive Einstellung zur Selbstbefriedigung.
	Ich habe eine lockere, positive Einstellung zur Menstruation.
	Ich habe eine lockere, positive Einstellung zum Samenerguss.
	Ich habe eine lockere, positive Einstellung zum Orgasmus.
	Ich habe eine lockere, positive Einstellung zum körperlichen Loslassen.
	Ich habe eine lockere, positive Einstellung zum (erigierten) Penis
	Ich habe eine lockere, positive Einstellung zur (feuchten) Vagina.
	Ich habe eine lockere, positive Einstellung zu Brüsten und Brustwarzen.
	Ich habe eine lockere, positive Einstellung zum stark erregten Partner.
	Ich habe eine lockere, positive Einstellung zum leidenschaftlichen Oralsex.
	Ich habe eine lockere, positive Einstellung zum Verführen meines Partners.
	Ich habe eine lockere, positive Einstellung zur sexuellen Gestaltungsvielfalt.
	Summe der Punkte.

These E1-L4/3.: Der Mensch bringt mit seiner psychisch-geistigen Ganzheit immer mehr ins sexuelle Spiel ein als blosses sexuelles Handeln.

Zum Beispiel: Das Vorspiel ist mehr als Steigerung der Lust, ist menschliche Begegnung! Nacktheit erzeugt mehr als Lust, bedeutet oft Schutzlosigkeit, bei manchen gar Strafangst, oder einfach totale Hingabe.

Sex und Erleben als Mensch

Trifft für mich zu: 1 = nicht | 2 = ein wenig | 3 = oft | 4 = überwiegend | 5 = vollständig

Punkte	Übung E1-L4/3.: Sex und Gefühle. Gewichte, was dich wie sehr betrifft heute / in der Vergangenheit.
	Ich fühle mich im sexuellen Erleben verletzlich, sensibel, kränkbar.
	Ich erlebe in der sexuellen Begegnung Angst, Scham, Peinlichkeit.
	Ich fühle innere Sperren, Blockaden, Alltagskram oder Sorgen vom Tag.
	Ich habe eine starke Ich-Kontrolle, fühle mich beobachtet beim Sex.
	Ich habe Selbstzweifel, Minderwertigkeitsgefühle (Aussehen).
	Ich habe Angst, dass sich Probleme wiederholen wie früher.
	Ich erlebe Leistungsdruck, Angst, den Erwartungen nicht zu genügen.
	Ich habe Hemmungen, dem Partner zu sagen, wenn ich Sex will.
	Ich fühle mich unwohl mit Form/Grösse meines Penis / meiner Brüste.
	Summe der Punkte.

These E1-L4/4.: Sexuelles Erleben und Handeln beinhaltet auch Kommunikation; reale Worte oder „Botschaften" ausgedrückt durch Zärtlichkeiten, Küsse, Schmusen, Berührungen oder den Blick.

Sexualität ist deshalb auch ganzheitliches Sinn-Erleben und formt damit die Selbstidentität eines Menschen. Symbolische Äusserungen und Worte beim Sex bewegen den ganzen Menschen, nicht einfach nur den Körper!

Botschaften zum Liebesspiel

Trifft für mich zu: 1 = nicht | 2 = ein wenig | 3 = oft | 4 = überwiegend |
5 = vollständig

Punkte	Übung E1-L4/4.: Kommunikation über Sex und Gefühle. Gewichte, was dich wie sehr heute / in der Vergangenheit betrifft.
	Wie erlebst Du das? Magst Du jetzt? Stört Dich das?
	Was hast Du gerne? Zeig mir, wie Du es magst!
	Was / wie möchtest Du jetzt? Was steigert Deine Lust?
	Nimm Dir Zeit! Es ist schön, so mit Dir zu sein.
	Ich möchte mal was Neues versuchen. Du auch?
	Was gefällt Dir denn an mir besonders?
	Ich liebe Dich, Deinen Körper, so wie Du bist, auch im Sex.
	Sag mir, wenn Du etwas nicht magst, Dich etwas stört.
	Summe der Punkte.

Übung E1-L4/5.: Auf der Ebene der Liebe vermisse ich im Sex:

Übung E1-L4/6.: Auf der Ebene der sexuellen Aktivität habe ich Probleme mit:

Übung E1-L4/7.: Ich möchte, dass mir mein Partner beim Liebesspiel auch mal sagt:

2.1.5. Lebe deine Beziehung partnerschaftlich

These E1-L5/1.: Es gibt viele Ansatzmöglichkeiten, Streit und Konflikte in einer Liebesbeziehung gar nicht erst entstehen zu lassen oder dann eben konstruktiv anzugehen. Bedingungen und Regeln, die für ein aufbauendes Zusammenleben sowie für eine konstruktive Lebensbewältigung wichtig sind, sollen beide gemeinsam festlegen!

Haltungen für partnerschaftliches Leben

Trifft für mich zu: 1 = nicht | 2 = ein wenig | 3 = oft | 4 = überwiegend | 5 = vollständig

Punkte	Übung E1-L5/1.: Haltungen für partnerschaftliches Leben. Suche deine Schwachstellen, Defizite und Bedürfnisse für dich selbst und deine aktuelle / vergangene Beziehung.
	Stetes Bemühen, sich selbst und den andern zu verstehen.
	Stetig den andern in seinem Sein und Werden von Neuem suchen.
	Sich selbst im eigenen Sein und Werden immer wieder neu erklären.
	Sich gegenseitig fördern in der Entfaltung des Mannseins bzw. Frauseins.
	Sich gemeinsam im Gespräch die Grundwerte erarbeiten, ggf. revidieren.
	Das Selbstmanagement im Alltagsleben als Partnersache verstehen.
	Ein Zuhause schaffen, wo sich beide wohl fühlen und jeder seine „Ecke" hat.
	Regelmässig gemeinsame Erlebnisse schaffen, die Freude bewirken.
	In allen Angelegenheiten, auch in Kleinigkeiten, sich absprechen.
	Die gemeinsame Geschichte der Beziehung verstehen und verarbeiten.
	Durch die gemeinsame Lebensgeschichte eine Paar-Identität formen.
	Respektieren, dass jeder eine eigene Persönlichkeit in Entwicklung bleibt.
	Über Psyche, Liebe, Gefühle und Sex immer wieder neu lernen.

	In allen Bereichen immer die Kreativität fördern und nutzen.
	Richtig streiten, ohne sich mit Abwehrspielen gegenseitig in Schach zu halten.
	Die Fehler gegenseitig nicht saldieren. Verzeihen und versöhnen.
	Die Lebenslügen gegenseitig ohne Vorwurf abbauen (lernen).
	Sich mit den eigenen Träumen ernsthaft auseinandersetzen.
	Das psychisch-geistige Leben höher stellen als alle äusseren Werte.
	Jeder praktiziert auf eigene Weise Selbstbildung und Individuation.
	Summe der Punkte.

These E1-L5/2.: In einem Gespräch gibt es mehr Wirklichkeiten als meist angenommen wird, zum Beispiel: Vollständige Einigkeit ist selten möglich. Über das Reden reden fördert die Verständigung. Man kann nicht besser reden, als man wahrnimmt, denkt und Wissen hat. Reden ist immer auch ein Ausdruck des vorangegangenen Denkens und Fühlens. Reden ist eine sehr wichtige Form der Wirklichkeitsbewältigung. Kommunikation ist immer mehr mensch-bezogen als sach-bezogen.

Gestaltung der Kommunikation in der Beziehung.

Trifft für mich zu: 1 = nicht | 2 = ein wenig | 3 = oft | 4 = überwiegend | 5 = vollständig

Punkte	Übung E1-L5/2.: Kommunikationsstil in der Beziehung. Suche deine Schwächen, Defizite und Bedürfnisse.
	objektiv, informativ, genau, präzise
	transparent, offen, nicht verdeckend
	kooperativ, partnerschaftlich
	gewissenhaft, gründlich, verbindlich
	zeiteffizient, organisiert, systematisch
	fragend, aktiv anpassend, flexibel
	bedächtig, ernst, ruhig, entschlossen
	konzentriert, bewusst, gut zuhörend
	geplant, geordnet, vorbereitet
	Summe der Punkte.

These E1-L5/3.: Streit und Konflikte werden auch durch praktische Handlungen vermieden oder reduziert. Wie man mit dem Partner im Gespräch über ein Problem (einen Konflikt) umgeht, ist oft wichtiger als das Problem (der Konflikt) selbst.

Übung E1-L5/3.: Wie ist dein Umgangsstil mit deinem (Lebens-)partner? Kreuze an, wo du für dich und deine Beziehung ein Defizit erkennst.

- ☐ freundlich, zuvorkommend, wohlwollend, höflich, rücksichtsvoll
- ☐ ehrlich, echt, offen, ohne „Spiele", fair, gerecht, nicht ignorierend
- ☐ flexibel und anpassungsfähig im Stil (Sprache, Umgang) und in der Sache
- ☐ demokratisch, partnerschaftlich, kooperativ, unterstützend, betroffen

These E1-L5/4.: Praktische Regeln des Verhaltens und der Kommunikation sind ganzheitlich einzubetten:

- Die Komplexität der Psyche, des psychisch-geistigen Wachstums und des Lebens akzeptieren.
- Stetig sich selbst und den andern im eigenen ganzheitlichen Sein und Werden neu suchen.
- Sich gegenseitig in der fortwährenden Selbstbildung und Lebensbildung fördern und annehmen.
- Eine gut funktionierende Beziehung basiert entscheidend auf der Bildung psychischer Funktionen (Selbstbildung und Lebensbildung).
- Selbstbildung schafft noch nicht die „gute Beziehung"; die Liebe ist letztlich entscheidend.
- Die Liebe ohne Lebensbildung und ohne Nutzung der Intelligenz zerstört sich letztlich selbst.

Die 12 Regeln zur partnerschaftlichen Kommunikation

Trifft für mich zu: 1 = nicht | 2 = ein wenig | 3 = oft | 4 = überwiegend | 5 = vollständig

Punkte	Übung E1-L5/4.: 12 Regeln für eine partnerschaftliche Kommunikation. Gewichte, was für dich in der aktuellen / vergangenen Beziehung zutrifft:
	Nicht demütigen, nicht verletzen, nicht entwerten, nicht spotten.
	Nicht dreinreden, nicht übertreiben, nicht bagatellisieren, „Ton" nicht verlieren.
	Kooperativ, wechselseitig, ergänzend miteinander die Sachen besprechen.

	Eindeutig, klar, sachlich, differenziert, offen, direkt sprechen.
	Zuhören, verstehen, gewichten, selektionieren, ausreden lassen.
	Probleme, Wünsche, Fragen und vor allem Gefühle angemessen äussern.
	Abgrenzung und Eigenständigkeit wahren und ermöglichen/gestatten.
	Abgegrenzte Achtung des Partners als eigenständige Person.
	Geistige Verwurzelung (z.B. Träume), Intuition und innere Resonanz beachten.
	Eigene Körperverfassung und die des andern mitberücksichtigen.
	Vergangenes als Herausforderung zum Lernen, nicht als Vorwurf verstehen.
	Werte, Normen und Einstellungen immer wieder reflektieren, allenfalls revidieren.
	Summe der Punkte.

Bleiben wir „menschlich":

Missverständnisse sind normal. Konflikte und Streit sind ein Teil des Lebens. Gegen die Regeln der guten Kommunikation und gegen angemessenen Verhaltensweisen verstossen, ist menschlich (sollte aber nicht zur Gewohnheit werden).

Übung E1-L5/5.: Ich erkenne in der Gestaltung meiner Beziehung Mangel:

Übung E1-L5/6.: Ich werde mit meinem Partner reden, was wir wie verbessern können, zum Beispiel:

2.1.6. Bereite dich gut vor für die Liebe

1. Du möchtest deine aktuelle Beziehung erneuern. Bearbeite die folgenden Übungen und zeige das Ergebnis deinem Partner! Danach soll dein Partner dasselbe tun und dir sein Ergebnis vorlegen.

2. Du möchtest einen Neubeginn. Du suchst einen Partner. Du möchtest eine anspruchsvolle Beziehung. Indem du die Übungen bearbeitest, bereitest du dich darauf vor. Danach erst kommt die gezielte Partnersuche und vor allem die Partnerwahl!

These E1-L6/1.: Die Lebensart formt den gemeinsamen Rahmen, in dem ein Beziehungsleben sich entwickelt.

Übung E1-L6/1.: Ich sehe meine Lebensart ganz allgemein etwa so:

Kreuze an, was für dich zutrifft:
1 = nicht 2 = wenig 3 = mässig 4 = viel 5 = sehr viel

1 2 3 4 5		1 2 3 4 5	
☐ ☐ ☐ ☐ ☐☐	Sportlich aktiv	☐ ☐ ☐ ☐ ☐☐	Alkoholkonsum
☐ ☐ ☐ ☐ ☐☐	Raucher	☐ ☐ ☐ ☐ ☐☐	TV-Konsum
☐ ☐ ☐ ☐ ☐☐	Über-/regionale Reisen	☐ ☐ ☐ ☐ ☐☐	Koche gerne
☐ ☐ ☐ ☐ ☐☐	Barbesuch	☐ ☐ ☐ ☐ ☐☐	Konzerte/Theater
☐ ☐ ☐ ☐ ☐☐	Disco-Fan	☐ ☐ ☐ ☐ ☐☐	Ästhet, mit Stil
☐ ☐ ☐ ☐ ☐☐	Gesellschaftstyp	☐ ☐ ☐ ☐ ☐☐	Freundeskreis
☐ ☐ ☐ ☐ ☐☐	Mode-orientiert	☐ ☐ ☐ ☐ ☐☐	Bequem gekleidet
☐ ☐ ☐ ☐ ☐☐	Energievoller Typ	☐ ☐ ☐ ☐ ☐☐	Praktischer Typ
☐ ☐ ☐ ☐ ☐☐	Intellektueller Typ	☐ ☐ ☐ ☐ ☐☐	Künstlertyp
☐ ☐ ☐ ☐ ☐☐	Businesstyp	☐ ☐ ☐ ☐ ☐☐	Fürsorglicher Typ
☐ ☐ ☐ ☐ ☐☐	Einzelgängertyp	☐ ☐ ☐ ☐ ☐☐	Anzug-Typ
☐ ☐ ☐ ☐ ☐☐	Naturverbunden	☐ ☐ ☐ ☐ ☐☐	Tierliebhaber

These E1-L6/2.: Jeder Mensch kann sich entwickeln, seine Wege und Ziele selbst bestimmen. Oder ignorieren und verweigern. Das Niveau und die Art der Gestaltung dieser Selbstbildung formt die Qualität einer Beziehung.

Übung E1-L6/2.: Ich sehe mich als Person und meinen Charakter etwa so:

Kreuze an, was für dich stimmt:
1 = nicht, kaum   2 = wenig   3 = mässig   4 = ausgeprägt   5 = sehr ausgeprägt

1 2 3 4 5

☐ ☐ ☐ ☐ ☐ lebenserfahren
☐ ☐ ☐ ☐ ☐ friedfertig
☐ ☐ ☐ ☐ ☐ optimistisch
☐ ☐ ☐ ☐ ☐ tatkräftig
☐ ☐ ☐ ☐ ☐ tiefsinnig
☐ ☐ ☐ ☐ ☐ flexibel
☐ ☐ ☐ ☐ ☐ selbstkritisch
☐ ☐ ☐ ☐ ☐ selbstsicher
☐ ☐ ☐ ☐ ☐ tolerant
☐ ☐ ☐ ☐ ☐ fröhlich-vital
☐ ☐ ☐ ☐ ☐ sensibel
☐ ☐ ☐ ☐ ☐ grosszügig
☐ ☐ ☐ ☐ ☐ kontemplativ
☐ ☐ ☐ ☐ ☐ selbständig
☐ ☐ ☐ ☐ ☐ gefestigt
☐ ☐ ☐ ☐ ☐ achtsam
☐ ☐ ☐ ☐ ☐ wachsam
☐ ☐ ☐ ☐ ☐ freidenkerisch
☐ ☐ ☐ ☐ ☐ selbstbewusst
☐ ☐ ☐ ☐ ☐ entschlossen
☐ ☐ ☐ ☐ ☐ intuitiv
☐ ☐ ☐ ☐ ☐ ausgeglichen
☐ ☐ ☐ ☐ ☐ ich-stark
☐ ☐ ☐ ☐ ☐ belesen
☐ ☐ ☐ ☐ ☐ mental wach
☐ ☐ ☐ ☐ ☐ einfühlungsfähig
☐ ☐ ☐ ☐ ☐ einfühlsam
☐ ☐ ☐ ☐ ☐ umsorgend
☐ ☐ ☐ ☐ ☐ einzigartig
☐ ☐ ☐ ☐ ☐ zuverlässig
☐ ☐ ☐ ☐ ☐ gepflegt
☐ ☐ ☐ ☐ ☐ ehrlich
☐ ☐ ☐ ☐ ☐ treu, loyal
☐ ☐ ☐ ☐ ☐ liebenswürdig
☐ ☐ ☐ ☐ ☐ wahrhaftig
☐ ☐ ☐ ☐ ☐ transparent
☐ ☐ ☐ ☐ ☐ humorvoll
☐ ☐ ☐ ☐ ☐ pragmatisch

1 2 3 4 5

☐ ☐ ☐ ☐ ☐ anspruchsvoll
☐ ☐ ☐ ☐ ☐ gebildet
☐ ☐ ☐ ☐ ☐ liebevoll
☐ ☐ ☐ ☐ ☐ umgänglich
☐ ☐ ☐ ☐ ☐ zielstrebig
☐ ☐ ☐ ☐ ☐ gütig
☐ ☐ ☐ ☐ ☐ verantwortungsvoll
☐ ☐ ☐ ☐ ☐ entgegenkommend
☐ ☐ ☐ ☐ ☐ rücksichtsvoll
☐ ☐ ☐ ☐ ☐ charismatisch
☐ ☐ ☐ ☐ ☐ weltoffen
☐ ☐ ☐ ☐ ☐ umsichtig
☐ ☐ ☐ ☐ ☐ ungezwungen
☐ ☐ ☐ ☐ ☐ kreativ
☐ ☐ ☐ ☐ ☐ sinnorientiert
☐ ☐ ☐ ☐ ☐ weise
☐ ☐ ☐ ☐ ☐ begeisterungsfähig
☐ ☐ ☐ ☐ ☐ scharfsinnig
☐ ☐ ☐ ☐ ☐ spirituell
☐ ☐ ☐ ☐ ☐ lernoffen
☐ ☐ ☐ ☐ ☐ lebensoffen
☐ ☐ ☐ ☐ ☐ interessiert
☐ ☐ ☐ ☐ ☐ experimentierfreudig
☐ ☐ ☐ ☐ ☐ versöhnlich
☐ ☐ ☐ ☐ ☐ selbstbestimmt
☐ ☐ ☐ ☐ ☐ gründlich denkend
☐ ☐ ☐ ☐ ☐ kommunikativ
☐ ☐ ☐ ☐ ☐ gerne auch allein
☐ ☐ ☐ ☐ ☐ phänomenal
☐ ☐ ☐ ☐ ☐ aussergewöhnlich
☐ ☐ ☐ ☐ ☐ ordnungsliebend
☐ ☐ ☐ ☐ ☐ verlässlich
☐ ☐ ☐ ☐ ☐ hoffnungsvoll
☐ ☐ ☐ ☐ ☐ kompromissfähig
☐ ☐ ☐ ☐ ☐ orgasmusfähig
☐ ☐ ☐ ☐ ☐ aufmerksam
☐ ☐ ☐ ☐ ☐ unterhaltsam
☐ ☐ ☐ ☐ ☐ fleissig arbeitend

□ □ □ □ □□ ernsthaft   □ □ □ □ □□ sexuell natürlich
□ □ □ □ □□ nachdenklich   □ □ □ □ □□ wachstumsoffen
□ □ □ □ □□ liebesfähig   □ □ □ □ □□ mit Lebenszielen
□ □ □ □ □□ innerlich frei   □ □ □ □ □□ verständnisvoll
□ □ □ □ □□ leidenschaftlich □ □ □ □ □□ bescheiden

Übung E1-L6/3.: Ich habe folgende Vorstellungen über die Lebensart meines Wunschpartners:

Kreuze an, was du bei deinem Wunschpartner erwartest:
1 = nicht 2 = wenig 3 = mässig 4 = viel 5 = sehr viel

a) So schätze ich meinen Partner ein.
b) So möchte ich, dass mein Partner ist / wird.

1 2 3 4 5   1 2 3 4 5
□ □ □ □ □□ Sportlich aktiv   □ □ □ □ □□ Alkoholkonsum
□ □ □ □ □□ Raucher   □ □ □ □ □□ TV-Konsum
□ □ □ □ □□ Über-/regionale   □ □ □ □ □□ Koche gerne
Reisen
□ □ □ □ □□ Barbesuch   □ □ □ □ □□ Konzerte/Theater
□ □ □ □ □□ Disco-Fan   □ □ □ □ □□ Ästhet, mit Stil
□ □ □ □ □□ Gesellschaftstyp   □ □ □ □ □□ Freundeskreis
□ □ □ □ □□ Mode-orientiert   □ □ □ □ □□ Bequem gekleidet
□ □ □ □ □□ Energievoller Typ   □ □ □ □ □□ Praktischer Typ
□ □ □ □ □□ Intellektueller Typ   □ □ □ □ □□ Künstlertyp
□ □ □ □ □□ Businesstyp   □ □ □ □ □□ Fürsorglicher Typ
□ □ □ □ □□ Einzelgängertyp   □ □ □ □ □□ Anzug-Typ
□ □ □ □ □□ Naturverbunden   □ □ □ □ □□ Tierliebhaber

Übung E1-L6/4.: Ich wünsche einen Partner mit folgenden

Charaktereigenschaften / Merkmale

Kreuze an, was dir wie wichtig ist:
1 = nicht, kaum   2 = wenig 3 = mässig   4 = ausgeprägt 5 = sehr ausgeprägt

1 2 3 4 5   1 2 3 4 5
□ □ □ □ □ lebenserfahren   □ □ □ □ □ anspruchsvoll
□ □ □ □ □ friedfertig   □ □ □ □ □□ gebildet
□ □ □ □ □□ optimistisch   □ □ □ □ □□ liebevoll

☐ ☐ ☐ ☐ ☐ ☐ tatkräftig
☐ ☐ ☐ ☐ ☐ ☐ tiefsinnig
☐ ☐ ☐ ☐ ☐ ☐ flexibel
☐ ☐ ☐ ☐ ☐ ☐ selbstkritisch
☐ ☐ ☐ ☐ ☐ ☐ selbstsicher
☐ ☐ ☐ ☐ ☐ ☐ tolerant
☐ ☐ ☐ ☐ ☐ ☐ fröhlich-vital
☐ ☐ ☐ ☐ ☐ ☐ sensibel
☐ ☐ ☐ ☐ ☐ ☐ grosszügig
☐ ☐ ☐ ☐ ☐ ☐ kontemplativ
☐ ☐ ☐ ☐ ☐ ☐ selbständig
☐ ☐ ☐ ☐ ☐ ☐ gefestigt
☐ ☐ ☐ ☐ ☐ ☐ achtsam
☐ ☐ ☐ ☐ ☐ ☐ wachsam
☐ ☐ ☐ ☐ ☐ ☐ freidenkerisch
☐ ☐ ☐ ☐ ☐ ☐ selbstbewusst
☐ ☐ ☐ ☐ ☐ ☐ entschlossen
☐ ☐ ☐ ☐ ☐ ☐ intuitiv
☐ ☐ ☐ ☐ ☐ ☐ ausgeglichen
☐ ☐ ☐ ☐ ☐ ich-stark
☐ ☐ ☐ ☐ ☐ ☐ belesen
☐ ☐ ☐ ☐ ☐ ☐ mental wach
☐ ☐ ☐ ☐ ☐ ☐ einfühlungsfähig
☐ ☐ ☐ ☐ ☐ ☐ einfühlsam
☐ ☐ ☐ ☐ ☐ ☐ umsorgend
☐ ☐ ☐ ☐ ☐ ☐ einzigartig
☐ ☐ ☐ ☐ ☐ ☐ zuverlässig
☐ ☐ ☐ ☐ ☐ ☐ gepflegt
☐ ☐ ☐ ☐ ☐ ☐ ehrlich
☐ ☐ ☐ ☐ ☐ ☐ treu, loyal
☐ ☐ ☐ ☐ ☐ ☐ liebenswürdig
☐ ☐ ☐ ☐ ☐ ☐ wahrhaftig
☐ ☐ ☐ ☐ ☐ ☐ transparent
☐ ☐ ☐ ☐ ☐ ☐ humorvoll
☐ ☐ ☐ ☐ ☐ ☐ pragmatisch
☐ ☐ ☐ ☐ ☐ ☐ ernsthaft
☐ ☐ ☐ ☐ ☐ ☐ nachdenklich
☐ ☐ ☐ ☐ ☐ ☐ liebesfähig
☐ ☐ ☐ ☐ ☐ ☐ innerlich frei
☐ ☐ ☐ ☐ ☐ ☐ leidenschaftlich

☐ ☐ ☐ ☐ ☐ ☐ umgänglich
☐ ☐ ☐ ☐ ☐ ☐ zielstrebig
☐ ☐ ☐ ☐ ☐ ☐ gütig
☐ ☐ ☐ ☐ ☐ ☐ verantwortungsvoll
☐ ☐ ☐ ☐ ☐ ☐ entgegenkommend
☐ ☐ ☐ ☐ ☐ ☐ rücksichtsvoll
☐ ☐ ☐ ☐ ☐ ☐ charismatisch
☐ ☐ ☐ ☐ ☐ ☐ weltoffen
☐ ☐ ☐ ☐ ☐ ☐ umsichtig
☐ ☐ ☐ ☐ ☐ ☐ ungezwungen
☐ ☐ ☐ ☐ ☐ ☐ kreativ
☐ ☐ ☐ ☐ ☐ ☐ sinnorientiert
☐ ☐ ☐ ☐ ☐ weise
☐ ☐ ☐ ☐ ☐ ☐ begeisterungsfähig
☐ ☐ ☐ ☐ ☐ ☐ scharfsinnig
☐ ☐ ☐ ☐ ☐ ☐ spirituell
☐ ☐ ☐ ☐ ☐ ☐ lernoffen
☐ ☐ ☐ ☐ ☐ ☐ lebensoffen
☐ ☐ ☐ ☐ ☐ ☐ interessiert
☐ ☐ ☐ ☐ ☐ ☐ experimentierfreudig
☐ ☐ ☐ ☐ ☐ ☐ versöhnlich
☐ ☐ ☐ ☐ ☐ ☐ selbstbestimmt
☐ ☐ ☐ ☐ ☐ ☐ gründlich denkend
☐ ☐ ☐ ☐ ☐ ☐ kommunikativ
☐ ☐ ☐ ☐ ☐ ☐ gerne auch allein
☐ ☐ ☐ ☐ ☐ ☐ phänomenal
☐ ☐ ☐ ☐ ☐ ☐ aussergewöhnlich
☐ ☐ ☐ ☐ ☐ ☐ ordnungsliebend
☐ ☐ ☐ ☐ ☐ ☐ verlässlich
☐ ☐ ☐ ☐ ☐ ☐ hoffnungsvoll
☐ ☐ ☐ ☐ ☐ ☐ kompromissfähig
☐ ☐ ☐ ☐ ☐ ☐ orgasmusfähig
☐ ☐ ☐ ☐ ☐ ☐ aufmerksam
☐ ☐ ☐ ☐ ☐ ☐ unterhaltsam
☐ ☐ ☐ ☐ ☐ ☐ fleissig arbeitend
☐ ☐ ☐ ☐ ☐ ☐ sexuell natürlich
☐ ☐ ☐ ☐ ☐ ☐ wachstumsoffen
☐ ☐ ☐ ☐ ☐ ☐ mit Lebenszielen
☐ ☐ ☐ ☐ ☐ ☐ verständnisvoll
☐ ☐ ☐ ☐ ☐ ☐ bescheiden

Übung E1-L6/5.: Ich will auf keinen Fall, dass mein Partner (hat / ist / tut / wünscht):

Übung E1-L6/6.: Schreibe 3 Punkte auf, die dir insgesamt von allerhöchster Wichtigkeit sind:

2.2. Liebe dich selbst

2.2.1. Entdecke dein Ich und dein psychisches Leben

These E2-L1/1.: Einige Tatsachen zum psychischen Leben sind: Fast alles im Leben hat psychische Ursachen und Wirkungen. Jeder Mensch hat ein psychisches Leben.

Jeder Mensch hat viele einzelne psychische Kräfte. Alles, was der Mensch tut, ist mit seinen psychischen Kräften verbunden.

Der Mensch ist ohne das psychisch-geistige Leben nicht bestimmbar. Der Mensch findet niemals sein Glück und seine wahrhaftige Selbsterfüllung ohne Bildung des psychisch-geistigen Lebens.

Ohne Selbstbildung mit Geist und Liebe entsteht im Leben des Einzelnen und in der Gesellschaft ein Ungleichgewicht mit weitreichenden Folgen.

Unwissen, Vorurteile, Gedankenlosigkeit und Gleichgültigkeit lähmen den Menschen, machen ihn blind und anfällig für Manipulationen (Ideologien, Dogmen, Konsum, etc).

Trifft für mich zu: 1 = nicht | 2 = ein wenig | 3 = oft | 4 = überwiegend | 5 = vollständig

Punkte	Übung E2-L1/1.: Wissen, Vorurteile, Gedankenlosigkeit. Gewichte, was dich betrifft.
	Da läuft einiges in meiner Psyche, das ich nicht erkenne, nicht verstehe.
	Wenn ich das Wort „Psyche" höre, dann wende ich mich innerlich ab.
	Ich habe Angst, mich meiner psychischen Innenwelt zuzuwenden.
	Ich weiss nicht viel über das psychische Leben (eigenes, allgemein).
	Ich verstehe nicht, was bei den Menschen innerlich abläuft.

	Es ist mir eine neue Vorstellung, dass ich meine Psyche bilden kann.
	Selbsterkenntnis tönt zwar interessant, aber ich will nicht wirklich.
	Ich habe meine Ideale, die mich führen; die Psyche brauche ich nicht.
	Ich bin sicher, dass ich mehr als 3-5 % meiner Psyche kenne.
	Ich habe keinen Bedarf an vertiefter Selbsterkenntnis.
	Ich glaube nicht, dass ich in mir eine geistige Kraft habe.
	Ich kann mir nicht vorstellen, dass ich unfrei bin durch das Unbewusste.
	Summe der Punkte.

These E2-L1/2.: Stand und Ziele der Entwicklung. Wohl fast alle Menschen kennen und nutzen eine ganze Vielfalt an Worten, die mit dem psychischen Leben zu tun haben.

Aber die meisten reflektieren wenig über ihre eigenen psychischen Kräftesysteme (Psyche, Innenleben).

Einstellungen gegenüber der Psyche und dem psychischen Leben

Trifft für mich zu: 1 = nicht | 2 = ein wenig | 3 = oft | 4 = überwiegend | 5 = vollständig

Punkte	Übung E2-L1/2.: Stand und Ziele der Entwicklung. Gewichte, was dich betrifft.
	Ich weiss, wie ich denke und ich denke gründlich, vernetzt, kreativ, basierend auf Wissen.
	Ich kenne meine Gefühle, weiss wann warum ich bestimmte Gefühle habe; kann damit umgehen.
	Ich erfülle meine psychischen Bedürfnisse umfassend; und befriedige diese mit Verstand, Liebe, Geist, und Intelligenz.
	Ich kenne meine Liebesfähigkeit, weiss, dass dies ein vielseitiges Kräftepotential ist.
	Meine psychische Energie ist mir bewusst. Ich weiss, wie ich diese zentrieren und stärken kann.

	Ich weiss, wer ich bin, kenne mein „Ich"; und ich bin der „Kapitän" meines Seins und Lebens.
	Ich kenne mein Überich mit den Idealen, Einstellungen, Überzeugungen, Werten, Normen.
	Ich habe ein differenziertes Bewusstsein über das, was in meinem bewussten Kopf so abläuft.
	Ich bin mir im Klaren, was in meinem Gewissen vorhanden ist und mich aus dem Innern steuert.
	Ich habe einen starken Willen und klare, gut begründete Wünsche. Was ich will, ist reflektiert.
	Meine verschiedenen Abwehrmechanismen sind mir bewusst und ich kann diese flexibel steuern.
	Ich steuere bewusst, was ich von der Aussenwelt aufnehme und dann verinnerlicht in mir habe.
	Meine Wahrnehmung ist differenziert, weitsichtig, vielseitig vernetzt; da bin ich immer kritisch.
	Meine Sprache ist sehr differenziert und ich nutze diese zur Bewältigung meines Lebens.
	Ich deute meine Träume, weiss um die Wichtigkeit als geistiger „Berater" und „Lebensführer".
	Ich nutze Tagträume und Phantasien als kreative Quelle, mich und die Menschen zu verstehen.
	Ich kenne mein Unbewusstes, weiss, was sich da an Inventar aufgehäuft hat. Da ist Ordnung.
	Ich habe viele Erinnerungen und viel Wissen über das Leben. Ich kann dies alles konstruktiv nutzen.
	Meine Handlungen sind durchdacht, wohl begründet und als Lebensfähigkeiten breit geformt.
	Summe der Punkte.

These E2-L1/3.: Das psychische Leben ist eine komplexe und vielfältig wirkende innere Welt. Die Psyche ist ähnlich wie der Körper eine "organische Ganzheit".

Alle psychischen Kräfte stehen miteinander in einer vielfältigen aktiven Beziehung. Sie beeinflussen einander, meist ohne dass wir dies wahrnehmen. Die Summe aller psychischen Kräfte kann als psychisches System betrachtet werden.

Wir bezeichnen diese Wirklichkeit mit: "DER PSYCHISCHE ORGANISMUS".

Bewusstwerdung und Umformung

Trifft für mich zu: 1 = nicht | 2 = ein wenig | 3 = oft | 4 = überwiegend | 5 = vollständig

Punkte	Übung E2-L1/3.: Aspekte der Persönlichkeit. Gewichte, wo du Bedarf und Formung und Erweiterung des Bewusstseins siehst.
	Die Handlungen in der äusseren Lebenswirklichkeit.
	Die Psychodynamik und ihre psychische Energie. Die Lebensenergie.
	Das Ich und seine Hilfsfunktionen (z.B. Wille, Abwehr, Steuerung).
	Die Intelligenz (von der Wahrnehmung bis zum Denken und Lernen).
	Die Gefühle (das ganze Spektrum von Lebenszuwendung und -abwendung).
	Die Bedürfnisse (psycho-physische, psychische).
	Das Unbewusste, einschliesslich das Gewissen.
	Nutzung der Kraft des Geistes in Traum, Imagination und Kontemplation.
	Die Kraft der Liebe mit all ihren Leistungsmöglichkeiten.
	Die Schatten, d.h. die kritischen Charakterzüge, die manchmal durchbrechen.
	Summe der Punkte.

These E2-L1/4.: Die wechselseitige Beeinflussung der einzelnen psychischen Kräfte ist vielfältig. Kein psychischer Bereich funktioniert ohne Vernetzung mit anderen psychischen Bereichen.

Bei den meisten Menschen ist diese innere Vielfalt sehr unbewusst, ungeeignet gebildet, chaotisch und vom Ich nicht wirklich steuerbar. Mit andern Worten: die meisten Menschen sind innerlich sehr unfrei; die einzelnen psychischen Bereiche können nicht aufbauend für das Leben und Werden genutzt werden; und mangels Wissen über diesen inneren Mikrokosmos suchen fast alle die „Erlösung" und „Erfüllung" aussen.

Übung E2-L1/4.: Kreuze an, wo du gründlichen Bedarf der Bewusstwerdung und Umformung hast im Interesse der besseren Steuerbarkeit und Lebensmeisterung:

- [ ] Gefühle beeinflussen die Wahrnehmung, das Denken, Urteilen und Verhalten.
- [ ] Bedürfnisse steuern die Wahrnehmung, die Entscheidung und die Handlungen.
- [ ] Wahrnehmung und Handlungen sind vom Unbewussten mitbeeinflusst.
- [ ] Unbewusstes wirkt auf das Gefühlsleben, Beurteilen, Denken und Handeln.
- [ ] Die Liebeskraft wirkt auf die Gefühle, das Denken, das Beurteilen und Handeln.
- [ ] Das Traumleben wirkt auf die Stimmungen; Traumdeutung gibt Orientierung.
- [ ] Die Psychodynamik ist geformt durch Gedanken, Erleben und Unbewusstes.
- [ ] Die Handlungen werden von den inneren psychischen Kräften mitbeeinflusst.
- [ ] Was im Bewusstsein ist, wirkt auf das Selbsterleben und die Gefühle.
- [ ] Verdrängung und Unterdrückung belasten das gesamte psychische System.

Übung E2-L1/5.: Was für ein Mensch bin ich? Wie bin ich? Beschreibe dich in ein paar Sätzen:

Übung E2-L1/6.: Was für ein Mensch will ich werden? Beschreibe deine Vision in ein paar Sätzen:

2.2.2. Entlaste dein Unbewusstes von unnötigem Ballast

These E2-L2/1.: Das Unbewusste ist so etwas wie ein Gefäss: Ab der vorgeburtlichen Zeit nimmt der Mensch Erlebnisse in sich auf, die ein Leben lang erhalten bleiben. Erlebnisse beziehen sich immer auf Situationen und sind deshalb bildhaft, ganz gleich ob die Situation real oder imaginativ ist. Erlebnisse enthalten immer auch ein Sinn- und Werterleben im Dasein. Das Unbewusste ist generell das Reservoir der Erfahrungen.

Übung E2-L2/1.: Das Inventar im Unbewussten sind Bilder mit einem Bedeutungsgehalt. Es können verschiedene belastende Bedeutungseinheiten in Kategorien gefasst werden.

Kreuze an, was dich betreffen könnte:
1 = nicht 2 = wenig 3 = recht viel 4 = sehr viel 5 = total viel

1	2	3	4	5			1	2	3	4	5	
☐	☐	☐	☐	☐	☐	Schmerz	☐	☐	☐	☐	☐	☐ Peinlichkeit
☐	☐	☐	☐	☐	☐	Unsicherheit	☐	☐	☐	☐	☐	☐ Kränkung
☐	☐	☐	☐	☐	☐	Misserfolg	☐	☐	☐	☐	☐	☐ Anstrengung
☐	☐	☐	☐	☐	☐	Beschämung	☐	☐	☐	☐	☐	☐ Strafe
☐	☐	☐	☐	☐	☐	Schuld	☐	☐	☐	☐	☐	☐ Unterdrückung
☐	☐	☐	☐	☐	☐	Trauer	☐	☐	☐	☐	☐	☐ Angst
☐	☐	☐	☐	☐	☐	Leid	☐	☐	☐	☐	☐	☐ Bedrohung
☐	☐	☐	☐	☐	☐	Ablehnung	☐	☐	☐	☐	☐	☐ Zurückweisung

These E2-L2/2.: Eine enorme Bildermenge trägt jeder mit sich. Wer diesem eigenen Leben wiederbegegnet, wird erfahren, dass viele Erinnerungen gefühlsmässig noch so aktiv sind wie die realen Erlebnissituationen damals. Kaum werden die Ereignisse, die Gedanken und Beschäftigungen von früher wiedererlebt, erhalten manche davon dieselbe psycho-energetische Ladung wie damals.

Deutlich zeigt sich dabei, dass jene Vergangenheit, die markant belastend oder positiv erlebt wurde, in der Wiedererinnerung dieselben Gefühle bewirkt.

Leid, peinliche Situationen, gefühlsmässig intensive Gedanken, bedrohliche Momente, gefühlsmässig beeindruckende Gegebenheiten, Stimmungen der Umgebung u.ä.m. sind lebendig im Unbewussten vorhanden. Hierin liegt das Codeprogramm des gegenwärtigen Lebens.
Das Codeprogramm des gegenwärtigen Lebens

Trifft für mich zu: 1 = nicht | 2 = ein wenig | 3 = oft | 4 = überwiegend |
5 = vollständig

Punkte	Übung E2-L2/2.: Unbewusste Codierungen. Gewichte, was in dir unterschwellig lebendig vorhanden sein könnte:
	Komplexe, d.h. die leidvollen, unerlösten Erfahrungen und Konflikte.
	Spezifische Lebenserfahrungen, die mit sexuellem Trieb zu tun haben.
	Defiziterfahrungen allgemeiner grundlegender psychischer Bedürfnisse.
	Minderwertigkeitsgefühle. Entwertung des eigenen Seins und Lebens.
	Überbetont affektive, einengende Bindung von Seiten eines Elternteils.
	Spannungsgeladenes konfliktäres Interesse an mir selbst und an andern.
	Verkrampfte einseitige Lustbindungen. Wunsch und Abwehr zugleich.
	Ich-Ideal-Bilder aller Art; dazu auch: einseitig positive Fehlwahrnehmungen.
	Wünsche in alle denkbaren Richtungen (erlaubt, unerlaubt, erfüllt, unerfüllt).
	Emotionale Bindungen durch Angst vor Strafe und durch Lebensangst.
	Unerlöste Schuldgefühle, subjektive (eingeredete) und objektive.
	Allgemein unerwünschte, aber angenehme (interessante) Sinneserlebnisse.
	Ein geheimer Abwehrmechanismus, der Inhalte vom Unbewussten fernhält.
	Ich-Aspekte, die unerkannt oder abgewehrt sind (Schatten, Masken etc.).
	Strenge und unausgewogene Normen, Ansprüche, Einstellungen, Überzeugungen.
	Besonders schwierige Kind-Elternbeziehung, mit Ablehnungs- und Bindungsambivalenz.
	Dogmatische religiöse Bilder (Teile von Lehren) und Praktiken, die als die wirkliche Wahrheit vermittelt wurden.
	Summe der Punkte.

These E2-L2/3.: Ist das Inventar im Unbewussten ‚kritisch', so hat das immer belastende Folgen.

Übung E2-L2/3.: Kreuze an, wo du Bedarf an Bewusstwerdung und Umformung erkennst:

Kreuze an, was für dich zutrifft:
1 = nicht 2 = wenig 3 = recht viel 4 = sehr viel 5 = total viel

1	2	3	4	5	
☐	☐	☐	☐	☐☐	Depression
☐	☐	☐	☐	☐☐	Agieren
☐	☐	☐	☐	☐☐	Streitsuche
☐	☐	☐	☐	☐	☐Phobien
☐	☐	☐	☐	☐☐	Aggressionen
☐	☐	☐	☐	☐☐	Nervosität
☐	☐	☐	☐	☐☐	Entfremdung
☐	☐	☐	☐	☐☐	Wut, Hass
☐	☐	☐	☐	☐☐	Verkrampfung

1	2	3	4	5	
☐	☐	☐	☐	☐	☐Beherrschen
☐	☐	☐	☐	☐	☐Ängste
☐	☐	☐	☐	☐☐	Schlafstörungen
☐	☐	☐	☐	☐☐	Sadismus
☐	☐	☐	☐	☐	☐Zwänge
☐	☐	☐	☐	☐	☐Neid, Gier
☐	☐	☐	☐	☐	☐Bedrohung
☐	☐	☐	☐	☐	☐Migräne
☐	☐	☐	☐	☐☐	Verstopfung

These E2-L2/4.: Alle ungeklärten Komplexe (das sind: komplexe kritische Themeneinheiten) im Unbewussten wiederholen sich in symbolischer Form in der Gegenwart.

Ein Blick in die Gegenwart verweist schnell in die Vergangenheit.

Trifft für mich zu: 1 = nicht | 2 = ein wenig | 3 = oft | 4 = überwiegend | 5 = vollständig

Punkte	Übung E2-L2/4.: Netzwerk des Widerstandes. Gewichte, was dich betrifft.
	Starke innere Bindung an äusserlich längst abgelöste Liebesbeziehungen.
	Starke ambivalente Abneigung gegenüber dem andern Geschlecht.
	Deutliches Desinteresse an den eigenen Gefühlen und Stimmungen.
	"Schatten", die gelegentlich durchbrechen (Wut, Nörgeln, Schadenfreude, Trotz etc).
	Verletzter, gekränkter Selbstwert (d.h. leicht kränkbar, irritierbar, verletzbar).
	Stark fixiert an Konsum, Sport, Hobbies, Materialismus, religiöse Dogmen.

	Gleichgültigkeit gegenüber Grundwerten der Menschenwürde und Integrität.
	Wenig aktives (oder: überschwemmtes) Bewusstsein über das gelebte Leben.
	Rationale und/oder emotionale Dominanz: Herrschen, Kontrollieren.
	Markierte Grundeinstellung, dass das Innenleben nicht wichtig ist.
	Ziemlich Mühe, starke und selbstsichere Menschen zu ertragen.
	Gerne mal übertreiben oder untertreiben anstatt genau zu erkennen.
	Die Einstellung, man solle die Vergangenheit doch einfach vergessen.
	Schnell mal starrsinnig, eigensinnig, widerspenstig, trotzig, bockig.
	Nicht selten uneinsichtig, wenig belehrbar, unnachgiebig, unversöhnlich.
	Wenig bis kein Bedürfnis, sich zu verändern und zu erneuern.
	Starke Befriedigung im Siegergefühl, Kontrollgefühl, Dominanzgefühl.
	Kein Interesse, spirituelle Werte in der Beziehung und im Leben zu verwirklichen.
	Summe der Punkte.

Übung E2-L2/5.: Was möchtest du vordringlich klären und befreien? Beschreibe in ein paar Sätzen:

Übung E2-L2/6.: Wie stellst du dir jetzt die „Psychokatharsis" („Reinigung") deines Unbewussten vor? Beschreibe, was du zuerst tun willst und wie du das angehen willst:

2.2.3. Wachse kontinuierlich und ganzheitlich von innen

These E2-L3/1.: Der Mensch kann seine innere psychische Wirklichkeit ablehnen. Der Mensch kann die Kraft der Liebe negieren und materiell kompensieren. Der Mensch kann ohne Kommunikation mit dem inneren Geist leben. Der Mensch kann die innere Entfaltung unterdrücken. Der Mensch kann zerstören und hassen, was das Menschsein und das menschliche Leben sind. Der Mensch kann sich als Ersatz der Selbsterfüllung an äussere Gegebenheiten binden: Güter, Macht, Ideologie, Dogmen, Gesetze, „Führer" (aller Art), etc.

Werte des psychischen und geistigen Menschseins

Trifft für mich zu: 1 = nicht | 2 = ein wenig | 3 = oft | 4 = überwiegend | 5 = vollständig

Punkte	Übung E2-L3/1.: Werte. Gewichte, was dich betrifft.
	Die Liebe als Quelle und Kraft, als Ziel und Wert des menschlichen Lebens ist mir wichtig.
	In kommunikativer Verbindung mit der inneren geistigen Kraft (Träume) leben, ist mir wichtig.
	Die Intelligenz und die Kraft des inneren Geistes ist mir auch in meiner Beziehung wichtig.
	Die innere allseitig ausgewogene Entfaltung meines Menschseins ist mir generell wichtig.
	Ein neues Menschsein gegen die Kräfte der Ignoranz, der Zerstörung und des Hasses ist mir wichtig.
	Das nach aussen gerichtete Ersatzleben zurückzuführen zum Menschsein, ist mir wichtig.
	Die vielseitige Balance zwischen Erfüllung der Innenwelt und der Ansprüche der Welt ist mir wichtig.
	Eine grössere Zufriedenheit mit mir selbst und dem Leben ist mir wichtig.
	Eine grössere Aufrichtigkeit und Ehrlichkeit mir selbst gegenüber ist mir wichtig.
	Eine kritische Reflexion über die Inhalte des Bewusstseins über mich ist mir wichtig.
	Summe der Punkte.

These E2-L3/2.: Nichts von unserer Zivilisation hat einen Wert ohne den

Menschen. Vieles davon ist geschaffen ohne Liebe, ohne Geist und ohne Rücksicht auf die psychische Innenwelt. Die Menschen haben auch die andere Möglichkeit, die wir als die psychischgeistige Evolution bezeichnen.

Übung E2-L3/2.: Ankreuzen, was du für wichtig hältst:

☐ Integration und umfassende Bildung des psychisch-geistigen Lebens.

☐ Hohes Bewusstsein über das Innenleben, insbesondere über das Unbewusste.

☐ Ordnung und Struktur im psychischen System (zwischen allen Teilen) schaffen.

☐ Geist als übergeordnetes „Regierungsprinzip": innen wie aussen verwirklichen.

☐ Entfaltung und Wachstum aller lebensoffenen inneren Möglichkeiten und Werte.

☐ Zuwendung zum Menschsein und menschlichen Leben aus der Selbstliebe.

☐ Dem Leben in Rückbindung an alle psychischen Kräfte Ausdruck zu geben.

These E2-L3/3.: Die Menschheit steht noch am Anfang dieses Evolutionsprozesses. Die meisten Menschen wissen kaum, was an psychischen Wirklichkeiten in ihnen lebendig und formbar ist. Wo soll der Mensch Antworten auf die Grundfragen des Daseins finden, wenn nicht in seinem psychischen Organismus und in der Erfahrung der inneren psychisch-geistigen Evolution? Die Menschheit lebt noch weitgehend auf der Stufe des archaischen Menschseins.

Punkte	Übung E2-L3/3.: Menschliche Biomasse – oder mehr gefragt? Gewichte, wo du Bildungs- und Formungsbedarf siehst:
	Verneinung des psychischen Lebens als das eigentliche wichtige Leben.
	Ablehnung des inneren Geistes, der geistigen Bildungskraft der Träume.
	Bedrängtsein von inneren (verdrängten) Konflikte, Komplexen.
	Leben ohne Innenerfahrung (Träume, Meditation und Introspektion).
	Kein ganzheitliches Wachstum; aussen gerichtete Entwicklung.
	Wenig bewusste Bildung der Psyche; überwiegend rationale Bereiche.
	Abwehr und Verdrängung von Unangenehmem, soweit wie

	möglich.
	Unbewusst Leben, ohne Bewusstsein über das eigene Innenleben.
	Tendenz zu Projektionen, Identifikationen, Entstellung der Wirklichkeit.
	Verankerung des Lebens in Ideologien, Dogmen als rettendes Konzept.
	Fixiertsein an materielle Güter, an Lust und Spass, an äusseren Werten.
	Undifferenziertes Erleben der Liebe, teils als Egoismus.
	Höchsten Wert haben äussere Leistungen: Beste, Grösste, Superlativ.
	Summe der Punkte.

These E2-L3/4.: Vision: Der evolutionäre Mensch ist weltweit Ziel und Programm des 21.Jahrhunderts: Er ist psychisch und geistig gebildet, geformt, lernoffen, differenziert, bewusst, geordnet, strukturiert, ausgewogen, selbststeuerbar, berechenbar, konstruktiv, vielseitig und allseitig entfaltet aus der Kraft des Geistes und der Liebe. Der erste grosse Wendepunkt im Leben des Menschen ist die Erkenntnis: „Ich habe ein psychisches Innenleben." Der zweite grosse Wendepunkt folgt auf die gründliche Selbstbesinnung: „So will ich nicht weiterleben! Ich will mehr aus meinem Leben machen!" Und die dritte grosse Erleuchtung formt sich nach der ersten bewegenden Selbsterkenntnis: „Jetzt muss ich über längere Zeit an mir arbeiten, damit ein neues Leben mit Liebe und Geist wachsen kann."

Wendepunkt zu einem neuen Leben, zum evolutionären Menschsein

Trifft für mich zu: 1 = nicht | 2 = ein wenig | 3 = oft | 4 = überwiegend | 5 = vollständig

Punkte	Übung E2-L3/4.: Wendepunkt zu einem neuen Leben. Gewichte, was du als besonderen Wert siehst, und was du in deine Lebenskultur integrieren möchtest.
	Bejahung des gesamten psychisch-geistigen Lebens.
	Immer mehr frei werden von inneren Belastungen des gelebten Lebens.
	Bilder im Unbewussten schaffen, die das Leben konstruktiv-progressiv fördern.
	In wichtigen Belangen immer in Kommunikation mit dem

	Geist durch Träume.
	Regelmässige Innenorientierung durch Imagination und Kontemplation.
	Bewusste Bildung aller psychischen Kräfte und der Ganzheit der Psyche.
	Integration des Unangenehmen trotz begründeter Abwehr von Gegebenheiten.
	Immer mehr frei werden von Projektionen und Identifikationen.
	Verankerung des Lebens in der Innenerfahrung, insbesondere im Geist.
	Gestaltung der Beziehungen und des Lebens mit Respekt gegenüber den Werten des psychisch-geistigen Wachstumsprozesses.
	Umgang mit der Natur- und Tierwelt, der Lebensumwelt mit Geist und Liebe.
	Differenzierte Entwicklung und Nutzung der Kraft der Liebe für alles im Leben.
	Höchsten Wert haben psychisch-geistige Leistungen, geprägt von der Liebe.
	Konflikte mit sich selbst, mit dem Lebenspartner und dem Leben generell lösen.
	Ein neues Menschsein mit innerer Freiheit, mit Würde und Demut formen.
	Durch Selbstbildung Neigungen, Begabungen und Möglichkeiten verwirklichen.
	Hohe Flexibilität und innere Freiheit gegenüber materiellen Gütern und Äusserlichkeiten.
	Summe der Punkte.

Übung E2-L3/5.: Der aktueller Stand meiner psychisch-geistigen Evolution und Selbstbildung ist in etwa:

Übung E2-L3/6.: Durch folgende Beschäftigungen will ich mich allseitig ausgewogen weiterentwickeln:

2.2.4. Forme dich und deine Fähigkeiten für das gute Leben

These E2-L4/1.: Persönlichkeitsbildung ist unabdingbare Voraussetzung für jede Art von Erfolg im Leben. Ein Leben ohne Persönlichkeitsbildung ist – egal ob allein oder in einer Beziehung – archaisch, unbewusst, chaotisch, voll Misserfolge bereits in kleinen Dingen; und macht den Menschen vollständig abhängig von Ideologien, Dogmen, Vorurteilen, Institutionen, anderen Menschen und von seinem eigenen Unbewussten.

Ziele und Ideale

Trifft für mich zu: 1 = nicht | 2 = ein wenig | 3 = oft | 4 = überwiegend | 5 = vollständig

Punkte	Übung E2-L4/1.: Ziele und Ideale. Gewichte, was du zu bearbeiten hast.
	Differenziertes Selbst-Bewusstsein (Selbst-Bild).
	Klares, vielschichtiges Menschen- und Welt-Bewusstsein.
	Bewusstsein über die transzendente Wirklichkeit durch Wachstum.
	Kräftiges, dynamisches und positives Ich-Erleben.
	Frei von Abwehr und Projektionen bei gleichzeitig flexibler Abgrenzung.
	Starker, bewusst geformter und integrierter Wille (Wollenskraft).
	Ausgeprägte Selbststeuerung in der psychischen und äusseren Welt.
	Vollständig befreites, bearbeitetes, geklärtes unbewusstes Leben.
	Differenziertes Wahrnehmen der eigenen und fremden Wirklichkeiten.
	Kreatives konstruktives Denken mit klarer Sprache.
	Lernoffenheit, stetige Bereitschaft zur Veränderung und Erweiterung.
	Klar identifizierte und ausgewogen realisierte Grundbedürfnisse.

	Vielseitig ausgewogenes und genutztes Gefühlsleben.
	Tragfähige und einsatzfähige Liebeskraft in allen Lebensbereichen.
	Flexible und vitale Psychodynamik, frei von verkrampften Gegensätzen.
	Intensive Kommunikation mit dem Geist (Traumarbeit und Meditation).
	Handeln in reflektierter Rückkoppelung zum psychischen Organismus.
	Entfaltung des psychischen Organismus in Rückbindung an Geist.
	Leben und Werden in Richtung der höchsten Selbst-Erfüllung.
	Summe der Punkte.

These E2-L4/2.: Je mehr der Mensch bereit ist, seinen psychischen Organismus anzunehmen und als sein Sein zu verstehen, desto eher ist er bereit, diesen allseitig ausgewogen zu bilden. Die Selbstbildung und die Individuation verändern die Beziehung zu sich selbst, zu den Mitmenschen, zu den Elementen der Lebenswelten, zu Gott und den religiösen Institutionen.

Beschäftigungen in Sachen Selbstbildung

Trifft für mich zu: 1 = nicht | 2 = ein wenig | 3 = oft | 4 = überwiegend | 5 = vollständig

Punkte	Übung E2-L4/2.: Selbstbildung. Gewichte das Niveau deiner Verwirklichung:
	Ich bin offen, die Wirklichkeiten zu entdecken und zu sehen, wie sie sind.
	Ich lebe in Rückbindung an meinen inneren Entfaltungsprozess.
	Ich lebe mit einem hohen Ausmass an Bewusstsein über mein Innenleben.
	Träume und Meditationen sind meine übergeordnete Instanz zur Lebensgestaltung.
	Ich habe ein hohes Mass an innerer Freiheit (Unbewusstes, Denken, Einstellungen).

	Ich denke, fühle, lebe tendenziell konstruktiv (einen „Lebensbaum" verwirklichend).
	Ich expandiere in Qualität mein Wissen und Können, mein Leben generell.
	Ich bin gegenüber dem psychischen Leben lernoffen und generell lebensoffen.
	Mein Inneres (Unbewusstes) ist gut steuerbar, berechenbar und ausgewogen.
	Ich erlebe in mir durch die Bearbeitung der Biographie zunehmend neues Leben.
	Die Kraft der Liebe ist mir zentral in allem, was ich bin und lebe, auch beruflich.
	Meine Gegensätze werden zunehmend aufgelöst zu einer ausgewogenen Ganzheit.
	Ich lebe im Einklang zwischen meinem Innern und dem äusseren Leben.
	Ich umsorge ausgewogen meine Gefühle und psychischen Bedürfnisse.
	Den transzendentalen Dimensionen begegne ich mit Vernunft und Sachlichkeit.
	Summe der Punkte.

These E2-L4/3.: Der Mensch kann solche Ziele verweigern. Die entscheidenden Voraussetzungen liegen in vier Interessenbereichen. Wollen die Menschen eine hohe Qualität in: Erkenntnis, Wachstum, Handlung und Glück (Erfüllung)?

Übung E2-L4/3.: Ankreuzen, was du für dich besonders wichtig hältst:

☐ Ich habe Neugier und Entdeckungslust. Ich habe den Wunsch zu verstehen.

☐ Ich erlebe ein Bedürfnis nach Bewusstsein. Ich will über Erfahrungen reflektieren.

☐ Ich will mich und mein Leben entwickeln und entfalten.

☐ Ich will mich, mein Sein und mein Leben integrieren und somit evolutionär leben.

☐ Ich habe einen deutlichen Schaffensdrang (Tatendrang, Kreativität).

☐ Ich will meine Lebensbedingungen erweitern und die Möglichkeiten nutzen.

☐ Ich suche und will Sinn und Erfüllung; ich will Liebe und Geist leben.

☐ Ich will rundum Wohlbefinden und inneren Frieden.

These E2-L4/4.: Es gibt keine ungestörte (unbeeinflusste), natürliche Entwicklung der Persönlichkeit. Viele Kräfte, die den Menschen formen, stehen ausserhalb seiner Kontrolle. Ohne Wissen und Bearbeitung der Erfahrungen, ohne ganzheitliche Selbstbildung entsteht keine Selbstbestimmung.

So gesehen: Ohne ganzheitliche Persönlichkeitsbildung ist der Mensch das, was seine Biographie ab frühester Kindheit aus ihm gemacht hat. Er reproduziert die Muster seiner Biographie. Sein Unbewusstes enthält das Codeprogramm für das Leben in der Gegenwart; und das Leben in der Gegenwart formt das Codeprogramm in demselbem Sinne weiter für die Zukunft. Damit werden gleichzeitig auch alle verdrängten Konflikte der Ahnen und alle ungeeignet geformten psychischen Bereiche in der Gegenwart und für die Zukunft reproduziert.

Übung E2-L4/4.: Die folgenden Argumente sind für mich besonders wichtig. Ankreuzen, was du für dich besonders wichtig hältst:

Selbstbildung = Persönlichkeitsbildung:

☐ Schafft die Kompetenzen für aufbauende, partnerschaftliche Beziehungen.

☐ Reduziert viele Risiken im Lebenslauf und in der gesellschaftlichen Vernetzung.

☐ Ist überall einsetzbar, kommt vielseitig zum Tragen, formt die Selbstidentität.

☐ Bedeutet Lebenswissen und Alltagshandeln, das durchdacht und bearbeitet ist.

☐ Schafft innere Sicherheit und Vertrauen in die eigenen Kräfte (Fähigkeiten).

☐ Ist unerlässlich in allen Lebensphasen für eine substantielle Selbsterfüllung.

☐ Integriert hohe ethische Verantwortung für sich, andere, Beruf, Gesellschaft.

☐ Erreicht letztlich den Menschen in seinem tiefsten psychisch-geistigen Sein.

Übung E2-L4/5.: Der aktuelle Stand meiner Persönlichkeitsbildung ist in etwa:

Übung E2-L4/6.: Folgende Ziele der Persönlichkeitsbildung will ich erreichen:

2.2.5. Werde ganz dich selbst aus deinem innersten Sein

These E2-L5/1.: Die Standardbegriffe der Menschenbildung sind nun bekannt: Entwicklung, Entfaltung, Wachstum, Reifung, Prozess-Sein, Selbstwerdung, Erweiterung des Bewusstseins, Selbstfindung, Selbstsein, Selbstverwirklichung, spirituelle Entwicklung, Erwachsenwerden u.ä.m. Dem gegenüber stehen: Regression, Stagnation, Reproduktion, Einengung, Unfreiheit, Selbstentfremdung etc. Mit klaren Begriffen und konkreten Schritten können wir damit den Prozess der Entfaltung und des Wachstums erfassen.

> **Selbstwerdung aus dem innersten Sein = Individuation**

Erste Stufe der psychisch-geistigen Entwicklung (Individuation)

Trifft für mich zu: 1 = nicht | 2 = ein wenig | 3 = oft | 4 = überwiegend | 5 = vollständig

Punkte	Übung E2-L5/1.: Persönliche Entwicklung. Gewichte, was dir wie wichtig ist.
	Die zentralen psychischen Kräfte kennenlernen und an sich selbst entdecken.
	Die Bedeutung der eigenen Biographie verstehen und den Zugang dazu finden.
	Die Komplexität und Vernetzungen des eigenen Handelns erkennen.
	Mit der eigenen psychischen Energie konstruktiv umgehen können.
	Klarheit finden über "Bewusstsein", so dass diese Wirklichkeit handhabbar wird.
	Konkrete Vorstellungen aufbauen über das Ich und seine Steuerungsmechanismen.
	Sachwissen über die intelligenten Funktionen an sich selbst entdecken.
	Die Welt der Gefühle als handhabbar erkennen und den Zugang dazu finden.
	Kenntnisse über die Vielfalt der Bedürfnisse durch Selbstreflexion aneignen.
	Das Unbewusste als Realität begreifen, die systematisch

	umgestaltet werden kann.
	Die Funktionsweise der Träume erfassen und dazu einen Einstieg finden.
	Die Liebe als die entscheidende Lebenskraft und als höchsten Wert verstehen.
	Die Grundwerte aus der Sicht des psychischen Lebens entdecken.
	Die Lebensführung aus praktischer Sicht des Selbstmanagements verbessern.
	Für sich die grösseren und kleinen Ziele der Selbstbildung formulieren können.
	Männlichkeit und Weiblichkeit, als Rollen und als Seinserleben, neu entdecken.
	Klare Vorstellungen über Intuition, Introspektion, Imagination, Kontemplation finden.
	Die ersten Schritte der Traumdeutung verstehen und praktizieren können.
	Techniken der Entspannung in den Grundstufen sinnvoll anwenden können.
	Für sich selbst positive Lebenswerte formulieren und realisieren können.
	Die Wirkungsweise dessen, was wir „Geist" nennen, entdecken und ernst nehmen.
	Verantwortung für das eigene Handeln, das Leben, die Lebenszeit übernehmen.
	Das eigene Menschsein in der realen und transzendentalen Vernetzung erleben.
	Meditativer und denkerischer Umgang mit Lebensfragen kompetent handhaben.
	Lebenslust, Liebe zum Leben, Hoffnung und Vertrauen ins Leben aufbauen können.
	Reflektieren, fragen, diskutieren, argumentieren können über das psychische Leben und seine Formung (Umformung, Veränderung, Verbesserung, Entwicklung).
	Summe der Punkte.

These E2-L5/2.: Wir kennen den psychischen Organismus und seine Verflechtungen mit dem Lebensraum. Wir wissen vieles über die Funktionsweise der einzelnen psychischen Kräfte. Wer einen Plan hat, kann sich einen Prozessverlauf organisieren. Wer die Kommunikation mit dem inneren Geist pflegt, hat das "Regierungs- und Führungsprinzip" für die psychisch-geistige Evolution.

Den praktischen Prozess bezeichnen wir mit "INDIVIDUATION"

Übung E2-L5/2.: Wir unterteilen diesen Prozess in drei Stufen (Phasen). Welche Leistungen hast du darin bereits vollbracht? Welche sind jetzt zuerst fällig? Ankreuzen, was du für dich besonders aktuell hältst:

1. Stufe: Bejahen, entdecken, verstehen der psychischen Wirklichkeit.
1. Stufe: Erlernen der Methoden zum Verstehen und Bilden der Kräfte.
1. Stufe: Erarbeitung der Schritte bis zur „Geburt des (inneren) neuen Menschen".
2. Stufe: Anerkennung des Geistes als Ordnungs- und Führungsprinzip.
2. Stufe: Umwandlung, Stärkung, Entfaltung der einzelnen Kräfte.
2. Stufe: Auflösung der inneren Gegensätze und Erarbeitung einer inneren Einheit.
3. Stufe: Auflösung der alten Regierungsprinzipien zugunsten des Geistes.
3. Stufe: Einklang schaffen zwischen Innen und Aussen; Liebe und Geist.
3. Stufe: Die innere Ganzheit vollziehen und leben (einen Ausdruck geben).

These E2-L5/3.: Völlig klar und normal ist, dass jeder in sich Kräfte gegen die Individuation erlebt. Ein ganz entscheidender Abwehrfaktor sind bisherige Erfahrungen. Es versteht sich, dass keiner gerne sich seinen schwierigen und leidvollen Erlebnissen aus der Vergangenheit zuwenden will. Doch dies ist unerlässlich!

Kritische Lebenserfahrungen

Trifft für mich zu: 1 = nicht | 2 = ein wenig | 3 = oft | 4 = überwiegend | 5 = vollständig

Punkte	Übung E2-L5/3: Kritische Erfahrungen. Gewichte, was du erfahren hast.
	Eigenes psychisches Leid
	Ignoranz, Arroganz
	Eigenes körperliches Leid
	Schwierige Kindheit
	Die schlechten Seiten der Menschen
	Schwierige Krisen, Konflikte
	Harter Schicksalsschlag
	Geldmangel und Desaster
	Schwerste Enttäuschungen
	Neurotische, unglückliche Eltern

	Unterdrückung, Dominanz
	Unglück, Trauer
	Dogmatische religiöse Erziehung
	Kriminelle Handlungen
	Ungerechtigkeit, Gemeinheiten
	Unehrlichheit, Falschheit, Lügen
	Harte Herausforderungen
	Misserfolg, Scheitern
	Ablehnung von Vater, Mutter
	Strafen, Sanktionen
	Summe der Punkte.

These E2-L5/4.: Es gibt keine „Ganzheit" ohne den umfassenden psychischen Organismus und ohne diesen psychisch-geistigen Prozess der Individuation. Ohne innere Führung des Geistes (Träume, Meditation) ist das Ziel nicht erreichbar. Dies führt zur ernsten Frage: Wohin führt eine Religion (eine spirituelle oder esoterische Lehre), die das psychisch-geistige Leben (einschliesslich der Träume) und die Individuation weitgehend ignoriert? Wohin führt ein Gesellschaftsleben, das das psychisch-geistige Leben und die Individuation weitgehend ignoriert?

Übung E2-L5/4.: Ankreuzen, was du mit „Ja" beantworten kannst:

☐ Ich will diesen Prozess der Individuation durchlaufen.
☐ Ich will all meine psychischen Kräfte (neu) formen, bilden.
☐ Ich will damit auch meine psycho-energetische Struktur festigen.
☐ Ich will durch diesen Prozess, um immer mehr zu werden, was ich innen bin.
☐ Ich will all meine Möglichkeiten entdecken und nutzen.
☐ Ich will die Individuation als Verwirklichung meines Menschseins.

Übung E2-L5/5.: Der aktueller Stand meiner Individuation ist in etwa:

Übung E2-L5/6.: Ich will in den Prozess meiner Individuation einsteigen, weil:

2.2.6. Für deine Lebensziele folge den Symbolen der Seele

These E2-L6/1. Die Archetypen der Individuation sind besondere Urbilder (Symbole) der Seele, bekannt seit den ersten Hochkulturen. Sie sind kulturunabhängige bildhafte Muster, zuerst wohl hervorgebracht von Träumen, aus der geistigen Quelle der Seele (des unbewussten Seins). Sie enthalten einen „ewig gültigen" Sinn über das Menschsein und das Leben des Menschen, über diejenigen Sinnthemen des Menschen, die aus der Beschaffenheit der Psyche (der Seele) und der Charakteristik des Lebens von der Zeugung bis zum Tod niemals auslöschbar sind. Insofern sind sie „heilig", „unantastbar" und gültig für alle Menschen heute und in aller Zukunft.

In scheinbar gewöhnlichen menschlichen Gegebenheiten liegt archetypischer Sinn verborgen.

Trifft für mich zu: 1 = nicht | 2 = ein wenig | 3 = oft | 4 = überwiegend | 5 = vollständig

Punkte	Übung E2-L6/1.: Die hohen geistigen Werte. Gewichte, was dir als Frage und als eine wichtige Herausforderung erscheint.
	Zeugung: Eine Seele inkarniert sich; ein Mensch und Individuum wird Teil der Gemeinschaft.
	Geburt: Dasein auf der Welt in voller Abhängigkeit von der Liebe, Umsorgung, Bildung, etc. Menschwerdung.
	Kindsein: Geformt werden in Abhängigkeit von den Eltern, der Umgebung, der Kultur, etc.
	Adoleszenz: Die Entdeckung des eigenen Seins und der Welt, Prozesse der Identitätsbildung.
	Erwachsenwerden: Prozess vom Kindsein, Unbewusstsein, Archaischsein (etc.) hin zu Ganzheit.
	Das andere Geschlecht: als Realerfahrung zu entdecken, zu integrieren und damit zu leben.
	Verbindung Mann-Frau (Ehe): Selbstwerdung, Selbsterfüllung durch den und mit dem gegengeschlechtlichen Partner.
	Gegengeschlechtliche Polarität: Anima, Animus: Formung der polaren Ausgewogenheit
	Innere Wandlungsprozesse: psychische Kräfte von alt zu neu, unbewusst zu bewusst (etc.).
	Innere Neugeburt: Die Bearbeitung aller psychischen Bereiche schafft ein „neues Menschsein"

	Innere Gegensätze ausbalancieren: zwischen Inhalten des Unbewussten, Gefühle-Intelligenz, Innen-Aussen etc.
	Besondere Qualitäten (Werte): Liebe, Wahrhaftigkeit, Reinheit, Standfestigkeit, Hoffnung etc.
	Geist in der Psyche: die Kraft, die die Träume schafft, den Menschen bilden und führen will.
	Ganzheit des Menschen: Ziel des psychisch-geistigen „Erwachsenwerdens".
	Besondere Berufung (Dienst Gottes) aus dem Geist: der Weise, Priester, Pastor, religiöser Lehrer, geistiger Menschenführer, Prophet, Messias.
	Gott in der Psyche (Seele): die „Sonne" in der Seele; die Quelle des Lebens und Schöpfens.
	Summe der Punkte

Was folgerst du daraus für dich?

These E2-L6/2.: Es gibt eine Orientierung zur Beurteilung, welche Wege zum Ziel der psychisch-geistigen Evolution führen. Es sind dies Methoden und innere Erfahrungen zu psychisch-geistigen Prozessen.

Übung E2-L6/2.: Ankreuzen, wo du bereits entsprechende innere Erfahrungen sowie gut ausgebildete Fähigkeiten hast:

☐ Die Ganzheit des psychischen Organismus als Wissen, Erfahrung und Erleben.

☐ Die Methoden der Traumdeutung, Imagination, Kontemplation, intuitive Reflexion.

☐ Erfahrung und Umgang mit der psychischen Energie (Handhabung, Rituale).

☐ Der Prozess als ein vielseitig abgestufter und begründeter Wandlungsprozess.

☐ Die Medition (Kontemplation) über Archetypen und archetypische Träume.

☐ Die archetypischen Geschichten (Mythen, Märchen, etc.) als Abbild des Prozesses.

These E2-L6/3.: Archetypen sind Orientierungshilfen in der Individuation. Archetypen beleben Kräfte, die Wachstum und Entfaltung fördern. Archetypen ordnen psychische Kräfte in neuen Strukturen und Vernetzungen. Archetypen eröffnen und erhellen neue innere Wirklichkeiten. Archetypen stellen „ewig" gültige psychische Prozesse und Wirklichkeiten dar. Archetypen ermöglichen interkulturelle Kommunikation über innere Wirklichkeiten. Archetypen führen auch zur Gotteserfahrung. Archetypen sind Urbilder einer transzendentalen Wirklichkeit. Archetypen der Seele sind auch „energetische Transformatoren".

Übung E2-L6/3.: Ankreuzen, welche positiven Archetypen dich besonders ansprechen (nachfolgend sind nur einige Beispiele gegeben):

- [ ] Kreis-Kreuz-Mandala, Pentagramm, Pyramide, Quadrat, Dreieck
- [ ] Kelch, Gefäss, Stein der Weisen, Gral, Gralskelch, Gralsschwert
- [ ] König, Königin; Krönung, „Bund" und entsprechende Insignien
- [ ] Geburt, der „neue Mensch", ein „neues Land"
- [ ] Sonne, Mond, Licht, Quelle,
- [ ] Eule, Schlange, Adler, Löwe, Tiger, Elefant
- [ ] Baum (Lebensbaum), Garten (Paradies)
- [ ] Hütte, Haus, Schloss, Burg, Tempel, „heilige" Orte

These E2-L6/4.: In allen frühen Hochkulturen, in allen Religionen und spirituellen Lehren seit der Antike bis heute wurden und werden Archetypen der Seele als Instrumente (Mythen) genutzt. Doch sie alle haben den lebendigen psychischen Organismus und die Individuation verloren. Die Psychoanalyse muss erst noch lernen, dass die Individuation auch zu Liebe, vor allem aber zum Geist und am Ziel zu Gott in der Seele (in der Psyche) führt. Eine Spiritualität, die die Individuation nicht lehrt und die Träume als geistige „Lebensführung" nicht achtet, ist Menschenverführung.

Der Mensch kann über die Archetypen der Seele meditieren und dadurch den Sinn erfahren. Wer im Prozess der Individuation lebt, hat alle paar Monate einen archetypischen Traum. Nur in diesem Wachstumsprozess findet der Mensch die wahrhaftigen Antworten auf das Mysterium „Mensch-sein". – Die Frage steht: Wollen dies die Menschen? Wer will das heute noch? Willst du das für dich?

Übung E2-L6/4.: Ankreuzen, welche Archetypen (Urbilder der Themen des Menschseins) dich besonders ansprechen (nachfolgend sind nur einige Beispiele gegeben):

- [ ] Bejahung der psychischen Innenwelt: Auf die Reise (Wanderschaft) gehen, in die Schule gehen.
- [ ] Entdecken der Psyche: Schatzsuche, Höhlenforschung, Schattenfiguren, in dunkle Tiefen gehen.
- [ ] Neugeburt: Geburt eines Kindes, ein Baby neu da, Weihnachten,

Eröffnung einer neuen „Sache".

☐ Anerkennung des Geistes: Initiation, Einweihung, Insignien oder ein neues Kleid erhalten.

☐ Wandlungen: Sterben, Beerdigung, Abschied, Brückenabbruch, in ein neues Land kommen.

☐ Vereinigung: Hochzeit, Umarmung mit einer Feegestalt, Eingehen in die Sonne, Lichterfahrung.

☐ Neues (geistiges) Regierungsprinzip: Königsinsignien, ein Weiser, neues Land, neue Gesetze.

☐ Einklang Innen-Aussen: Harmonie, Transparenz, Melodie, Waage, Hexagramm, Licht, Wärme.

☐ Ganzheit: Kreis, Mandala, Sonne, ewiges Feuer als Urquelle allen Lebens, im Paradies sein.

Was folgerst du daraus für dich?

Kern: Untersucht man die Archetypen der Individuation – insbesondere das Ziel des Menschseins, die Liebe, die „Vereinigung", den Geist und Gott –, dann kann man darin Orientierung finden für das gesamte menschliche Leben, für das Gesellschaftsleben und auch für die Politik und die Wirtschaft. Archetypische Prozesse sind somit nicht bloss „spirituell". Archetypen setzen Massstäbe in Qualität und Quantität, eingebettet ins irdische Leben. Archetypen sind auch so etwas wie Gesetze und Normen zur psychisch-geistigen Entwicklung und gleichzeitig zur Lebensverwirklichung. Sie verlangen vom Menschen auch Lebenskompetenzen und Selbstmanagement (Lebensbildung!). Als archetypische Symbole widerspiegeln sie transzendentale Wirklichkeiten in der Psyche (Seele) und gleichzeitig im (geistigen) Kosmos (wo auch immer das sein mag).

Übung E2-L6/5.: Bei diesen archetypischen Themen erlebe ich innerlich:

Übung E2-L6/6.: Jetzt habe ich „archetypische" Pläne für mich und mein Leben:

3. Methoden zu erfolgreichem Leben

Einleitung: Die 4 Methoden für Erfolg und Lebensfreude

Verwirkliche herausragende Visionen: Finde Erfolg und Lebensfreude! Doch was sind denn „herausragende Visionen" im Leben eines Menschen?

Nicht herausragend ist: Nichts lesen, nichts lernen, nichts wissen wollen über das Menschsein, keine geistigen Ziele haben, persönlich nicht wachsen und reifen wollen, ohne Geist leben, jeden Tag mehr oder weniger unbewusst dahinleben, träge sich den Gegebenheiten des Alltags hingeben und unreflektiert mitmachen, was eben die Masse so treibt und der Konsum anbietet. Die Seele und das Leben eines solchen Menschen entwickelt sich dabei wie ein Apfel, den man jahrelang einfach auf dem Küchentisch liegen lässt.

Albert Einstein, C.G.Jung und Sigmund Freud haben schon gesagt: „Dummheit zerstört das Leben und die Erde." – Die Wahrheit über den Menschen ist immer hart! Und herausragende Visionen zu erreichen, ist immer ein bisschen anstrengend. Finde Erfolg und Lebensfreude mit den richtigen Methoden!

Erstens: Du willst berufliche Zufriedenheit und vielleicht eine fachliche Entwicklung, gar Karriere machen. Du hast ein eigenes Geschäft und willst dieses erfolgreich führen. Geld ist dir wichtig, aber es bedeutet dir nicht das Glück.

Tatsache ist: ein Leben mit sehr eingeschränkten Mitteln ist eine Dauerplage und engt enorm ein. Sich hier richtig bewegen, ist herausragend!

Zweitens: Du willst eine glückliche partnerschaftliche Beziehung, sexuell befriedigend und mit echter Liebe. Tatsache ist: nur wenig Menschen erreichen und halten dieses Ziel. Man muss viele Fähigkeiten haben, damit ein solches herausragendes Glück gelingen kann. Die Ehe ist gewiss dazu da, dass beide Partner immer wieder neu lernen, um diesen hohen Wert zu differenzieren und zu vertiefen. Das ist herausragend!

Doch wenn ein Paar dazu das Nötige nicht lernt, dann ergeht es seiner

Beziehung wie dem Apfel auf dem Küchentisch. Dann muss man mit Verdrängen und Entstellen dieses Unglück verdecken.

Drittens: Du willst dich selbst finden und authentisch verwirklichen. Denn du magst die Lebenslügen nicht. Du willst die vollständige Selbsterfüllung erreichen. Das ist ein grosses Werk! Dazu muss man sich bilden. Für dieses Glück genügt niemals, was man in der Schule gelernt hat.

Damit das gelingt, musst du die angemessenen Methoden erlernen. Die meisten Menschen sind zu träge – zu faul, zu ignorant, zu eingebildet, zu störrisch (Entschuldigung!) – um sich für ein solches Ziel anzustrengen; und sie sind zu geizig, um dafür gar noch Geld auszugeben. Dann entwickelt sich die Psyche eben wie der Apfel auf dem Küchentisch. Das ist nicht erfreulich!

Jetzt hast du vielleicht eine Ahnung, was mit „herausragenden Visionen" gemeint ist. Es ist bereits herausragend, wenn du die Grundfähigkeiten zur Erfüllung deines Lebensglücks erlernen und praktizieren willst. Allseitig ausgewogene, herausragende Visionen lassen sich nur mit den elementaren Methoden erreichen.

Du hast mit diesem Bildungsprogramm die Instrumente in der Hand für das herausragende Glück und den besonderen Erfolg. Arbeite damit, dann hast du immer einen köstlichen Apfel bereit, den zu essen ein wahrhaft besonderer Genuss ist. Das ist echter Lebenserfolg und schafft Freude.

Lebensfreude ist wundervoll! Erfolg mit dir und deinem Leben ist herausragend.

Erschaffe dir Lebenserfolg und finde so Freude am Leben – und an dir selbst! Die Pfeiler für Erfolg und Lebensfreude sind die vier Methoden: Selbstanalyse, Selbstmanagement, Traumdeutung, und Meditation.

3.1. Analysiere dich

Überlegungen zur Selbstanalyse

Sicher machst du dir gelegentlich Gedanken über dich selbst. Du möchtest gewiss mehr Klarheit über dein Sein und Leben finden. Du möchtest dich selbst verstehen. Du siehst deine Möglichkeiten. Du willst einen Prozess in Gang bringen, damit einiges besser wird. Du hast dazu Fragen:

Wer und was bin ich?
Wie lebe ich?
Warum lebe ich gerade so?
Wozu lebe ich gerade so?
Wohin gehe ich?
Was will ich leben?
Wie will ich leben?
Was hat mein Leben für einen Sinn?
Was kann ich erreichen?
Was kann ich werden?
Wie kann ich mich selbst verwirklichen?

Die Selbstbildung handelt von etwas, das dich ganz direkt, persönlich und vital betrifft: dein psychisches Leben, deine Persönlichkeit, deine Lebenserfahrungen (Biographie), deine Lebensziele, deine psychische und psycho-somatische Gesundheit, deine Fähigkeit zu lieben, deine Entfaltung und dein Wachstum.

Diese Themen haben eine grosse Tragweite; denn: deine Vergangenheit bestimmt weitgehend deine Gegenwart. Deine Gegenwart legt deine Zukunft zugrunde. Deine Zukunft ist auch abhängig von dem, wer du bist, wie du lebst, was du erreichen willst und was du dazu mit Selbstbildung beiträgst.

Das, was jeder ist, aus seiner psychisch-geistigen Wirklichkeit und Möglichkeit, ist Ausgangslage und Ziel der umfassenden Persönlichkeitsbildung. Damit dies mit Selbstbildung in Bewegung gebracht werden kann, machen wir zu den einzelnen Themen zahlreiche Übungen, die drei Ziele einschliessen:

In den Übungen selbst ist das Wissen über die Selbstbildung.
Die Übungen ermöglichen, dass du deine eigenen Antworten finden kannst.
Die Bearbeitung der Übungen bringt bei dir einen Prozess in Gang.

Prozess der Persönlichkeitsbildung

Persönlichkeitsbildung hat verschiedene Abstufungen. Alles beginnt mit Selbstanalyse und Selbsterkenntnis. Dann muss man sich psychologisches Wissen aneignen. Dazu sind Methoden zu erlernen, z.B. Traumdeutung, Meditation, analytisches Interpretieren.
Das Sachwissen wird durch Selbsterfahrung lebendig und wichtig. Sodann können die Ziele der Veränderung festgelegt werden. Dann folgt die "Selbstbildung". Das Ergebnis zeigt sich im Leben. Schliesslich kann man prüfen, was das Erlernte im Leben bewirkt.

Die allgemeinen Ziele der Persönlichkeitsbildung sind klar. Es geht um Veränderung, Differenzierung, Entfaltung und Wachstum der psychischen Kräfte: Gefühle, Denken und Urteilen, Ich-Stärke, Bedürfnisse, Über-Ich (Gewissen), Träume, Unbewusstes (Komplexe), Wille, Selbstidentität, Liebe, Handlungsfähigkeiten und vieles mehr.

Persönlichkeitsbildung erreicht die ganze Psyche und die äussere Lebenswirklichkeit.

Die Persönlichkeitsbildung mit ganzheitlichem psychisch-geistigem Wachstumsprozess (genannt: Individuation) hat letztlich den Menschen selbst zum Bildungsziel. Mit andern Worten: Das, was jeder ist, aus seiner psychisch-geistigen Wirklichkeit und Möglichkeit, ist Ausgangslage und Ziel der Persönlichkeitsbildung. Der Lebenssinn wird offenbar: "In mir selbst ist mein Lebenssinn."

Ziele der Persönlichkeitsbildung

Persönlichkeitsbildung enthält unermesslichen Wert.
Das wird nachfolgend anhand einer Liste von Zielen illustriert. Zu diesen Zielen der Selbstbildung kann sich jeder selber fragen, ob er dazu Bildungsbedarf hat.

Basierend auf den Kenntnissen über den psychischen Organismus ("Psyche") und über die Individuation kann man die konkreten Ziele der Selbst- und Persönlichkeitsbildung bestimmen. Die Begründung liegt in den psychischen Kräften selbst sowie in der Art ihres Geformtseins und Wirkens im Leben – und nicht in einer Ideologie, nicht in einer Metaphysik, nicht in einer esoterischen Lehre, nicht in einer Dogmatik und nicht in einer subjektiven Willkür.

Wesentliche Ziele der Persönlichkeitsbildung sind:

1. Systematische und umfassende Selbsterkenntnis.
2. Differenziertes Selbst-Bewusstsein (Selbst-Bild).
3. Klares, vielschichtiges Menschen- und Welt-Bewusstsein.
4. Bewusstsein über die transzendente (innere) Wirklichkeit durch Wachstum.
5. Daseinserleben in der Komplexität der inneren und äusseren Lebensräume.
6. Kräftiges, dynamisches und positives Ich-Erleben.
7. Frei von Abwehr und Projektionen bei gleichzeitig flexibler Abgrenzung.
8. Offene dynamische Integration aller Lebenswirklichkeiten.
9. Starker, bewusst geformter und integrierter Wille (Wollenskraft).
10. Ausgeprägte Selbststeuerung in der psychischen und äusseren Welt.
11. Vollständig befreites, bearbeitetes, geklärtes unbewusstes Leben.
12. Differenziertes Wahrnehmen der eigenen und fremden Wirklichkeiten.
13. Kreatives konstruktives Denken mit klarer Sprache.
14. Lernoffenheit bzw. stetige Bereitschaft zur Veränderung und Erweiterung.
15. Klar identifizierte und ausgewogen realisierte psychische Grundbedürfnisse.
16. Vielseitig ausgewogenes und positiv integriertes Gefühlsleben.
17. Tragfähige und einsatzbereite Liebesfähigkeit in allen Lebensbereichen.
18. Flexible und vitale Psychodynamik, frei von verkrampften Gegensätzen.
19. Kommunikation mit dem Geist durch Traumdeutung und Meditation.
20. Handeln in reflektierter Rückkoppelung zum psychischen Organismus.
21. Entfaltung des psychischen Organismus in Rückbindung an Geist.
22. Leben und Werden in Richtung des höchsten Archetypus des Menschseins.

Es hilft wenig, sich täglich zu sagen: "Es geht mir von Tag zu Tag besser." Das sich einzureden und abzuwarten, ist dumm! Positiv leben ist mehr als eine Autosuggestion. Positiv, bewusst und "richtig" leben, ist das Ergebnis einer umfassenden und gründlichen Persönlichkeitsbildung.

Der Individuationsprozess

Die Psyche ist ein komplexer Organismus mit vielen psychischen Einzelkräften. Psychische Kräfte sind die Instrumentarien zur Lebensgestaltung und Weltbewältigung. Die Psyche als Ganzes ist der Wert und das Ziel des menschlichen Lebens.

Die Psyche formt das Leben. Das Leben formt den psychischen Organismus ab dem Zeitpunkt der Zeugung. Jede einzelne Kraft in der Psyche wird durch Lebensweise und Selbstbildung geformt. Die enorme Fülle der Kräfte, die auf die Psyche des Menschen gestaltend und bestimmend einwirken, hat zur Folge, dass in der Psyche vielfältige widersprüchliche Kräfte vorhanden sind.

Kein Teilsystem der Psyche (zum Beispiel: das Denken, die Gefühle, die Grundbedürfnisse, das Unbewusste, die Kraft der Liebe u.s.w.) kann ohne die andern vernünftig funktionieren. Das Ich hat als Steuerungszentrum die Aufgabe, zwischen allen Kräften zu vermitteln.

Alle psychischen Kräfte können vollumfänglich ins Bewusstsein aufgenommen und bewusst gebildet bzw. verändert werden.

Die Umwandlung und das Wachstum der Psyche zu einem neuen, harmonisch funktionierenden Ganzen nennen wir "Individuation".

Individuation heisst konkret Bildung der psychischen Kräfte für:

- Lebensfähigkeit (Sozialkompetenzen, Lebenstechniken, Umweltverantwortung)
- Aufarbeitung der Biographie
- Steuerung der Abwehr- und Integrationsmechanismen
- Bearbeitung des Unbewussten (Komplexe, Einstellungen, Überich)
- Auflösung der inneren Gegensätz
- Befreiung vom Ahnenschicksal
- Vereinigung des Männlichen und Weiblichen
- Erlernen der Sprache der Träume und der Meditation,
- Ausgewogene und vernetzte Entfaltung der psychischen Kräfte bis zur Ganzheit
- Herstellen des Einklanges zwischen Innen und Aussen
- Verwirklichung einer authentischen Lebenskultur mit Liebe und Geist.

Viele Frauen und Männer können das Ziel der Individuation erreichen. Entscheidend aber ist vielmehr, dass der Mensch in dieser "Rückbindung" an sein eigenes psychisches Leben immer bewusster zu leben und zu wachsen lernt.

Die erste Phase der Individuation – Die Wandlungsprozesse: Bejahen der psychischen Innenwelt, entdecken und verstehen der Kräfte sowie Neugeburt des inneren Menschen.

Zuerst lebt der Mensch gewissermassen ohne bewusste Ausrichtung auf sein psychisches Innenleben. Der Mensch weiss nicht, dass er die Innenwelt zu entdecken und zu wandeln hat. Die Menschen realisieren im allgemeinen Zustand ihres Bewusstseins auch nicht, dass sie weitgehend unbewusst leben. Die Annäherung an diese Innenwirklichkeit beginnt mit der allgemeinen Persönlichkeitsbildung.

Die zweite Phase der Individuation – Die Wandlungsprozesse: Initiation als Anerkennung des inneren Geistes als Führungsprinzip; Wandlungen aller psychischen Kräfte ("stirb und werde") sowie Auflösung aller Gegensätze.

Mit der Erforschung des eigenen Innenlebens kommt die Zeit, wo man immer deutlicher erkennt, dass in den Träumen und Meditationen eine Kraft wirkt, die den Prozess der Individuation steuert. Der innere Geist gibt durch Träume Rat, analysiert die Situationen und setzt Kräfte in Bewegung. Doch will das Ich diesen Geist als höheres Führungsprinzip anerkennen?

In der regelmässigen Beschäftigung mit Träumen und Meditationen wird klar, dass dieser Geist transzendental ist, d.h. nicht sinnlich, nicht hirnphysiologisch und auch nicht empirisch angelernt.

Der Geist wird in Träumen dem Ich die Frage stellen: "Willst Du mich? Willst Du Dich und Dein Leben mit mir leben? Willst Du die Geheimnisse des Lebens erfahren? Willst Du werden, was in Dir als Archetypus des ganzen psychisch-geistigen Menschen grundgelegt ist?"

Alle psychischen Systeme, einschliesslich der Handlungen, sind jetzt bis auf den Grund zu bearbeiten. Die Arbeit gleicht einer Totalrenovation der Psyche. Die gut geformten Kräfte sind weiter zu fördern. Ungeformte Kräfte sind zu entwickeln. Falsch geformte Kräfte sind zu korrigieren. Immer wieder sind die psychischen Kräfte auszugleichen.

Die dritte Phase der Individuation – Die Wandlungsprozesse: Vom alten zum neuen Regierungsprinzip; Einklang zwischen Innen und Aussen sowie Vollzug der Einheit aller psychischen Kräfte zur Ganzheit.

Die Gestaltung des persönlichen Lebensraumes ebenso wie die eigene Lebenskultur erhalten jetzt eine völlig neue Ausprägung. Das Leben wird umfassend zu einem Ausdruck des neuen Menschen. Im Laufe der Zeit wird sich das neue Regierungsprinzip im persönlichen Leben durchsetzen: Intelligenz und Verstand kooperieren mit dem Geist und der Kraft der Liebe.

Im letzten Abschnitt der dritten Phase erlebt der Mensch sich selbst zunehmend als eine innen-zentrierte Ganzheit und Einheit. Der Kreis ist geschlossen und dennoch immer offen gegen aussen. Der Mensch wird jetzt die Verwirklichung seiner Ursprünglichkeit. Er hat alles in sich gefunden und geformt, was das Leben innen ist.

Ziel: Der Mensch ist ein "individuierter Mensch". Er hat seine Selbsterfüllung vollumfänglich gefunden. Sicher ist: Der Mensch in der Individuation gestaltet eine Welt aus Liebe und Wahrhaftigkeit, aus Geist und aus einem allseitig ausgewogen gebildeten psychischen Leben.

Vom archaischen Menschen zum evolutionären Menschen

Aus dem Phasenmodell der Individuation ergeben sich zwei Menschenbilder:

DER ARCHAISCHE MENSCH

- Verneinung der Psyche
- Ablehnung des inneren Geistes
- Fixierung an Dogmen und Ideologien
- Bedrängt von inneren Konflikten
- Ohne Innenerfahrung
- Abwehr und Verdrängung
- Kein ganzheitliches Wachstum
- Leben in Unbewusstsein

DER EVOLUTIONÄRE MENSCH

- Bewusst mit der Psyche leben
- Kommunikation mit dem inneren Geist
- Individuation als Lebensorientierung
- Ordnung und Freiheit im Unbewussten
- Systematische Innenerfahrung
- Integration und Bearbeitung
- Ganzheitliches ausgewogenes Wachstum
- Leben in umfassendem Bewusstsein

Die Menschen leben in der Ambivalenz zwischen Erlösungsbedürftigkeit und Ächtung des Erlösungsprozesses. Erlösung? Sehen wir das so: aus dem Unbewusstsein; aus den Komplexen; aus den Lebenslügen; aus Neurose und Narzissmus, aus dem inneren Unfrieden; aus dem Zerstörungstrieb; aus dem Materialismus; aus den Illusionen über Glück und Liebe; aus dem Egoismus; aus dem Chaos des unverarbeiteten Lebens; aus dem Roboterdasein; aus den inneren Widersprüchen.

Die "Erlösung" ist der Individuationsprozess, ist die Befreiung aus dem archaischen Menschsein und ist das Wachstum im evolutionären Menschsein bis zum höchsten Ziel: der individuierte Mensch.

3.1.1. Analysiere dich nach einem Modell

These IE1-1-T1: Selbsterkenntnis ist der Anfang jeder ausgewogenen Entwicklung und das Tor zu allen Wahrheiten über das psychisch-geistige Menschsein.

These IE1-1-T2: Der Mensch ist nicht nur Körper und Psyche, sondern auch seine ganze Lebenslage und Zukunft.

These IE1-1-T3: Hat der Mensch ein Modell über das psychisch-geistige Sein, wird die Selbstanalyse sachlich und umfassend differenziert. Dies ist Voraussetzung für jede ganzheitliche Selbstbildung.

Übung IE1-L1/1: Wichtige Begriffe sind: Persönlichkeit, Psyche, Unbewusstes, Innenleben, Träume, Meditation etc. Was lösen solche Begriffe bei dir für Gefühle und Gedanken aus?

Übung IE1-L1/2: Mache dir einige Gedanken zu: "Eine geringe Selbsterkenntnis hat in meinem Leben zur Folge":

Übung IE1-L1/3: Ich erwarte von einer umfassenden und gründlichen Selbsterkenntnis in meinem Leben:

Übung IE1-L1/4: Was für ein Mensch bin ich? Wer bin ich? Beschreibe spontan mit 6 Stichworten:

1)	4)
2)	5)
3)	6)

Übung IE1-L1/5: Beschreibe den Grad der Zufriedenheit deines Gesamtbildes aus L1/4:

Übung IE1-L1/6: Kreuze an:

Ich habe in der Übung L1/4 Stichworte geschrieben, die über die folgenden psychischen Kräfte (Aspekte) etwas (viel, wenig, nichts) aussagen:

viel   wenig   nichts

☐ ☐ ☐ Steuerung, Wille, Abwehr, Integration, Bewusstsein
☐ ☐ ☐ Denken, Sprache, Lernen, Wahrnehmung
☐ ☐ ☐ Gefühle: Werterleben, Lust/Unlust, Ausdruck, Qualität
☐ ☐ ☐ Psychische Grundbedürfnisse (Sein und Wachstum)
☐ ☐ ☐ Erfahrungen, Normen, Einstellungen, innere Konflikte
☐ ☐ ☐ Die Liebe: Interesse, Pflege, Förderung, Verwirklichung
☐ ☐ ☐ Der Geist: Traum, Meditation, Intuition
☐ ☐ ☐ Die Psychodynamik: Stabilität-Labilität, Kraft-Intensität
☐ ☐ ☐ Handlungen: Muster, Qualität, Fähigkeiten, Repertoire
☐ ☐ ☐ Der Charakter: Gesamtaspekte der Person

Übung IE1-L1/7: Kommentiere dein Ergebnis von L1/6 hinsichtlich Bildungsbedarf:

Übung IE1-L1/8: Allgemeines zur Person. Beschreibe deine allgemeine Lage:

a) Alter, Beruf (Job), Lebenssituation, psychische und physische Gesundheit, kritische Aktualitäten, Gegebenheiten, Zukunftsperspektiven (Stichworte):

b) Wenn ich so mein Sein und meine allgemeine Lage anschaue, dann denke und erlebe ich dazu:

c) Ändern und erweitern möchte ich an meiner Lebenslage:

Übung IE1-L1/9: Ich führe/manage mich selbst im Alltag:

Übung IE1-L1/10: Mein Verhältnis zum andern Geschlecht ist:

Übung LL-E1-L1/11: Die psychische Wirklichkeit bedeutet mir:

Übung IE1-L1/12: Meine Fähigkeit zu lieben ist:

Übung IE1-L1/13: Ich erlebe in mir Widersprüche und Gegensätze:

Übung IE1-L1/14: Mein Verstand/Intellekt ist:

Übung IE1-L1/15: Meine Gefühle sind:

Übung IE1-L1/16: Meine psychischen Bedürfnisse sind:

Übung IE1-L1/17: Meine Träume bedeuten mir:

Übung IE1-L1/18: Meine Selbstverwirklichung ist:

Übung IE1-L1/19: Ich lebe Spiritualität wie folgt:

Übung IE1-L1/20: Ich erwarte von einer gründlichen Persönlichkeitsbildung:

Zusammenfassung:

1. Was ist das Wichtigste, das du aus dieser Lektion gelernt hast?

2. Was ist deine hervorstechende Stärke zur Sache dieser Lektion?

3. Was ist deine hervorstechende Schwäche zur Sache dieser Lektion?

4. Was hat dich am stärksten persönlich berührt in der Sache dieser Lektion?

5. Was ist dein wichtigstes nächstes Ziel zur Sache dieser Lektion?

6. Was ist dein nächster Schritt, dich in der Sache dieser Lektion zu verbessern?

7. Was sind deine offenstehenden Fragen über die Sache dieser Lektion?

3.1.2. Betrachte dich ganzheitlich

These IE1-2-T1: Die Persönlichkeit definiert sich nebst Psyche, Körper und Lebensstil auch noch mit dem individuellen Bezug zu allen Lebenswelten.

These IE1-2-T2: Je weniger die einzelnen Komponenten des Charakters konstruktiv geformt sind, desto mehr Risiken entstehen in der Lebensentwicklung.

These IE1-2-T3: Das psycho-vegetative System einer Person kann die gesamte Lebensqualität entscheidend beeinflussen und jede Selbsterfüllung behindern.

Übung IE1-L2/1: Mein Selbstbild als Mann (Frau) ist:

Übung IE1-L2/2: Mein Lebensstil ist:

Übung IE1-L2/3: Meine Körperbeziehung ist:

Übung IE1-L2/4: Mein Verhältnis zu andern Menschen ist:

Übung IE1-L2/5: Mein Bezug zum realen Leben ist:

Übung IE1-L2/6: Mein Bezug zur Natur- und Tierwelt ist:

Übung IE1-L2/7: Mein Lebenskonzept (Ideale, Ziele) ist:

Übung IE1-L2/8: Mein Bezug zur Psyche ist:

Übung IE1-L2/9: Beurteile dein Gesamtbild in aus L2/1 bis L2/8:

Übung IE1-L2/10: Dynamik des Charakters. Kreuze an, welche Profilaspekte für dich ausgeprägt schwach zutreffen:

- ☐ Festigkeit
- ☐ Selbstvertrauen
- ☐ Gesundheit
- ☐ Lernoffenheit
- ☐ Anpassungsfähigkeit
- ☐ Belastbarkeit
- ☐ Selbstmotivation
- ☐ Entschlossenheit
- ☐ Energie, Vitalität
- ☐ Hilfsbereitschaft
- ☐ Kompromissfähigkeit

- ☐ Integrität
- ☐ Willenskraft
- ☐ Leistungsfähigkeit
- ☐ Flexibilität
- ☐ Selbstmanagement
- ☐ Lebensbejahung
- ☐ Leistungsbereitschaft
- ☐ Emotionale Stabilität
- ☐ Offenheit
- ☐ Geduld

Übung IE1-L2/11: Kreuze jene Profilaspekte an, die für dich ausgeprägt positiv zutreffen:

- ☐ Festigkeit
- ☐ Selbstvertrauen
- ☐ Gesundheit
- ☐ Körperbeziehung
- ☐ Lebensbejahung
- ☐ Flexibilität
- ☐ Anpassungsfähigkeit
- ☐ Belastbarkeit
- ☐ Leistungsbereitschaft
- ☐ Emotionale Stabilität
- ☐ Offenheit
- ☐ Hilfsbereitschaft
- ☐ Interesse an Wissen
- ☐ Begabungen

- ☐ Integrität
- ☐ Willenskraft
- ☐ Leistungsfähigkeit
- ☐ Angstfreiheit
- ☐ Lernoffenheit
- ☐ Selbstmanagement
- ☐ Selbstzufriedenheit
- ☐ Selbstmotivation
- ☐ Entschlossenheit
- ☐ Energie, Vitalität
- ☐ Geduld
- ☐ Kompromissfähigkeit
- ☐ Erfüllte Sexualität

Übung IE1-L2/12: Das Gesamtbild meiner Persönlichkeit (aus L2/10 und L2/11) erlebe / beurteile ich:

Übung IE1-L2/13: Welche Profilaspekte erlebst du in deinem Privatleben besonders konstruktiv?

Übung IE1-L2/14: Welche Profilaspekte erlebst du in deinem Arbeitsleben besonders konstruktiv?

Übung IE1-L2/15: Psycho-vegetative Dynamik
"In letzter Zeit erlebe ich mich/habe ich/belastet mich." Du hast die
Möglichkeit, zu jedem Stichwort eine vermutete oder erkannte Ursache
hinzuschreiben.

Kreuze an, was dich wie sehr belastet:
1 = nicht 2 = wenig 3 = recht viel 4 = sehr viel 5 = total viel

1 2 3 4 5
☐ ☐ ☐ ☐ ☐ Verspannt:
☐ ☐ ☐ ☐ ☐ Innerlich unruhig:
☐ ☐ ☐ ☐ ☐ Leicht erregbar:
☐ ☐ ☐ ☐ ☐ Schlaff, träge:
☐ ☐ ☐ ☐ ☐ Launisch:
☐ ☐ ☐ ☐ ☐ Energetisch blockiert:
☐ ☐ ☐ ☐ ☐ Schlafstörungen:
☐ ☐ ☐ ☐ ☐ Durchfall:
☐ ☐ ☐ ☐ ☐ Verstopfung:
☐ ☐ ☐ ☐ ☐ Migräne:
☐ ☐ ☐ ☐ ☐ Über-/Untergewicht:
☐ ☐ ☐ ☐ ☐ Druck (Brust/Bauch):
☐ ☐ ☐ ☐ ☐ Zuviel Tabakkonsum:
☐ ☐ ☐ ☐ ☐ Zuviel Alkoholkonsum:
☐ ☐ ☐ ☐ ☐ Herzklopfen/-stechen:
☐ ☐ ☐ ☐ ☐ Magenbeschwerden:
☐ ☐ ☐ ☐ ☐ Diffuse Schmerzen:
☐ ☐ ☐ ☐ ☐ Rücken-/Nackenschmerz:
☐ ☐ ☐ ☐ ☐ Aggressionen:
☐ ☐ ☐ ☐ ☐ Frustrationen:
☐ ☐ ☐ ☐ ☐ Pessimismus:
☐ ☐ ☐ ☐ ☐ Gehetztsein:
☐ ☐ ☐ ☐ ☐ Einsamkeit:
☐ ☐ ☐ ☐ ☐ Motivationsleere:
☐ ☐ ☐ ☐ ☐ Innerer Unfriede:
☐ ☐ ☐ ☐ ☐ Langeweile:
☐ ☐ ☐ ☐ ☐ Unzufriedenheit:
☐ ☐ ☐ ☐ ☐ Hoffnungslosigkeit:
☐ ☐ ☐ ☐ ☐ Kummer:
☐ ☐ ☐ ☐ ☐ Bedrücktsein:
☐ ☐ ☐ ☐ ☐ Minderwertigkeit:
☐ ☐ ☐ ☐ ☐ Angst:

☐ ☐ ☐ ☐ ☐ Lustlosigkeit:

Übung IE1-L2/16: Welches sind die Auswirkungen deiner Angaben bei L 2/14:

Übung IE1-L2/17: Konkret verändern möchte ich in meinem Gesamtbild L2/14:

Übung IE1-L2/18: Gib Stichwörter, wie du eine Person negativ charakterisierst:

Übung IE1-L2/19: Gib Stichwörter, wie du eine Person positiv charakterisierst:

Übung IE1-L2/20: Wieviel real-psychologischen Gehalt haben deine positiven und negativen Stichworte mit denen du eine Person beurteilst?

Übung IE1-L2/21: Wie gedenkst du, deine Profilschwächen zu stützen und zu stärken?

Zusammenfassung:

1. Was ist das Wichtigste, das du aus dieser Lektion gelernt hast?

2. Was ist deine hervorstechende Stärke zur Sache dieser Lektion?

3. Was ist deine hervorstechende Schwäche zur Sache dieser Lektion?

4. Was hat dich am stärksten persönlich berührt in der Sache dieser Lektion?

5. Was ist dein wichtigstes nächstes Ziel zur Sache dieser Lektion?

6. Was ist dein nächster Schritt, dich in der Sache dieser Lektion zu verbessern?

7. Was sind deine offenstehenden Fragen über die Sache dieser Lektion?

3.1.3. Du bist auch deine Biographie

These IE1-3-T1: Der Mensch hat nicht nur eine eigene Lebensgeschichte, sondern er ist lebendig immer auch seine Biographie, die ihn täglich beeinflusst.

These IE1-3-T2: Schwierige, leidvolle Lebenserfahrungen und ebenso positive Erfahrungen wirken aus dem Unbewussten wie ein Codeprogramm auf das eigene Leben der Gegenwart und Zukunft.

These IE1-3-T3: Ohne Wünsche und Ziele für die eigene Selbstverwirklichung bestimmen die Biographie und die Lebenswelten weitgehend den Verlauf des Lebens.

Übung IE1-L3/1: Kreuze deine biographischen Schwachstellen an (Erfahrungen aus deinem bisherigen Leben) und gib dazu ein konkretes Stichwort:

☐ Ablehnungserfahrungen:
☐ Rigide Umsorgung:
☐ Lustfeindlichkeit:
☐ Emotional belastetes Heim:
☐ Gestörte Beziehungen:
☐ Misserfolge:
☐ Rigide Normen/Prinzipien:
☐ Defizite Grundbedürfnisse:
☐ Demütigungen:
☐ Zu niedrige Lebensanforderungen:
☐ Zu hohe Lebensanforderungen:
☐ Wenig Liebe zum Leben:
☐ Wenig Bildungsförderung:
☐ Überbetonung des Intellekts:
☐ Viel Streit:
☐ Materielle Defizite:
☐ Scheidung/Trennung:
☐ Dogmen, Ideologien:
☐ Harte, unangemessene Strafen:
☐ Abwehr von Konflikten:
☐ Wenig Autonomie:
☐ Grobe Erziehungspraktiken:

Übung IE1-L3/2: Welche Auswirkungen haben deine Schwachstellen?

Übung IE1-L3/3: Formuliere Ansätze, was du wie ändern kannst (solltest):

Übung IE1-L3/4: Nenne zu den 15 Themenbereichen je 1 hervorstechendes positives Charakteristikum dich betreffend.

Punkte: Gewichte: 1 = positiv; 2 = sehr positiv; 3 = äusserst positiv

Bereich	Erlebnis, Charakteristikum	Punkte
1. Elternfamilie		
2. Beziehungen		
3. Freundschaft, Ehe		
4. Eigene Familie		
5. Wohnen		
6. Körper, Sexualität		
7. Essen, Trinken		
8. Krankheit, Störungen		
9. Schule, Bildung		
10. Beruf, Arbeit		
11. Freizeit		
12. Glauben		
13. Politische Aktivitäten		
14. Kultur		
15. Konsum		
Gesamtpunktzahl		

Übung IE1-L3/5: Nenne zu den 15 Themenbereichen je 1 hervorstechendes belastendes Charakteristikum dich betreffend.

Gewichte: 1 = belastend; 2 = sehr belastend; 3 = äusserst belastend

Bereich	Erlebnis, Charakteristikum	Punkte
1. Elternfamilie		
2. Beziehungen		
3. Freundschaft, Ehe		
4. Eigene Familie		
5. Wohnen		

6. Körper, Sexualität		
7. Essen, Trinken		
8. Krankheit, Störungen		
9. Schule, Bildung		
10. Beruf, Arbeit		
11. Freizeit		
12. Glauben		
13. Politische Aktivitäten		
14. Kultur		
15. Konsum		
Gesamtpunktzahl		

Übung IE1-L3/6: Konkrete Folgerungen im Gesamtüberblick:

Übung IE1-L3/7: Nenne einige Wünsche, was du wie gerne neu leben möchtest:

Übung IE1-L3/8: Neues Leben - Lebenserneuerung

a) Nenne einige Wünsche, was du wie neu sein möchtest:
b) Was siehst du als wichtige erste Schritte zu deiner Lebenserneuerung?
c) Was sind deine nächsten Schritte zur Lebenserneuerung?

Zusammenfassung:

1. Was ist das Wichtigste, das du aus dieser Lektion gelernt hast?

2. Was ist deine hervorstechende Stärke zur Sache dieser Lektion?

3. Was ist deine hervorstechende Schwäche zur Sache dieser Lektion?

4. Was hat dich am stärksten persönlich berührt in der Sache dieser Lektion?

5. Was ist dein wichtigstes nächstes Ziel zur Sache dieser Lektion?

6. Was ist dein nächster Schritt, dich in der Sache dieser Lektion zu verbessern?

7. Was sind deine offenstehenden Fragen über die Sache dieser Lektion?

3.1.4. Erkenne dein Unbewusstes

These IE1-4-T1: Ungeklärte und nicht bearbeitete schwierige Lebenserfahrungen wirken als unbewusste Komplexeinheiten auf das Sein und Alltagsleben.

These IE1-4-T2: An den Wirkungen erkennt man die Kräfte des Unbewussten. Die erlebende Reflexion darüber ermöglicht entscheidend die Selbsterneuerung.

These IE1-4-T3: Eine authentische Lebensverwirklichung ist ohne die bewusste Reflexion der eigenen Abwehrmechanismen nicht zu erreichen.

Übung IE1-L4/1: Komplexentwicklungen. Gib dazu einige Stichworte dich betreffend:

Leidvolle Erfahrungen:	
Peinliche Erlebnisse:	
Triebunterdrückung:	
Ständige Kritik:	
Defizite Grundbedürfnisse:	
Angsterfahrungen:	
Verlassenheitsgefühle:	
Lügen, intrigieren, agieren:	
Schuldgefühle:	
Straferfahrungen:	

Übung IE1-L4/2: Wie hat sich daraus deine Persönlichkeit geformt und entwickelt?

Übung IE1-L4/3: Indizien unbewusster Belastungen.

Kreuze an, was für dich wie sehr gilt:
1 = nicht 2 = wenig 3 = recht viel 4 = sehr viel 5 = total viel

1 2 3 4 5

☐ ☐ ☐ ☐ ☐ Keine befriedigende Beziehung
☐ ☐ ☐ ☐ ☐ Freizeitlangeweile
☐ ☐ ☐ ☐ ☐ Unbefriedigte Sexualität
☐ ☐ ☐ ☐ ☐ Lebensangst
☐ ☐ ☐ ☐ ☐ Starke Spannungen in der Beziehung
☐ ☐ ☐ ☐ ☐ Schuldgefühle
☐ ☐ ☐ ☐ ☐ Lust nicht geniessen können
☐ ☐ ☐ ☐ ☐ Wenig lachen können
☐ ☐ ☐ ☐ ☐ Keine/zu wenig Liebeserfahrungen
☐ ☐ ☐ ☐ ☐ Nicht allein-sein können
☐ ☐ ☐ ☐ ☐ Strenge allgemeine/religiöse Normen
☐ ☐ ☐ ☐ ☐ Starke (Kontakt-)Hemmungen
☐ ☐ ☐ ☐ ☐ Keine Partnerschaft in der Beziehung
☐ ☐ ☐ ☐ ☐ Keine Zeit und Ruhe zum Essen
☐ ☐ ☐ ☐ ☐ Keine klaren eigenen Lebenswerte
☐ ☐ ☐ ☐ ☐ Eigene Gefühle nicht ernst nehmen
☐ ☐ ☐ ☐ ☐ Keine positive Einstellung zum Körper
☐ ☐ ☐ ☐ ☐ Übermässiger Erlebnishunger
☐ ☐ ☐ ☐ ☐ Eigene Probleme vor sich herschieben
☐ ☐ ☐ ☐ ☐ Keine Innenorientierung (Träume, Meditation)

Übung IE1-L4/4: Nenne weitere Belastungen

Übung IE1-L4/5: Gib in wenigen Stichworten an, was die möglichen

Ursachen sind von deinen Belastungen:

Übung IE1-L4/6: Wie steht es um deine Abwehrdynamik? Kreuze an, was du oft praktizierst:

☐ Ins Gegenteil umkehren   ☐ Entwerten
☐ Ignorieren   ☐ Verdrängen
☐ Projizieren   ☐ Verschieben
☐ Kompensieren   ☐ Vermeidungsverhalten
☐ Masken und Fassaden   ☐ Übertreiben
☐ Agieren   ☐ Intrigieren

Übung IE1-L4/7: Gib zwei konkrete Beispiele über Abwehrformen, die dir oft passieren:

Übung IE1-L4/8: Gib zu den Stichworten (L4/6) einen konkreten Hinweis über deine Erfahrungen:

Übung IE1-L4/9: Wie wirken sich deine Abwehrformen auf dich, andere und das Umfeld (Sachlagen) aus?

Übung IE1-L4/10: Gib zu deinen Abwehrformen Beispiele von möglichen Alternativen:

Zusammenfassung:

1. Was ist das Wichtigste, das du aus dieser Lektion gelernt hast?

2. Was ist deine hervorstechende Stärke zur Sache dieser Lektion?

3. Was ist deine hervorstechende Schwäche zur Sache dieser Lektion?

4. Was hat dich am stärksten persönlich berührt in der Sache dieser Lektion?

5. Was ist dein wichtigstes nächstes Ziel zur Sache dieser Lektion?

6. Was ist dein nächster Schritt, dich in der Sache dieser Lektion zu verbessern?

7. Was sind deine offenstehenden Fragen über die Sache dieser Lektion?

3.1.5. Forme gesunde Dispositionen

These IE1-5-T1: Das ganzheitliche Selbsterleben kann auf vielfältige Weise entscheidend positiv aufgebaut werden, wenn man sich dieser Realität zuwendet.

These IE1-5-T2: Ein erfülltes und erfolgreiches Leben im Beruf wie im persönlichen Leben verlangt die ganzheitliche Bildung zum gesunden Sein.

These IE1-5-T3: Wer sich von störenden Faktoren aus den Lebenswelten nicht beherrschen lassen will, muss diesen mit Handlungsfähigkeiten begegnen.

Übung IE1-L5/1: Das ganzheitliche Selbsterleben. Kreuze dein tendenziell überwiegendes (ganzheitliches) Selbsterleben an. Gib einen Kurzkommentar zu jedem Stichwort, wie sich dies auswirkt auf dich, auf deine nächsten Mitmenschen und dein Leben.

Kreuze an, was wie sehr für dich gilt und gib dazu ein paar konkrete Stichworte:
1 = nicht 2 = wenig 3 = recht viel 4 = sehr viel 5 = total viel

1 2 3 4 5

☐ ☐ ☐ ☐ ☐ träge:

☐ ☐ ☐ ☐ ☐ schön:

☐ ☐ ☐ ☐ ☐ vital:

☐ ☐ ☐ ☐ ☐ lustvoll:

☐ ☐ ☐ ☐ ☐ harmonisch:

☐ ☐ ☐ ☐ ☐ verkrampft:

☐ ☐ ☐ ☐ ☐ angespannt:

☐ ☐ ☐ ☐ ☐ entspannt:

☐ ☐ ☐ ☐ ☐ nervös:

☐ ☐ ☐ ☐ ☐ schwer:

☐ ☐ ☐ ☐ ☐ leicht:

☐ ☐ ☐ ☐ ☐ frisch:

☐ ☐ ☐ ☐ ☐ erschöpft:

☐ ☐ ☐ ☐ ☐ angenehm:

☐ ☐ ☐ ☐ ☐ unangenehm:

☐ ☐ ☐ ☐ ☐ wohlig:

☐ ☐ ☐ ☐ ☐ zäh, hart:

☐ ☐ ☐ ☐ ☐ kalt:

□ □ □ □ □ verbraucht:
□ □ □ □ □ freudlos:

□ □ □ □ □ Ich bin zufrieden mit meiner äusseren Erscheinung.
□ □ □ □ □ Ich bin zufrieden mit meinem psychischen Gesamtausdruck.

Übung IE1-L5/2: Was fehlt dir in deinem Selbsterleben?

a) Ich bin nicht zufrieden mit meiner körperlichen Erscheinung, weil:

b) Ich bin nicht zufrieden mit meinem psychischen Gesamtausdruck, weil:

Übung IE1-L5/3: Beschreibe in Stichworten, wie es bei dir mit den folgenden Dispositionen steht:

1. Lebensbejahung, positive Körperbeziehung:
2. Psychisch-geistige innere Bildung:
3. Konstruktive Bejahung des Männlichen und Weiblichen:
4. Lebenskompetenzen, Belastungs- und Verarbeitungskapazitäten:
5. Bilden, formen, gestalten der eigenen Potentiale:
6. Streben nach Humanität, Sinn und Werten:
7. Spiritualität und ihre Integration ins Leben:
8. Pflege der ökologischen Umwelt (Verantwortung, Bewusstsein):
9. Archetypen (Urbilder) als Wegweiser und Kraftquelle nutzen:

Übung IE1-L5/4: Welches sind die Folgen, wenn du deine Dispositionen nicht bildest?

Übung IE1-L5/5: Ganzheitlicher Lebensstil. Meine gesunden Dispositionen sind:

Bestätige mit "trifft zu":
4 = sehr   3 = überwiegend   2 = mittel   1 = mässig   0 = wenig/kaum

☐ Meist ist mir bewusst, was ich gerade fühle und empfinde.
☐ Ich kann meine Ansichten und Interessen vertreten.
☐ Ich kann Ärger, Wut und Zorn aussprechen.
☐ Ich kann starke und auch wechselhafte Gefühle akzeptieren.
☐ Ich habe gerne neue und auch ungewöhnliche Ideen.
☐ Manchmal bin ich gerne allein und kann mich gut mit mir beschäftigen.
☐ Ich muss nicht immer alle Probleme gleich gelöst haben.
☐ Ich kann gut leben, auch wenn's nicht immer harmonisch läuft.
☐ Ich achte auf einen regelmässigen Lebensrhythmus.
☐ Ich halte Mass bei Tabak, Alkohol, Kaffee, Süssigkeiten, Essen generell.
☐ Ich kann Sexualität geniessen und mich dem Orgasmus leicht hingeben.
☐ Ich schätze Zeit und Ruhe beim Essen.
☐ Meine Arbeit macht mir Spass.
☐ Ich kann mit Zeitdruck gut umgehen, ohne 'ins Schleudern' zu kommen.
☐ Ich erlebe Sinn in meinen Freizeitbeschäftigungen.
☐ Mein Leben hat echten Sinn und Wert.
☐ Ich kann schwierige Abschnitte aus meiner Vergangenheit akzeptieren.
☐ Ich habe Vertrauen in meine Art, wie ich das Leben gestalte und meistere.

Gesamtpunktzahl: ....

Übung IE1-L5/6: Bedeutung des Ergebnisses von L5/5 für deine Arbeit (Beruf):

Übung IE1-L5/7: Bedeutung des Ergebnisses von L5/5 für deine persönliche Lebensqualität:

Übung IE1-L5/8: Interpretiere und beurteile dein Alltagsleben gemäss deinen Angaben (L5/3):

Übung IE1-L5/9: Beschreibe, was aus dem Umfeld ungesund ist und negativ auf dich einwirkt:

a) Umfeld Arbeitswelt:

b) Umfeld (allgemeine Lebenswelt):

c) Umfeld Privat:

Übung IE1-L5/10: Kreuze an, was du nicht oder zu wenig beachtest:

- ☐ Naturerleben
- ☐ Gefühlskontrolle
- ☐ Entspannungstraining
- ☐ Körperliche Liebe
- ☐ Essenskultur
- ☐ Sachliche Selbstbewertungen
- ☐ Selbstverantwortung
- ☐ Krisenbearbeitung

- ☐ Leichten Sport (z.B. Wanderung)
- ☐ Mass in allem
- ☐ Meditation
- ☐ Ausgewogene Einstellungen
- ☐ Gesunde Umwelt
- ☐ Stressausgleich
- ☐ Streit-/Konfliktabbau

Übung IE1-L5/11: Gib drei Ideen, wie du dein Körpererleben verbessern kannst:

Zusammenfassung:

1. Was ist das Wichtigste, das du aus dieser Lektion gelernt hast?

2. Was ist deine hervorstechende Stärke zur Sache dieser Lektion?

3. Was ist deine hervorstechende Schwäche zur Sache dieser Lektion?

4. Was hat dich am stärksten persönlich berührt in der Sache dieser Lektion?

5. Was ist dein wichtigstes nächstes Ziel zur Sache dieser Lektion?

6. Was ist dein nächster Schritt, dich in der Sache dieser Lektion zu verbessern?

7. Was sind deine offenstehenden Fragen über die Sache dieser Lektion?

3.1.6. Bilde dich selbst Richtung Ziele

These IE1-6-T1: Sind die einzelnen psychischen Kräfte und Handlungsmuster nicht konstruktiv und allseitig ausgewogen gebildet, entwickelt sich das Leben problemreich und kompliziert.

These IE1-6-T2: Der Mensch muss seine Entfaltung in die Ich-Führung integrieren und dabei systematisch vorgehen. Nur so kann aus einem archaischen Menschsein ein Lebensbaum wachsen.

These IE1-6-T3: Man muss grosse Ziele in kleinste Ziele zerlegen und alle Bereiche berücksichtigen, will man evolutionär wachsen. Dies zu tun, verlangt die Selbstliebe.

Übung IE1-L6/1: Defizit der Selbstbildung. Beschreibe mit konkreten Stichworten, wie es bei dir um die psychischen Kräfte steht. Notiere nachfolgend mit Worten wie: Wille, Denken, Gefühle, Intuition, Zuhören, Beurteilen, Wahrnehmung, Reden, Klären, Umsorgen, Bedürfnisse, Verhalten (u.s.w.).

▪ undifferenziert:	
▪ ungeordnet, chaotisch:	
▪ nicht steuerbar:	
▪ unausgewogen:	
▪ unberechenbar:	
▪ destruktiv:	
▪ unterdrückt:	
▪ abgewehrt:	
▪ nicht einsatzfähig:	
▪ nicht belastbar:	

Übung L6/2: Defizit der Entfaltung

a) Beschreibe, was dir besonders wichtig ist als ganzheitliche Person mit deinem Sein und Handeln im Leben zu: Entfaltung, Differenzierung, Stärkung, Flexibilisierung, Steuerbarkeit, Belastbarkeit u.s.w.

b) Was geschieht mit dir langfristig, wenn du keine Selbstbildung zur ganzheitlichen Entfaltung betreibst?

Übung IE1-L6/3: Konkrete Ziele der Selbstbildung
Formuliere ein konkretes Ziel deiner Selbstbildung über:

▪ Denken:	
▪ Gefühle:	
▪ Handlungen:	
▪ Wahrnehmung:	
▪ Selbststeuerung:	
▪ Beziehung:	
▪ Selbstmanagement:	
▪ Kommunikation:	
▪ Sexualität:	
▪ Freizeit:	
▪ Intuition:	
▪ Selbsterfüllung:	

Übung IE1-L6/4: Kreuze an, welche formalen Zielaspekte dir besonders wichtig sind:

☐ Entfaltung   ☐ Wachstum   ☐ Stärkung
☐ Wissen   ☐ Differenzierung ☐ Flexibilität
☐ Harmonisierung   ☐ Steuerbarkeit   ☐ Ausgewogenheit
☐ Tragfähigkeit   ☐ Einsatzfähigkeit ☐ Bewusstsein
☐ Kreativität   ☐ Konstruktivität ☐ Ordnung
☐ Nutzung

Übung IE1-L6/5: Formuliere mit der Liste in Übung L6/4 fünf Beispiele nach folgendem Muster:

Konkreter Ausgangspunkt: Eine Kraft aus dem psychischen Organismus (Denken, Gefühle, Ich-Steuerung, Wahrnehmung, Handeln u.s.w.). Wählen aus, was dir jetzt wichtig ist:	Konkretes Ziel Handlungsorientierte Umschreibung Formulieren dein Ziel mit einem Stichwort oder kurzen Satz:
1)	
2)	
3)	
4)	
5)	

Übung IE1-L6/5: Was geschieht, wenn du deine Psychodynamik nicht pflegst?

Übung IE1-L6/6: Was geschieht, wenn du deine Grundbedürfnisse nicht ernst nimmst?

Übung IE1-L6/7: Welche Folgen entstehen, wenn du deinen Gefühlen immer freien Lauf lässt?

Übung IE1-L6/8: Was bleibt übrig, wennn du keine Liebe mehr lebst?

Übung IE1-L6/9: Wo führt das hin, wenn du deine Intelligenz nicht hinreichend gebrauchst?

Übung IE1-L6/10: Was hast du zu erwarten, wenn du dein Unbewusstes nie bereinigst?

Übung IE1-L6/11: Welche Qualität hat dein Leben ohne Meditation, Traum und Geist?

Übung IE1-L6/12: Was geschieht, wenn du deine psychischen Kräfte nicht ernst nimmst?

Übung IE1-L6/13: Wie ist deine Liebesbeziehung ohne Integration des psychischen Lebens?

Übung IE1-L6/14: Was ist der Unterschied, Leben mit und ohne psychisch-geistige Entfaltung?

Übung IE1-L6/15: Was geschieht kollektiv langfristig, wenn (fast) alle Menschen das psychische Leben (insbesondere die Liebe, den Geist) nicht ernst nehmen?

Übung IE1-L6/16: Was geschieht mit dir langfristig, wenn du keine Selbstbildung betreibst?

Zusammenfassung:

1. Was ist das Wichtigste, das du aus dieser Lektion gelernt hast?

2. Was ist deine hervorstechende Stärke zur Sache dieser Lektion?

3. Was ist deine hervorstechende Schwäche zur Sache dieser Lektion?

4. Was hat dich am stärksten persönlich berührt in der Sache dieser Lektion?

5. Was ist dein wichtigstes nächstes Ziel zur Sache dieser Lektion?

6. Was ist dein nächster Schritt, dich in der Sache dieser Lektion zu verbessern?

7. Was sind deine offenstehenden Fragen über die Sache dieser Lektion?

3.1.7. Wachse stetig evolutionär

These IE1-7-T1: Progression im Menschsein enthält: Sachlichkeit, Akzeptieren, Integrieren, Ordnung, Freiheit, Geist, Liebe, Lebensbejahung, Zuwendung, Pflege, Ausgewogenheit, Verantwortung.

These IE1-7-T2: Es gibt im kollektiven Unbewussten so etwas wie einen „Schwur", dem scheinbar fast alle verpflichtet sind; und der heisst: „Es gibt das evolutionäre psychisch-geistige Menschsein nicht!"

These IE1-7-T3: Wer die authentische Selbstverwirklichung leben will, muss sich genau erkennen und die Folgerungen müssen zu bestimmten Handlungen führen.

Übung IE1-L7/1: In der Evolution leben. Reagiere mit einem Wort oder kurzen Satz:

- Ich lebe aus meinem Entfaltungsprozess.

- Ich lebe bewusst mit meinem Innenleben.

- Träume und Meditationen sind mir wichtig.

- Ich habe ein hohes Mass an innerer Freiheit.

- Ich denke, fühle, lebe tendenziell konstruktiv.

- Ich bin umfassend lebenszugewandt.

- Die Kraft der Liebe ist mir wichtig.

- Meine Gegensätze kann ich ausgleichen.

- Ich lebe im Einklang zwischen Innen und Aussen.

- Ich beachte meine Gefühle und Grundbedürfnisse.

- Ich begegne der Transzendenz mit Vernunft und Sachlichkeit.

- Wahrhaftigkeit und Echtheit sind mir sehr zentral in meinem Leben.

Übung IE1-L7/2: Interpretiere den Stand / die Tendenzen deiner Regression-Progression:

Übung IE1-L7/3: Formuliere Massnahmen zu einer positiven Weiterentwicklung:

Übung IE1-L7/4: Kräfte gegen das Leben

Was behindert dich in den folgenden Bereichen / Themen besonders in der Verwirklichung des evolutionären Menschseins?

Bereiche	Behinderungen – Kräfte dagegen
Wissensdrang	
Geborgenheit	
Beziehungen leben	
Liebe erfahren / leben	
Geschäfte machen / Geld verdienen	
Freude erleben	
Unabhängigkeit	
Natur erleben	
Sicherheit	
Entdeckungslust	
Ruhe	
Gotteserfahrung	
Zuhause haben	
Sinneserleben	
Besitz	
Selbstachtung	
Körperliche Lust	

Übung IE1-L7/5: Standort

a) Beurteile den Grad deiner authentischen Selbstverwirklichung:

b) Deine Folgerungen zum evolutionären Menschsein (zum Beispiel: Massnahmen, Schritte):

Übung IE1-L7/6: Menschsein verwirklichen. Vermerke zu den Sätzen (L7/4) die Wichtigkeit, die für dich gilt:

Übung IE1-L7/7: Was behindert dich am stärksten in der Verwirklichung des evolutionären Menschseins (siehe die Sätze unter Übung L7/1)?

Übung IE1-L7/8: Beurteile den Grad deiner authentischen Selbstverwirklichung mit konkreten Beispielen:

Übung IE1-L7/9: Deine Folgerungen (zum Beispiel: Massnahmen, nächste Schritte):

Zusammenfassung:

1. Was ist das Wichtigste, das du aus dieser Lektion gelernt hast?

2. Was ist deine hervorstechende Stärke zur Sache dieser Lektion?

3. Was ist deine hervorstechende Schwäche zur Sache dieser Lektion?

4. Was hat dich am stärksten persönlich berührt in der Sache dieser Lektion?

5. Was ist dein wichtigstes nächstes Ziel zur Sache dieser Lektion?

6. Was ist dein nächster Schritt, dich in der Sache dieser Lektion zu verbessern?

7. Was sind deine offenstehenden Fragen über die Sache dieser Lektion?

3.1.8. Stärke deine Liebesfähigkeit

These IE1-8-T1: Die Liebe will Leben entfalten, ganzheitlich wachsen, ausgewogen leben, im Geist verankern, Tranzendenz verwirklichen (Sinn), Freude am Leben aufbauen, sich in den Lebenswelten umsetzen.

These IE1-8-T2: Die Selbstliebe ist aktiv: sich interessieren, zuwenden, fördern, schützen, entwickeln, stärken, aktivieren, steuern, nutzen, annehmen, bilden, formen, aktiv ernst nehmen, Verantwortung tragen, kompetent handeln, ausgewogen umgehen.

These IE1-8-T3: Schwäche ist ein unvermeidbarer Teil des Menschseins. Doch wer an der Qualität seiner Liebesfähigkeit nicht arbeitet, kann aus seinen Potentialen und aus seinem Leben keine umfassende Selbsterfüllung aufbauen.

Übung IE1-L8/1: Die Liebe im konkreten Alltag. Die folgenden Aspekte der Liebe bedeuten für mich (kommentiere kurz):

1. Mein Leben und Mensch-sein bejahen:
2. Meinen Lebensraum unter Berücksichtigung des Psychischen gestalten:
3. Leben im Geist verankern (Träume, Meditation):
4. Die ausgewogene innere Ganzheit meiner Person erschaffen:
5. Den psychischen Organismus umfassend ins Bewusstsein integrieren:
6. Persönlichkeitsbildung und psychisch-geistiges Wachstum leben:
7. Ganzheitlich ausgewogenes Leben auch aussen entfalten:

Übung IE1-L8/2: Liebesfähigkeit. Kommentiere kurz und konkret!

1. Ich wende mich dem zu, was ich bin und lebe.
2. Ich fördere meine Begabungen und Potentiale.
3. Ich steuere mich selbst bewusst im Alltag.
4. Ich nehme mein psychisches Leben ernst.
5. Ich gehe rücksichtsvoll um mit Gefühlen.
6. Ich trage Verantwortung für alles, was ich tue.
7. Ich entwickle / stärke meine schwachen Kräfte.

Übung IE1-L8/3: Aspekte der Selbstliebe. Analyse des Defizits.

Kreuze an, was für dich wie sehr gilt: 1 = nicht 2 = wenig 3 = recht viel
4 = sehr viel 5 = total viel

1 2 3 4 5
☐ ☐ ☐ ☐ ☐ Ich wende mich mit Reflexion dem zu, was ich bin / lebe.
☐ ☐ ☐ ☐ ☐ Ich fördere Begabungen, Potentiale, Wissen und Können.
☐ ☐ ☐ ☐ ☐ Ich entwickle die Kräfte in mir, die wenig geformt sind.
☐ ☐ ☐ ☐ ☐ Ich nutze mein Kräftepotential (Lebensenergie).
☐ ☐ ☐ ☐ ☐ Ich setze um, was ich an Lebensentwürfen habe.
☐ ☐ ☐ ☐ ☐ Ich rege mich an, um mich und mein Leben zu erweitern.
☐ ☐ ☐ ☐ ☐ Ich bilde mein psychisches Leben immer weiter.
☐ ☐ ☐ ☐ ☐ Ich steuere mich selbst bewusst im Alltag.
☐ ☐ ☐ ☐ ☐ Ich nehme mein Innenleben, Träume und Intuitionen ernst.
☐ ☐ ☐ ☐ ☐ Ich bin dankbar dem Leben gegenüber für mein Sein.
☐ ☐ ☐ ☐ ☐ Ich kann mich gerne in Beziehung setzen zu andern Menschen.
☐ ☐ ☐ ☐ ☐ Ich erlebe mich positiv als Teil der Natur.
☐ ☐ ☐ ☐ ☐ Ich erlebe mich eingefügt in eine transzendentale Vernetzung.
☐ ☐ ☐ ☐ ☐ Ich gehe rücksichtsvoll um mit meinen Gefühlen.
☐ ☐ ☐ ☐ ☐ Ich gehe rücksichtsvoll um mit meinem körperlichen Zustand.
☐ ☐ ☐ ☐ ☐ Ich trage Verantwortung für mein Lebensglück und Taten.
☐ ☐ ☐ ☐ ☐ Ich kann mich an kleinen Dingen in meinem Leben erfreuen.
☐ ☐ ☐ ☐ ☐ Ich gehe ausgewogen um mit meinen Kräften.

Übung IE1-L8/4: Beurteile deine Schwächen der Selbstliebe (L8/3). Gib Ursachen an:

Übung IE1-L8/5: Wie kannst du deine Kraft der Selbstliebe stärken? Gib Stichworte:

Übung IE1-L8/6: Die Qualität der Liebesfähigkeit zeigt sich bei mir bei folgenden Indizien:

1. Grössere Wahrnehmung der psychischen und realen Realität:
2. Wachsende Akzeptierung meiner selbst, der andern, der Natur:
3. Zunehmende Spontaneität und Echtheit in Beziehungen:
4. Bessere Problemzentrierung und flexible Konfliktbewältigung:
5. Grössere Distanz und Sehnsucht nach Zurückgezogenheit:
6. Wachsende Autonomie und Resistenz gegen Ausseneinflüsse:
7. Grösseres Verständnis der emotionalen Reaktion:
8. Höhere Frequenz der (geistigen, transzendentalen) Grenzerfahrungen:
9. Psychisch-geistig offene zwischenmenschliche Beziehungen:

10. Demokratische, partnerschaftliche Charakterstruktur:

11. Stark zunehmende Kreativität:

12. Gewisse Wandlungen im Wertsystem zugunsten des Psychisch-Geistigen:

Übung IE1-L8/7: Wo siehst du für dich Lern- / Entfaltungsbedarf? Ankreuzen!

☐ Lebensorientierung aus dem Geist
☐ Aus Lebenswissen und Weisheit schöpfen
☐ Training der geformten Kräfte
☐ Entscheidungen fällen mit Liebe und Geist
☐ Konstruktive Bilder im Unbewussten
☐ Freisein von inneren Fesseln
☐ Eigene Lebensbestimmung formen
☐ Archetypen als Wachstumskräfte nutzen

Zusammenfassung:

1. Was ist das Wichtigste, das du aus dieser Lektion gelernt hast?

2. Was ist deine hervorstechende Stärke zur Sache dieser Lektion?

3. Was ist deine hervorstechende Schwäche zur Sache dieser Lektion?

4. Was hat dich am stärksten persönlich berührt in der Sache dieser Lektion?

5. Was ist dein wichtigstes nächstes Ziel zur Sache dieser Lektion?

6. Was ist dein nächster Schritt, dich in der Sache dieser Lektion zu verbessern?

7. Was sind deine offenstehenden Fragen über die Sache dieser Lektion?

3.1.9. Bedenke die Gründe für Individuation

These IE1-9-T1: Die Alternative zur Individuation ist: Regression, Unbewusstheit, Ignoranz, Leben ohne Geist, Lebensverneinung, Lebensreduktion, Entfremdung, Archaismus, Dogmatismus, Fundamentalismus.

These IE1-9-T2: Prozesserfahrungen in der Individuation sind: Offenheit, Ehrlichkeit, Ernsthaftigkeit, Sachlichkeit, Echtheit, Versöhnung, Entlastung, Menschlichkeit, Selbstverantwortung.

These IE1-9-T3: Jeder findet hundert Gründe gegen die Individuation; und mindestens einen Grund für Individuation im eigenen Innern: die allseitig ausgewogene Entfaltung des psychisch-geistigen Menschseins.

Übung IE1-L9/1: Was tust du zu deiner Entwicklung? Gib je ein kurzes Beispiel: (Beispiele: Bücher lesen. Meditieren. Gefühle reflektieren. Träume beachten. Etc.)

a) Bejahung des psychischen Lebens: Zuwendung. Interesse. Pflege. Bildung.

b) Entdecken, verstehen und zerlegen: Neugier. Suchen. Informieren. Interpretieren.

c) Neugeburt des inneren Menschen: Schützen. Formen. Neues Leben wachsen lassen.

d) Anerkennung des Geistes als Führungsprinzip: Einordnung in den Geist als Führungskraft. Sich allseitig vernetzt erleben. Hingabe an die geistige Kraft.

e) Wandlungen aller psychischen Kräfte: Formen, Bilden. Neu-werden lassen. Loslösung von Altem, nicht Bewährtem. Erweiterung.

f) Vereinigung der Gegensätze: Männlichkeit-Weiblichkeit. Chaos-Ordnung. Unbewusstsein- Bewusstsein. Realität-Wunsch/Ideal.

g) Vom alten zum neuen Regierungsprinzip: Einheit leben. Sachwissen und Weisheit. Geist über Rationalität. Geist statt "Überstülpung".

h) Einklang zwischen Innen und Aussen: Bewusst Leben mit Psyche. Selbstausdruck.

i) Vollzug der Ganzheit: Individuation als Lebensausdruck und als Gottesverwirklichung. Evolution fördern.

Übung IE1-L9/2: Praktische Individuation. Kreuze an, was du konkret für deine Selbstbildung und Individuation tust:

Kreuze an, was du wie häufig tust:
1 = nicht 2 = wenig 3 = recht viel 4 = sehr viel 5 = total viel

1 2 3 4 5
☐ ☐ ☐ ☐ ☐ Meine psychischen Kräfte kennenlernen und entdecken.
☐ ☐ ☐ ☐ ☐ Die Bedeutung meiner Biographie verstehen.
☐ ☐ ☐ ☐ ☐ Die Komplexität und Vernetzungen des Handelns erkennen.
☐ ☐ ☐ ☐ ☐ Klarheit finden über die Inhalte meines Bewusstseins.
☐ ☐ ☐ ☐ ☐ Vorstellungen aufbauen über mein Ich / Selbststeuerung.
☐ ☐ ☐ ☐ ☐ Die Leistungen meiner intelligenten Funktionen entdecken.
☐ ☐ ☐ ☐ ☐ Meine Gefühle als handhabbar erkennen; den Zugang finden.
☐ ☐ ☐ ☐ ☐ Die Vielfalt meiner Bedürfnisse meditativ erkennen.
☐ ☐ ☐ ☐ ☐ Mein Unbewusstes begreifen, die umgestaltet werden kann.
☐ ☐ ☐ ☐ ☐ Die Liebe als Lebenskraft und als Lebenswert verstehen.
☐ ☐ ☐ ☐ ☐ Die inneren Grundwerte des Menschseins entdecken.
☐ ☐ ☐ ☐ ☐ Die Bedeutung der Sexualität und ihre Werte sehen.
☐ ☐ ☐ ☐ ☐ Die Gesundheit aus ganzheitlicher Sicht interpretieren.
☐ ☐ ☐ ☐ ☐ Partnerschaftliche Beziehung aus der Psyche begreifen.
☐ ☐ ☐ ☐ ☐ Männlichkeit und Weiblichkeit als Seinsformen entdecken.
☐ ☐ ☐ ☐ ☐ Nutzen der Intuition, Introspektion, Kontemplation sehen.
☐ ☐ ☐ ☐ ☐ Die Traumdeutung verstehen und praktizieren (können).
☐ ☐ ☐ ☐ ☐ Techniken der Entspannung sinnvoll anwenden können.
☐ ☐ ☐ ☐ ☐ Mich in der realen und transzendentalen Vernetzung erleben.
☐ ☐ ☐ ☐ ☐ Das Erleben von Wachstum und Bewusstseinserweiterung.

Übung IE1-L9/3: Deine zentrale Folgerung zu dem, was du angekreuzt hast (bei L9/2):

Übung IE1-L9/4: Wie steht es bei dir um die Abwehr gegen die Individuation?

Kreuze an und reagiere mit einer emotionalen Assoziation (Worte):
☺ = davon bin ich relativ frei ☺ = gilt mässig für mich ☹ = trifft für mich sehr zu

☺☺☹ Ich habe Angst vor meinem Unbewussten und den eigenen Gefühlen.
☺☺☹ Ich kenne mich jetzt gut genug; viel Neues gibt's da wohl kaum noch.
☺☺☹ Ich habe Familie, Beruf, Karriere; habe wenig Zeit für Psycho-Arbeit!
☺☺☹ Ich habe keine Probleme. Wozu also Selbstbildung und Individuation?
☺☺☹ An meinen Einstellungen und Überzeugungen gibt's nichts zu rütteln.
☺☺☹ Mir fehlt die Kraft, mich täglich für Selbstbildung aufzuraffen.
☺☺☹ Lesen ist so anstrengend; ich lese nicht gerne über Psychologie.
☺☺☹ Ich bin ein einfacher Mensch; was soll ich über meine Psyche lernen?
☺☺☹ Weisheit ist für stille Menschen; ich lebe gerne, denke kritisch-rational.
☺☺☹ Ich bin glücklich; mir fehlt nichts. Wozu also noch Selbsterkenntnis?
☺☺☹ Psychologie ist für schwierige Menschen und mach das Leben schwer.
☺☺☹ Geld bestimmt die Zukunft und das Glück der Menschen.

Anzahl: ☺ = ...   ☺ = ...   ☹ = ...

Übung IE1-L9/5: Was fühlst und denkst zu deinen Angaben bei L9/4?

Zusammenfassung:

1. Was ist das Wichtigste, das du aus dieser Lektion gelernt hast?

2. Was ist deine hervorstechende Stärke zur Sache dieser Lektion?

3. Was ist deine hervorstechende Schwäche zur Sache dieser Lektion?

4. Was hat dich am stärksten persönlich berührt in der Sache dieser Lektion?

5. Was ist dein wichtigstes nächstes Ziel zur Sache dieser Lektion?

6. Was ist dein nächster Schritt, dich in der Sache dieser Lektion zu verbessern?

7. Was sind deine offenstehenden Fragen über die Sache dieser Lektion?

3.1.10. Arbeite methodisch ganzheitlich

These IE1-10-T1: Selbstbildung und Individuation verlangen Intelligenz, Verstand und Vernunft! Alle Beschäftigungen sind sachlich diskutierbar.

These IE1-10-T2: Kreativität ist das halbe Leistungspotential des Menschen. Darum verlangt die Selbstbildung und Individuation auch Kreativität, nebst Intelligenz und Verstand.

These IE1-10-T3: Die Methoden der Selbstbildung sind belebend, spannend, abwechslungsreich und bereichern das Menschsein und den Alltag enorm!

Übung IE1-L10/1: Kreuze an, was dich deutlich beeinflusst:

☐ Informationsflut (Medien)   ☐ Immenser Büchermarkt
☐ Zeitgeist   ☐ Sozialer Druck von überall her
☐ Konsumangebot   ☐ Klassische Aufstiegsmuster
☐ Freizeitangebote im Umfeld   ☐ Modetrends
☐ Leitbilder des Elternhauses   ☐ Gewohnheiten aus Jugendzeit
☐ Bühnen und Kulissen überall   ☐ Vorbilder in der Werbung

Übung IE1-L10/2: Mentale Leistungen.

a) Beschreibe spontan und konkret deine mentalen Schwachstellen, zum Beispiel zu: klare Wahrnehmung, differenzierte Wortwahl, präzises Denken, durchdachte Ziele, sachliche Ordnung, logisches Denken, detaillierte Fakten, vernünftige Planung, richtige Reihenfolgen, gute Zeitorganisation, wache Konzentration, frisches Gedächtnis.

b) Ursachen für meine mentalen Schwachstellen sind:

Übung IE1-L10/3: Kreuze an, wo deine mentalen Schwachstellen erheblich sind:

☐ klare Wahrnehmung   ☐ differenzierte Wortwahl
☐ präzises Denken   ☐ durchdachte Ziele
☐ sachliche Ordnung   ☐ logisches Denken
☐ detaillierte Fakten   ☐ vernünftige Planung
☐ richtige Reihenfolgen   ☐ gute Zeitorganisation
☐ hohe Konzentration   ☐ frisches Gedächtnis

Übung IE1-L10/4: Kommentiere, begründe, bewerte deine Angaben zu L10/3:

Übung IE1-L10/5: Kreative Leistungen

Beschreibe spontan und konkret deine kreativen Schwachstellen:
Interesse an Bildern, Träume behalten können, Farben empfinden, Formen erleben, spontane Einfälle, innere Bilder gestalten, Schönheitserleben, Erlebnisse innerlich sehen, klares Körpererleben, gutes Zeiterleben, Gefühl für Ausgewogenheit, Ganzheitserleben, Gestaltungsinteresse, Beobachtungsgabe, Intuitionen umsetzen.

Übung IE1-L10/6: Kreuze an, wo deine kreativen Schwachstellen erheblich sind:

☐ Interesse an Bildern   ☐ Träume behalten können
☐ Farbenempfinden   ☐ Formenerleben
☐ Spontane Einfälle   ☐ Innere Bilder gestalten
☐ Schönheitserleben   ☐ Erlebnisse innerlich sehen
☐ Klares Körpererleben   ☐ Gutes Zeiterleben
☐ Gefühl für Ausgewogenheit   ☐ Ganzheitserleben
☐ Gestaltungsinteresse   ☐ Beobachtungsgabe (im Leben)
☐ Intuitionen umsetzen

Übung IE1-L10/7: Kommentiere, begründe, bewerte deine Angaben zu L10/6:

▪ Ursachen für meine kreativen Schwachstellen sind:
▪ Lösungen für meine kreativen Schwachstellen sind:

Übung IE1-L10/8: Kreuze deine erheblichen Defizite an:

☐ Konflikte differenziert bearbeiten und kompetent Lösungen zuführen.
☐ Eigene Werte (Einstellungen) präzise formulieren und allenfalls revidieren.
☐ Kritisch die Fassaden durchschauen, Klarblick für das Tiefe finden.
☐ Alles in der komplexen Vernetzung sehen und nicht naiv vereinfachen.
☐ Immer wieder Neues lernen durch systematisches und gezieltes Lesen.
☐ Mit der eigenen Lebenszeit und den eigenen Kräften bewusst umgehen.

Übung IE1-L10/9: Die vielseitige Selbstbildung.

Gib an, was für dich zutrifft: 5 = total   4 = regelmässig 3 = oft
2 = manchmal   1 = wenig/selten   0 = nie/nicht

….. Wenn ich ein Problem habe, dann befasse ich mich systematisch damit.
….. Ich suche den guten Zeitpunkt, mich mit Schwierigkeiten zu befassen.
….. Ich entspanne mich mit Methode (Techniken, Mentaltraining etc).
….. Ich führe ein Tagebuch/Traumtagebuch/Psycho-Arbeitsheft.
….. Ich habe meine "Tricks", wie ich mit schlechter Stimmung umgehe.
….. Ich weiss, zu welcher Tageszeit ich für was gut disponiert bin.
….. Ich schreibe meine Träume auf, deute sie, ziehe Konsequenzen daraus.
….. Ich meditiere (Imagination, Kontemplation) nach genauen Regeln.
….. Ich reguliere psychische Nähe und Distanz zu den Gegebenheiten.
….. Ich kaufe regelmässig Bücher zur Erweiterung meines Horizontes.
….. Ich steuere mich bewusst im persönlichen Gespräch mit andern.
….. Ich nehme mir Zeit, Lebensweise, Denken und Gefühle zu reflektieren.
….. Ich pflege und erweitere bewusst meine Selbstidentität als Mann (Frau).
….. Ich achte auf meine Ernährung und generell auf meine Gesundheit.
….. Körperliches Selbsterleben und Wohlbefinden sind mir wichtig.

Gesamtpunktzahl: …..

Übung IE1-L10/10: Was fühlst und denkst du jetzt, wenn du dein Resultat bei L10/9 überblickst? Stichworte:

Zusammenfassung:

1. Was ist das Wichtigste, das du aus dieser Lektion gelernt hast?

2. Was ist deine hervorstechende Stärke zur Sache dieser Lektion?

3. Was ist deine hervorstechende Schwäche zur Sache dieser Lektion?

4. Was hat dich am stärksten persönlich berührt in der Sache dieser Lektion?

5. Was ist dein wichtigstes nächstes Ziel zur Sache dieser Lektion?

6. Was ist dein nächster Schritt, dich in der Sache dieser Lektion zu verbessern?

7. Was sind deine offenstehenden Fragen über die Sache dieser Lektion?

3.2. Führe dich selbst

Überlegungen zur Selbststeuerung

Ein grosser Teil unseres Lebens vollzieht sich in zwischenmenschlichen Situationen: im Beruf, in der Freizeit und in der persönlichen Beziehung. Allerwichtigstes geschieht zwischenmenschlich und ist immer Kommunikation. Sich richtig steuern können, ist heute überlebenswichtig!

Kommunikation ist Sein, Leben und Handeln zugleich.

Je mehr eine Person ganzheitlich gebildet ist, desto erfolgreicher wird die Interaktion, desto leichter wird die Organisation und Nutzung der Lebenszeit und Lebenskräfte. Der andere Mensch wird immer verschieden wahrgenommen. Selbststeuerung ist Grundlage jeder Sozialkompetenz.

Grundfragen der Sozialkompetenz und des Selbstmanagement sind:

- Wie kann ich eine Interaktion optimal konstruktiv gestalten?
- Wie kann ich ein Gespräch so führen, dass es für alle zum Erfolg wird?
- Wie kann ich auf jemanden eintreten, damit ein gutes Ziel möglich wird?
- Was ist eine partnerschaftliche Beziehung (in der Liebesbeziehung)?
- Wie nutze ich meine Zeit, meine Kräfte und alle weiteren Ressourcen?
- Welche Lebenstechniken wende ich im Leben und Arbeiten an?
- Wie gehe ich optimal um mit kritischen Ereignissituationen?
- Welche Bewältigungsstrategien helfen mir in schwierigen Konfliktlagen?

Sozialkompetenz und Selbstmanagement sind eine Schlüsselqualifikation, das Zusammenleben positiv und konstruktiv zu gestalten und schwierige Lebenslagen erfolgreich zu managen. Soziale Kompetenz ist vernetzt mit dem ganzen Menschen und seinen Handlungsfähigkeiten. Darum ist Sozialkompetenz und Selbstmanagement ein unerlässlicher Teil jeder ganzheitlichen Persönlichkeitsbildung. Sich selbst richtig steuern können ist eine herausragende Fähigkeit!

Persönlichkeitsbildung und Lebenskompetenzen

Jeder Mensch steht in einem psycho-sozialen Geflecht. Er hat Freunde oder zumindest Bekannte. Er hat seine Elternfamilie und seine Verwandten. Im Innenleben sind sie Teil des Daseins. Jeder Mensch hat zudem seine Beziehungen im Bereich Arbeit, Freizeit und Wohnen. Manche sind verheiratet und haben Kinder.

Dieses komplexe Netz ist der psycho-soziale Bewegungsspielraum. In diesem Raum steuert sich jeder selbst oder wird gesteuert. Darin zeigen sich eigene psychische Kräfte. Es ergeben sich weitere Themen zur Selbstreflexion nach der Leitidee: "Ich bin, wie ich hierin lebe."

Leitmotive der Persönlichkeitsbildung

Selbstbildung als Persönlichkeitsbildung mit Sozialkompetenzen und Selbstmanagement:

- schafft die Schlüsselqualifikation für das Leben.
- schafft die Kompetenzen für aufbauende Beziehungen.
- reduziert viele Risiken im persönlichen Lebenslauf.
- qualifiziert zum optimalen Umgang mit den Möglichkeiten.
- schafft innere Sicherheit und Selbstvertrauen.
- führt hin zu einer allseitig ausgewogen geformten Psyche.
- ist unerlässlich für echte Lebenserfüllung.
- integriert hohe ethische Verantwortung.
- ist Investition für die Zukunft (Gesundheit, Erfolg u.s.w.).
- ist entscheidend für alle Berufe mit Menschenführung.
- erreicht den Menschen in seinem psychisch-geistigen Sein.
- formt einen positiven und konstruktiven Menschentypus.

In der Persönlichkeitsbildung eignet sich der Mensch auch Lebenskompetenzen an, um seine psychische Wirklichkeit zu führen und zu nutzen. Wer mit seinem Innenleben umgehen kann, erlebt seinen positiven Selbstwert, baut Selbstvertrauen auf, findet Zufriedenheit, Freude, Sinnerfüllung und echtes Glück.

Persönlichkeitsbildung mit Schulung über Sozialkompetenzen und Selbstmanagement ist die Lebensforderung für jene, die dem Leben gegenüber grundlegend positiv und konstruktiv eingestellt sind.

Methoden der Persönlichkeitsbildung

Persönlichkeitsbildung wird mit eindeutig definierten Methoden betrieben. Ein wenig gefühlsbetonte Selbsterfahrung und Schulung führt nicht zum Prozess. Ohne vertieftes Wissen führen die Bemühungen auch nicht weit.

Viel lesen über das psychische Leben ist unerlässlich.

Denken ist in der Selbstbildung eine wichtige Arbeit. Dazu gehört auch das Nachdenken über die verwendeten Worte, das Unterscheiden zwischen gefühlsmässig wertenden und sachlichen Aussagen. Denken als fruchtbare Arbeit geschieht nicht quasi nebenbei.

Dazu muss man sich hinsetzen. Ein Arbeitsheft ist ein hilfreiches Instrument. Damit kann man Gedachtes in Worte fassen, überarbeiten und zielgerichtet weiterführen. Alles Erlernte muss im Leben eingeübt werden!

Jedes psychische Teilsystem (Denken, Gefühle, Unbewusstes, Wille, Ich-Steuerung, Grundbedürfnisse u.s.w.) und insbesondere auch die Handlungen (Sozialkompetenzen, Selbstmanagement, Selbststeuerung) müssen mit verschiedenen Methoden angegangen werden. Einige Methoden ergänzen sich, weil sie unterschiedliche Aspekte hervorheben.

Meditation mit innerem Bildersehen ist eine wichtige Technik und sie ist vernetzt:

- Mit der Imagination kann man alle psychischen und lebenspraktischen Themen angehen.
- Kontemplation dient zur Erfahrung von Symbolen und Archetypen, die psychisch-geistige Prozesse abbilden.
- Das Mental-Training verhilft zu Gedankenkontrolle, Gedankenbefreiung, Konzentration und
- Gedächtnisfrische.
- Die Introspektion achtet mehr auf variationsreiche innere Regungen: Stimmungen, intuitive Einfälle, Selbsterleben und psycho-somatische Bewegungen.
- Die Traumdeutung ist unerlässlich, um die Tiefen des psychischen Lebens zu erschliessen.
- Entspannungstechniken helfen bei Stress und Energieformung.
- Checklisten und schriftlich formulierte Übungsvorgaben geben Orientierung in der Selbstbildung.
- Lebenstechniken können erlernt und im Alltag erprobt werden. Selbstmanagement enthält zahlreiche Praktiken, die im Alltag einzuüben sind.

Es gibt weitere Methoden, die kreativ die Vielfalt ergänzen, z.B.: Rollenspiel, Malen, Diskussionen, Beschäftigungen aller Art zum Ausdruck des Innern, Nutzung technischer Hilfsmittel. Verschiedene Menschentypen mögen unterschiedliche Methoden praktizieren wollen.

Einige schätzen besonders erlebnisreiche Handlungen. Andere ziehen sachliche und nüchterne Arbeitsweisen vor. Einige arbeiten gerne viel allein, andere benötigen regelmässige Stütze durch Gruppenarbeit.

Selbsterkenntnis und Selbstbildung als Teil der eigenen Lebenskultur

Die täglichen Beschäftigungen mit all den Aspekten der Selbsterkenntnis und Selbstfindung, der Sozialkompetenzen und des Selbstmanagement machen jedem deutlich, was er über sich und das Leben weiss – und was er nicht weiss – sowie wie er lebt und besser leben könnte. Insbesondere aber erkennt jeder, wie das Ich mit Abwehr und Verdrängung und mit Projektion dem wirklichen Leben und der Selbstverantwortung für ein aufbauendes Leben ausweicht.

Manchmal muss man sich eingestehen: "Das will ich nicht sehen. Es ist peinlich, unangenehm, lästig, störend, mühevoll und aufwendig." Wer will denn schon anschauen, wie er sich selbst steuert im Alleinsein und im sozialen Leben, in der Fülle der Konsummöglichkeiten?

Die Dynamik zwischen Bewusstsein und Unbewusstsein ist ein Problem der Wahrhaftigkeit sich selbst gegenüber: "Ich will mehr wissen über mich. Ich will meine Realitäten ins Bewusstsein holen und nicht mehr unbewusst funktionieren. Ich will für mich und mein Leben Verantwortung übernehmen." Leben ohne Selbsterkenntnis und Selbstreflexion ist Leben in Lebenslüge.

Mit Selbstreflexion formt sich das Bild über sich selbst und über das eigene Leben: "Das bin ich, so lebe ich und das ist mein Leben." So wächst das Bedürfnis, das psychische Innenleben und die eigene Lebensweise als Teil des eigenen Seins bewusst zu leben, zu pflegen und zu bilden. Psychische Kräfte werden wichtig. Sie erhalten zunehmend ihren Lebenswert. Dies ist die Voraussetzung, dass sich die Kraft der Liebe aufbauen kann.

Auch der andere Mensch – der Lebenspartner, die Eltern und Kinder, Freunde und Bekannte – werden zunehmend mit ihrer psychischen Wirklichkeit wahrgenommen. Die psychische Wirklichkeit wird Teil der eigenen bewussten Lebenskultur. Das ist echte Selbstverwirklichung.

Immer deutlicher wird damit, dass das psychische Leben das wirkliche Leben ist. So kommt Bewegung in das psychische Innenleben. Unerkanntes wird zum wichtigen eigenen Teil. Vernachlässigtes erhält Pflege. Schwaches erhält Schutz und Stärkung. Das Innenleben ist nicht mehr die "Black Box" und das dunkle unerreichbare Mysterium. Die bisher unerkannten psychischen Kräfte werden ansprechbar und ein selbstverständlicher Teil der bewussten Ich-Führung.

Anzeichen von positiver und konstruktiver Veränderung werden zunehmend deutlich. Der Prozess des evolutionären Wachstums beginnt, eine systematische Dynamik zu erhalten. Das zu leben verlangt auch Sozialkompetenzen und Selbstmanagement. Entsprechend aufbauende Wirkungen sind im täglichen Leben zu erkennen.

Sodann mögen bestimmte Krisen, Konflikte oder Störungen aktuell sein. Der eine erlebt sich in konstantem Stress. Ein anderer hat gerade Spannungen in seiner Beziehung oder Probleme am Arbeitsplatz. Die Freizeit mag mancher als eine leere Zeit empfinden.

Die kleinen Störungen der psychischen Kräfte können ziemlich plagen: Hemmungen, Krisen, Konzentrationsschwäche, Minderwertigkeitsgefühle, Schwierigkeiten im Umgang mit den eigenen sexuellen Bedürfnissen u.s.w. Manche rauchen oder essen zuviel. Der Alkoholkonsum mag über der Grenze des vernünftigen Masses liegen. Die berufliche Situation ist vielleicht unbefriedigend.

Es fehlt vielen an Ideen und vor allem an Initiativen, das eigene Leben aus dem Trott hinauszuführen. Wer Kinder hat, kann eine ganze Liste der täglich anfallenden Kleinigkeiten erstellen. Fragen über all diese Belastungen verhelfen zur Selbstfindung. Denn es ist die Psyche, die hier "stört". Was ist der Mensch ohne die Psyche? Biomasse!

Zum täglichen Leben gehören ferner auch Verpflichtungen. Das sind die finanziellen und administrativen Verpflichtungen, z.B. Miete, Versicherungen. Hinzu kommt das persönliche Eigentum wie Auto, Möbel, Hobby-Gegenstände, Wohneigentum u.s.w. Der Umgang damit widerspiegelt eigene psychische Kräfte.

Die Lebenskultur generell ist Ausdruck des eigenen psychischen Seins: Haushalt, Kochen, Essen, Konsum, Fernsehen, Internet u.s.w. Hier zeigt sich die Selbststeuerung und das Selbstmanagement.

Der Mensch ist und lebt so, wie er Sozialkompetenzen und Selbstmanagment praktiziert:

➔ Wie er seine Beziehungen gestaltet.
➔ Wie er redet und ein Gespräch gestaltet.

→ Wie er auf seine Gesprächspartner eingeht.
→ Wie er sich selbst in Situationen führt.
→ Wie er seine Gefühlsvielfalt handhabt.
→ Wie er die Partnerschaftlichkeit in der Beziehung lebt.
→ Wie er erneuerungsfähig ist.
→ Wie er mit Lernschwierigkeiten umgeht.
→ Wie er seine Lebenszeit nutzt.
→ Wie er Lebenstechniken praktiziert.
→ Wie er mit kritischen Ereignissituationen umgeht.
→ Wie er Probleme und Konflikte bewältigt.

Selbstbildung und Persönlichkeitsbildung fördert ein präzises Bewusstsein über sich, den Menschen und das Leben. Das Selbstbild wird differenziert. Das Denken wird von der Intuition bereichert. Die Wahrnehmung wird rundum klarer. Der Wille wird stark. Das Gefühlsleben kann vernünftig gesteuert werden. Die psychischen Bedürfnisse werden erkannt und können verwirklicht werden. Projektionen und Abwehr nehmen deutlich ab.

Potentiale werden erkannt und so geformt, dass sie im Leben nutzbringend eingesetzt werden können. Erlernte Bewältigungsstrategien machen das Leben konstruktiv und positiv. Gewisse Störungen lösen sich dadurch von selbst. Manche Probleme können gar nicht erst auftauchen. Herausforderungen, Krisen und Leiden können besser bewältigt werden.

Was ist der Mensch ohne seine Psyche? Was ist die Lebenskultur ohne Integration der Psyche?

Was ist Selbstverwirklichung ohne Psyche?

Wie lebt sich ohne Sozialkompetenzen und ohne Selbstmanagement?

Die neue Lebenskultur integriert das eigene und fremde psychische Leben als wesentlicher Ausdruck des Menschseins.

3.2.1. Führe und steuere dich bewusst

These IE2-1-T1: Je besser die Gestaltungsqualität der Interaktion, desto effizienter ist der Verlauf und desto sicherer ist die Erreichung der gewünschten Ziele.

These IE2-1-T2: Der Umgangsstil in der Interaktion macht deutlich, dass über 50 % im Leben, beruflich wie privat, Psychologie ist: als Wissen, Theorie, Vorurteil, Sein und Handlung.

These IE2-1-T3: Die bewusste Steuerung der Kommunikation verlangt Planung und Vorbereitung, Eröffnung, Ausarbeitung der Sache, Differenzierung und Bewertung, Entscheidung, Lenkung der Durchführung, Einleitung von Handlungen, Kontrolle, Feedback, Massnahmen.

Übung IE2-L1/1: So gestalte ich meine Interaktion in der Arbeit, in der Familie, in der Beziehung, in der Freizeit:

Wähle eine Zielperson/Zielpersonengruppe:...................................
und kreuze an:

☐ objektiv	☐ langsam-schwer
☐ ehrlich	☐ sprunghaft
☐ gewissenhaft	☐ offen
☐ impulsiv	☐ zeiteffizient
☐ organisiert	☐ gründlich
☐ kooperativ	☐ ruhelos
☐ geschäftsmässig	☐ konzentriert
☐ sachkompetent	☐ informativ
☐ ängstlich	☐ bewusst gesteuert
☐ aktiv anpassend	☐ innerlich nicht engagiert
☐ geplant	☐ harmonisierend
☐ stimulierend/anregend	☐ unentschlossen
☐ ernsthaft	☐ gleichgültig
☐ gut gegliedert	☐ kurz/prägnant
☐ stark direktiv/lenkend	☐ gefühlsvoll

Übung IE2-L1/2: Wie beurteilst du deine Gestaltungsart?

Übung IE2-L1/3: Wie ist dein Umgangsstil mit Partner, Bekannten, Kunden, Mitarbeitern?

Wähle eine Zielperson/Zielpersonengruppe:................................
und kreuze an:

☐ freundlich	☐ dominant
☐ gesprächig	☐ zuvorkommend
☐ abgegrenzt	☐ ungeduldig
☐ deutlich distanziert	☐ rücksichtsvoll
☐ flexibel im Stil und in der Sache	☐ gefühlsbetont
☐ dienend	☐ anpassungsfähig
☐ wertschätzend	☐ kollegial
☐ helfend	☐ verstärkend
☐ abwartend	☐ gerecht
☐ echt	☐ wechselseitig
☐ aufmerksam	☐ dynamisch
☐ vertrauenswürdig	☐ informell

Übung IE2-L1/4: Interpretiere deine Angaben:

Übung IE2-L1/5: Was solltest du in der Gestaltungsform und im Umgangsstil ändern?

Übung IE2-L1/6: Kreuze an, welche Regeln/Prinzipien du zu wenig beachtest:

☐ Trotz Interesse kein Erfolg bei schlechtem Klima.
☐ Kein Erfolg ohne parallellaufendes Erfolgsinteresse.
☐ Orientierung erleichtert Entscheidung.
☐ Widerstände abbauen: Transparenz, Information, positive Einstellung.
☐ Emotional stark positive Aspekte ("Anker") kanalisieren Entscheidung.
☐ Gegenüber da abholen, wo er/sie steht (Information, Motivation).
☐ Stildissonanz (im Verhalten) bremst.
☐ Sachdissonanz lähmt (z.B. zu hohe Ziele, zu teure Kaufsache).
☐ Ein falsch gewählter Zeitpunkt blockiert.
☐ Raum-Dissonanz hemmt (Das Richtige am richtigen Ort tun!).
☐ Unerledigte Probleme mit dem Gegenüber lenken zu stark ab.
☐ Qualität der Beziehung bestimmt die Wahrnehmung.
☐ Interessen- und Zielfindung (beruflich, privat) flexibel vorbereiten.

☐ Ich-Botschaften (Selbstdarstellung) fördern die Interaktion.
(*) Anker = Ein Bild, ein Thema, ein Wort, das beim Gegenüber eine positive Identifikation auslöst.

Übung IE2-L1/7: Was hat es für Folgen, wenn du diese Regeln missachtest? Beschreibe:

Übung IE2-L1/8: Wenn du mit andern zusammen bist, um etwas Wichtiges zu besprechen, was vernachlässigst du dabei in Anlehnung an die folgende Liste? Kreuze:
Kreuze an, was du wie beachtest:
1 = nicht 2 = wenig 3 = recht viel 4 = sehr viel 5 = total viel

1 2 3 4 5
☐ ☐ ☐ ☐ ☐ Stil erkennen (den eigenen und denjenigen des andern)
☐ ☐ ☐ ☐ ☐ Sprache des andern verstehen
☐ ☐ ☐ ☐ ☐ "Spiel" des andern durchschauen
☐ ☐ ☐ ☐ ☐ Schwächen des andern erkennen (nicht um zu brechen!)
☐ ☐ ☐ ☐ ☐ Entscheidungen inhaltlich und Abwehr-bezogen aufbauen
☐ ☐ ☐ ☐ ☐ Sicherheit und Halt schaffen, da wo nötig
☐ ☐ ☐ ☐ ☐ Widerstände in der Person erkennen, verstehen und angehen
☐ ☐ ☐ ☐ ☐ Leben fördern bewirkt positives Beziehungsklima
☐ ☐ ☐ ☐ ☐ Anker(*) identifizieren für Entscheidungsprozesses
☐ ☐ ☐ ☐ ☐ Lebensberater sein: dienen, stützen, fördern
☐ ☐ ☐ ☐ ☐ Bedürfnis, Motiv und Produkt verbinden
☐ ☐ ☐ ☐ ☐ Verhalten interpretieren auf Abwehr, Offenheit, Entschluss
☐ ☐ ☐ ☐ ☐ Einstellung zum Produkt erkennen und positiv verstärken
☐ ☐ ☐ ☐ ☐ Hemmende Gewohnheiten abbauen
☐ ☐ ☐ ☐ ☐ Selbstwertgefühl fördern
☐ ☐ ☐ ☐ ☐ Als eigenständige Persönlichkeit akzeptieren
☐ ☐ ☐ ☐ ☐ Argumente achten (nicht alles ist logisch lösbar!)
☐ ☐ ☐ ☐ ☐ Am Gespräch beteiligen lassen
☐ ☐ ☐ ☐ ☐ Gefühl steht vor Argument
☐ ☐ ☐ ☐ ☐ Sympathieträger suchen und stimulieren
☐ ☐ ☐ ☐ ☐ Das WIE: höflich, freundlich, gerecht, abgegrenzt
☐ ☐ ☐ ☐ ☐ Eigene Ideen und Vorschläge flexibel halten

(*) Anker = Ein Bild, ein Thema, ein Wort, das beim Gegenüber eine positive Identifikation auslöst.

Übung IE2-L1/9: Was bewirken solche Vernachlässigungen im Beruf?

Übung IE2-L1/10: Was bewirken solche Vernachlässigungen im Privatleben und in der persönlichen Beziehung?

Zusammenfassung:

1. Was ist das Wichtigste, das du aus dieser Lektion gelernt hast?

2. Was ist deine hervorstechende Stärke zur Sache dieser Lektion?

3. Was ist deine hervorstechende Schwäche zur Sache dieser Lektion?

4. Was hat dich am stärksten persönlich berührt in der Sache dieser Lektion?

5. Was ist dein wichtigstes nächstes Ziel zur Sache dieser Lektion?

6. Was ist dein nächster Schritt, dich in der Sache dieser Lektion zu verbessern?

7. Was sind deine offenstehenden Fragen über die Sache dieser Lektion?

3.2.2. Rede Ziel-gerichtet

These IE2-2-T1: Botschaften Vermitteln enthält: menschliche Aspekte, Wissen, Sprache und Bilder, non-verbale Aspekte, Arten des Redens, äusserer Rahmen.

These IE2-2-T2: Lösungen sind zu erarbeiten mit: Interesse und Wünsche einbinden, Schutz und Sicherheit fördern, Widerstände erkennen und abbauen, positives Klima schaffen, Motivation durch Ziel-Vorwegnahme fördern etc.

These IE2-2-T3: Technische Aspekte optimieren den Erfolg: Verstehen rückmelden, Zuhören, Ich-Botschaften, offene Fragen, Überzeugen durch Sachargumente, Appelle geben, Zusammenfassen, Entscheidungen vorbereiten.

Übung IE2-L2/1: Welche Fakten vergegenwärtigst du im allgemeinen zu wenig? Kreuze an:

- In einem Gespräch gibt es mehr Wirklichkeiten als angenommen wird.
- Vollständige Einigkeit ist selten möglich.
- Konflikte, Missverständnisse und Streit sind ein Teil des Lebens.
- Über das Reden reden fördert die Verständigung.
- Man kann nicht besser reden, als man wahrnimmt und denkt.
- Reden ist ein Ausdruck des vorangegangenen Denkens und Fühlens.
- Reden ist eine sehr wichtige Form der Wirklichkeitsbewältigung.
- Kommunikation ist immer mehr Mensch-bezogen als Sach-bezogen.
- Sensibilität, Einfühlung und Intuition sind so wichtig wie die Sache.
- Gegen die Regeln der Kommunikation verstossen, ist menschlich.

Übung IE2-L2/2: Beschreibe die Folgen bei Missachtung:
Übung IE2-L2/3: Wo siehst du deine Schwächen?

Übung IE2-L2/4: Du willst (musst) mit jemandem eine wichtige Sache besprechen, im Beruf oder Privat. Notiere je 1-2 Stichworte oder antworte mit einem kurzen Satz:

Deine wichtige Sache:

1. Gespräch vorbereiten:
2. Wo schliesse ich an?
3. Wie schaffe ich eine angemessene angenehme Beziehung?
4. Wie baue ich Unsicherheit und Ängste beim andern ab?

5. Wo bin ich in der Zielorientierung flexibel?
6. Wissen vermitteln:
7. Fähigkeiten vermitteln:
8. Einstellungen vermitteln:
9. Power-talking (den andern verstärken):
10. Anker (ein positives Schlüsselwort/-bild) beim andern erkennen/formulieren:
11. Anker des Gesprächsthemas mit Anker des andern verflechten:
12. Direkte Bedürfnisse des andern ansprechen:
13. Indirekte (sekundäre) Bedürfnisse des andern ansprechen:
14. Störfaktoren (erkennen und reduzieren bzw. ausschalten):
15. Zeiteinteilung des Ablaufes planen und kontrollieren:
16. Den richtigen Zeitpunkt finden:
17. Interessenabstimmung finden:
18. Widerstände erkennen:
19. Widerstände abbauen:
20. Argumentationen um den positiven Wert reflektieren:
21. Gegenargumente zu Einwänden vorausdenken:
22. Veränderungsschritte erkennen:
23. Kommunikationsstil (verbal) bewusst pflegen:
24. Positive Projektionen (Identifikationen) schaffen:
25. Fragen zum Zuhören stellen:

Übung IE2-L2/5: Kreuze an, wie du mit deinem/deiner Lebenspartner/Freund (-in) redest, wenn ihr einen Streit habt bzw. einen Konflikt klären wollt:

Kreuze an, in welcher Art du redest und wie sehr du dies tust:
1 = nicht 2 = wenig 3 = recht viel 4 = sehr viel 5 = total viel

1 2 3 4 5
☐ ☐ ☐ ☐ ☐ überzeugen
☐ ☐ ☐ ☐ ☐ motivieren
☐ ☐ ☐ ☐ ☐ ermutigen
☐ ☐ ☐ ☐ ☐ bewerten/werten
☐ ☐ ☐ ☐ ☐ manipulieren
☐ ☐ ☐ ☐ ☐ begeistern
☐ ☐ ☐ ☐ ☐ dominieren
☐ ☐ ☐ ☐ ☐ wetteifern
☐ ☐ ☐ ☐ ☐ überreden
☐ ☐ ☐ ☐ ☐ zuhören
☐ ☐ ☐ ☐ ☐ provozieren
☐ ☐ ☐ ☐ ☐ harmonisieren

☐ ☐ ☐ ☐ ☐ dirigieren
☐ ☐ ☐ ☐ ☐ Komfort erzeugen
☐ ☐ ☐ ☐ ☐ orientieren
☐ ☐ ☐ ☐ ☐ verstehen
☐ ☐ ☐ ☐ ☐ Entscheidungshilfen geben
☐ ☐ ☐ ☐ ☐ Interesse zeigen
☐ ☐ ☐ ☐ ☐ Anker erzeugen
☐ ☐ ☐ ☐ ☐ Anker nutzen
☐ ☐ ☐ ☐ ☐ verstärken
☐ ☐ ☐ ☐ ☐ kooperieren
☐ ☐ ☐ ☐ ☐ fragen
☐ ☐ ☐ ☐ ☐ rivalisieren

Übung IE2-L2/6: Deine Folgerung zur Verbesserung der Lage (Beziehung):

Übung IE2-L2/7: Schreibe jene Stichworte von L2/5 nachfolgend auf, wo du in deinem Berufsleben besonders stark bist (oder: in der Beziehung):

Übung IE2-L2/8: Schreibe jene Stichworte von L2/5 nachfolgend auf, wo du in deinem Berufsleben besonders schwach bist (oder: in der Beziehung):

Übung IE2-L2/9: Deine Folgerung zur Verbesserung der Lage (Berufsleben, Beziehung):

Zusammenfassung:

1. Was ist das Wichtigste, das du aus dieser Lektion gelernt hast?

2. Was ist deine hervorstechende Stärke zur Sache dieser Lektion?

3. Was ist deine hervorstechende Schwäche zur Sache dieser Lektion?

4. Was hat dich am stärksten persönlich berührt in der Sache dieser Lektion?

5. Was ist dein wichtigstes nächstes Ziel zur Sache dieser Lektion?

6. Was ist dein nächster Schritt, dich in der Sache dieser Lektion zu verbessern?

7. Was sind deine offenstehenden Fragen über die Sache dieser Lektion?

3.2.3. Beachte die Regeln im Gespräch

These IE2-3-T1: Die Ebenen der Orientierung in der Führung eines Gespräches sind: Person(en), Sache, Kommunikationstechnik, Entscheidungen, Wissen, Kommunikationsgestaltung, Handlungen.

These IE2-3-T2: Das Gegenüber ist ein Mensch mit Gedanken, Gefühlen, Bedürfnissen, Widerständen, Interessen, Wissen, Erfahrungen, Fähigkeiten, Schwächen, bewussten und unbewussten Bestrebungen u.s.w.

These IE2-3-T3: Wer im Gespräch die ethischen Regeln beachtet, wird die Chancen des Erfolges und Gewinns für alle Beteiligten begünstigen; zudem: im Gespräch sind immer Menschen mit ihrem ganzen Sein und Leben angesprochen.

Übung IE2-L3/1: Kreuze an, was du in der Gesprächsorientierung beachten willst, weil es dir sehr wichtig erscheint:

☐ Direkte klare Information	☐ Starke Führung
☐ Was zu tun ist	☐ Warum etwas zu tun ist
☐ Distanzierte Sachlichkeit	☐ Was ein Tun bewirkt
☐ Erleben	☐ Vorgehensweisen
☐ Sicherheit erleben	☐ Details
☐ Angst abbauen	☐ Wahlmöglichkeiten
☐ Schnelle Lösung	☐ Wiederholungen
☐ Das Neue/Besondere am Thema	☐ Der persönliche Nutzen
☐ Einmaligkeit der Gelegenheit	☐ Emotionale Entscheidungshilfe
☐ Nutzen in der Zukunft	☐ Nutzen sofort
☐ Service, Hilfen, Stützen	☐ Reaktion auf Gesprächsstil
☐ Einwände kritisch beurteilen	☐ Komfort
☐ Selbstbild-Verstärkung	☐ Dass ihm echt geholfen wird
☐ Zeitfaktor bis zu Entscheidungen	☐ Sorgen-Entlastung
☐ Argumente und nicht Gefühle	☐ Effizienz

Übung IE2-L3/2: Gib ein Argument, warum Gesprächspartner-Orientierung wichtig ist:

a) Umgangsstil:

b) Zuhören:

c) Erleben/Erfahren:

d) Fragen stellen:
e) Gewohnheiten beachten:

Übung IE2-L3/3: Wo liegen deine Schwächen bei den folgenden Anpassungsmöglichkeiten?

Körperhaltung: offen, abwehrend, locker, formell; Atmen: entspannt, angespannt; Bauch: locker; Sprechweise: Ton, Geschwindigkeit, Rhythmus, Weichheit; Sprache: Schlüsselworte, Worte aus der Lebenswelt des Gesprächspartners.

Übung IE2-L3/4: Was hast du bis heute bei der Partner-Orientierung meist vernachlässigt?

Interesse am Du zeigen (Lage, Denken, Bedürfnisse, Möglichkeiten): fragen, zuhören, verstehen signalisieren; Repetieren und die Stufen des Gedächtnisses beachten (Kurzzeitspeicher: 10 sec., ein paar Wörter, kurze Sätze/ Kurzzeitgedächtnis: 1-2 Tage, 7-9 Wörter).

Übung IE2-L3/5: Was erlebst du zum Aspekt "Visionen bauen"?

Visionen bauen: Leicht emotionale (nicht zu starke!) farbige Bilder verwenden; Zukunft des Sachthemas vorwegnehmen; mentalen Film mit DU-Elementen konstruieren; Bild als Erlebnis präsentieren; Bilder: klar, farbig, positiv, zukunftsorientiert, hell, formenklar.

Übung IE2-L3/6: Gib ein Beispiel, wie du Informationen gestaltest:

Sinne ansprechen mit Worten und Bildern: Sinne: schmecken, sehen, hören, riechen; Wärme empfinden, Tastempfindung, Muskellage, Schwerkraft; vernetzt und abgestuft gestalten, Repetition ermöglichen.

Übung IE2-L3/7: Formuliere zum Thema "Dienen" eine Anweisung oder einen Rat an einen Mitarbeiter oder Bekannten/Freund:

Erklären: (Orientierung geben); konstruktive Einstellungen vermitteln; Entscheidungshilfen geben; emotional stützen; appellativ: etwas tun, damit etwas geschieht.

Übung IE2-L3/8: Meine Folgerungen zu meinem Schwächen:

Übung IE2-L3/9: Ich beachte die folgenden moralischen Regeln. Ankreuzen!

Kreuze an, wie sehr du die Regeln beachtest:
1 = nicht 2 = wenig 3 = recht viel 4 = sehr viel 5 = total viel

1 2 3 4 5
☐ ☐ ☐ ☐ ☐ Nicht demütigen, nicht verletzen
☐ ☐ ☐ ☐ ☐ Zuhören, einfühlen, verstehen
☐ ☐ ☐ ☐ ☐ Nicht übertreiben / nicht bagatellisieren
☐ ☐ ☐ ☐ ☐ Gefühle angemessen äussern
☐ ☐ ☐ ☐ ☐ Nicht dreinreden
☐ ☐ ☐ ☐ ☐ Ausreden lassen
☐ ☐ ☐ ☐ ☐ Wünsche und Fragen beachten
☐ ☐ ☐ ☐ ☐ Eigenständigkeit gestatten
☐ ☐ ☐ ☐ ☐ Wechselseitig kommunizieren
☐ ☐ ☐ ☐ ☐ Abgegrenzte Achtung ausdrücken
☐ ☐ ☐ ☐ ☐ Nicht überreden, sondern überzeugen

Übung IE2-L3/10: Was sind die konkreten Folgen, wenn du diese Regeln (L3/9) nicht beachtest?

Übung IE2-L3/11: Deine Folgerungen aus L3/9:

Zusammenfassung:

1. Was ist das Wichtigste, das du aus dieser Lektion gelernt hast?

2. Was ist deine hervorstechende Stärke zur Sache dieser Lektion?

3. Was ist deine hervorstechende Schwäche zur Sache dieser Lektion?

4. Was hat dich am stärksten persönlich berührt in der Sache dieser Lektion?

5. Was ist dein wichtigstes nächstes Ziel zur Sache dieser Lektion?

6. Was ist dein nächster Schritt, dich in der Sache dieser Lektion zu verbessern?

7. Was sind deine offenstehenden Fragen über die Sache dieser Lektion?

3.2.4. Stärke dich im Umgang mit andern

These IE2-4-T1: Die Schwächen der Ich-Führung sind: 1) die mentale Ebene; 2) die Ebene der Sache und der Verlaufskontrolle; und 3) die Ebene der Fähigkeit zur Innovation (Veränderung, Entwicklung).

These IE2-4-T2: Im konstruktiven Gespräch hat das Ich sich selbst zu steuern: Regulierung, Koordination, Planung, Organisation, Konzentration, Aufmerksamkeit, Kontrolle, Durchsetzung, Ziele setzen, Entscheidungen treffen.

These IE2-4-T3: Emotionaler Komfort, positive Grundeinstellungen, das Erleben von Sinn und Transparenz fördern jeden Erfolg im Gespräch und in Lösungsprozessen aller Art.

Übung IE2-L4/1: Meine starken Orientierungsfähigkeiten sind:

☐ Konzentration   ☐ Aufmerksamkeit   ☐ Flexibilität
☐ Motivation   ☐ Alternativen   ☐ Anpassungsfähigkeit
☐ Ehrgeiz   ☐ Interesse   ☐ Verstärker
☐ Selbstbewusstsein ☐ Vorbild   ☐ Denken

Übung IE2-L4/2: Wie verbesserst du deine Schwächen?

Übung IE2-L4/3: Meine starken Steuerungsfähigkeiten sind:

☐ Ziele setzen   ☐ Lenkung   ☐ Inhalt geben
☐ Entscheidung   ☐ Durchsetzung   ☐ Regulierung
☐ Koordination   ☐ Konzentration ☐ Planung
☐ Kontrolle   ☐ Organisation   ☐ Rückkoppelung

Übung IE2-L4/4: Wie verbesserst du deine Schwächen?

Übung IE2-L4/5: Meine starken sozialen Fähigkeiten sind:

☐ Kooperationsfähigkeit   ☐ Entwicklungen fördern
☐ Sachlichkeit/Kompetenz   ☐ Verwurzelung in der Liebe
☐ Abgrenzung gegen aussen   ☐ Eigenständigkeit
☐ Rückkoppelung mit dem Geist ☐ Selektionieren, gewichten

□ Ausgewogen: Wille-Lage

Übung IE2-L4/6: Wie verbesserst du deine Schwächen?

Übung IE2-L4/7: Bewerte mit Punkten deine Wahrnehmung in Interaktionen:

Wahrnehmung der Interaktion am:

□ Arbeitsplatz
□ in der Beziehung

Meine Wahrnehmung ist: 5 = sehr; 4 = überwiegend; 3 = mittel; 2 = teilweise; 1 = wenig

Qualität	Punkte
vage, diffus, nebelig	
undifferenziert	
vordergründig, oberflächlich	
einseitig, partiell	
abwehrend, verdrängend	
gewohnheitsmässig	
starr, fixiert	
kurzsichtig	
gefühlsbetont	
mit diffusem Werterleben	

Gesamtpunktzahl: ....

Übung IE2-L4/8: Folgerung und Massnahmen kurz formuliert:

Übung IE2-L4/9: Kreuze deine Empowerment-Defizite an; Personenkreis:

Arbeitsplatz	Freizeit	mit dem Partner	
□	□	□	Erneuerungsfreudigkeit
□	□	□	Optimismus
□	□	□	Aktives Teilnehmen
□	□	□	Führung und Einfügung
□	□	□	Weiterbildung
□	□	□	Lebensqualität
□	□	□	Selbständigkeit
□	□	□	Erfolg

Arbeitsplatz	Freizeit	mit dem Partner	
☐	☐	☐	Klares Einsatzfeld
☐	☐	☐	Motivierung, Ziel-Vorwegnahme
☐	☐	☐	Abwechslung
☐	☐	☐	Flexible Arbeitsziele
☐	☐	☐	Ideen, Ziele, Visionen
☐	☐	☐	Information
☐	☐	☐	Wertschätzung
☐	☐	☐	Transparenz (Sache, Ablauf)
☐	☐	☐	Mitbestimmung
☐	☐	☐	Lebensphilosophie
☐	☐	☐	Körperliche Verfassung
☐	☐	☐	Wohnverhältnisse
☐	☐	☐	Partnerschaftlichkeit
☐	☐	☐	Freizeitbeschäftigungen
☐	☐	☐	Lustbetonte Erfüllung
☐	☐	☐	Teamwork

Übung IE2-L4/10: Kreuze dein Defizit an zu Fähigkeit und Berücksichtigung:

☐ Organisieren	☐ Abklären	☐ Diskutieren
☐ Lenken	☐ Entscheiden	☐ Informieren
☐ Planen	☐ Kontrollieren	☐ Delegieren
☐ Koordinieren	☐ Initiieren	☐ Fördern
☐ Anspornen	☐ Korrigieren	☐ Auswählen
☐ Beurteilen		

Übung IE2-L4/11: Halte Rückschau auf die letzten Tage und Wochen. Versuche deine Gefühlsvielfalt festzuhalten. Vermerke:

Positives Gefühl:	Häufigkeit, Gewicht: (in Worten)
Glücklichsein	
Vertrauen	
Frieden	
Hoffnung	
Wahrhaftigkeit	
Liebe	
Hingabe	
Sicherheit	
Freude	
Zufriedenheit	

Ganzheit	
Sinnerfüllung	
Negatives Gefühl:	
Unglücklichsein	
Misstrauen	
Unfrieden	
Hoffnungslosigkeit	
Verleugnung	
Hass	
Aggression	
Unsicherheit	
Trauer	
Unzufriedenheit	
Zerrissenheit	
Sinnlosigkeit	

Übung IE2-L4/12: Formuliere drei Handlungsanregungen, was du tun kannst, um deine negative Gefühlslage zu verbessern:

Zusammenfassung:

1. Was ist das Wichtigste, das du aus dieser Lektion gelernt hast?

2. Was ist deine hervorstechende Stärke zur Sache dieser Lektion?

3. Was ist deine hervorstechende Schwäche zur Sache dieser Lektion?

4. Was hat dich am stärksten persönlich berührt in der Sache dieser Lektion?

5. Was ist dein wichtigstes nächstes Ziel zur Sache dieser Lektion?

6. Was ist dein nächster Schritt, dich in der Sache dieser Lektion zu verbessern?

7. Was sind deine offenstehenden Fragen über die Sache dieser Lektion?

3.2.5. Achte die Prinzipien der Partnerschaft

These IE2-5-T1: Partnerschaflichkeit tendiert zur Herstellung eines Sach- und Persongleichgewichts zu: Männlichkeit, Weiblichkeit, Psyche, Sexualität, Macht, Selbstwert, Kommunikation, Interessen, Hausarbeiten etc.

These IE2-5-T2: Die Prinzipien der Partnerschaft sind formal: Flexibilität, Wechselseitigkeit, Achtung, Austausch, Kooperation, Konstruktivität, Liebe, Integration, Aufteilung, Förderung, Sachlichkeit.

These IE2-5-T3: Peinlich erlebte, heikle, sensible Ereignisse, die nicht bereinigt werden, behindern und blockieren in Gegenwart und Zukunft die Entfaltung der partnerschaftlichen Beziehung.

Übung IE2-L5/1: Kreuze an, was du im partnerschaftlichen Zusammenleben heute (eventuell: früher) besonders bewusst berücksichtigst:

☐ Integration der Biographie beider Partner
☐ Sexualität mit Liebe und Lust
☐ Konstruktive Kommunikation
☐ Kooperative Aufteilung der Haushaltarbeiten
☐ Flexible Machtdynamik
☐ Wechselseitige Bereicherung der Identitätsbildung
☐ Achtung der Weiblichkeit und Männlichkeit
☐ Austausch und Rückbindung an inneres Wachstum

Übung IE2-L5/2: Was hast du in deiner Beziehung zu deinem Partner (jetzt/früher) von den folgenden positiven Aspekten zu wenig akzeptieren und leben können?

Kreuze an, was du im allgemeinen wie sehr beachtest:
1 = nicht 2 = wenig 3 = recht viel 4 = sehr viel 5 = total viel
1 2 3 4 5

☐ ☐ ☐ ☐ ☐☐ Offenheit für das reale Leben enthält auch Konflikte.
☐ ☐ ☐ ☐ ☐☐ Partner achten sich in ihrer Andersartigkeit.
☐ ☐ ☐ ☐ ☐☐ Umkehrbarkeit und damit Gleichrangigkeit ist wichtig.
☐ ☐ ☐ ☐ ☐☐ Nähe und Distanz sind in normaler Teil des Zusammenlebens.
☐ ☐ ☐ ☐ ☐☐ Die Biographie beider Partner ist wichtig.
☐ ☐ ☐ ☐ ☐☐ Partner verständigen sich über ihre Unterschiede.
☐ ☐ ☐ ☐ ☐☐ Partner achten die Grenzen des andern.

☐ ☐ ☐ ☐ ☐☐ Die Liebe in der Partnerschaft muss geformt werden.

☐ ☐ ☐ ☐ ☐☐ Partnerschaft regelt alle täglichen Fragen im Gespräch.

☐ ☐ ☐ ☐ ☐☐ In der Partnerschaft werden die Fehler nicht saldiert.

☐ ☐ ☐ ☐ ☐☐ Verstand ist tragend, garantiert jedoch die Liebe nicht.

☐ ☐ ☐ ☐ ☐☐ Erotik habt ihren Platz in der Normalität des Alltags.

☐ ☐ ☐ ☐ ☐☐ Partnerschaftliche Liebe gibt es nicht ohne Spannungen.

☐ ☐ ☐ ☐ ☐☐ Gegenseitige Erfüllung der sexuellen Lust vertieft Liebe.

☐ ☐ ☐ ☐ ☐☐ Partner 'besitzen' sich nicht gegenseitig in der Ganzheit.

☐ ☐ ☐ ☐ ☐☐ Abhängigkeit sexueller Befriedigung ist nicht einengend.

☐ ☐ ☐ ☐ ☐☐ Zur Liebesfähigkeit gehört die Fähigkeit zu verstehen.

☐ ☐ ☐ ☐ ☐☐ Die Selbstidentität wandelt periodisch (bei beiden!).

☐ ☐ ☐ ☐ ☐☐ Partner stärken Ich-Gefühl und sexuelles Erleben.

☐ ☐ ☐ ☐ ☐☐ Partner leben wechselseitig ihre Weiblichkeit / Männlichkeit.

☐ ☐ ☐ ☐ ☐☐ Des Unbewusste wird teilweise gemeinsam bearbeitet.

☐ ☐ ☐ ☐ ☐☐ Partner orientieren sich gemeinsam an Traum, Meditation.

Übung IE2-L5/3: Formuliere einige Konsequenzen für fällige „Erneuerungen":

Übung IE2-L5/4: Gib eine Antwort bei den für dich besonders 'sensiblen' Fragen zur Partnerschaft an:

1. Was lernte ich von meinen früheren Partnern/innen?
2. Welche Erlebnisse sind noch in peinlicher/unangenehmer Erinnerung?
3. Welche Konflikte hatte ich in früheren Beziehungen?
4. Wie bin ich aufgeklärt worden?
5. Wie wirken in der Erinnerung meine ersten sexuellen Erlebnisse?
6. Was habe ich an meinen Partnern immer gerne gemocht?
7. Wie reagierte ich früher auf Kinder-haben und Verhütung?
8. Was hat mich im sexuellen Handeln und Erleben stark verletzt?
9. Was bedeutet mir Treue und Dasein für den Partner in schwieriger Zeit?
10. Was mag ich an weiblichen / männlichen Körpern besonders?
11. Worüber getraute ich mich mit meinem Partner nie zu reden?
12. Was erwarteten meine Partner jeweils von mir?
13. Wie habe ich mit meinen jeweiligen Partnern Konflikte besprochen?
14. Welche Einstellungen, Verbote über Sexualität habe ich erfahren?
15. Welche Gefühle und Erlebnisweisen hatte ich zur Selbstbefriedigung?
16. Welches war eines der schönsten sexuellen Erlebnisse in meinem Leben?
17. Welche sexuellen Vorurteile habe/hatte ich gegenüber Frauen/Männern?
18. Was war (ist) das äussere Idealbild des gegengeschlechtlichen Partners?
19. Welches waren die peinlichsten sexuellen Erlebnisse?
20. Welche Eigenschaften wünsche ich mir bei meinem Partner?
21. Welches waren die schönsten nicht-sexuellen Erlebnisse mit Partnern?

Übung IE2-L5/5: Was folgerst du daraus für dich persönlich?

Zusammenfassung:

1. Was ist das Wichtigste, das du aus dieser Lektion gelernt hast?

2. Was ist deine hervorstechende Stärke zur Sache dieser Lektion?

3. Was ist deine hervorstechende Schwäche zur Sache dieser Lektion?

4. Was hat dich am stärksten persönlich berührt in der Sache dieser Lektion?

5. Was ist dein wichtigstes nächstes Ziel zur Sache dieser Lektion?

6. Was ist dein nächster Schritt, dich in der Sache dieser Lektion zu verbessern?

7. Was sind deine offenstehenden Fragen über die Sache dieser Lektion?

3.2.6. Werde erneuerungsfähig

These IE2-6-T1: Die Erneuerungsfähigkeit wird erhöht durch: Erproben, Problemlösungen, kreatives Umsetzen, Ansprechen der Deutungsmuster, Betroffenheit und Lebensnähe.

These IE2-6-T2: Optimales Lernen ist vernetzt mit: a) Wahrnehmen und Erleben; b) Sprache und Kommunikation; c) Ziele, Werte, Pläne; und d) Verstehen mit Denken und Urteilen.

These IE2-6-T3: Lernen durch Motivation erfolgt auf der personalen Ebene (Interessen) und auf der zukunftorientierten Sachebene, die konkret vorweggenommen auch Motivation erzeugt.

Übung IE2-L6/1: Wie sind deine Stärken der Erneuerungsfähigkeit? Kreuze an:

Kreuze an, was für dich zutrifft: 1 = nicht 2 = wenig 3 = recht viel
4 = sehr viel 5 = total viel

1 2 3 4 5
☐ ☐ ☐ ☐ ☐ ☐Ich denke umfassend.
☐ ☐ ☐ ☐ ☐☐ Ich mag Entschlossenheit für neue Aufgaben.
☐ ☐ ☐ ☐ ☐☐ Ich habe ein hohes Ausmass an Energie.
☐ ☐ ☐ ☐ ☐☐ Ich habe eine realistische Sicht.
☐ ☐ ☐ ☐ ☐☐ Ich verwende Zeit für Problemanalysen.
☐ ☐ ☐ ☐ ☐☐ Ich denke wenig ideologisch.
☐ ☐ ☐ ☐ ☐☐ Ich bin weitsichtig im Entscheiden.
☐ ☐ ☐ ☐ ☐☐ Ich habe keine Angst, Fehler zu machen.
☐ ☐ ☐ ☐ ☐☐ Ich bin im täglichen Leben lernoffen.
☐ ☐ ☐ ☐ ☐☐ Ungelöstheiten kann ich annehmen.
☐ ☐ ☐ ☐ ☐☐ Ich bin konzentriert, aber locker in der Selbstkontrolle.
☐ ☐ ☐ ☐ ☐☐ Ich fühle mich frei von dogmatischem Denken.
☐ ☐ ☐ ☐ ☐☐ Ich bin nicht sonderlich angepasst.
☐ ☐ ☐ ☐ ☐☐ Es muss nicht alles berechenbar sein.
☐ ☐ ☐ ☐ ☐☐ Ich bin in Traditionen flexibel.
☐ ☐ ☐ ☐ ☐☐ Ich entwickle gerne neue Ideen für meinen Alltag.
☐ ☐ ☐ ☐ ☐☐ Eine Sache kann mich fesseln.
☐ ☐ ☐ ☐ ☐☐ Ich kann Frustrationen ertragen.
☐ ☐ ☐ ☐ ☐☐ Ich habe auch Sinn für Humor.

☐ ☐ ☐ ☐ ☐☐ Irrationales verunsichert mich nicht so schnell.
☐ ☐ ☐ ☐ ☐☐ Ich schaue aufs Ganze, ohne die Details zu verlieren.
☐ ☐ ☐ ☐ ☐☐ Ich interpretiere vielseitig vernetzt.
☐ ☐ ☐ ☐ ☐☐ Ich zerlege in kleinste Elemente.
☐ ☐ ☐ ☐ ☐☐ Ich erkenne die Wertaspekte.
☐ ☐ ☐ ☐ ☐☐ Ich ertrage Dissonanzen/Disharmonien.
☐ ☐ ☐ ☐ ☐☐ Ich kann schwierige menschliche Lagen annehmen.

Übung IE2-L6/2: Wie wirken sich deine Schwächen (L6/1) im Alltag/im Beruf aus?

Übung IE2-L6/3: Effektiv lernen muss man erlernen. Was folgerst du für dich?

Übung IE2-L6/4: Wie wichtig ist dir "Immer wieder lernen in allen Bereichen"?

Übung IE2-L6/5: Wie ist deine Selbstverwirklichung, wenn du nichts Neues lernst?

Übung IE2-L6/6: Suche deine Lernschwierigkeiten! Kreuze an:

Kreuze an, was dich belastet: 1 = nicht 2 = wenig 3 = recht viel
4 = sehr viel 5 = total viel

1 2 3 4 5
☐ ☐ ☐ ☐ ☐☐ Generelle Lernunlust
☐ ☐ ☐ ☐ ☐ ☐Fehlende Lernmotivation
☐ ☐ ☐ ☐ ☐☐ Wenig durchdachte Lernbegründung: Warum dies?
☐ ☐ ☐ ☐ ☐☐ Kaum Entdeckungslust, wenig Neugier an Neuem
☐ ☐ ☐ ☐ ☐☐ Intellektuell wenig ansprechbar (es muss konkret)
☐ ☐ ☐ ☐ ☐☐ Zweifel am Sinn des Lernens
☐ ☐ ☐ ☐ ☐☐ Schnell verflogenes Interesse, starke Kurzlebigkeit
☐ ☐ ☐ ☐ ☐☐ Wenig Vertrauen ins eigene Lernvermögen (Denken)
☐ ☐ ☐ ☐ ☐☐ Wenig Vertrauen in die eigenen Urteilsfähigkeiten

☐ ☐ ☐ ☐ ☐☐ Widerstand gegen Anstrengung und Disziplin
☐ ☐ ☐ ☐ ☐☐ Angst, sich eigene Meinungen und Hypothesen zu bilden
☐ ☐ ☐ ☐ ☐☐ Wenig Erfahrung, Verantwortung im Lernen übernehmen
☐ ☐ ☐ ☐ ☐☐ Stress im Lernen. Stress durch Lernen
☐ ☐ ☐ ☐ ☐☐ Schwierigkeiten mit der Konzentration
☐ ☐ ☐ ☐ ☐☐ Zu starkes nachreden, statt gründlich denken
☐ ☐ ☐ ☐ ☐☐ Fehlen von Anknüpfungspunkten für das eigene Handeln
☐ ☐ ☐ ☐ ☐ ☐Beladen mit Problemen und Konflikten privat / im Beruf
☐ ☐ ☐ ☐ ☐☐ Belastende Erfahrungen aus der eigenen Schulzeit
☐ ☐ ☐ ☐ ☐☐ Abwerten der Notwendigkeit des lebenslangen Lernens
☐ ☐ ☐ ☐ ☐☐ Geringe Frustrationstoleranz
☐ ☐ ☐ ☐ ☐☐ Keine Leidensfähigkeit im Ringen um Verstehen
☐ ☐ ☐ ☐ ☐☐ Bedrängt von allgemeiner Unzufriedenheit und Unlust
☐ ☐ ☐ ☐ ☐☐ Ständiges Zurückhalten der eigenen Lebenskraft
☐ ☐ ☐ ☐ ☐☐ Kein geplanter Umgang mit Pausen und Abwechslung
☐ ☐ ☐ ☐ ☐☐ Unentschlossenheit in der eigenen Ziel- und Wegbestimmung
☐ ☐ ☐ ☐ ☐☐ Starkes Vorherrschen des Nützlichkeitsdenkens
☐ ☐ ☐ ☐ ☐☐ Die Bedeutung des Wissens nicht ernst nehmen
☐ ☐ ☐ ☐ ☐☐ Wenig bereit, neue Einstellungen / Werte anzueignen

Übung IE2-L6/7: Günstige Lerndispositionen. Reagiere emotional mit einem wertenden Satz:

▪ Lernoffene Meinungen und Haltungen, d.h. grundsätzliche Lernbereitschaft:

▪ Fähigkeit, Lernsituationen zu organisieren und zu gestalten:

▪ Interesse an Erkenntnis und Schaffenslust im Bereich des Psychischen:

▪ Ausdauer, Durchhaltevermögen und Konzentrationsfähigkeit:

▪ Klare Wahrnehmung, geistige Präsenz und weitsichtiges Denken:

▪ Positives Akzeptieren von Lebensproblemen und Herausforderungen:

- Bereitschaft, die psychische Wirklichkeit zu erkennen und zu verstehen:

- Interesse an einer differenzierten Entfaltung und am eigenen Wachstum:

- Hingabe an Werte wie Wahrhaftigkeit und Liebe:

Übung IE2-L6/8: Und jetzt formuliere als Folgerung „drei gute Vorsätze":

Zusammenfassung:

1. Was ist das Wichtigste, das du aus dieser Lektion gelernt hast?

2. Was ist deine hervorstechende Stärke zur Sache dieser Lektion?

3. Was ist deine hervorstechende Schwäche zur Sache dieser Lektion?

4. Was hat dich am stärksten persönlich berührt in der Sache dieser Lektion?

5. Was ist dein wichtigstes nächstes Ziel zur Sache dieser Lektion?

6. Was ist dein nächster Schritt, dich in der Sache dieser Lektion zu verbessern?

7. Was sind deine offenstehenden Fragen über die Sache dieser Lektion?

3.2.7. Gebrauche deine Zeit effizient

These IE2-7-T1: Jeder Mensch hat täglich mindestens einmal eine Viertelstunde für die Selbstbildung. Das sind pro Woche: 105 Minuten, pro Jahr 5460 Minuten = 91 Stunden. Das ist bei 40 Jahren ein unermessliches Lebenskapital für die evolutionäre psychisch-geistige Entfaltung!

These IE2-7-T2: Die drei Fragen der Zeitnutzung und Zeitkontrolle sind:
1) Wozu? (Wichtigkeit, Dringlichkeit, Wert, Zweck, Ziel);
2) Wie? (Strategie, Management, Überblick, Wille, Verlauf);
3) Kraft? (Selbstgefühl, Energie, Befinden, Stress, Flexibilität).

These IE2-7-T3: Wem es wichtig ist, im Leben wertvolle Ziele zu erreichen, zum Beispiel bei Beziehung, Beruf, Weiterbildung, Hobby etc., der kann sein Glück mit bewusstem Zeitmanagement effizienter erreichen.

Übung IE2-L7/1: Notiere deinen täglichen Zeitaufwand in Minuten (im Wochendurchschnitt):

... Arbeitsweg	... Bücher lesen	... Hausarbeiten
... Schwatzen	... Telefone	... Ereignis-Neugier
... Sachen suchen	... Fernsehen	... Warten
... Entscheidungen	... Staus/Ampeln	... Kochen
... Papierkram	... Geld/-planung	... Besuche
... Kurzvisite in Bars	... Diskussionen	... Essen
... Einkaufen	... Abwaschen	... Spielen
... Zeitung lesen	... Berufliche Lektüre	... Weiterbildung
... Rumhängen	... Musik hören	... Hobbies
... Raum gestalten	... Kleineinkäufe	... Körpererleben
... Psychische Stärkung	... Traumdeutung	...Tagebuch
... Informationen	... Meditation	... Naturerleben
... Entspannung	... Liebesbeziehung	... Sorgen nachhängen

Übung IE2-L7/2: Deine Folgerung:

Übung IE2-L7/3: Schreibe, was dir zu jeder Frage spontan einfällt:

1. Was will ich am Telefon plaudern und wie lange will ich reden (zuhören)?
2. Muss ich 5x pro Woche mit dem Auto Kleineinkäufe tätigen?
3. Will ich "das" wirklich? Und muss "dies" gerade jetzt sein?
4. Muss ich denn von diesen fremden Leuten wirklich soviel wissen?
5. Was habe ich jetzt von dieser TV-Sendung für mein Leben gewonnen?
6. Worüber rede ich mit Arbeitskollegen während der Arbeit?
7. Plane ich das Suchen von Informationen für neue Projekte (Arbeit, Freizeit)?
8. Plane ich hinreichend Veränderungen, oder 'starte' ich einfach drauflos?
9. Beachte ich meine Gefühle (Intuitionen), wenn ich Neues realisieren will?
10. Was tue ich alles aus Langeweile und Antriebsunlust?

Übung IE2-L7/4: Gib eine spontane Assoziation (Wortreaktion) auf die folgenden Prinzipien der konstruktiven Zeitsteuerung.

1. Tagesplanung am Morgen (Dinge zu erledigen, Ablauf, Zeitrahmen etc.)
2. Tagesrückblick am Abend (Was ist erledigt? Was soll wann erledigt werden?)
3. Wochenplanung jeden Sonntag (Grobplanung auf die Tage verteilen)
4. Tages-/Wochenziele formulieren (grosse, mittlere, kleine Ziele)
5. Wochenrückblick am Samstag (erfüllt, nicht erfüllt: Ursachen)
6. Wichtige Telefonate vorbereiten und auswerten
7. Checklisten (z.B. für Reisen, Einkauf, die vielen kleinen Dinge)
8. Wichtigkeit und Dringlichkeit erkennen
9. Pausen sind wichtig: als Reserve („Puffer"), z.B. für ein kurzes Mentaltraining
10. Abläufe überblicken und mitsteuern, auch darüber reden
11. Biorhythmus: Was tue ich zu welchen Tageszeiten besonders leicht?
12. Zeiteinteilung für: 30% Planung; 60% Realisierung; 10% Auswertung
13. "Neuland" zuerst erforschen, dann begehen: Informationen sammeln
14. Zuerst Ärger abbauen, dann an die Sache gehen (und reden)
15. Zu Neuem: Erfahrungen anderer nutzen und verarbeiten
16. Vorbereitungen, Ausführungen, Evaluationen: protokollarisch bearbeiten

Übung IE2-L7/5: Was gehört unbedingt in deine Zeitplanung? Mache eine Liste:

Übung IE2-L7/6: Formuliere eine konkrete Folgerung für deine Zeitplanung:

Zusammenfassung:

1. Was ist das Wichtigste, das du aus dieser Lektion gelernt hast?

2. Was ist deine hervorstechende Stärke zur Sache dieser Lektion?

3. Was ist deine hervorstechende Schwäche zur Sache dieser Lektion?

4. Was hat dich am stärksten persönlich berührt in der Sache dieser Lektion?

5. Was ist dein wichtigstes nächstes Ziel zur Sache dieser Lektion?

6. Was ist dein nächster Schritt, dich in der Sache dieser Lektion zu verbessern?

7. Was sind deine offenstehenden Fragen über die Sache dieser Lektion?

3.2.8. Wende Lebenstechniken an

These IE2-8-T1: Charakteristiken der Lebenstechniken sind: Ordnung, Planung, Struktur, Klarheit, Überblick, Entschlossenheit, Selbstmanagement, Ernsthaftigkeit, dosiertes Tempo, Zielgenauigkeit.

These IE2-8-T2: Wer mentale Techniken in seine Lebenskultur integriert, hat die besten Chancen für die Entwicklung Richtung Gewinn, Erfolg und Glück; auf der Ebene von Beruf, Beziehung und Freizeit.

These IE2-8-T3: Das Netzwerk zum Erfolg enthält: Selbstmanagement, Sozialkompetenzen, Persönlichkeit, Privatleben, Selbstprofil, Fitness, Empowerment, Ideenquellen, Lösungsstrategien.

Übung IE2-L8/1: Wie bewusst nutzt du Lebenstechniken? Gib Stichworte:

1. Prinzip der kleinen Schritte
2. Informationsverarbeitung
3. Mengen- und Kräftedosierung
4. Lernendes Selbstmanagement
5. Intelligent positiv denken
6. Fleiss und Einsatz
7. Wahrnehmungssteuerung
8. Alle Seiten einschliessendes Denken
9. Konstruktive Sinngebung im erweiterten Kontext
10. Menschsein leben

Übung IE2-L8/2: Antworte mit einem kurzen Satz, nicht mit „ja" bzw. „nein".

1. Konzentrierst du dich auf Ergebnisse, Resultate deines Tuns?
2. Bist du bereit, Zeit und Arbeit in deine Lebenswünsche zu investieren?
3. Hast du dein Denken und Urteilen durchforscht, was sich oft abspielt?
4. Hast du deine Ziele gesetzt und die Verantwortung für Erfolg übernommen?
5. Versuchst du, Probleme sachlich und vernünftig zu lösen?
6. Unterscheidest du zwischen dringenden und wichtigen Problemen?
7. Hast du deinen Zeitbedarf für eine beschlossene Sache ausgerechnet?
8. Lässt dein Zeitplan Raum für Unerwartetes?
9. Weisst du, was du in wichtigen Situationen unterlassen solltest?
10. Frage auch so: "Ist das der beste Gebrauch meiner Zeit?"
11. Hast du ein gesundes Selbstbewusstsein?

12. Räumst du deinen Bedürfnissen (Wünschen) einen hohen Stellenwert ein?
13. Nimmst du die Verantwortung für die eigenen Gefühle wahr?
14. Vertraust du auf die eigenen Stärken und beachtest du deine Schwächen?
15. Ist dir bewusst, dass Perfektionismus deine Effektivität behindern kann?
16. Hast du den Mut zum Handeln und wagst du Neues?
17. Hast du die Gewohnheit, Anfallendes zuerst einmal aufzuschieben?

Übung IE2-L8/3: Anwendung der Lebenstechniken:

Kreuze an, was du wie oft tust bzw. beachtest:
1 = nicht 2 = wenig 3 = recht viel 4 = sehr viel 5 = total viel

1 2 3 4 5

□ □ □ □ □□ Positive Bilder besonders suchen/beachten

□ □ □ □ □□ Konstruktive Gedanken im Alltag, schon zu kleinen Dingen

□ □ □ □ □□ Ruhigstellung der Gedanken, täglich 2-3x

□ □ □ □ □□ Loslösende, befreiende Bilder durch Meditation

□ □ □ □ □□ Distanz vom Denken schaffen, wenn zu sehr festgefahren

□ □ □ □ □□ Auflösung von Gegensätzen durch meditative Bearbeitung

□ □ □ □ □□ Erlösung von Leid durch Verarbeitung

□ □ □ □ □□ Befreiung von Konflikten durch Klärung und richtige Haltung

□ □ □ □ □□ Mentale Fitness praktizieren

□ □ □ □ □□ Positive Körperbeziehung pflegen

□ □ □ □ □□ Sinnwirklichkeit beachten

□ □ □ □ □□ Lebensbejahung bereits im Kleinen ernst nehmen

□ □ □ □ □□ Bedürfnisse mit Vernunft leben; zum richtigen Zeitpunkt

□ □ □ □ □□ Sinnesreize reduzieren; d.h. sich nicht in alles hineinfühlen

□ □ □ □ □□ Bedachter Lebensrhythmus, auch bei hektischem Berufsleben

□ □ □ □ □□ Gesundheit ganzheitlich leben; d.h. psychisch und körperlich

□ □ □ □ □□ Ausgewogen rational-intuitiv das Dasein erfassen

□ □ □ □ □□ Integriert logisch-spirituell denken

□ □ □ □ □□ Linear-synthetisch verarbeiten (vernetzt denken)

□ □ □ □ □□ Biorhythmus beachten, insbesondere für bestimmte Arbeiten

□ □ □ □ □□ Innere Abgrenzung zu den Mitmenschen und Sachen halten

□ □ □ □ □□ Gesprächsthemen eingrenzen und mitsteuern

Übung IE2-L8/4: Interpretiere dein psychisches Bewältigungspotential für schwierige Lagen:

Übung IE2-L8/5: Deine Folgerung in einem Satz:

Zusammenfassung:

1. Was ist das Wichtigste, das du aus dieser Lektion gelernt hast?

2. Was ist deine hervorstechende Stärke zur Sache dieser Lektion?

3. Was ist deine hervorstechende Schwäche zur Sache dieser Lektion?

4. Was hat dich am stärksten persönlich berührt in der Sache dieser Lektion?

5. Was ist dein wichtigstes nächstes Ziel zur Sache dieser Lektion?

6. Was ist dein nächster Schritt, dich in der Sache dieser Lektion zu verbessern?

7. Was sind deine offenstehenden Fragen über die Sache dieser Lektion?

3.2.9. Kläre kritische Ereignissituationen

These IE2-9-T1: Eine Handlung enthält verschiedene Systemkomponenten: Handlung, Handlungsziel, Wert, Handlungssituation, Lebensraum der Handlung, Lebensraum des handelnden Menschen und sein psychischer Organismus.

These IE2-9-T2: Viele Handlungen im Alltagsleben sind "kritisch", das heisst: heikel, unangenehm, unklar, konfliktär, unsicher, störend, belastend, peinlich, schmerzlich, angespannt, etc.

These IE2-9-T3: Kritische Lebenssituationen sind Teil eines jeden Menschen: Leben mit Partner, Wissen und Bildung, Kultur und Freizeit, Beruf und Arbeitsplatz, Konsum und Geld, Lebensraum, spirituelle Grundfragen, Gesellschaftsleben.

Viele Handlungen im Alltagsleben sind "kritisch", das heisst: heikel, unangenehm, unklar, konfliktär, unsicher, störend, belastend, peinlich, schmerzlich, angespannt, etc.

Übung IE2-L9/1: Kreuze an, in welcher Form du "kritische" Handlungen ganz erheblich erlebt hast (in eigener Erfahrung):

☐ Das Handeln enthält ein Entscheidungsproblem.
☐ Es besteht eine Handlungsschwierigkeit mangels erlernter Fähigkeiten.
☐ Die Wirkungen sind anders als erwartet.
☐ Es entstehen unerwartete und unerwünschte Nebeneffekte.
☐ Die Ziele sind mit der Handlung nicht erreicht.
☐ Der Lebensraum bietet Handlungsgrenzen.
☐ Das psychische Leben wirkt eingrenzend oder störend auf die Handlung.

Sichtweise: "Kritisch" ist, was ICH tue auf etwas, auf ein problematisches Verhalten einer andern Person; nicht das negativ/problematische Handeln dieser andern Person! Bei dir liegt der Lösungsansatz der Problemanalyse!

Übung IE2-L9/2: Suche Beispiele aus deinem Alltag, privat oder beruflich. Beschreibe kurz zuerst die Situation und dann, inwiefern diese für dich "kritisch" ist:

Beispiel:	
Ist kritisch, weil:	
Beispiel:	
Ist kritisch, weil:	
Beispiel:	
Ist kritisch, weil:	
Beispiel:	
Ist kritisch, weil:	

Übung IE2-L9/3: Fasse zusammen, was du in weiterer Überlegung als besonders „kritisch" erlebst.

Übung IE2-L9/4: Fülle das Standard-Protokoll mit Stichworten/kurzen Sätzen aus.

Analytisches Kurzprotokoll: Meine "kritische Ereignissituation"

"Kritisch" meint: unsicher, unangenehm, heikel, konfliktär, angespannt, peinlich, schwach, störend, belastend, schmerzlich, misserfolgsbelastet, entscheidungsschwierig, veränderungsbedürftig, etc.

Nimm ein Beispiel aus dem Alltag und bearbeite dieses nach folgender Aufteilung:

1. Die Ereignissituation: Was ist vorgefallen? Was hat sich ereignet?

2. Eigentliche Handlung(-en) in der Ereignissituation: Was hast du getan? Wer hat was getan?

3. Lebenssystem/Umsysteme: Wie war das Umfeld? Was hat da auf das Geschehen eingewirkt?

4. In welchem Sinne erlebst du was (welche Aspekte) als "kritisch"?

5. Prospektive: Was sind deine Wunschvorstellungen/Änderungsziele?

6. Wo ist der Lösungsansatz? Wo sind die Lösungsansätze?

Zusammenfassung:

1. Was ist das Wichtigste, das du aus dieser Lektion gelernt hast?

2. Was ist deine hervorstechende Stärke zur Sache dieser Lektion?

3. Was ist deine hervorstechende Schwäche zur Sache dieser Lektion?

4. Was hat dich am stärksten persönlich berührt in der Sache dieser Lektion?

5. Was ist dein wichtigstes nächstes Ziel zur Sache dieser Lektion?

6. Was ist dein nächster Schritt, dich in der Sache dieser Lektion zu verbessern?

7. Was sind deine offenstehenden Fragen über die Sache dieser Lektion?

3.2.10. Nutze Strategien zur Lösung

These IE2-10-T1: Strategie ist vernetzt mit: Lebensräume, Psyche, Bezugspersonen, Interaktionen, Tätigkeiten, Handlungsbereiche; Vergangenheit, Gegenwart und Zukunft.

These IE2-10-T2: In der Person beginnt alles: Intelligenz, Bedürfnisse, Gefühle, Psychodynamik, Lernbereitschaft, Kreativität, Selbstwert, Ich-Führung und Integration der Kraft der Träume.

These IE2-10-T3: Lebenserfolg geschieht durch: ein Ziel haben, den Weg bestimmen, die Instrumente beschaffen (z.B. Wissen), Fähigkeiten erlernen, Schwierigkeiten kompetent bewältigen, entscheiden und handeln.

Übung IE2-L10/1: Wo siehst du deine Schwächen betreffend kompetenter Lebensbewältigung? Ankreuzen!

☐ Befass du dich mit dem, was "es denkt"!
☐ Nimm Sorgen ernst und befasse dich damit!
☐ Suche nach den Gründen der Angst, des Mangels an Selbstvertrauen!
☐ Erkenne, was Gefühle bewegt; setze bei den Beweggründen an!
☐ Erledige unerledigte Angelegenheiten nach einem Zeitplan!
☐ Kläre, was dir an Kompetenzen fehlt und erlerne diese!
☐ Prüfe genau deine Erklärungen, v.a. auch deinen Erklärungsstil.
☐ Prüfe und ändere im gegebenen Fall deine Einstellungen!
☐ Leistungszufriedenheit darf sich bei 80-90% Qualität einstellen!
☐ Die positive Herausforderung erkennen und Ansprüche relativieren!
☐ Gewichte materiellen und geschäftlichen Erfolg nicht einseitig!
☐ Regelmässig kritische Selbstreflexion pflegen; gönne dir das 'Leben'!

Übung IE2-L10/2: Beschreibe nachfolgend in Stichworten dein Defizit zu den Voraussetzungen zu Glück und Lebenserfüllung:

- Arbeitstechniken, Selbstmanagement
- Sachkompetenz, Talententwicklung
- Sozialkompetenz, Kommunikation
- Persönlichkeit, Lebenskultur
- Privates (ausgewogenes) Leben
- Fitness, psychische und körperliche Gesundheit

- Weiterbildung, Beratung, Life Coaching
- Strategien zur Problemlösung, Erneuerungsbereitschaft
- "Empowerment", Selbstmotivation
- Information, auch informelle ("Tipps")
- Ideenquellen, Gestaltungshilfen
- Allgemeine, übergeordnete Handlungsstrategien, Lebensziele

Übung IE2-L10/3: Skizziere ein Bild deines erwünschten "Lebenserfolges" (Lebensziel):

Übung IE2-L10/4: Was hast du für deinen Lebenserfolg (- ziel) bis heute getan?

Übung IE2-L10/5: Was könntest du noch tun, um dein Lebensziel zu erreichen?

Übung IE2-L10/6: Positive und negative Bewältigungsformen.
Kreuze an, was du wie sehr beachtest: 1 = nicht 2 = wenig 3 = recht viel 4 = sehr viel 5 = total viel

1 2 3 4 5

☐ ☐ ☐ ☐ ☐ ☐Positives Umdeuten
☐ ☐ ☐ ☐ ☐☐ Wahrnehmungsabwehr bewusst machen
☐ ☐ ☐ ☐ ☐☐ Persönliches Engagement
☐ ☐ ☐ ☐ ☐☐ Rationalisieren, Versachlichen
☐ ☐ ☐ ☐ ☐☐ Informationssuche
☐ ☐ ☐ ☐ ☐☐ Projektionen erkennen
☐ ☐ ☐ ☐ ☐☐ Neugewichtung der Werte
☐ ☐ ☐ ☐ ☐☐ Somatische Reaktionsbildung verstehen
☐ ☐ ☐ ☐ ☐☐ Richtig gewichten statt bagatellisieren
☐ ☐ ☐ ☐ ☐☐ Vertrauen auf das eigene Können
☐ ☐ ☐ ☐ ☐☐ Integrieren statt verdrängen
☐ ☐ ☐ ☐ ☐☐ Reflexion der Selbstkontrolle
☐ ☐ ☐ ☐ ☐☐ Sich stellen statt von der Lage weggehen (Flucht)
☐ ☐ ☐ ☐ ☐☐ Flexible Anpassung an Situation
☐ ☐ ☐ ☐ ☐☐ Angstreaktion, Niedergeschlagenheit steuern
☐ ☐ ☐ ☐ ☐☐ Fokussieren statt ablenken
☐ ☐ ☐ ☐ ☐☐ Ausdrückliches Bejahen der Situation
☐ ☐ ☐ ☐ ☐☐ Anpacken statt Fatalismus äussern
☐ ☐ ☐ ☐ ☐☐ Grenzen des eigenen Könnens sehen
☐ ☐ ☐ ☐ ☐ ☐Flexibilisieren statt aufgeben von Erwartungen/Zielen
☐ ☐ ☐ ☐ ☐☐ Aufgreifen von Hilfen und Chancen
☐ ☐ ☐ ☐ ☐☐ An der Sache bleiben statt Verschiebung auf Ersatzhandlungen

☐ ☐ ☐ ☐ ☐☐ Ziel-orientierte Selbstbeeinflussung (Mentaltraining)
☐ ☐ ☐ ☐ ☐☐ Aktionen zerlegen und planen statt Aktionsaufschub
☐ ☐ ☐ ☐ ☐☐ Gefühle massvoll ausdrücken
☐ ☐ ☐ ☐ ☐☐ Hoffnung/Optimismus konkret formulieren statt aufgeben

Übung IE2-L10/7: Kommentiere deine Angaben:

Übung IE2-L10/8: Welches "kritische" Element trifft für dich oft / sehr oft zu:

☐ Mein Handeln bewirkt nicht, was ich damit erreichen will.
☐ Ich wünsche, dass in Zukunft mein Handeln Besseres bewirkt.
☐ Mein Handeln führt zu anspannenden Situationen.
☐ Ich weiss nicht, zu welchem Zweck ich so handle.
☐ Ich handle, ohne genau zu wissen, warum ich gerade so handle.
☐ Ich wünsche, mein Handeln besser verstehen zu können.
☐ Ich erlebe mich in meinem Handeln unsicher.
☐ Ich handle immer wieder wie früher, auf gleiche Weise.
☐ In verschiedenen Situationen möchte ich anders handeln können.
☐ Ich kann mich nicht entscheiden, wie ich handeln soll.
☐ Meine Art zu handeln führt immer wieder zu Konflikten.
☐ Ich erlebe mich im Handeln ohne Motivation.
☐ Ich handle in der Gestaltungsweise nicht besonders bewusst.

Übung IE2-L10/9: Dein Lösungsansatz dazu ist:

Zusammenfassung:

1. Was ist das Wichtigste, das du aus dieser Lektion gelernt hast?

2. Was ist deine hervorstechende Stärke zur Sache dieser Lektion?

3. Was ist deine hervorstechende Schwäche zur Sache dieser Lektion?

4. Was hat dich am stärksten persönlich berührt in der Sache dieser Lektion?

5. Was ist dein wichtigstes nächstes Ziel zur Sache dieser Lektion?

6. Was ist dein nächster Schritt, dich in der Sache dieser Lektion zu verbessern?

7. Was sind deine offenstehenden Fragen über die Sache dieser Lektion?

3.3. Deute deine Träume

Überlegungen zu Traum und Traumdeutung

Alle Traumtheorien gehen davon aus, dass die Botschaften nützlich sind: sie informieren, sie beraten, sie warnen , sie helfen weiter, wo das Denken keinen Zugang mehr hat. Das heisst doch: Eine intelligente geistige Kraft schafft den Traum zu einem sinnvollen Gebilde.

Die Traumbotschaften berichten über:

- das eigene innerpsychische Leben
- das innerpsychische Leben anderer Menschen
- die äussere Welt (Politik, Gesellschaft, Weltlage, Institutionen etc.)
- das eigene äussere Leben (Handlungen, Lebensweise, Lebensthemen)
- das äussere Leben anderer Menschen
- die Transzendenz und das "Numinose" (Mysterium des Seins)
- den Tod, das ewige Leben und den Lebenssinn

Traumdeutung basiert immer auch auf den Kenntnissen über das psychische und das äussere Leben. Man hüte sich vor Traumdeutern, die vom psychischen Leben, von der Individuation und vom realen Leben wenig verstehen! Je mehr man über das psychische Leben und das Leben der Menschen generell weiss, desto differenzierter wird die Traumdeutung. Leben mit den Träumen fördert das evolutionäre Menschsein.

> **Darum ist der Traum der Königsweg zum psychisch-geistigen Menschsein. Darum steht der Geist als die transzendentale Kraft in der Psyche über jeder Religion.**

Die Träume deuten können, ist so wichtig und hilfreich wie das Denken. Darum:

→ Lerne deine Träume richtig deuten!
→ Lerne die Sprache deines inneren Geistes verstehen!
→ Lebe und wachse mit deinen Träumen!

Träume

Menschen träumen und Menschen haben immer schon Träume für wichtig gehalten. So wie es Menschen gibt, die das Denken für unwichtig halten und nie über ihr Denken nachdenken, so gibt es viele, die ihre Träume für belanglos halten und nie darüber reflektieren. Dabei sind die Träume doch wertvollste Lebensquelle!

Allgemein bekannt ist, dass schon in der Antike "grosse Träume" als Botschaften Gottes gegolten haben. Es ist nicht nur Volksmeinung aus archaischen Zeiten, wenn viele davon ausgehen, dass in Träumen eine Botschaft verborgen ist. Wir bezeichnen die psychische Kraft, die die Träume schafft, mit "der innere Geist".

Mögen manche Traumtheorien einseitig sein, gemeinsam ist allen, dass verschiedene typische Traumbilder und Symbole in Menschen- oder Tiergestalt, in Gegebenheiten oder Handlungen, über die Wirklichkeit des Träumenden berichten. Aus Träumen können Rückschlüsse auf die Person und ihr Leben gezogen werden: "Erzähle mir drei Träume und ich sage Dir, wer Du bist!"

Die Träume helfen in allen Belangen des Lebens zu einem guten, glücklichen und sinnerfüllten Leben. Träume weisen den Weg zum innerpsychischen Leben, zum eigentlichen psychisch-geistigen Menschsein. Träume verhelfen zur Bildung aller psychischen Kräfte. Träume verhelfen auch zur Orientierung in der äusseren Realität. Erlebte Träume in ein Traumtagebuch notieren, ist unerlässliche Grundlagenarbeit der Selbsterkenntnis. Dabei ist es wenig sinnvoll, gleich mit komplexen Interpretationen zu beginnen. Es genügt, wenn man zuerst über einige Monate sich einen Überblick verschafft:

Welches sind die Hauptfiguren und Hauptthemen in den Träumen?
Welches sind die Gegenstände und Handlungen?
Welche Verbindungen zum Alltag und zur Biographie lassen sich herstellen?

Die Szenenelemente in Träumen sind wie der Anfang eines roten Fadens. Wer daran zieht, kommt automatisch zu sich selbst. Dabei ist im Auge zu behalten, dass man die Träume nur soweit interpretieren kann, wie man Kenntnisse über die Vielfalt des eigenen Lebens und der psychischen Kräfte hat. Die Träume sind ein zentrales Tor zur Selbsterfahrung.

Die gründliche und umfassende Persönlichkeitsbildung und die Individuation erfordern immer den Miteinbezug der Träume.
Denn schon in der Persönlichkeitsbildung geht es um den ganzen Menschen, insofern auch um das Traumleben.

Traumsprache

Du willst einen andern Menschen verstehen: Was meint er? Warum spricht er so? Was bewegt ihn, so zu leben? Je mehr du über das psychische Leben weisst, desto mehr kannst du erkennen.

Je mehr ein Mensch diese Wirklichkeiten kennt, desto mehr Ausgangsmaterial hat er, einen andern Menschen zu verstehen. Auch Traumdeutung basiert auf den Kenntnissen über das psychische und das äussere Leben.

Der Mensch hat viele Arten, etwas mitzuteilen. Man kann überlaut oder betont leise reden, weil der andere nicht hören will. Oder man macht eine Andeutung, weil man nicht direkt zur Sache kommen kann wegen der Abwehr der Person. Manchmal reden wir in Gleichnissen, ziehen Vergleiche herbei oder übertreiben extrem, damit der andere aufmerksam wird. Längst kennen wir alle die schwierige Sache: Der Mensch will die Wahrheit wissen und will diese doch nicht sehen.

Auch die traumschaffende Kraft nutzt diese alltägliche Vielfalt der menschlichen Gestaltung einer Botschaft. Je mehr der Mensch mit seinen Träumen arbeitet, desto mehr kann er erfahren, wie dieser innere Geist "spricht". Dabei kann jeder feststellen, dass diese intelligente Kraft offensichtlich mehr weiss, als das Ich wissen kann.

Der Geist kann auch über sich selbst oder über die geistige Welt (die Transzendenz, Gott) berichten.

Die einzig wahrhafte Quelle, die dem Menschen im Leben Orientierung zu seinem psychisch-geistigen Sein und Entfalten geben kann, ist der Geist. Diese geistige Kraft in der Psyche ist der "Architekt" der Träume – und letztlich wohl des gesamten Lebens.

Kern der neuen Traumlehre

Die 10 Kernthesen zum "Geist" im Menschen, entwickelt von Dr. Eduard Schellhammer, bilden die Grundlagen für die neue Traumlehre:

1. Der Geist führt den Menschen durch Träume und Meditationen.
2. Der Geist konstruiert 'intelligent' die Träume und Meditationen.
3. Der Geist wirkt in uns und um uns auch als kosmische Energie.
4. Die Sprache des Geistes sind: Bilder, Symbole, Archetypen, Worte.
5. Der Geist kennt das Wachstumsprogramm besser als jede Theorie.
6. Der Geist hat ein eigenes Normen- und Wertesystem.

7. Der Geist hat ASW-Fähigkeiten: Hellsehen und Vorausschau.
8. Der Geist ist eine Verarbeitungskraft (z.B. von Erfahrungen, Leid).
9. Der Geist ist eine transzendentale Kraft im Menschen, nicht hirnphysiologisch.
10. Darum steht der Geist über jeder Religion und jeder politischen Ideologie!

Die Traumsprache ist zu erlernen wie eine fremde Sprache. Wer die Traumsprache lernt, hat Zugang zum "Geist" im Menschen und wird das eigene psychische Leben umfassend erforschen können. Träume sind das Tor zum psychisch-geistigen Menschsein und zum geistigen Universum!

Praktische Traumdeutung in 12 Schritten

Die Traum-schaffende Kraft fordert auf: "Willst Du mit mir kommunizieren, dann lerne mich verstehen." Kompetent wird man in diesem inneren Dialog, indem man sich auf die Träume und damit gleichzeitig auf das eigene psychische Leben einlässt. Dazu eine kleine Orientierungshilfe:

Erstens: Die einzelnen Bilder sind in den Erfahrungskontext zu stellen. Die Kernfrage heisst: Was kommt mir dazu in den Sinn (Assoziationen)? Dann sind die allgemeinen Symbole zu erfassen. Was bedeutet eine Schlange, ein brennendes Haus, Fliegen im Traum, ausgefallene Zähne, den Zug verpassen (u.s.w.)? Dazu kann man ein bisschen in einem Traumlexikon, zum Beispiel im nachfolgenden Handbuch der Traumdeutung, blättern und da die Vielfalt von 1000 und mehr Traumsymbolen mit ihren oft gegensätzlichen Sinnaspekten verstehen lernen. So findet man den Sinn und den Lebenszusammenhang in den Traumbildern. Doch jede lexikalische Deutung ist nur eine Hilfe zur Ideenvielfalt, denn:

Zweitens: Träume reden in Gleichnissen, machen Andeutungen, übertreiben oder untertreiben, verschieben gewisse Elemente, reden laut oder besonders leise, machen Witze, ziehen Vergleiche herbei, lassen jemanden eine Botschaft gefühlsintensiv erleben u.s.w. Bei jedem Traum ist zu erforschen, welche Art des "Redens" mit Bildern und Handlungen darin aktuell sein könnte. Denn die Art der Bildergestaltung (des Redens in Bildern) formt die Traumbotschaft mit.

Drittens ist zu suchen, in welche Zielrichtung die Träume drängen. Will der Traum informieren? Handelt es sich um eine Erklärung oder um die Eröffnung eines neuen Lebensthemas, das zu reflektieren ist?
Sollen zukunftsgerichtete Perspektiven aufgerollt werden? Wird Verarbeitung von Lebensereignissen gefordert? Ist eine heikle oder gar gefährliche

Angelegenheit aktuell? Geht es um Einstellungen, innere Konflikte oder reale Handlungen, um Lebensaufarbeitung oder Zukunftsvorbereitung?

Die 12 detaillierten Arbeitsschritte sind:

1. Schreibe den Traum mit dem Gefühlserleben auf.
2. Zerlege den Traum in seine Teile (Einzelbilder) und Sequenzen.
3. Beachte besonders die Schlüsselbilder im Traumszenario.
4. Erfasse den eigenen Standort im Traum (Traum-Ich).
5. Suche Assoziationen (Lebenserfahrungen, Gedanken, Gefühle).
6. Welche psychischen Kräfte sind angesprochen?
7. Welche Lebensthemen sind angesprochen?
8. Welche anderen Personen und Gegebenheiten sind angesprochen?
9. Sind Archetypen (Ursymbole) oder innere archetypische Prozesse aktuell?
10. Verknüpfe jetzt dein Arbeitsergebnis zu einem neuen Sinn-Ganzen.
11. Vergleiche mit früheren ähnlichen Träumen bzw. Traumthemen.
12. Erweitere die Traumerfahrung mit Imagination (Meditation).

Vergiss danach nicht, deine persönlichen Konsequenzen zu formulieren. Und schliesslich folgt dann die Umsetzung der gewonnenen Erkenntnisse im Leben. Selbstkritische Vorsicht ist bei der Traumdeutung immer angebracht, denn: Man kann die Träume nicht besser deuten, als man Wissen über das psychische und das reale Leben hat. Immer gilt: Was man nicht sehen will, das sieht man nicht. Und nie sollte man vergessen: Das "geistige Gold" leuchtet auch in Träumen meist nur sehr zurückhaltend.

Das Traumprotokoll

Übe in der Zukunft deine Traumdeutung nach dem folgenden Traumprotokoll:

1. Traum:

Schreibe den Traum (die Traumsequenzen) genau auf, auch deine Gefühle im Traum und nach dem Erwachen. Beschreibe auch deinen Standort im Traum (z.B. Zuschauer, aktiv).

2. Assoziationen:

Formuliere eigene Einfälle: Erinnerungen, Gedanken, Gefühle, Fakten, spontane Wertungen und Deutungseinfälle etc. zu den einzelnen Traumbildern (soweit du eben kannst). Gib in diesem Zusammenhang Informationen zu den Traumbildern (z.B. Personen, Orte), die für dich eine persönliche Bedeutung haben. Vernetze einzelne Traumbilder und den ganzen Traum damit.

3. Betroffenheit:

Wo, was, weshalb, wozu und wie betrifft mich das? Vernetze deine Deutung damit.

4. Gesamtdeutung:

Deute die Schlüsselbilder und dann den Traum als Ganzes.

5. Konsequenzen:

Welche psychologische, lebenspraktische, moralische und philosophische Konsequenzen ergeben sich daraus?

3.3.1. Deute mit richtigen Einstellungen

These IE3-3-T1: Das Interesse und die wertenden Einstellungen gegenüber den Träumen beeinflussen die Erinnerungsfähigkeit.

These IE3-3-T2: Häufig hat man Träume, die etwas ganz Konkretes aus dem Vortag oder der Tage davor enthalten. Dies ist nicht hirn-physiologischer „Müll". Darin ist immer eine Traumbotschaft enthalten!

These E3-3-T3: Die Traumsprache ist zu erlernen wie eine fremde Sprache. Wer diese nicht lernt, hat keinen umfassenden Zugang zum psychisch-geistigen Leben.

Du benötigst für diese Einheit einige deiner Träume. Nimm dein Traumtagebuch zur Hand! Oder schreibe die nächsten 10 Tage erst einmal deine Träume auf.

● In dieser Lektion geht es um eine erste Orientierung in Sachen Träumen; und nicht um die Traumdeutung!

Übung IE3-L1/1: An wieviele Träume kannst du dich pro Tag und Woche erinnern?

Übung IE3-L1/2: Wie erlebst du die Wirkungen deines Träumens, soweit du dich daran erinnern kannst oder zumindest noch weisst, dass es geträumt hat?

● Einstellungen gegenüber Träumen beeinflussen die Erinnerungsfähigkeit.

Übung IE3-L1/3: Beschreibe deine bisherige Einstellung gegenüber dem Träumen, den Traumtheorien und der Traumdeutung:

● Das Wissen über die Traumdeutung beeinflusst die Erinnerungsfähigkeit.
Übung IE3-L1/4: Formuliere in 3 Sätzen, was du über die Traumdeutung weisst:

● Äussere Reize sind selten eine Ursache für das Träumen im Sinne von „Das war ja nur".

Übung IE3-L1/5: Kannst du dich an einen Traum erinnern, wo ein realer äusserer Reiz vorkommt (z.B. ein Geräusch, ein kalter Luftzug, das nicht zugedeckte Bein, eine unbequeme Schlaflage, ein Harndrang, der taub gewordene Arm etc.)? Beschreibe:

● Tagesreste im Traum können sich auf alles Mögliche beziehen, stehen in Träumen nicht notwendigerweise im Kontext des entsprechenden Geschehens vom Vortage.

Übung IE3-L1/6: Kannst du dich an einen Traum mit Tagesresten erinnern? Beschreibe:

Übung IE3-L1/7: Gib 2 Beispiele über einen gehabten sehr kurzen Traum (ein Bild/Wort):

Übung IE3-L1/8: Gib ein Beispiel über einen gehabten kürzeren Traum (kurze Szene):

Übung IE3-L1/9: Worin siehst du den Unterschied zwischen einem kurzen und langen Traum?

● Die Traumsprache ist zu erlernen wie eine fremde Sprache. Wer diese nicht lernt, hat keinen umfassenden Zugang zum psychischen und geistigen Leben.

Übung IE3-L1/10: Beschreibe kurz mit einem Beispiel, wie es bei dir steht:

1. Ich habe Bücher über Traum und Traumdeutung gelesen.
2. Ich habe schon einmal einen Kurs über Traum und Traumdeutung besucht.
3. Ich habe gelernt, meine Träume zu deuten.
4. Ich rede mit andern über meine Träume.
5. Ich nehme mir manchmal vor, über ein Thema zu träumen, zum Beispiel:
6. Ich führe ein Traumtagebuch; und dies wie folgt:
7. Ich beachte meine Gefühle im Traum und die gefühlsmässige Nachwirkung im Tag.
8. Ich erwache ohne Wecker, um mich leichter an meine Träume erinnern zu können.
9. Wenn ich nachts wegen einem Traum erwache, schreibe ich diesen sofort

auf.

10. Ich beachte kleine Traumfetzen, denn oft erinnere ich mich danach an den ganzen Traum.
11. Ich habe einen gleichmässigen Lebensrhythmus, was die Traumerinnerung erleichtert.
12. Ich meditiere über meine Träume.
13. Wenn ich (zuviel) Alkohol trinke, reduziert sich meine Traumerinnerung.
14. Ich nehme manchmal Schlaf-/Beruhigungsmittel, habe dann aber weniger Traumerinnerung.
15. Insgesamt folgere ich aus 1) bis 14):

Zusammenfassung:

1. Was ist das Wichtigste, das du aus dieser Lektion gelernt hast?

2. Was ist deine hervorstechende Stärke zur Sache dieser Lektion?

3. Was ist deine hervorstechende Schwäche zur Sache dieser Lektion?

4. Was hat dich am stärksten persönlich berührt in der Sache dieser Lektion?

5. Was ist dein wichtigstes nächstes Ziel zur Sache dieser Lektion?

6. Was ist dein nächster Schritt, dich in der Sache dieser Lektion zu verbessern?

7. Was sind deine offenstehenden Fragen über die Sache dieser Lektion?

3.3.2. Lerne die Sprache des Geistes

These IE3-2-T1: Der Geist führt den Menschen in Träumen durch den Alltag und zu seinem psychisch-geistigen Sein, zu seinem Glück und zu seiner Erfüllung.

These IE3-2-T2: Träume haben Menschen-führende Funktion. Sie geben Orientierung in allen Grundfragen der Existenz wie Tod, Gott, Jenseits, Sinn des Lebens, Schicksal u.s.w.

These IE3-2-T3: Wer aus seinen Träumen profitieren will, hat gewisse Eigenleistungen zu erbringen. Dies verlangt Einsatz, Wollen, Ernsthaftigkeit, Gründlichkeit und Lernbereitschaft.

● Die Träume helfen in allen Belangen des Lebens zu einem guten, glücklichen und Sinn-erfüllten Leben. Die Träume weisen den Weg zum innersten eigentlichen psychisch-geistigen Sein. Die Träume geben dem Menschen eine Orientierung auch über Tod, Grundfragen der Existenz, Jenseits, Gott, Lebenssinn, geistige Werte u.s.w. Träume sind das Tor zum psychischen und geistigen Universum!

Übung IE3-L2/1: Beschreibe, wie du die Kraft des Geistes in Träumen erfahren hast:

1. Der Geist führt den Menschen in Träumen.
2. Der Geist ist die Kraft, die die Träume 'intelligent' konstruiert.
3. Der Geist wirkt in uns mit psycho-energetischer Kraft.
4. Die Sprache des Geistes sind: Bilder, Symbole, Archetypen, auch Sprache.
5. Der Geist kennt das innere Wachstumsprogramm besser als jede Theorie.
6. Der Geist hat ein eigenes Normen- und Wertsystem.
7. Der Geist enthält paranormale Fähigkeiten (aussersinnliche Wahrnehmung).
8. Der Geist ist eine Verarbeitungskraft (z.B. von Lebenserfahrungen, von Leid).

● Traumtheorien gehen davon aus, dass die Botschaften nützlich sind: Sie informieren, sie beraten, sie warnen und sie helfen weiter, wo das Denken keinen Zugang mehr hat.

Übung IE3-L2/2: Was konkret erwartest du von dieser geistigen Kraft für dein Leben?

Übung IE3-L2/3: Ich denke schon, dass ein Traum mir etwas mitteilen will. Denn:

Übung IE3-L2/4: Ich habe das Gefühl, dass ich die Träume deuten sollte; denn:

Übung IE3-L2/5: Meine Träume haben mir schon sehr geholfen, zum Beispiel bei:

● Der Geist gibt vollständige Orientierung zum psychisch-geistigen Sein und Werden sowie zum Leben generell.

Übung IE3-L2/6: Gib einige Stichworte da, wo du dich angesprochen fühlst:

1. Der Traum klärt und organisiert alles bedeutsame Inventar meines Lebens.
2. Der Traum fördert Lösungen von schwierigen Situationen.
3. Der Traum fördert meine psychisch-geistige Bildung und Entfaltung.
4. Der Traum öffnet die Quellen zum Mysterium Menschsein, zu Geist und Gott.
5. Der Traum verhilft mir zu Ordnung und Katharsis (Verarbeitung).
6. Der Traum verhilft mir, mich und mein Leben zu verstehen.
7. Der Traum informiert mich über andere Menschen und äussere Realitäten.
8. Der Traum zeigt mir Gefahren, warnt mich und mahnt zur Vorsicht.
9. Ich habe die heilende Wirkung der Träume erfahren.

● Wer nichts tut mit seinen Träumen, kann auch nicht aus seiner innersten Lebensquelle leben.

Übung IE3-L2/7: Beschreibe deine bisherigen „Eigenleistungen" zu Träumen:

1. Ich erlebe Verpflichtung und Ernsthaftigkeit zur kritischen Schau der Träume.
2. Ich reagiere auf Träume mit Gewissenhaftigkeit und Verantwortung.

3. Ich bin fähig zur Innenschau (Introspektion) bei der Deutung meiner Träume.
4. Ich weiss, dass ich gewisse Traumthemen gründlich bearbeiten muss.
5. Ich eigne mir Wissen an, um mich und die Träume besser zu verstehen.
6. Ich nehme Zeit für meine Träume, gebe der Bearbeitung die nötige Priorität.
7. 7) Ich habe Vertrauen, dass die Träume mich gut führen.
8. Ich erlebe die Träume als ein Engagement zum inneren Dialog.
9. Träume sind mir sehr viel wert, weil:
10. Ich weiss, dass die Träume von mir eine ganzheitliche Bildung verlangen.
11. Ich habe Geduld in der Bearbeitung der Träume.
12. Ich erwarte von der Bearbeitung der Träume nicht gleich ein Resultat.
13. Traumdeutung ist für mich eine intellektuelle Arbeit mit Intuition/Innenschau.
14. Ich nutze Traumlexika, denn:
15. Ich erlebe die Beschäftigung mit meinen Träumen als langfristigen Prozess.

Zusammenfassung:

1. Was ist das Wichtigste, das du aus dieser Lektion gelernt hast?

2. Was ist deine hervorstechende Stärke zur Sache dieser Lektion?

3. Was ist deine hervorstechende Schwäche zur Sache dieser Lektion?

4. Was hat dich am stärksten persönlich berührt in der Sache dieser Lektion?

5. Was ist dein wichtigstes nächstes Ziel zur Sache dieser Lektion?

6. Was ist dein nächster Schritt, dich in der Sache dieser Lektion zu verbessern?

7. Was sind deine offenstehenden Fragen über die Sache dieser Lektion?

3.3.3. Verstehe Bilder, Symbole, Archetypen

These IE3-3-T1: Träume enthalten ganz unterschiedliche Wirklichkeiten und Lebenswelten. Dies macht deutlich, dass der Mensch real und geistig immer auch Sinn-bezogen lebt, reagiert und handelt.

These IE3-3-T2: Jedes Traumsymbol bezieht sich einerseits auf Sinn, d.h. versinnbildlicht: psychische Kraft, Persönlichkeit, Handlung, Verhalten, Lebensthema; und anderseits auf eine darin liegende Qualität: Wert, Zustand, Nutzen, Wichtigkeit.

These IE3-3-T3: Die Charakteristik der Darstellung von Bildern und Szenen besagt, dass da eben etwas genau so ist: bizarr, verworren, gefahrenvoll, numinos („heilig", Ur-Wert).

Übung IE3-L3/1: Träume enthalten ganz unterschiedliche Bildersegmente. Gib zu den einzelnen Bildersegmenten 2-3 Beispiele (Stichworte).

- Menschen: Mit Körper, Ausdrucksweisen; Mimik, Gestik, Bewegungsarten.
- Naturwelt: Die Erde mit ihren Grundkräften, die gesamte Pflanzenwelt.
- Tierwelt: Alles, was der Einzelne heute kennt.
- Objektwelt: Alles, was grundsätzlich im Leben an „Dingen" zu finden ist.
- Handlungen: Ein Tun, eine Aktion, auch Worte bzw. Reden.
- Ereignisse: Da passiert etwas mit Menschen, Sachen, Tieren, Natur u.s.w.
- Schauplätze: Der Ort, wo etwas geschah, geschieht oder geschehen wird.
- Urbilder: Numinose (das geheimnisvoll Geistige); im Kulturgut in präsent.
- Themen: Sex, Gewalt, Verirrung, Gefahr, Entdeckung, Beziehung, Arbeit

● Traumbilder sind Abbilder, wenn sie eine Realität wiedergeben, wie sie real ist.

Übung IE3-L3/2: Gib dazu 5 Beispiele aus deinen Träumen:

● Ein Symbol verweist als Sinnbild auf etwas im psychischen Leben, im Handeln, in Ereignissen und in der Realität generell. Ein Symbol ist deshalb Sinn-geladen. Darum gilt:

● Zuerst erfolgt die Sinn-Zuordnung: psychische Kraft, Persönlichkeit, Handlung, Ereignis, Gegebenheit etc.

● Dann erfolgt die Qualitätsbeurteilung: Gehalt, Wert, Moral, Wahrhaftigkeit, Nutzen, Zweck, Wichtigkeit, Brisanz, Aktualität, der "kritische" Aspekt etc.

Übung IE3-L3/3: Bearbeite nachfolgend nach Zuordnung zu Sinn und Qualität:

Symbol	Sinn-Zuordnung	Qualitäts-beurteilung
1) Baum, halbseitig ohne Wachstum		
2) Abgemagerter, bellender Hund		
3) Zähne fallen aus		
4) Auto ohne Steuerungsfähigkeit		
5) Eine unbekannte aggressive Person		
6) Einbrecher ins Schlafzimmer		
7) Den Zug verpassen		
8) Fliegen, ohne zu fallen		
9) In gefährlichem Abhang sein		

● Bizarre, unlogische, wirre, verschobene, verworrene, sinnlose Bilder besagen, dass da etwas eben genau so ist. Beispiele: niedrige Decke, schiefer Boden, magischer Sumpf, ein Finger zu gross, Störungen der Dimension etc.

Übung IE3-L3/4: Gib 5 eigene Beispiele dazu und versuche eine Sinn-Zuordnung und eine Qualitätsbeurteilung:

Bizarres Bild	Sinn-Zuordnung	Qualitätsbeurteilung
1)		
2)		
3)		
4)		
5)		

● „Kritische" Aspekte in Bildern, Szenen und Handlungen besagen, dass da etwas eben „kritisch" ist, d.h. konfliktär, ungeregelt, unordentlich, gespannt, gefahrenvoll, funktionsunfähig, gestört, blockiert, gehemmt, dissonant, unrealistisch, ungesund etc.

Übung IE3-L3/5: Gib 5 Beispiele dazu und versuche eine Sinn-Zuordnung und eine Qualitätsbeurteilung:

Kritisches Element im Bild	Sinn-Zuordnung	Qualitätsbeurteilung
1)		
2)		
3)		
4)		
5)		

● Archetypen sind Grundmuster über psychische Kräfte, über die Gesamtperson und die psychisch-geistigen Prozesse der Veränderung und des Wachstums. Archetypen sind dynamisch, kreativ, energiegeladen, wachstumsorientiert, auffordernd.

Übung IE3-L3/6: Formuliere zu den nachfolgenden Beispielen die im Bild enthaltene Sinn-Zuordnung und Qualität:

Muster: Ein fauler Apfel im Traum.
Sinn-Zuordung: Der Apfel steht für Lust, Genuss, etwas Feines und Gesundes.
Qualitätsbeurteilung „faul":
Da ist eben etwas faul und insofern ganz und gar nicht fein und gesund!

Archetypus	Sinn-Zuordnung	Qualitätsbeurteilung
1) Geburt; ein Baby ist da.		
2) An einer Quelle sein		
3) Eule ruft: „Komm! Folge mir!"		

4) Ein Mandala sehen/erhalten		
5) Auf einer langen Reise sein		

Wichtig: Es gibt in Träumen selten klar abgegrenzte, blosse Bilder. Meist sind sie verknüpft mit Handlungen, Ereignissen, Sachverhalten, Umständen, Schauplätzen etc., die in sich selbst einen Bezug herstellen.

Übung IE3-L3/7: Wie erlebst du diese Unterscheidung zwischen Sinn-Zuordnung und Qualitätsbeurteilung?

Zusammenfassung:

1. Was ist das Wichtigste, das du aus dieser Lektion gelernt hast?

2. Was ist deine hervorstechende Stärke zur Sache dieser Lektion?

3. Was ist deine hervorstechende Schwäche zur Sache dieser Lektion?

4. Was hat dich am stärksten persönlich berührt in der Sache dieser Lektion?

5. Was ist dein wichtigstes nächstes Ziel zur Sache dieser Lektion?

6. Was ist dein nächster Schritt, dich in der Sache dieser Lektion zu verbessern?

7. Was sind deine offenstehenden Fragen über die Sache dieser Lektion?

3.3.4. Deute mit verschiedenen Bezügen

These IE3-4-T1: Um den Bezug eines Traumbildes zum realen Leben (Psyche, Gegebenheit) herstellen zu können, muss die träumende Person auf die Bilder mit freien Assoziationen (spontanen Einfällen) reagieren.

These IE3-4-T2: Es gibt ein Ur-Wissen in Märchen, Mythen und „heiligen Büchern". Es gibt Traumbilder und Traumszenen (Handlungen), die lassen eine Verbindung zu diesem Ur-Wissen herstellen.

These IE3-4-T3: Unbekannte Gestalten repräsentieren meist eigene unbewusste, nicht erkannte (verdrängte) Persönlichkeitsaspekte (Charakterzüge). Meist handelt es sich um ungünstig geformte Aspekte; manchmal aber auch um positive Züge (Fähigkeiten, Talente), die man unterdrückt.

● Die Realeinfälle. Sie schaffen den Bezug zu real Erfahrenem.

Übung IE3-L4/1: Nimm einige deiner Träume. Wähle daraus zwei Bilder. Dann formuliere kurz deinen spontanen Realeinfall.

Traumbild	Realeinfall

● Die Deutungseinfälle. Sie schaffen einen spontanen, assoziativ unbewusst verknüpften Bezug zum Sinn. Deutungseinfälle sind: Gedanken, Wertungen, Folgerungen, Erlebnisbewertung, intellektueller Kommentar, Redewendungen, Witze etc.

Übung IE3-L4/2: Nimm einige deiner Träume. Wähle daraus zwei Bilder. Dann formuliere kurz deinen spontanen Deutungseinfall.

Traumbild	Deutungseinfall

● Die sublimen (geistigen) Einfälle. Gemeint sind: religiöse Themen, spirituelle Vorstellungen, Grundfragen des Daseins, moralische und ästhetische Urteile.

Übung IE3-L4/3: Nimm einige deiner Träume. Wähle daraus zwei Bilder. Dann formuliere kurz deinen spontanen sublimen Einfall.

Traumbild	Sublimer (geistiger) Einfall

● Die kathartischen Einfälle. Diese meinen ein „Aha-Erlebnis", eine klärende Gemütsbewegung, ein inneres befreiendes Erleben.

Übung IE3-L4/4: Nimm einige deiner Träume. Wähle daraus zwei Bilder. Dann formuliere kurz deinen spontanen kathartischen Einfall.

Traumbild	Kathartischer Einfall

● Die Amplifikationen. Zur Erweiterung und Vertiefung des Verständnisses wird ein Bezug zu Märchen, Mythen, Legenden, religiösen Geschichten, klassischen Romanszenen, Idealbildern etc. hergestellt.

Übung IE3-L4/5: Versuche die nachfolgenden Traumbilder mit einem entsprechenden Kontext zu amplifizieren.

Traumbild	Amplifikation
1) Eine weise Gestalt gibt mir das Kreis-Kreuz-Mandala. Dies sei mein „Kompass". Ich soll mich auf den Weg machen.	
2) Ich komme in einen Tempel. Es heisst, da werden Reinigungen durchgeführt. Ich weiss nicht, ob ich da rein will.	
3) Ich bin in meinem Haus. Da ist ein	

Zimmer, das verschlossen ist. Eine Haushälterin meint, ich solle da niemals reingehen.	

● Deutung auf der Subjektstufe meint, dass die (unbekannte) Gestalt im Traum einen eigenen Persönlichkeitsaspekt darstellt.

Übung IE3-L4/6: Nimm zwei deiner Träume, wo unbekannte Gestalten vorkommen. Beschreibe die Gestalt und versuche eine Deutung.

Beschreibung der Gestalt im Traum	Deutung

● Deutung auf der Objektstufe meint, dass die (bekannte) Gestalt im Traum eben diese darstellt und über sie etwas aussagen will, oder über die Beziehung zu dieser Person.

Übung IE3-L4/7: Nimm zwei deiner Träume, wo bekannte Gestalten vorkommen.

Beschreibe die Person im Traum und versuche eine Deutung.

Beschreibung der Person im Traum	Deutung

● „Anima" meint das Weibliche im Mann und „Animus" das Männliche in der Frau. beides sind die gegengeschlechtlichen Pole im psychischen Organismus. Die Entfaltung der Frau bedingt die „Reifung" des Animus; die Entfaltung des Mannes die Reifung der Anima. Anima und Animus formen sich als komplexe innere Bilder durch Lebenserfahrungen.

Übung IE3-L4/8:

An Frau: Beschreibe eine unbekannte männliche Traumgestalt (zwei Beispiele).

An Mann: Beschreibe eine unbekannte weibliche Traumgestalt (zwei Beispiele).

Deute die Sinn-Qualität (zwei Beispiele).

Beschreibung der Gestalt im Traum	Deutung

Zusammenfassung:

1. Was ist das Wichtigste, das du aus dieser Lektion gelernt hast?

2. Was ist deine hervorstechende Stärke zur Sache dieser Lektion?

3. Was ist deine hervorstechende Schwäche zur Sache dieser Lektion?

4. Was hat dich am stärksten persönlich berührt in der Sache dieser Lektion?

5. Was ist dein wichtigstes nächstes Ziel zur Sache dieser Lektion?

6. Was ist dein nächster Schritt, dich in der Sache dieser Lektion zu verbessern?

7. Was sind deine offenstehenden Fragen über die Sache dieser Lektion?

3.3.5. Erkenne deine Position im Traum

These IE3-5-T1: Ist man Zuschauer, soll man etwas lernen von dem, was man sieht. Manchmal handelt es sich um kollektive Gegebenheiten, oft auch um Perspektiven der eigenen Zukunft („Schicksal").

These IE3-5-T2: Das Ich-Erleben im Traum und die eigenen Gefühle im Traum formen mit die Botschaft, sind oft gar die Botschaft im Kern.

These IE3-5-T3: Das eigene aktive Handeln im Traum widerspiegelt manchmal ein Defizit (da ist was zu ändern!); manchmal aber zeigt dies: „Siehst Du, Du kannst es doch!"

● Die Logik der Sinnzusammenhänge halten das Traumgeschehen sinnvoll zusammen.

Übung IE3-L5/1: Nimm einen Traum, wo Bildelemente zusammen vorkommen, die von der äusseren Erscheinung her nicht zusammengehören. Suche nach der Sinn-Vernetzung.

Ein Beispiel: Ich bin in meinem Zimmer aus meiner Kindheit. Mein Vater (der längst verstorben ist) ist da. Ein beruflich erfolgreicher Kollege spricht mit meiner Freundin in der Stube. Die Möblierung ist jene, die ich heute in meiner Wohnung habe.

Deutungsorientierung: Die Vergangenheit lebt noch durch den Vater und die Lebenskultur. Kontext: Beziehung und Erfolg.

a) Gib ein Beispiel:

b) Deutung der Sinnzusammenhänge:

● Die Energiedynamik (Intensität des Erlebens) birgt in sich einen Aspekt der Botschaft.

Übung IE3-L5/2: Beschreibe einen Traum, den du besonders intensiv erlebt hast. Deute das Erleben.

a) Gib ein Beispiel

b) Deutung des Erlebens:

• Traum-Ich: Die träumende Person kommt im Traum nicht vor. Was hat das mit mir zu tun?

Übung IE3-L5/3: Gib dazu ein Beispiel mit einer kurzen Deutung.

a) Gib ein Beispiel:

b) Deutung:

• Traum-Ich: Die träumende Person (als Traum-Ich) ist im Traum nur Zuschauer. Lerne von dem, was du siehst!

Übung IE3-L5/4: Gib dazu ein Beispiel mit einer kurzen Deutung.

a) Gib ein Beispiel:

b) Deutung:

• Traum-Ich: Die Verfassung und Ausdruckskraft des Traum-Ichs ist die Botschaft.

Übung IE3-L5/5: Gib dazu ein Beispiel mit einer kurzen Deutung.

a) Gib ein Beispiel:

b) Deutung:

• Traum-Ich: Die Handlung (Handlungsfähigkeit, Bewältigungsfähigkeit, Abwehr, Integration) der träumenden Person (des Traum-Ichs) ist zentrale Botschaft.

Übung IE3-L5/6: Gib dazu ein Beispiel mit einer kurzen Deutung.

a) Gib ein Beispiel:

b) Deutung:

● ASW-Phänomene: Der Traum informiert über etwas, das die Person nicht wissen kann.

Übung IE3-L5/7: Gib dazu ein Beispiel mit einer kurzen Deutung.

a) Beispiel:

b) Deutung:

Übung IE3-L5/8: Wie erlebst diese Varianten zur Logik der Sinn-Zusammenhänge?

Übung IE3-L5/9: Eine Traumdeutung orientiert sich auch an der Chrakteristik der Teile: Sinnzusammenhang, Energiedynamik, Traum-Ich, Handlungen und ASW-Fakten. Was denkst und erlebst du dazu?

Zusammenfassung:

1. Was ist das Wichtigste, das du aus dieser Lektion gelernt hast?

2. Was ist deine hervorstechende Stärke zur Sache dieser Lektion?

3. Was ist deine hervorstechende Schwäche zur Sache dieser Lektion?

4. Was hat dich am stärksten persönlich berührt in der Sache dieser Lektion?

5. Was ist dein wichtigstes nächstes Ziel zur Sache dieser Lektion?

6. Was ist dein nächster Schritt, dich in der Sache dieser Lektion zu verbessern?

7. Was sind deine offenstehenden Fragen über die Sache dieser Lektion?

3.3.6. Beurteile die Gestaltungsformen

These IE3-6-T1: Traumbilder und Traumszenen enthalten eine Botschaft durch Gefühle, die sie auslösen.

These IE3-6-T2: Traumbilder und Traumszenen enthalten eine Botschaft durch sonderbare und eigenartige Darstellungen (Entstellungen, Vermischungen).

These IE3-6-T3: Traumbilder und Traumszenen enthalten eine Botschaft durch positive oder negative, durch mythische oder religiöse Gegebenheiten.

● Mikrostruktur = Gestaltungsformen: Die Mikrostruktur des Traumes besteht aus der Darstellungsvielfalt der einzelnen Bilder und Szenen. Diese Gestaltungsformen enthalten aus ihrer Eigenart bereits Sinn oder zumindest Hinweise, wo und wie Sinn gemeint ist. Die Traumsprache (Darstellung der Bilder und Symbole) ist so vielfältig wie der Gebrauch der Sprache im Leben, in der Literatur, in der Kunst und der Malerei.

Übung IE3-L6/1: Wie redest du (real!) in heiklen Angelegenheiten (Situationen, Umstände)? Zum Beispiel:

1) Wenn der andere nicht zuhören will:
2) Wenn der andere Abwehr hat:
3) Um Aufmerksamkeit zu wecken:
4) Wenn du wertest:
5) Um indirekt zu warnen:
6) Wenn der andere die Wahrheit nicht wissen will:

● So wie der Mensch eine Botschaft unterschiedlich formen und äussern kann,
je nach Bedeutung des Inhalts und den Bedingungen beim Empfänger,
so formt auch die Traum-schaffende Instanz die Botschaft durch dem Traum!

● Die Gestaltungsformen: Traumbilder und -szenen sind so gestaltet, dass bereits die Art der Gestaltung eine Absicht (eine Information, eine Botschaft, eine Tendenz) enthält.

Abbild: So ist es eben! Davon handelt es.
Übung L6/2: Gib ein Beispiel aus einem Traum.

Andeutung: Schau genau hin!
Übung IE3-L6/3: Gib ein Beispiel aus einem Traum.

Entstellung: Da ist etwas ganz entstellt und muss richtig gestellt werden.
Übung IE3-L6/4: Gib ein Beispiel aus einem Traum.

Erlebnisintensiv: Wichtig. Bedeutungsvoll.
Übung IE3-L6/5: Gib ein Beispiel aus einem Traum.

Kausal: Zeitvermischung mit 'kritischen' (moralischen, konfliktären) Elementen.
Übung IE3-L6/6: Gib ein Beispiel aus einem Traum.

Kompensatorisch: Korrigieren, verändern, ausgleichen, Grösse richtig stellen.
Übung IE3-L6/7: Gib ein Beispiel aus einem Traum.

Kontrast: Zeigt, was sicher nicht so, sondern ganz anders ist.
Übung IE3-L6/8: Gib ein Beispiel aus einem Traum.

Redensarten: Bilder sind Übersetzungen von Redensarten.
Übung IE3-L6/9: Gib ein Beispiel aus einem Traum.

Reduktion: Wichtiges. Wesentliches. Charakteristisches.
Übung IE3-L6/10: Gib ein Beispiel aus einem Traum.

Sekundäre Bearbeitung: Szenen und Stimmungen schaffen.
Übung IE3-L6/11: Gib ein Beispiel aus einem Traum.

Umkehrung: Befasse dich mit dem Gegenteil!
Übung IE3-L6/12: Gib ein Beispiel aus einem Traum.

Verdichtung: Dicht ist es! Erkenne das Konzentrat!
Übung IE3-L6/13: Gib ein Beispiel aus einem Traum.

Vergleich: Suche dazu deinen Standort!
Übung IE3-L6/14: Gib ein Beispiel aus einem Traum.

Vermischung: Vermischt ist es. Zerlege!
Übung IE3-L6/15: Gib ein Beispiel aus einem Traum.

Verschiebung: Da ist etwas ganz verschoben und muss richtig gestellt werden.

Übung IE3-L6/16: Gib ein Beispiel aus einem Traum.

Wertung: So ist es psychisch-geistig gesehen.
Übung IE3-L6/17: Gib ein Beispiel aus einem Traum.

Wort- und Zahlenspiele: Spielerei. Denk ein bisschen nach!
Übung IE3-L6/18: Gib ein Beispiel aus einem Traum.

Lucide Traumgestaltung: Besondere Bewusstwerdung. "Zum Glück!"
Übung IE3-L6/19: Gib ein Beispiel aus einem Traum.

Übung IE3-L6/20: Mit den Übungen L6/1 bis L6/19 sind genügend Gründe gegeben, die aufzeigen, dass der Umgang mit einem Traumlexikon bedacht sein sollte. Die oberflächliche Art, wie viele Menschen ihre (und fremde) Träume deuten, ist offensichtlich! Diese Pfuscherei kann sehr viel Schaden anrichten! Äussere dich dazu:

Zusammenfassung:

1. Was ist das Wichtigste, das du aus dieser Lektion gelernt hast?

2. Was ist deine hervorstechende Stärke zur Sache dieser Lektion?

3. Was ist deine hervorstechende Schwäche zur Sache dieser Lektion?

4. Was hat dich am stärksten persönlich berührt in der Sache dieser Lektion?

5. Was ist dein wichtigstes nächstes Ziel zur Sache dieser Lektion?

6. Was ist dein nächster Schritt, dich in der Sache dieser Lektion zu verbessern?

7. Was sind deine offenstehenden Fragen über die Sache dieser Lektion?

3.3.7. Identifiziere den Fokus der Traumbotschaft

These IE3-7-T1: Die Träume berichten und erläutern Aspekte über alle Wirklichkeiten des Menschen, also nicht nur über das psychische Leben.

These IE3-7-T2: Die Träume erfassen und fördern das gesamte eigene Leben mit allen persönlichen Lebenswelten, die dazu gehören.

These IE3-7-T3: Träume fördern das evolutionäre psychisch-geistige Menschsein, indem sie die entsprechenden charakteristischen Wirklichkeiten darlegt.

● Der Traum ist die unerlässliche, durch nichts ersetzbare 'via regia' zum gesamten psychisch-geistigen Menschsein bis hin zur höchstmöglichen psychisch-geistigen Entwicklungsstufe.

● Das bedeutet: Die Botschaft des Traumes kann alles enthalten, was das psychisch-geistige und das natürliche Menschsein betrifft und alles, was den Menschen in der Welt umgibt. Alle psychischen Kräfte und alle natürlichen Bedürfnis- und Triebkräfte, so wie sie beim Individuum geeignet oder ungeeignet geformt sind, können zur Traumbotschaft werden.

● Alles, was den Menschen real, nah und fern umgibt, kann in Träumen zum Thema werden. Die Träume können die gesamte Lebenswirklichkeit dem bewussten Ich zur Bearbeitung vorlegen, soweit diese für die Person eine Bedeutung enthält. Träume fokussieren alles Mögliche über unser Sein und Leben!

Übung IE3-L7/1: Nimm einige deiner Träume. Sammle daraus die Themen der Botschaften, soweit du diese deutend erkennen oder erahnen kannst. Erstelle eine Themen-Liste mit passenden Stichworten:

1)	6)
2)	7)
3)	8)
4)	9)
5)	10)

● Wir klassifizieren die Themen nach den folgenden sechs Gruppen. Notiere Beispiele (Stichworte):

1) Der eigene psychische Organismus:
2) Die psychische Welt anderer:
3) Das eigene äussere Leben:
4) Das äussere Leben anderer:
5) Die Transzendenz und Gott:
6) Die äussere (allgemeine) Welt:

● Traumbotschaften enthalten: Vergangenheit, Gegenwart, Zukunft, Ewigkeit.
Übung IE3-L7/2: Gib ein Traumbild oder eine Traumszenen dazu.

● Traumbotschaften enthalten alles über: Psyche, Persönlichkeit, Charakter.
Übung IE3-L7/3: Gib ein Traumbild oder eine Traumszenen dazu.

● Traumbotschaften enthalten alles zu: Körper, Triebnatur, Instinkte, Sexualität.
Übung IE3-L7/4: Gib ein Traumbild oder eine Traumszenen dazu.

● Traumbotschaften enthalten Themen wie: Verhalten, Lebensstil, Beziehung.
Übung IE3-L7/5: Gib ein Traumbild oder eine Traumszenen dazu.

● Traumbotschaften enthalten Grundthemen des Lebens von Zeugung bis Tod.
Übung IE3-L7/6: Gib ein Traumbild oder eine Traumszenen dazu.

● Traumbotschaften enthalten Themen wie: Veränderung, Entwicklung, Entfaltung und Wachstum oder Stagnation und Rückschritt.
Übung IE3-L7/7: Gib Traumbild oder eine Traumszenen dazu.

● Traumbotschaften enthalten Themen wie: Potentiale, Fähigkeiten, Begabungen, Lebensziele, Lebensmöglichkeiten, Schicksal und Bestimmung.
Übung IE3-L7/8: Gib ein Traumbild oder eine Traumszenen dazu.

● Traumbotschaften enthalten Themen wie: Positive, kritische und gefahrenreiche Situationen, Schauplätze und Geschehnisse des Lebens.
Übung IE3-L7/9: Gib ein Traumbild oder eine Traumszenen dazu.

● Traumbotschaften enthalten Themen wie: Geld, Güter, Sachwerte,

Rohstoffe, Nahrung und Zubehör aller Art zur Lebensverwirklichung.
Übung IE3-L7/10: Gib ein Traumbild oder eine Traumszenen dazu.

● Traumbotschaften enthalten Themen wie: Die Welt, die Völker und die Gesellschaft mit allen möglichen Umsystemen und Institutionen.
Übung IE3-L7/11: Gib ein Traumbild oder eine Traumszenen dazu.

● Traumbotschaften enthalten Themen wie: Schulung und Bildung in allen Stufen und Arten sowie Beruf bzw. Arbeit und Arbeitsplätze.
Übung IE3-L7/12: Gib ein Traumbild oder eine Traumszenen dazu.

● Traumbotschaften enthalten Themen wie: Alle möglichen positiven und negativen Erlebnisformen aus allen nur denkbaren Lebenssituationen.
Übung IE3-L7/13: Gib ein Traumbild oder eine Traumszenen dazu.

● Traumbotschaften enthalten Themen wie: Spiritualität und Religion in Lehre und Praxis, Esoterik und Transzendenz, Moral und Ethik.
Übung IE3-L7/14: Gib ein Traumbild oder eine Traumszenen dazu.

Übung IE3-L7/15: Was sind für dich bis heute die wichtigsten Traumbotschaften, die du aus deinen Träumen entnehmen konntest?

Zusammenfassung:

1. Was ist das Wichtigste, das du aus dieser Lektion gelernt hast?

2. Was ist deine hervorstechende Stärke zur Sache dieser Lektion?

3. Was ist deine hervorstechende Schwäche zur Sache dieser Lektion?

4. Was hat dich am stärksten persönlich berührt in der Sache dieser Lektion?

5. Was ist dein wichtigstes nächstes Ziel zur Sache dieser Lektion?

6. Was ist dein nächster Schritt, dich in der Sache dieser Lektion zu verbessern?

7. Was sind deine offenstehenden Fragen über die Sache dieser Lektion?

3.3.8. Geh in der Deutung nach Schritten vor

These IE3-8-T1: Die Bilder- und Symbol-bezogene Traumdeutung ist erst der erste Schritt zur Erfassung der Traumbotschaft.

These IE3-8-T2: Bearbeitet man das Bilder- und Symbol-bezogene Deutungsergebnis mit systematischen Fragen, wird die Traumbotschaft vernetzt mit den Lebenswelten und Realitätsmustern der Person.

These IE3-8-T3: Erweitert man den Deutungsprozess mit dem Modell des psychischen Seins und Wachsens, erhält man eine bessere Orientierung für die Selbstbildung und für die Individuation.

1. Arbeitsgang: Die eigentliche Traumdeutung

- Traumdokument mit Erleben, Architektur und Gestaltungsformen.
- Schlüsselbilder, Symbole (inkl. Handlungen, Ereignisse, Schauplätze etc.).
- Traum-Ich: Position und Ausdrucksformen.
- Einfälle: Reale, deutende und geistige spontane Reaktionen.
- Betroffenheit, die sich spontan mit den Einfällen und Fragen ergibt.
- Gesamtdeutung: Zusammenfügen der Deutungsteile.
- Konsequenzen: Jede Deutung hat persönliche Konsequenzen.

Übung IE3-L8/1: Ich habe diesen ersten Arbeitsgang bisher wie folgt bearbeitet:

2. Arbeitsgang: Systematisch, kreativ und gezielt Fragen stellen

Nachbearbeitung mit systematischen Fragen aller Art über: Personen, Handlungen, Ereignisse, Naturwelt, Tierwelt, Objekte, Schauplätze, Numinoses, Einzelthemen.

Übung IE3-L8/2: Ich habe diesen zweiten Arbeitsgang bisher wie folgt bearbeitet:

3. Arbeitsgang: Psychologisch-praktische Traumbearbeitung

Nachbearbeitung mit psychologischem Bezug:

- Die Handlungen
- Die Psychodynamik
- Das Ich und seine Hilfsfunktionen

- Die Intelligenzleistungen
- Die Gefühle
- Die Bedürfnisse
- Das Unbewusste
- Die Spiritualität
- Die Liebe
- Der Individuationsprozess

Übung IE3-L8/3: Ich habe diesen dritten Arbeitsgang bisher wie folgt bearbeitet:

Übung IE3-L8/4: Konsequenzen aus meinen Träumen habe ich wie folgt erfahren:

☐ Es ist eine Entscheidung zu treffen.
☐ Man muss konzentrierter sein Handeln steuern.
☐ Neues Handeln ist zu erlernen.
☐ Die biographischen Themen sind vertieft zu verarbeiten.
☐ Wissen ist anzueignen.
☐ Die Lebensführung bedarf der Erneuerung.
☐ Angelegenheiten sind zu regeln.
☐ Grundlegende Einstellungen und Überzeugungen sind zu ändern.
☐ Mehr Wachsamkeit und Klarsicht ist nötig.

Traumbearbeitung gemäss Traumprotokoll

Übung IE3-L8/5: Nimm einen (eher kurzen) Traum, den du in den letzten Wochen gehabt hast und bearbeite diesen gemäss dem nachfolgenden Traumprotokoll.

Traumprotokoll. Kernthema:

Datum: ....

1. Traum: Möglichst genaue, aber nicht deutende Beschreibung des Traumes.

2. Traumerleben: Das Erleben im Traum und nach dem Traum den Tag hindurch.

3. Schlüsselbilder: Einzelbilder und Szenenabfolgen, die als Einheit gelten.

4. Traum-Ich: Standort, Verfassung, Ausdruck, Handlungsfähigkeit.

5. Einfälle: Persönlicher Erfahrungsgehalt, spontane Gedankenreaktionen, geistige Verknüpfungen.

6. Betroffenheit: Den konkreten Anker identifizieren, der dieses Gefühl vermittelt.

7. Gesamtdeutung: Bedeutung und Qualität zu einer Botschaft zusammensetzen.

8. Konsequenzen: Selbsterkenntnis, Individuation, Entscheidungen, Handlungen, Zukunftsorientierung.

Zusammenfassung:

1. Was ist das Wichtigste, das du aus dieser Lektion gelernt hast?

2. Was ist deine hervorstechende Stärke zur Sache dieser Lektion?

3. Was ist deine hervorstechende Schwäche zur Sache dieser Lektion?

4. Was hat dich am stärksten persönlich berührt in der Sache dieser Lektion?

5. Was ist dein wichtigstes nächstes Ziel zur Sache dieser Lektion?

6. Was ist dein nächster Schritt, dich in der Sache dieser Lektion zu verbessern?

7. Was sind deine offenstehenden Fragen über die Sache dieser Lektion?

3.3.9. Stelle systematisch Fragen

These IE3-9-T1: Gezieltes Fragen über die angesprochene reale Wirklichkeit verhilft zu lebenspraktischen Erkenntnissen.

These IE3-9-T2: Untersucht man mittels Fragen ein Ereignis oder einen Schauplatz, erweitert man den Blickwinkel zur Komplexität dieser Realität.

These IE3-9-T3: Die Sinnwirklichkeit (Bedeutungen) der Natur- und Tierwelt ist so vielfältig, dass oft erst mit verschiedenen Fragen die Vernetzung mit der Person erfasst werden kann.

■ Fragen richten den Blickwinkel. Dies dient zuerst dem möglichst präzisen Erfassen der Traumbilder und des Traumgeschehens insgesamt.

■ Dann ermöglichen die Fragen eine genaue Herstellung des Bezugs des Traumthemas mit der Person und ihrem Leben.

■ Die Bearbeitung mit gezielten Fragen korrigiert und erweitert die Deutung vor allem Richtung Lebenspraxis.

● Personen im Traum
Übung IE3-L9/1: Gib ein Traumbeispiel. Dann stelle dazu Fragen.

● Handlungen im Traum
Übung IE3-L9/2: Gib ein Traumbeispiel. Dann stelle dazu Fragen.

● Ereignisse im Traum
Übung IE3-L9/3: Gib ein Traumbeispiel. Dann stelle dazu Fragen.

● Naturwelt im Traum
Übung IE3-L9/4: Gib ein Traumbeispiel. Dann stelle dazu Fragen.

● Tierwelt im Traum
Übung IE3-L9/5: Gib ein Traumbeispiel. Dann stelle dazu Fragen.

● Objekte im Traum
Übung IE3-L9/6: Gib ein Traumbeispiel. Dann stelle dazu Fragen.

● Schauplätze im Traum
Übung IE3-L9/7: Gib ein Traumbeispiel. Dann stelle dazu Fragen.

● Numinoses im Traum
Übung IE3-L9/8: Gib ein Traumbeispiel. Dann stelle dazu Fragen.

● Einzelthemen im Traum
Übung IE3-L9/9: Gib aus 3 Träumen je ein Traumbeispiel. Dann stelle dazu Fragen.

Zusammenfassung:

1. Was ist das Wichtigste, das du aus dieser Lektion gelernt hast?

2. Was ist deine hervorstechende Stärke zur Sache dieser Lektion?

3. Was ist deine hervorstechende Schwäche zur Sache dieser Lektion?

4. Was hat dich am stärksten persönlich berührt in der Sache dieser Lektion?

5. Was ist dein wichtigstes nächstes Ziel zur Sache dieser Lektion?

6. Was ist dein nächster Schritt, dich in der Sache dieser Lektion zu verbessern?

7. Was sind deine offenstehenden Fragen über die Sache dieser Lektion?

3.3.10. Deute psychologisch und praktisch

These IE3-10-T1: Bei der psychologischen Weiterbearbeitung eines Traumes kann man den Bedeutungsraum so bestimmen, dass der Veränderungsbedarf (Bildungsbedarf) deutlich wird.

These IE3-10-T2: Je genauer man die Traumbotschaft mit psychischen Kräften und Verhaltensmustern verknüpfen kann, desto konkreter kann die „Massnahme" bestimmt werden.

These IE3-10-T3: Wenn man die durch den Traum angesprochenen Bereiche des Unbewussten genau identifiziert, ist das, was zu folgern (zu bearbeiten) ist, leichter zu bestimmen.

■ Dritter Arbeitsgang: Bei der psychologischen und lebenspraktischen Bearbeitung der Träume verbindet man den Bedeutungsraum eines Symbols mit dem psychischen Leben, den Handlungen und dem realen Leben.

● **Handlungen im Traum**

Übung IE3-L10/1: Beschreibe eine Traumhandlung. Kommentiere diese psychologisch deutend und bewertend.

● **Die Psychodynamik (Vitalität, Kraft, Gefühl, Grundstimmung etc.)**

Übung IE3-L10/2: Beschreibe eine erlebte Psychodynamik. Kommentiere diese psychologisch deutend und bewertend.

● **Das Ich und seine Hilfsfunktionen (Wille, Steuerung, Abwehr, Integration)**

Übung IE3-L10/3: Beschreibe, was du über dein Ich und die Hilfsfunktionen erkennst. Kommentiere psychologisch deutend und bewertend.

- **Die Intelligenzleistungen: Denken, Lernen, Sprache, Wahrnehmung**

Übung IE3-L10/4: Beschreibe ein passendes Traumbild (Szene). Kommentiere dieses psychologisch deutend und bewertend.

- **Die Gefühle**

Übung IE3-L10/5: Beschreibe die Gefühle im Traum. Kommentiere diese psychologisch deutend und bewertend.

- **Die Bedürfnisse**

Übung IE3-L10/6: Beschreibe die im Traum angesprochenen Bedürfnisse. Kommentiere diese psychologisch deutend und bewertend.

- **Das Unbewusste**

Übung IE3-L10/7: Beschreibe Traumbilder, die als Inventar des Unbewussten gelten. Kommentiere diese psychologisch deutend und bewertend.

- **Die Spiritualität**

Übung IE3-L10/8: Beschreibe ein Traumbild, das religiöse (geistige) Aspekte anspricht. Kommentiere dieses psychologisch deutend und bewertend.

- **Die Liebe**

Übung IE3-L10/9: Beschreibe ein Traumbild, das mit der Liebe zu tun hat. Kommentiere dieses psychologisch deutend und bewertend.

● Der Individuationsprozess

Übung IE3-L10/10: Beschreibe ein Traumgeschehen, das mit Prozessen (Stufenthemen) der Individuation (Entwicklung, Wachstum) zu tun hat. Kommentiere dieses psychologisch deutend und bewertend:

Übung IE3-L10/11: Wie beurteilst du dein Wissen und deine Fähigkeiten zur psychologischen und lebenspraktischen Bearbeitung deiner Träume?

Übung IE3-L10/12: Was sind deine Folgerungen aus L10/11?

Zusammenfassung:

1. Was ist das Wichtigste, das du aus dieser Lektion gelernt hast?

2. Was ist deine hervorstechende Stärke zur Sache dieser Lektion?

3. Was ist deine hervorstechende Schwäche zur Sache dieser Lektion?

4. Was hat dich am stärksten persönlich berührt in der Sache dieser Lektion?

5. Was ist dein wichtigstes nächstes Ziel zur Sache dieser Lektion?

6. Was ist dein nächster Schritt, dich in der Sache dieser Lektion zu verbessern?

7. Was sind deine offenstehenden Fragen über die Sache dieser Lektion?

3.4. Meditiere korrekt

Überlegungen zum richtig Meditieren

Wenn wir wissen, was wir mit der Meditation wollen und methodisch richtig vorgehen, dann wird Meditation sehr bereichernd für das Leben.

Meditationen dienen ganz unterschiedlichen Zielen

- Imagination über das psychische Leben und zur Problembearbeitung.
- Mentaltraining zum Entspannen und zur Stärkung der Konzentration.
- Kontemplation zur Sinnerfahrung von Symbolen und Archetypen.
- Mediales Sehen, um Menschen & psychische Wirklichkeiten zu verstehen.
- Rückführungen bis in die vorgeburtliche Zeit zur Lebensaufarbeitung.
- Die Träume imaginativ wiedererleben und bearbeiten.
- Heilmeditation für sich und andere nutzen.
- Präkognition über das eigene Leben und die Gesellschaft.
- Erforschung der transzendentalen Wirklichkeit und der Archetypen der Seele.

Meditation ist ein gezieltes Nach-Innen-Schauen, ein nachdenkliches Betrachten, ein Sich-Versenken. Meditation ist Besinnung und Erfahrung über das innere Sein. Meditation eröffnet die innere Lebensquelle. Meditation ist auch ein bewusst geführter Dialog mit dem inneren absoluten Geist.

→ Meditation macht den Menschen innerlich stark.
→ Meditation weckt kreative Kräfte, fördert die Intuition und vermittelt ein
→ inneres Erleben von Sinn und Wert.
→ Meditation ist unerlässlich zur Entdeckung der "anderen Wirklichkeit".
→ Meditation ist das Tor zur (echten) Spiritualität.

Darum ist Meditation hilfreich in der Selbstbildung, zum Verstehen des psychisch-geistigen Lebens im Menschen, zur Entfaltung der Persönlichkeit, für den Erfolg im persönlichen Leben und ebenso im Beruf.

Was ist Meditation? Wozu dient Meditation?

Meditation ist inneres Bildersehen. Gehen wir davon aus, dass im inneren Bildersehen dieselbe intelligente Kraft wirkt wie in Träumen, so können wir diese Kraft zielgerichtet nutzen. Wenn wir wissen, was wir mit der Meditation wollen und methodisch richtig vorgehen, dann wird Meditation sehr bereichernd für das Leben.

Die umfassende und ausgewogene Bildung des psychischen Lebens verlangt, auch zu meditieren. Ohne Meditation (und Traumdeutung) ist das Unbewusste niemals vollständig aufzuarbeiten! Für die Individuation ist Meditation unerlässlich.

Meditation ist inneres Bildersehen und ein zielgerichteter Umgang mit inneren bildhaften Vorstellungen.

Die fünf Grundfragen der Meditation heissen:

1. Was willst du erreichen? Zielbestimmung. Begründung.
2. Mit welchen Bildern und Symbolen willst du arbeiten? Instrumente festlegen.
3. Wie gestaltest du aktiv das innere Bildergeschehen? Operationen. Ablauf.
4. Wie gehst du bei der Interpretation vor? Deutung.
5. Wie setzt du das Ergebnis im Leben um? Konsequenzen im Leben.

Es gibt verschiedene Voraussetzungen für ein echtes Gelingen des Meditierens:

☐ Lernbereitschaft
☐ Willenskraft
☐ Ernsthaftigkeit
☐ Echtes inneres Interesse
☐ Selbstvertrauen
☐ Keine religiöse Gegenposition

☐ Realistische Erwartungen
☐ Konzentrationsfähigkeit
☐ Ehrlichkeit
☐ Vorstellungskraft
☐ Positive Grundeinstellung
☐ Frei von Dogmatismus

Imagination

Im inneren Bildersehen wirkt dieselbe intelligente Kraft wie in Träumen. Mit Imagination kann man sich entspannen, neue Kräfte finden, Lösungswege für Probleme vorbereiten, den Kopf "frei machen", andere Menschen verstehen, Lebenssinn finden, Träume bearbeiten, Ursachen von Leiden und Schwierigkeiten erkennen, das Unbewusste aufarbeiten und vieles mehr.

Beispiele Imaginationen

- "Ich will sehen, wie es um meine Bedürfnisse steht. Ich vereinbare: Meine Bedürfnisse zeigen sich bildhaft als Tiere auf einem Bauernhof."
- Welche Masken setzt sich der Mensch auf und was verbirgt er dahinter?

Dazu kann man in der Imagination in einen Spiegel schauen und nach den Masken fragen, oder nach den Gesichtern dahinter. Beides kann sich dann in Tiergestalt, in Märchenfiguren oder ganz real zeigen.

- Wer imaginativ ins "Lagerhaus" geht, um die eigene Lebensgeschichte zu finden, kann mit dem inneren Bildersehen darin Ordnung machen.

- Man kann in den "Keller" gehen und da manche eingesperrten Kräfte entdecken: das eigene Kindsein, ungenutzte Kräfte, verstaubte Gesetzestafeln, verborgene Lebenspläne u.s.w.

> **Imagination ist die Form der Meditation, mit der man das gesamte psychische und reale Leben entdecken, verstehen und neu bilden kann.**

Mental-Training

Mental-Training ist eine Form des Meditierens zur mentalen Entspannung. Ziele sind:

- Kopf leeren
- Ruhe finden
- Gedanken loslassen
- Energien aufbauen
- Energien auf ein Ziel richten
- Konzentration finden
- Sich abgrenzen
- Aussenvernetzungen loslassen
- Tag verarbeiten
- Tag vorausschauen

Kontemplation

Die Kontemplation befasst sich mit allgemeinen Symbolen und Archetypen. Archetypen beziehen sich auf allgemeine Muster von psychischen Kräften, auf die Wandlungsprozesse des psychischen Lebens, auf die grundlegenden Lebensthemen, auf Sinn und Grundwerte sowie auf die transzendentale Wirklichkeit.

Archetypen sind zum Beispiel: Pyramide, Mandalas, Sonne, Figuren (z.B. der "Weise").

Allgemeine Symbole widerspiegeln die konkreten Grundthemen des Daseins, die uns alle betreffen. Allgemeine Symbole sind Bilder aus unserer Welt: Haus, Auto, Geburt, Hochzeit, Kind, alter Mensch, Hund, Mutter, Vater u.s.w. Diese widerspiegeln die konkreten Grundthemen des Daseins.

Beispiel einer Kontemplation: Stelle dir im inneren Bildersehen einen Nachthimmel vor mit vielen Sternen. Ein Stern kommt immer näher, steht dann als kleine Sonne ganz nahe vor dir. Das Licht dieser Sonne strahlt angenehm warm in den Körper hinein, solange bis der ganze Körper, vom Kopf bis zu den Füssen und Händen, voll ist von diesem Licht. Danach frage die Sonne: "Wer bist DU?"

Kontemplation schafft den Zugang zum "Geheimnis" des Menschseins.

Archetypen der Individuation

Die Archetypen haben im Prozess der Individuation eine Schlüsselfunktion. Mandalas repräsentieren diese höhere Einheit und Ganzheit, schaffen Zentrierung und Neuorientierung. Wir wollen zwei Symbole herausgreifen, die in der abendländischen Geschichte zur Darstellung der inneren psychisch-geistigen Evolution eine zentrale Stellung eingenommen haben: Der "Gral" und das "Kreis-Kreuz-Mandala" (auch "Lebenssymbol" genannt).

Der "Gral" ist der "Stein der Weisen". Die Tradition spricht ferner von "Kelch", "Smaragd" oder "Juwel". Der Gral ist das "Gefäss der Wandlung", meint auch "der geistige Mensch". Der Gral ist Sinnbild für höchste psychisch-geistige Entwicklung und somit für das grösste Geheimnis des Menschseins überhaupt.

Psychologisch kann man die Gralsgeschichten als inneren Wandlungsprozess im Sinne der Individuation deuten. Die Kraft, die den Menschen führt, ist der innere Geist, der die Träume schafft und die Imagination informationsreich komponiert. Vieles verliert der Mensch auf seiner inneren Reise. Doch alles erhält er in neuer Form zurück: Dies ist der Prozess von "stirb und werde" bis zur neuen Ganzheit.

Das Kreis-Kreuz-Mandala hat eine Geschichte zurück bis in die ägyptische Hochkultur. Das Sonnenrad ist die wohl erste symbolische Darstellung des "Mysterium Mensch". Trieb und Geist, Psyche und irdisches Leben, Erde und Himmel, Ganzheit und Zentrierung, das Männliche und das Weibliche sind Wirklichkeiten, die dieses Symbol ansprechen. Das Rad repräsentiert gemäss alter Tradition auch die Kreisbewegung der Wiedergeburt, d.h. zuerst einmal der inneren Neugeburt vom alten (archaischen) Menschsein zum neuen (evolutionären) Menschsein. Dieser Archetypus stellt ferner die Sonne dar und damit die Quelle / der Kern der Transzendenz: Gott.

Der Gral und das Lebenssymbol enthalten beide im Wesentlichen dasselbe Thema: den inneren psychisch-geistigen Menschen. Wir können den Prozess und das Ziel der Individuation nur in Bezugnahme auf diesen Archetypus hinreichend erfassen. Wo Worte, insbesondere psychologische Begriffe, die Sachverhalte kaum mehr einzufangen vermögen, spricht dieses Symbol weiter. Wer dazu die Augen schliesst, nach innen schaut und über diesen Archetypus meditiert, erfährt mehr als Worte auszusagen vermögen.

Beispiele Anwendung Meditation

1. Entspannung, Ausgleich und Zentrierung der Energie
2. Selbststärkung, Kräfteerneuerung
3. Erfassen der alltäglichen Lebensweise
4. Verstehen der Beziehungen zu andern
5. Lösungsentwicklung von Herausforderungen
6. Klärung von Schwierigkeiten und Konflikten
7. Verstehen von psycho-somatischen Leiden
8. Befreiung von vergangenen Leiderfahrungen
9. Verstehen von Träumen
10. Klärung aller inneren Gewissenskräfte
11. Erfassen und Handhaben der Gefühle
12. Umgang mit den eigenen Bedürfnissen
13. Stärkung von Wille und Ich-Steuerung
14. Erkennen von Projektionen und Identifikationen
15. Bewusstes Nutzen der Intelligenzkräfte
16. Erweiterung der Wahrnehmung
17. Verstehen des "Mysteriums Mensch"
18. Erkennen der Weltlage aus geistiger Sicht
19. Das eigene Schicksal erkennen und verstehen
20. Den Weg der Individuation planen und gehen

Erweiterte meditative Selbsterfahrung

Man kann eigentlich einen Menschen nur verstehen, wenn man ihn auch in der Perspektive seiner Lebenserfahrungen betrachtet. Die Lebensgeschichte prägt den Menschen. Sie ist auch Teil seines gegenwärtigen Daseins: "Ich bin meine lebendige Vergangenheit." Die gelebte Vergangenheit ist das Codeprogramm für das Leben in der Gegenwart und Zukunft. Diese innere lebendige Wirklichkeit können wir mit Meditation erschliessen und verändern (neu formen).

Daraus ergeben sich spezielle Fragen der Selbsterkenntnis:

→ Wie wirkt die Vergangenheit – das gelebte Leben – auf die Gegenwart?

→ Wie bewegen sich die letzten Tage und Wochen im täglichen Bewusstsein?

→ Welche Erinnerungen kommen oftmals in die Gegenwart hinein?

→ Wie wirkt der Überblick über das gelebte Leben bis in die Kindheit zurück?

→ Welche markanten Lebenserfahrungen prägen die Selbst-Identität?

→ Welche Zukunftsperspektiven sind schon heute lebendig?

Richtig meditieren – Die allgemeinen Regeln

→ Festlegen, was man erreichen will: Erkenntnis, Veränderungen, Festigung.

→ Festlegen, mit welchen Bildern und Symbolen man arbeiten will.

→ Zielgerichtet den Bilderablauf geschehen lassen oder aktiv steuern.

→ Sinn erspüren. Das Ergebnis interpretieren wie einen Traum.

→ Folgerungen für das Leben formulieren und die Konsequenzen erproben.

Das Vorgehen: Setze dich bequem hin. Schliesse deine Augen. Entspanne dich 1-2 Minuten: Gedanken loslassen und tief atmen. Dann sprichzu dir selber (zum Beispiel): "Ich will jetzt innere Bilder sehen, die mir zeigen: Das bin ich."

Arbeite dabei mit einem Spiegel (als Symbolbild). Darin siehst du deine verschiedenen Gesichter. Danach lasse dem inneren Erleben freien Lauf während ca. 2 Minuten. Konzentriere dich auf das, was in dir bildhaft oder als vage Vorstellung vorgeht: Du erkennst dich selbst!

Mache die Meditationsübungen anfangs nicht zu lange. Brich ab, wenn du eine Bilderflut hast. Erzwinge keine Bilder. Geschieht nichts, dann achte auf deine Gefühle und fliessenden Gedankenteile. Notiere danach in Stichworten dein Erleben. Am Schluss interpretiere deine Meditation.

3.4.1. Meditiere richtig nach Regeln

These IE4-1-T1: Ziele der Meditation sind: Entspannung, Kräfteerneuerung, Psyche und Realitäten verstehen, Probleme bearbeiten, Unbewusstes verarbeiten, Heilungsprozesse fördern, das Menschsein erforschen.

These IE4-1-T2: Konstruktive Meditation enthält ein Ziel, festgelegte Bilder und Symbole, Ablaufgestaltung, Deutungsregeln und Konsequenzen für das Leben.

These IE4-1-T3: Nichts spricht so wahr wie der Geist, der die Träume schafft und das meditative Geschehen intelligent konstruiert, wenn man richtig vorgeht.

■ Meditation ist inneres Bildersehen und ein zielgerichteter Umgang mit inneren bildhaften Vorstellungen. Die fünf Grundfragen der Meditation heissen:

1. Was willst du erreichen? Zielbestimmung. Begründung.
2. Mit welchen Bildern und Symbolen willst du arbeiten? Instrumente.
3. Wie gestaltest du aktiv das innere Bildergeschehen? Operationen. Ablauf.
4. Wie gehst du bei der Interpretation vor? Deutung.
5. Wie setzt du das Ergebnis im Leben um? Konsequenzen im Leben.

Übung IE4-L1/1: Es gibt verschiedene Voraussetzungen für ein echtes Gelingen des Meditierens, die minimal vorhanden sein müssen. Kreuze an, was bei dir klar vorhanden ist:

☐ Lernbereitschaft
☐ Realistische Erwartungen
☐ Willenskraft
☐ Konzentrationsfähigkeit
☐ Ernsthaftigkeit
☐ Ehrlichkeit
☐ Echtes inneres Interesse
☐ Vorstellungskraft
☐ Selbstvertrauen
☐ Positive Grundeinstellung
☐ Keine religiöse Gegenposition
☐ Frei von Fundamentalismus

Was denkst du über diese Voraussetzungen?

Übung IE4-L1/2: Was ist "Meditation" deiner Meinung nach?

Übung IE4-L1/3: Wie meditiert man "richtig" deiner Meinung nach?

Übung IE4-L1/4: Wozu meditiert man deiner Meinung nach?

Übung IE4-L1/5: Braucht der Mensch "Meditation"? Begründe:

● Ziele des Meditierens: Gesundheit, Selbstbildung, Heilung, Transzendenzerfahrung etc.

Übung IE4-L1/6: Was erwartest du vom Meditieren?

● Je intensiver eine innere Vorstellung ist, desto stärker wirkt sie auf Psyche und Körper.

Übung IE4-L1/7: Beschreibe deine Erfahrungen mit einem Beispiel:

● Die Botschaft (Sinn) von einem Bild in der Meditation basiert auf den Charakteristiken des Geistes (wie bei den Träumen), wenn die Regeln der Gestaltung beachtet werden.

● Die Deutung eines Meditationsergebnisses erfolgt wie bei den Träumen. Es ist Vorsicht geboten: Nur all zu schnell ist man geneigt, in einer Meditation das zu sehen, was man sehen will.

Übung IE4-L1/8: Reflektiere deine Erfahrungen mit Meditation:

☐ Ich habe keine nennenswerten Erfahrungen mit Meditation; Gründe sind:

☐ Ich praktiziere Meditation häufig/oft/gelegentlich/selten; wie folgt:

☐ Ich habe vor allem mit folgenden Bildern und Symbolen gearbeitet:

☐ Meine Meditationen habe ich nach folgenden Gesichtspunkten gedeutet:

☐ Meditation hat mir bis heute geholfen, zum Beispiel:

☐ Ich habe aus Meditationen Folgendes konkret für das Leben gelernt:

☐ Ich habe aus Meditationen schon ernsthafte Konsequenzen gezogen:

☐ Ich habe folgende Fragen zur Meditation:

Übung IE4-L1/9: Was erhoffst du dir vom Meditieren? Beschreibe Konkret:

Zusammenfassung:

1. Was ist das Wichtigste, das du aus dieser Lektion gelernt hast?

2. Was ist deine hervorstechende Stärke zur Sache dieser Lektion?

3. Was ist deine hervorstechende Schwäche zur Sache dieser Lektion?

4. Was hat dich am stärksten persönlich berührt in der Sache dieser Lektion?

5. Was ist dein wichtigstes nächstes Ziel zur Sache dieser Lektion?

6. Was ist dein nächster Schritt, dich in der Sache dieser Lektion zu verbessern?

7. Was sind deine offenstehenden Fragen über die Sache dieser Lektion?

3.4.2. Handhabe das innere Bildersehen

These IE4-2-T1: Imagination ist meditieren über das psychische Leben, die Biographie, das Handeln, die Lebensthemen und Lebensprobleme.

These IE4-2-T2: Indem in der Imagination die Bilderwelt bewusst aktiv gestaltet wird, können Komplexe und Konflikte bearbeitet und Lösungen gefunden werden.

These IE4-2-T3: Die aktive Kommunikation mit dem inneren Geist geschieht durch Meditation (Bilder), woraus auch Weisheit entsteht.

● Imagination ist Meditieren über das psychische Leben, die Biographie, das Handeln, die Lebensthemen, Problemlösungen etc. In der Imagination arbeitet man mit Bildern, die das Thema repräsentieren können. Dazu kann man Symbolvereinbarungen treffen:

Reales Thema (Element davon):	Bilder, Symbole, Szenen dazu (u.ä.m.):
Das psychische Leben als Ganzes	Instrumente / ein Orchester
Das Ich-System	Kapitän mit Schiff / am Steuerrad
Die Bedürfnisse	Tiere auf einem Bauernhof
Die Gefühle	Ein Farbenspektrum / ein Tier
Die Intelligenzfunktionen	Ein Computer
Das Unbewusste	Ein Lagerhaus/eine Grotte
Die Liebe	Das ewig wärmende Feuer / die Sonne
Der Geist	Eine Eule/eine weise Gestalt
Individuation	Reise, Entdeckungsfahrt
Die psychische Ganzheit	Das Kreis-Kreuz-Mandala

Übung IE4-L2/1: Konstruiere 3 Beispiele zu Themen und (meditativen) Bildern:

Reales Thema	Angemessene Bilder dazu
1)	
2)	
3)	

● Für jede Form der Imagination gilt: Fragen formulieren - Symbole und Bilder festlegen - die Orientierung im psychischen System respektive im Themenbereich orten:

Übung IE4-L2/2: Meine bisherigen Fragen (zu meditieren) waren zum Beispiel:

Übung IE4-L2/3: Meine psychischen Themen (zu meditieren) waren zum Beispiel:

Übung IE4-L2/4: Meine Lebensthemen (Anliegen) zu meditieren, sind bis heute gewesen:

Übung IE4-L2/5: Konstruiere drei Meditationen:

Die Frage der Meditation Das Thema der Meditation	Die innere Bildersprache dazu Bilder - Symbole - Archetypen	Das psychische Sub-System Das Lebenssystem Die Themen
Beispiel: Mein Bedrücktsein. Warum bin ich immer wieder ohne ersichtlichen Anlass so bedrückt?	Beispiel: Ich trage einen Rucksack, öffne ihn, schaue hinein und finde darin, was mich so sehr bedrückt.	Beispiel: Bedürfnisse, Gefühle, Gedanken, Ideale, Erinnerungen, Wünsche, Ereignisse u.s.w.
1)		
2)		
3)		

● Operationen - Veränderungen. Das Ziel ist: eigene verdrängte, unterdrückte psychische Kräfte suchen, finden, aufnehmen und bearbeiten.

Übung IE4-L2/6: Bearbeite wie vorgegeben. Zuerst 2 Minuten Entspannung.

a) Wähle die Art der psychischen Kräfte und ein symbolisches Bild dazu:

Psychische Kraft:	
Bilder:	

b) Imaginiere dazu 2-3 Minuten; beschreibe dein Bilderleben:

c) Interpretiere das Bilderleben. Formuliere eine Konsequenz:

● Selbstentdeckung: Imaginativ in den Spiegel schauen und die eigenen Gesichter erkennen. In einem Lagerhaus ist all das biographische Inventar. Die Räume eines Hauses widerspiegeln die Lebensweise. Etc.

Übung IE4-L2/7: Bearbeite wie vorgegeben. Zuerst 2 Minuten Entspannung:

a) Wähle die Art der psychischen Kräfte und ein symbolisches Bild dazu:

Thema zu entdecken:	
Schauplatz:	

b) Imaginiere dazu 2-3 Min.; beschreibe dein Bildererleben:

c) Interpretiere das Bilderleben. Formuliere eine Konsequenz:

● Operative Symbole. Damit können Probleme bearbeitet werden.

Übung IE4-L2/8: Bearbeite wie vorgegeben:

a) Spiele eine Versöhnung irgendeiner konfliktären Situation durch, die du in der Vergangenheit gehabt hast oder heute hast:

b) Öffne deinen Kellerraum (in der Komplexe lagern) mit dem Zauberstab:

c) Integriere einen Helfer (weise Gestalt, Freund) in eine schwierige eigene Lage:

d) Wie wirken diese meditativ-operativen Handlungen?

Zusammenfassung:

1. Was ist das Wichtigste, das du aus dieser Lektion gelernt hast?

2. Was ist deine hervorstechende Stärke zur Sache dieser Lektion?

3. Was ist deine hervorstechende Schwäche zur Sache dieser Lektion?

4. Was hat dich am stärksten persönlich berührt in der Sache dieser Lektion?

5. Was ist dein wichtigstes nächstes Ziel zur Sache dieser Lektion?

6. Was ist dein nächster Schritt, dich in der Sache dieser Lektion zu verbessern?

7. Was sind deine offenstehenden Fragen über die Sache dieser Lektion?

3.4.3. Nutze den Power des Mentaltrainings

These IE4-3-T1: Mentaltraining verhilft zur Ordnung und Verarbeitung des vergangenen Tagesgeschehens.

These IE4-3-T2: Mentaltraining verhilft zur mentalen Entlastung wie Gedanken loslassen, Konzentration finden, mentalen Freiraum schaffen für Neues.

These IE4-3-T3: Die Kraft der Visualisation bewirkt Erneuerung, Aufbau und Stärkung der Lebensenergie.

● Mental-Training ist eine Form des Meditierens zur mentalen Entspannung.

Ziele des Mental-Trainings sind:

- Kopf leeren
- Ruhe finden
- Innere Verkrampfungen lösen
- Gedanken loslassen
- Energien zentrieren
- Energien auf ein Ziel richten
- Konzentration finden
- Sich abgrenzen
- Aussenvernetzungen loslassen
- Tag verarbeiten
- Tag vorausschauen
- Lebenskräfte neu aufbauen

Übung IE4-L3/1: Wie hast du solche Ziele bereits anzustreben versucht? Beschreibe:

● Systematische, bildhafte Ruhigstellung

Übung IE4-L3/2: Mit bewusster körperorientierter Konzentration sich sagen und bildhaft vorstellen: „Das Gesicht ist weich ...gelöst ...warm ...ruhig ...locker ...entspannt". Und fortfahren mit allen Körperbereichen wie Hals, Schultern, Brust, Arme, Hände, Bauch, Rücken, Kreuz, Beine, Füsse. Resultat:

● Psychohygiene am Abend

Übung IE4-L3/3: Den vergangenen Tag durchgehen: Konkret fokussiert im Zeitraffer/in Zeitlupe. Wichtige Momente genau anschauen. Am Schluss den „Film" weglegen. Resultat:

● Einstellung auf den Tag

Übung IE4-L3/4: Den beginnenden Tag durchgehen: Konkret im Zeitraffer/in Zeitlupe wichtige bevorstehende Momente genau imaginieren. Positive Einstellung formen. Resultat:

● Allgemeine Katharsis und Stärkung

Übung IE4-L3/5: Ein Licht (eine Sonne) rufen. So gross wie ein Fussball (oder etwas grösser) steht die Sonne da. Ihre Strahlen füllen den Körper mit Sonnenenergie. Resultat:

● Die allgemeinen Standardübungen

Praktiziere die folgenden Übungen (auswählen; nicht gleich alle nacheinander!), jeweils 3-5 Minuten. Achte auf welche Bildmotive du besonders leicht ansprechbar bist. - Gestalte in Zukunft deine eigenen Varianten!

Übung IE4-L3/6: Kopf leeren. Ein Gefäss steht vor den Füssen am Boden, sich ein Loch in der Stirn vorstellen, der Kopfballast fliesst/fällt ins Becken. Resultat:

Übung IE4-L3/7: Gedanken loslassen: Gedanken sind Wolken, Wolken am Himmel vergehen, blauer Himmel nimmt zu. Resultat:

Übung IE4-L3/8: Distanz zu allem, was sich im Kopf bewegt, finden: Bootsfahrt auf einem ruhig dahinfliessenden Fluss im Grünen. Menschen und Sachen am Ufer zurücklassen. Resultat:

Übung IE4-L3/9: Sich schützen vor Fremdeinflüssen: Glaswand dazwischenstellen; Szenen der geschützten Distanz schaffen (z.B. Graben, Hecke, Umzäunung etc.). Resultat:

Übung IE4-L3/10: Stille: In einer Pyramide sitzen, oben ist das Lebenssymbol als Sonne; Lichtstrahl ins Zentrum. Im Lichtstrahl sitzen. Resultat:

Übung IE4-L3/11: Lebenskraft stärken: An einer Eiche angelehnt mit dem Baum eins werden. Die Kräfte der Eiche besonders im Rücken und im Bauch einwirken lassen. Resultat:

Übung IE4-L3/12: Nervosität abbauen: Ein Glas füllt sich langsam mit Wasser, gleichzeitig nimmt die innere Ruhe zu. Resultat:

Übung IE4-L3/13: Was denkst und fühlst du über solchen Meditationen?

Übung IE4-L3/14: Was geschieht mit dir langfristig, wenn du nie Mentaltraining machst?

Zusammenfassung:

1. Was ist das Wichtigste, das du aus dieser Lektion gelernt hast?

2. Was ist deine hervorstechende Stärke zur Sache dieser Lektion?

3. Was ist deine hervorstechende Schwäche zur Sache dieser Lektion?

4. Was hat dich am stärksten persönlich berührt in der Sache dieser Lektion?

5. Was ist dein wichtigstes nächstes Ziel zur Sache dieser Lektion?

6. Was ist dein nächster Schritt, dich in der Sache dieser Lektion zu verbessern?

7. Was sind deine offenstehenden Fragen über die Sache dieser Lektion?

3.4.4. Erforsche das Geistige mit Kontemplation

> These IE4-4-T1: Die Kontemplation ist jene Art der Imagination, mit der man sich mit den Grundthemen des psychisch-geistigen Menschseins auseinandersetzt.
>
> These IE4-4-T2: Die allgemeinen Symbole der Kontemplationen sind die Archetypen; d.h. die allgemeingültigen Ur-Symbole der Menschheit.
>
> These IE4-4-T3: Die psychisch-geistigen Themen des Menschseins sind immer Teil der Individuation.

● Die Kontemplation befasst sich mit den Grundthemen des Menschseins in allgemeiner Form sowie mit den archetypischen Prozessen der Individuation.

Übung IE4-L4/1: Was interessiert dich an den Grundthemen des Menschseins? Formuliere zwei Fragen:

● Das Vorgehen bei der Kontemplation ist wie bei der Imagination.

> ➜ **Mache nicht gleich alle Übungen nacheinander.**

Übung IE4-L4/2: Stelle dir vor, du willst auf eine Weltreise gehen, das Leben der Menschen entdecken, die 'Geheimnisse' des Lebens suchen. Ein Schiff steht bereit. Du packst deine Sachen. Die Fahrt geht los. Ergebnis und Folgerung:

Übung IE4-L4/3: Stelle dir eine weise Gestalt (einen weisen Mann, eine weise Frau) vor. Sage dieser Gestalt, du willst jetzt das Seelenleben kennenlernen. Frage, was du dazu tun sollst. Ergebnis und Folgerung:

Übung IE4-L4/4: Stelle dir ein einfaches Mandala vor (Quadrat mit Kreis, vielleicht mit Kreuz und Rosetten). Du weisst: Das stellt die 'Ganzheit' dar. Sprich zu diesem Bild, es solle sich so verwandeln, dass es deinen jetzigen psychisch-geistigen Stand widerspiegelt! Ergebnis und Folgerung:

Übung IE4-L4/5: Du erhältst eine leuchtende Kugel, wie eine kleine Sonne, so gross wie ein Tennisball. Das ist deine innere 'Lebensquelle'. Tue etwas damit! Ergebnis und Folgerung:

Übung IE4-L4/6: Rufe das "Kreis-Kreuz-Mandala" herbei. Nimm es in die Hand. Frage meditativ: "Lass mich erfahren, was ich mit Dir tun kann". Ergebnis und Folgerung:

● Kontemplation über Archetypen

Das ist die einfachste Form der Kontemplation. Rufe ein entsprechendes Symbol und sprich: „Bitte wirke auf mich, sodass ich dich verstehen kann." Oder: „Bitte verwandle dich in ein anderes Symbol, damit ich dich verstehen kann."

Übung IE4-L4/7: Eule

Übung IE4-L4/8: Elefant

Übung IE4-L4/9: Kelch

Übung IE4-L4/10: Tod

Übung IE4-L4/11: Geburt, neues Leben (Baby)

Übung IE4-L4/12: Deine spontanen Reaktionen zu solchen archetypischen Bildern:

- Kontemplation über archetypische Prozesse

Übung IE4-L4/13: Stelle dir vor, du gehst in einen Prozess der Verwandlung und Neuwerdung. Frage dich, was dadurch entstehen kann. Ergebnis und Folgerung:

Übung IE4-L4/14: Du entscheidest dich, den inneren Wachstumsprozess (Individuation) zu vollziehen. Du akzeptierst somit den inneren Geist als "Führungsinstanz". Rufe in der Kontemplation einen Weisen/eine weise Frau und sprich: "Ich will mich auf diesen Prozess einlassen." - Was geschieht dann imaginativ? Ergebnis und Folgerung:

Übung IE4-L4/15: Willst du ein "neues Menschsein" aus dem Tiefsten deiner Seele formen? Ja, dann stelle dir vor, du gehst in ein "Heiligtum" und erklärst da deine Bereitschaft dazu. Du wirst dann in eine "Startprozedur" hineingeführt. Du erfährst eine erste Prozedur. Lasse die Bilder ablaufen. Ergebnis und Folgerung:

Übung IE4-L4/16: Wenn der Mensch solche Meditationen nicht praktiziert, was bleibt ihm dann übrig? Und was ist der Unterschied dazu?

Zusammenfassung:

1. Was ist das Wichtigste, das du aus dieser Lektion gelernt hast?

2. Was ist deine hervorstechende Stärke zur Sache dieser Lektion?

3. Was ist deine hervorstechende Schwäche zur Sache dieser Lektion?

4. Was hat dich am stärksten persönlich berührt in der Sache dieser Lektion?

5. Was ist dein wichtigstes nächstes Ziel zur Sache dieser Lektion?

6. Was ist dein nächster Schritt, dich in der Sache dieser Lektion zu verbessern?

7. Was sind deine offenstehenden Fragen über die Sache dieser Lektion?

3.4.5. Praktiziere Rückführungen richtig

These IE4-5-T1: Rückführung bedeutet, dass man mittels meditativer Innenschau die eigene Vergangenheit bis in die vorgeburtliche Zeit aufrollen, wiedererleben und auf diesem Wege, da wo nötig, Erfahrungen bearbeiten kann.

These IE4-5-T2: Die Wiedererinnerung ist zuerst als erste Annäherung einzuüben. So wird die Vergangenheit im Erleben wie das Gestern.

These IE4-5-T3: Bis in die vorgeburtliche Zeit zurück ist alles Erleben gespeichert. Hier formen sich die Fundamente, wie ein Mensch ist, denkt, fühlt, bewertet, reagiert und lebt.

● Rückführung bedeutet, dass man mittels meditativer Innenschau die gesamte eigene Vergangenheit bis in die vorgeburtliche Zeit aufrollen, wiedererleben und auf diesem Wege, wo nötig, diese Zeit (Erlebnisse damals) bearbeiten kann.

● Ab der Zeugung beginnen die psychischen Formungsprozesse: SEHR WICHTIG!!!

Die nachfolgenden Übungen bezwecken einen ersten Einstieg in verschiedene Lebensphasen. Die Wiedererinnerung ist zuerst ohne Bearbeitung und ohne vertieftes Wiedererleben einzuüben. Darum: Gestalte die Übungen kurz (max 3-5 Minuten) und breche nach einem ersten Ergebnis wieder ab. Wer keine Erinnerungen erleben (sehen) kann, möge Geduld üben und diese Übungen in regelmässigen Abständen wiederholen.

Vorgehen:

1. Kurze Entspannung und Konzentration nach Innen.
2. Suggestionen: "Die Zeit ist unwichtig. Der Raum um mich ist unwichtig. Ich gehe innerlich jetzt in meine Vergangenheit. Jetzt gehe ich langsam in die Zeit um ... Jetzt tauchen Bilder aus dieser Zeit auf."
3. Die Bilder anschauen. Weitere Bilder rufen. Noch etwas weiter zurückgehen in der Zeit u.s.w.
4. Abschluss mit Suggestionen: "Die Bilder ziehen sich mehr und mehr zurück. Langsam wird die Gegenwart wieder wichtig. Ich spüre den Raum um mich. Die Gegenwart ist wieder da."
5. Tief durchatmen. Augen auf. Arme und Beine etwas bewegen.
6. Beschreibe das Übungsergebnis.

> ● **WICHTIG: Es wird sehr abgeraten, intensive und längere Rückführungen in die frühe Kindheit und bis in die vorgeburtliche Zeit ohne professionelle Führung zu machen!**

Die folgenden Übungen: Rufe je Übung nur drei Bilder aus der Zeit herbei!

Übung IE4-L5/1: Rückführung in die letzten Tage

Übung IE4-L5/2: Rückführung in die letzten Monate

Übung IE4-L5/3: Rückführung in die Zeit vor einem Jahr

Übung IE4-L5/4: Rückführung in die Zeit bis etwa vor 5 Jahren

Übung IE4-L5/5: Rückführung ins junge Erwachsenenalter

Übung IE4-L5/6: Rückführung in die Jugendzeit

Übung IE4-L5/7: Rückführung in die Kindheit

Übung IE4-L5/8: Rückführung in die frühe Kindheit

Übung IE4-L5/9: Rückführung in die vorgeburtliche Zeit

Übung IE4-L5/10: Übersicht über das Lebensinventar gewinnen. Fasse hier deine ersten Ergebnisse zusammen. Beschreibe in Stichworten:

a) Welches sind die Schlüsselbilder?

b) Welches sind die Kernthemen, die damit verbunden sind?

c) Wie hast du diese gefühlsmässig erlebt?

Übung IE4-L5/11: Warum sind gerade diese und nicht andere Bilder aufgetaucht? Versuche die Bilder als „Botschaften" zu deuten: sie alle wollen dir etwas sagen. Was wollen diese Bilder dir in Übersicht sagen?

Zusammenfassung:

1. Was ist das Wichtigste, das du aus dieser Lektion gelernt hast?

2. Was ist deine hervorstechende Stärke zur Sache dieser Lektion?

3. Was ist deine hervorstechende Schwäche zur Sache dieser Lektion?

4. Was hat dich am stärksten persönlich berührt in der Sache dieser Lektion?

5. Was ist dein wichtigstes nächstes Ziel zur Sache dieser Lektion?

6. Was ist dein nächster Schritt, dich in der Sache dieser Lektion zu verbessern?

7. Was sind deine offenstehenden Fragen über die Sache dieser Lektion?

3.4.6. Bearbeite Aspekte der Lebenserfahrungen

These IE4-6-T1: Rückführungen können themenzentriert gestaltet werden, um Grunderfahrungen besser zu verstehen.

These IE4-6-T2: Konfliktbeladene Situationen aus der Vergangenheit kann man in der Imagination bearbeiten, klären und dadurch davon frei werden.

These IE4-6-T3: Peinliche, heikle Erfahrungen aus der Vergangenheit binden das Thema und fixieren das Ich unbewusst an die dabei erlernten Reaktionsmuster.

● **Bearbeite ohne professionelle Hilfe keine sehr leidvollen Lebenserfahrungen!**

● Rückführungen können auch themenzenteriert gestaltet werden. Dabei soll man pro Übung nur ein Thema herbeirufen. Es ist wichtig, den zeitlichen Ablauf einzuhalten; das bedeutet: während einer Meditation nicht sprunghaft hin und her gehen in den Lebensjahren.

Beispiel „Vatererfahrungen": Es sollen sich, Schritt für Schritt, Szenen zeigen, wo der Vater eine prägende Rolle spielte, wo Erfahrungen mit ihm „Spuren" hinterlassen haben: in den letzten Jahren und dann in Abständen zurück bis in die Kindheit. Themenauswahl:

Übung IE4-L6/1: Thema: Muttererfahrungen

Übung IE4-L6/2: Thema: Religiöse Erfahrungen

Übung IE4-L6/3: Thema: Schul- bzw. Lernerfahrungen

Übung IE4-L6/4: Thema: Streit- und Konflikterfahrungen

Übung IE4-L6/5: Thema: Sexuelle Erfahrungen

Übung IE4-L6/6: Thema: Erfahrungen der Liebe

Übung IE4-L6/7: Thema: Erfahrungen der Freundschaft

Übung IE4-L6/8: Thema: Erfahrungen über Lügen, Intrigen, Gemeinheiten, Vertrauensbruch etc.

Übung IE4-L6/9: Thema: Peinliche, nachhaltig unangenehm wirkende Erfahrungen

Übung IE4-L6/10: Thema: Leiderfahrungen aller Art

Übung IE4-L6/11: Thema: Erfahrungen zur Formung des eigenen Mannseins / Frauseins

Übung IE4-L6/12: Thema: Straferfahrungen (aktive Strafen, stille Ablehnung, Ignorieren etc.)

Übung IE4-L6/13: Zusammenfassung. Notiere hier, was du als Gesamteindruck (Positives, Negatives, Gemeinsamkeiten, Variationen) erkennst:

Übung IE4-L6/14: Was denkst und fühlst du jetzt dazu, dass du immer auch deine lebendige Biographie bist in der Gegenwart?

Zusammenfassung:

1. Was ist das Wichtigste, das du aus dieser Lektion gelernt hast?

2. Was ist deine hervorstechende Stärke zur Sache dieser Lektion?

3. Was ist deine hervorstechende Schwäche zur Sache dieser Lektion?

4. Was hat dich am stärksten persönlich berührt in der Sache dieser Lektion?

5. Was ist dein wichtigstes nächstes Ziel zur Sache dieser Lektion?

6. Was ist dein nächster Schritt, dich in der Sache dieser Lektion zu verbessern?

7. Was sind deine offenstehenden Fragen über die Sache dieser Lektion?

3.4.7. Erforsche meditativ fremde Wirklichkeiten

These IE4-7-T1: Mediales Sehen ist eine Art gezielte bildhafte Intuition über fremde psychische und sachliche Gegebenheiten.

These IE4-7-T2: Die Deutung verlangt den Miteinbezug des Bewusstseins über sich selbst und vor allem auch (tiefen-) psychologische Kenntnisse.

These IE4-7-T3: Man hat oft Widerstände zu akzeptieren, dass das, was man sieht, wirklich ein symbolischer Ausdruck ist von der angesprochenen Wirklichkeit.

Wichtig: Im medialen Sehen sieht man mit eigenen Bildern fremde Wirklichkeiten. Da kann man Gefahr laufen, Eigenes mit Fremdem zu verwechseln oder etwas zu projizieren, das da so nicht ist. Darum: Vorsicht bei der Deutung!

● Mediales Sehen ist Imagination über fremde psychische, institutionelle und sachliche Gegebenheiten, zu denen man keinen direkten Erfahrungszugang hat. Statt mit inneren Bildern zu fragen "Wie bin ich?", kann man fragen: "Wie ist Herr X (bzw. Frau Y)?" Die eigene innere Wahrnehmung ist in der Lage, alle fremden psychisch-geistigen Wirklichkeiten zu erfassen. Mediales Sehen ist eine Variante des Hellsehens.

● Nichts bleibt dem "dritten Auge" verborgen. Distanzen sind unbedeutend. Manchmal genügt es, den Namen einer Person zu wissen, ein Foto, ein Kleidungsstück oder einen Brief von diesem Menschen in den Händen zu halten, und man findet auf ASW-Kanälen den Zugang zur psychisch-geistigen Wirklichkeit dieses Menschen. Solche Gegenstände, die den Zugang zu einer fremden Person parapsychisch herstellen, nennt man "Konduktor". Auch die Zeit ist relativ. Man kann mit medialem Sehen zum Beispiel in die Kindheit einer andern Person Einblick erhalten, oder in einem fremden Haus erkennen, was (wie) in diesen Haus gelebt wird oder früher gelebt wurde.

● Die Hauptschwierigkeit beim medialen Sehen besteht in der Deutung des Bildmaterials. Es ergeben sich hier dieselben Probleme wie bei der Traumdeutung und Imagination.

Man sieht mit eigenen Bildern fremde Wirklichkeiten.

Da kann man Gefahr laufen, Eigenes mit Fremdem zu verwechseln, etwas zu projizieren, was da nicht ist. Oder man hat schlicht Widerstände zu akzeptieren, dass das, was man sieht, wirklich ein symbolischer Ausdruck ist von der angesprochenen Wirklichkeit. Die Deutung verlangt den Miteinbezug des Bewusstseins über sich selbst, seine eigene Biographie, das Unbewusste und vor allem genaue Kenntnisse über den eigenen psychisch-geistigen Standort.

● Es gilt die Regel: Je weiter man in der eigenen Individuation fortgeschritten ist, desto klarer sieht man im medialen Sehen und desto präziser ist die Deutung.

Übung IE4-L7/1: Du kannst (darfst!) unser Bildungsprogramm untersuchen. Gehe imaginativ in die Bildungsprogramme und Studienunterlagen „hinein". Frage deinen inneren Geist: "Was geschieht durch dieses Bildugsprogramm mit den Menschen? Wohin werden sie geführt mit dieser Individuation?

Übung IE4-L7/2: Gehe zu einem Astrologen (Astrologin). Vorgehen wie L7/1:

Übung IE4-L7/3: Besuche eine dir bekannte esoterische Institution. Vorgehen wie L7/1:

Übung IE4-L7/4: Gehe in eine katholische Kirche. Da ist Messe. Vorgehen wie L7/1:

Übung IE4-L7/5: Kennst du einen kranken Menschen? Besuche ihn. Frage den inneren Geist, warum dieser Mensch krank ist.

Übung IE4-L7/6: Besuche einen Ort, von dem du wissen möchtest, wie da gelebt wird.

Übung IE4-L7/7: Besuche einen Ort, von dem du wissen möchtest, wie die Energie da ist.

Übung IE4-L7/8: Du möchtest wissen, wie es einem dir bekannten Menschen in seiner Kindheit erging. Rufe ihn herbei und gehe mit ihm in seine Kindheit.

Übung IE4-L7/9: Du möchtest von einem Freund/einer Freundin erfahren, wie es ihm/ihr innerlich geht. Besuche ihn/sie. Der Mann/die Frau zeigt dir, was ihn/sie innerlich besonders bewegt (bedrückt).

Hast du diese Übungen gemacht, dann kontempliere wie folgt:

Was war dein Motiv für diese Meditation?

Was genau ist der praktische Zweck dieser Meditation?

Was besagt das Resultat der Meditation über dich?

Was wirst du mit dem Resultat dieser Meditation tun?

Übung IE4-L7/10: Rückblick: Beurteile deine Erfahrungen mit Meditation (ankreuzen):

Ich erlebe:	immer	meistens	häufig	manchmal	selten
keine wahrnehmbaren Bilder					
nur vage Schattenbilder					
verschwommene Bilder					
nur vage Vorstellungen					
klare gesprochene Sätze					
Übermässigen Bilderfluss					
nicht haltbaren Bilderfluss					
Fliessende Unordnung					
Sehr reale, konkrete Bilder					
Fabelhafte, magische Bilder					
Ohne Emotion, ohne Gefühle					
Emotional sehr intensiv					
Sehr eigenartige Bilder					
Irgendwie nicht verständlich					
Mit klarem Verstehen					

Übung IE4-L7/11: Folgerungen. Ziehe deine Schlüsse, was zu tun ist:

Zusammenfassung:

1. Was ist das Wichtigste, das du aus dieser Lektion gelernt hast?

2. Was ist deine hervorstechende Stärke zur Sache dieser Lektion?

3. Was ist deine hervorstechende Schwäche zur Sache dieser Lektion?

4. Was hat dich am stärksten persönlich berührt in der Sache dieser Lektion?

5. Was ist dein wichtigstes nächstes Ziel zur Sache dieser Lektion?

6. Was ist dein nächster Schritt, dich in der Sache dieser Lektion zu verbessern?

7. Was sind deine offenstehenden Fragen über die Sache dieser Lektion?

3.4.8. Bearbeite Träume auch meditativ

These IE4-8-T1: Man kann in der Imagination sich innerlich jeden Traum nochmals vorstellen und wiedererleben, um so einzelne Bilder besser zu verstehen.

These IE4-8-T2: Jedes Bild, jedes Symbol, jeder Archetypus, jede Handlung und jede Gegebenheit im Traum kann meditativ nach der Bedeutung befragt werden.

These IE4-8-T3: Die meditative Nachbearbeitung eines Traumes verhilft, Lösungen zu finden, die so direkt aus dem Traum nicht erkennbar sind. Man kann auch eine offene Szene positiv abschliessen.

● Träume können mit Imagination bearbeitet werden. Jedes Bild, jedes Symbol, jeder Archetypus, jede Handlung und jede Gegebenheit im Traum kann meditativ nach der Bedeutung befragt werden.

● Man kann in der Imagination sich innerlich den Traum nochmals vorstellen und wiedererleben. Man kann einzelne Bilder verstehen lernen.

● Zusätzlich kann man neue Figuren in die Traumszenen einbringen. Wo es düster und dunkel ist, kann ein Licht hingestellt werden. Verschlossene Türen können geöffnet werden. Mit unbekannten Gestalten lässt sich ins Gespräch kommen: "Was willst Du von mir? Was tust du hier? Wer bist du?" Eine Gestalt der Weisheit kann dabei befragt werden: "Was will diese Szene verdeutlichen? Was sagt mir dieses Traumbild?"

● Oder man kann Szenen imaginativ verändern und erweitern. Dabei lassen sich kritische Momente bewältigen, Problemsituationen einer Lösung zuführen und unverstandene Symbole verändern. Mit (aktiver) Imagination wird der Sinn der Traumbotschaft erlebnismässig deutlich. Unerledigte Szenen werden abgeschlossen. Das wirkt meist deutlich befreiend. Imagination ist eine entscheidende Deutungshilfe in der Bearbeitung der Träume.

Übung IE4-L8/1: Wähle aus verschiedenen Träumen fünf Schlüsselbilder, Handlungen oder Szenen. Befrage diese in der Meditation nach ihrer Bedeutung.

● Personenbefragung: Oftmals ist es unklar, was eine bekannte oder unbekannte Person im Traum für eine Bedeutung hat. In der Imagination kann man Fragen stellen: Was tust Du hier? Was habe ich mit Dir zu tun? Was willst Du von mir? Etc. Nimm zwei Träume.

Übung IE4-L8/2: Eine bekannte Person. Beschreibe die Person und ihr Tun im Traum.

Übung IE4-L8/3: Eine unbekannte Person. Beschreibe die Person und ihr Tun im Traum.

● „Kritische" Situationen im Traum (Unfall, Angst, Gefahr, Gewalt etc.)
Übung IE4-L8/4: Wähle aus verschiedenen Träumen vier komplexe „kritische" Situationen. Gehe meditativ in die schwierige Lage hinein. Befrage diese in der Meditation nach ihrer Bedeutung. Suche nach einer Lösung. Gib drei Beispiele:

Übung IE4-L8/5: Die Imagination als Hilfe zur Traumdeutung: Was hast du jetzt erfahren und gelernt?

Übung IE4-L8/6: Was sind deine Schwierigkeiten bei der Ausführung?

Zusammenfassung:

1. Was ist das Wichtigste, das du aus dieser Lektion gelernt hast?

2. Was ist deine hervorstechende Stärke zur Sache dieser Lektion?

3. Was ist deine hervorstechende Schwäche zur Sache dieser Lektion?

4. Was hat dich am stärksten persönlich berührt in der Sache dieser Lektion?

5. Was ist dein wichtigstes nächstes Ziel zur Sache dieser Lektion?

6. Was ist dein nächster Schritt, dich in der Sache dieser Lektion zu verbessern?

7. Was sind deine offenstehenden Fragen über die Sache dieser Lektion?

3.4.9. Nutze die Energie der Heilmeditation

These IE4-9-T1: Farben wirken in der Meditation auf Psyche und Körper entsprechend ihrer symbolischen Bedeutung.

These IE4-9-T2: Heilmeditation ist ein Weg, die Ursachen einer Störung oder eines Leidens zu erkennen. Soweit Psyche und Verhalten Ursachen sind, lassen sich diese dabei erkennen.

These IE4-9-T3: Heilmeditation heisst: Meditative, zielgerichtete Aktivierung der Lebensenergie mit inneren Bildern zur Revitalisierung, Stärkung, Selbstheilung u.ä.m. für sich und andere.

● **Heilmeditation ist kein Ersatz für ärztliche Hilfe!**

● Geistheilung: Meditative, zielgerichtete Aktivierung der Lebensenergie mit inneren Bildern zur Revitalisierung, Stärkung, Selbstheilung u.ä.m. für sich und andere.

● Farben wirken in der Meditation auf Psyche und Körper entsprechend ihrer symbolischen Bedeutung.

Übung IE4-L9/1: Frage nach innen: Welche Farbe tut meiner Psyche/meinem Körper jetzt gut? – Welche Farbe siehst du jetzt? Wie gestaltet sich die Farbe oder das Farbenspiel?

Übung IE4-L9/2: Lasse diese Farbe auf deinen Körper und deine Psyche einwirken.

Übung IE4-L9/3: Versuche meditativ die Art der Wirkung der folgenden Farben zu erspüren. (Mache nicht gleich alle Farben nacheinander; wähle eine Farbe und weitere Farben später):

Blau: Gelb: Violett: Rot: Grün: Braun:

● Mittels Meditation kann man die psychischen und geistigen Kräfte zur Aktivierung und Stärkung eines Heilungsprozesses einsetzen.

Übung IE4-L9/4: Die heilende Kraft der Seele herbeirufen. Sie zeigt sich als Gestalt. Trage ihr dein Anliegen vor, zum Beispiel: "Ich kann nicht schlafen; hilf mir"; oder: "Ich habe so oft Kopfschmerzen" (Druck auf der Brust, Verstopfung, zu hohen Blutdruck, Herzweh, Ausschläge etc.) "Warum habe ich diese Störung? Was soll ich tun?"

Übung IE4-L9/5: Organmeditation. Rufe die Sonne herbei, lasse die Strahlen durch deine Hände (Innenfläche offen halten) einwirken und im ganzen Körper verteilen. Dabei imaginiere alle Körperteile und Organe bis in die Dimension der einzelnen Zellen. Stelle dir vor: in jeder Körperzelle platziert sich eine kleine geistige Sonne, die das "Programm der Gesundheit" aktiviert und stärkt".

Übung IE4-L9/6: Setze dich imaginativ in eine Lichtpyramide. Verharre 2-3 Minuten in Stille.

● Es gibt im geistigen Universum eine „geistige Sonne", gewissermassen die universelle Urkraft des Lebens (Lebensenergie). Manche sprechen hier von der „göttlichen Quelle". Wir sind der Auffassung, dass jeder Mensch diese Sonne auch in seiner Seele („im Innern") hat. Wir können die energetische Kraft der geistigen Sonne für Heilungsprozesse nutzen.

Wähle zur nachfolgenden Übung einen Übungspartner. Dieser soll sich etwa 3 Meter von dir entfernt (oder in einem Nebenraum; Distanz spielt keine Rolle) entspannt hinsetzen, in meditativer Haltung verweilen. Dann mache die folgende Übung.

Übung IE4-L9/7: Sonne aussenden. Du sitzt bequem. Nimm eine meditative Haltung (Innenkonzentration) ein. Schliess die Augen. Halte deine Hände offen. Rufe eine Sonne herbei - so gross wie ein Fussball -, nimm diese in beide Hände und sende diese dann dem Übungspartner, mit dem Wunsche, die Sonne möge bei diesem Menschen den ganzen Körper „reinigen", hell machen, wärmen, stärken, ganz allgemein Frieden und Liebe bringen. Dabei versuche diesen Menschen innerlich zu sehen oder zu erfühlen. Wiederhole diese Handlung 3-5x ganz langsam.

a) Das Erleben der ausführenden Person (die die Sonne aussendet):

b) Ergebnis der Durchführung beim Übungspartner (der die Sonne erhält):

● Jeder Mensch hat irgendein „Problem", ein inneres Leiden, ein reales Leiden, einen schmerzlichen Konflikt, eine unerlöste innere Angelegenheit etc. Die psychisch-geistige Energie der Sonne vermag hier befreiend zu wirken, Heilungsprozesse einzuleiten, Hoffnung und Vertrauen in eine gute Lösung zu wecken. Auch bei der Heilmeditation ist zu bedenken, dass psychische Ursachen und manche Lebensweisen krank machen.

Tausche jetzt die Rolle. Die passive Person: Setze dich jetzt etwa 3 Meter vom Übungspartner entfernt (oder in einem Nebenraum; Distanz spielt keine Rolle) entspannt hin, in meditativer Haltung verweilend. Die ausführende Person geht wie folgt vor:

Übung IE4-L9/8: Themenzentriert Sonne aussenden. Vorgehen wie bei Übung L9/7. Konzentriere dich mental auf deinen Übungspartner, dem es psychisch und/oder gesundheitlich im Moment (bewusst oder nicht bewusst) vielleicht nicht so gut geht, gar krank ist, irgendein inneres Leiden mit sich trägt. Imaginiere diese Person vor deinem geistigen Auge. Frage die Person, was sie bewegt. Sprich: "Ich will jetzt die Ursachen deines Leidens sehen". Nach einigen Bildeindrücken rufe die Sonne, sende diese 3-5x langsam wiederholend der Person zu mit dem Wunsch, diese möge "Heilungskräfte" aktivieren, Ursachen bewusst machen, Lösungswege erhellen, und da einwirken, wo die Ursachen liegen.

a) Das Erleben der ausführenden Person (die die Sonne aussendet):
b) Ergebnis der Durchführung beim Übungspartner (der die Sonne erhält):

Zusammenfassung:

1. Was ist das Wichtigste, das du aus dieser Lektion gelernt hast?

2. Was ist deine hervorstechende Stärke zur Sache dieser Lektion?

3. Was ist deine hervorstechende Schwäche zur Sache dieser Lektion?

4. Was hat dich am stärksten persönlich berührt in der Sache dieser Lektion?

5. Was ist dein wichtigstes nächstes Ziel zur Sache dieser Lektion?

6. Was ist dein nächster Schritt, dich in der Sache dieser Lektion zu verbessern?

7. Was sind deine offenstehenden Fragen über die Sache dieser Lektion?

3.4.10. Meditiere Zukunftsschau

These IE4-10-T1: Die Kraft des Geistes vermag, Tendenzen der Entwicklung zu erkennen. Man muss dabei aber beachten, dass die meditative Bilderwelt zuerst die subjektive Annahme widerspiegeln kann, und dass diese auf die meditierende Person bezogen gestaltet ist (Vorwissen, Widerstände, Abneigungen, Wertmuster etc.).

These IE4-10-T2: Will man wissen, ob es sich lohnt, ein Vorbild in die Leitlinien des eigenen Lebens aufzunehmen, kann die meditative Präkognition dazu Klarheit schaffen. Meist sieht man dabei die Zukunftsentwicklung in den Grundtendenzen, fast immer symbolisch (!) dargestellt.

These IE4-10-T3: Man kann nicht etwas voraussehen, wenn die Ursachenkräfte (Wirkungsbedingungen) nicht bereits in der Gegenwart vorhanden sind.

● Die ASW-Fähigkeiten wie Hellsehen und Präkognition (= Vorausschau, Zukunftsschau) sind bei den Menschen unterschiedlich ausgeprägt, gewiss grundsätzlich immer gegeben. Die Leistungsfähigkeit hängt unter anderem von der Fähigkeit (Erfahrung) zur Meditation ab.

● Die Kraft des Geistes vermag, die angepeilte Zukunft richtig darzustellen. Man muss dabei aber beachten, dass die spontan erfolgte Bildergestaltung einerseits zuerst die subjektive Annahme widerspiegeln kann, und dass diese anderseits auf die meditierende Person bezogen gestaltet ist (Vorwissen, Widerstände, Abneigungen, Wertmuster etc.).

● Weiter ist im Auge zu behalten, dass jede Präkognition grundsätzlich Grenzen hat. Man kann nicht etwas voraussehen, wenn die Ursachenkräfte (Wirkungsbedingungen) nicht bereits in der Gegenwart vorhanden sind. Darüber hinaus muss man immer mit unvorhersehbaren Ereignissen („Imponderabilien") rechnen. Diese haben auf die Entwicklung Richtung Zukunft oft einen erheblichen Einfluss.

● Meist sieht man meditativ die Zukunftsentwicklung in den Grundtendenzen, fast immer symbolisch dargestellt (!!!), selten in konkreten Einzelfakten, selten in einer genauen Zeit, vielfach nach dem Motto: „Wenn alles unverändert so weitergeht, dann....".

● Die Übungen zur Zukunftsschau werden wie eine Imagination durchgeführt.

Die eigenen Zukunftsperspektiven

Übung IE4-L10/1: Wenn ich so weiterlebe wie bis heute, wie sieht dann mein Leben in 5, 10 und mehr Jahren aus? Ergebnis der Meditation:

Übung IE4-L10/2: Wie kann ich diese Entwicklungen selbst an die Hand nehmen, wo nötig korrigieren und mit Verantwortung auf wirkungsvollem Weg zu guten Zielen führen?

Die Zukunftsperspektiven eines andern Menschen

Übung IE4-L10/3: Wähle einen Übungspartner. Mache jetzt die Übung L10/1 im Sinne des medialen Sehens. Wenn er/sie so weiterlebt wie bis heute, wie sieht dann sein/ihr Leben in 5, 10 und mehr Jahren aus?

Übung IE4-L10/4: Wie kann er/sie diese Entwicklungen selbst an die Hand nehmen, wo nötig korrigieren und mit Verantwortung auf wirkungsvollem Weg zu guten Zielen führen?

Die gesellschaftlichen Zukunftsperspektiven

Übung IE4-L10/5: Wenn die Menschen in Nordeuropa (oder einem andern Kontinent) so weiterleben wie bis heute, wie sieht dann ihre Zukunft in 5, 10 und mehr Jahren aus?

Übung IE4-L10/6: Wie können die Menschen diese Entwicklungen selbst an die Hand nehmen, wo nötig korrigieren und mit Verantwortung auf wirkungsvollem Weg zu guten Zielen führen?

Die Zukunftsperspektiven des Christentums

Übung IE4-L10/7: Wenn das Christentum so weiterlebt (lehrt und praktiziert) wie bis heute, wie sieht dann die Zukunft dieser Religion in 5, 10 und mehr Jahren aus?

Übung IE4-L10/8: Wie können die Kirchen diese Entwicklungen selbst an die Hand nehmen, wo nötig korrigieren und mit Verantwortung auf wirkungsvollem Weg zu guten Zielen führen?

Die Zukunftsperspektiven der Menschheit

Übung IE4-L10/9: Wenn die Menschen weltweit so weiterleben wie bis heute, wie sieht dann die Zukunft der Menschheit und der Erde in 5, 10 und mehr Jahren aus?

Übung IE4-L10/10: Wie können die Menschen weltweit diese Entwicklungen selbst an die Hand nehmen, wo nötig korrigieren und mit Verantwortung auf wirkungsvollem Weg zu guten Zielen führen?

Gesamtüberblick

Übung IE4-L10/11: Fasse das Ergebnis der Übungen über das Kollektiv kurz zusammen:

Übung IE4-L10/12: Welche Bedeutung hat nach deiner Meinung diese Art (ASW-) Meditation?

Übung IE4-L10/13: Was folgerst du aus der Leistungsfähigkeit der Meditation?

Übung IE4-L10/14: Formuliere deine kritische Überlegungen zu den Ergebnissen:

Zusammenfassung:

1. Was ist das Wichtigste, das du aus dieser Lektion gelernt hast?

2. Was ist deine hervorstechende Stärke zur Sache dieser Lektion?

3. Was ist deine hervorstechende Schwäche zur Sache dieser Lektion?

4. Was hat dich am stärksten persönlich berührt in der Sache dieser Lektion?

5. Was ist dein wichtigstes nächstes Ziel zur Sache dieser Lektion?

6. Was ist dein nächster Schritt, dich in der Sache dieser Lektion zu verbessern?

7. Was sind deine offenstehenden Fragen über die Sache dieser Lektion?